HEYNE
BÜCHER

RATGEBER ESOTERIK

Zenkei Shibayama

ZU DEN QUELLEN DES ZEN

Das Standardwerk der Zen-Literatur

WILHELM HEYNE VERLAG
MÜNCHEN

HEYNE RATGEBER ESOTERIK
08/9525

Titel der Originalausgabe:
ZEN COMMENTS ON THE MUMONKAN

Einzig berechtigte Übertragung aus dem Amerikanischen von
Margret Meilwes

Lizenzausgabe mit Genehmigung des Scherz Verlags, Bern und München
Printed in Germany 1988
Umschlaggestaltung: Atelier Ingrid Schütz, München
Gesamtherstellung: Presse-Druck Augsburg

ISBN 3-453-03003-6

Inhalt

Vorwort von Kenneth W. Morgan	9
Einleitung von Zenkei Shibayama	11
Vorwort des Shuan zum *Mumonkan*	16
Widmung des Mönchs Ekai an den Kaiserlichen Thron	19
Vorwort des Meisters Mumon zum *Mumonkan*	20

Die 48 Koans des Mumon

1	Joshus »Mu«	31
2	Hyakujo und ein Fuchs	47
3	Gutei hebt einen Finger	59
4	Der Fremde hat keinen Bart	67
5	Der Mann des Kyogen auf einem Baum	71
6	Shakyamuni zeigt eine Blume	77
7	Joshu sagt: »Spüle deine Schalen«	88
8	Keichu stellt Karren her	93
9	Daitsu Chisho	99
10	Seizei, ein armer Mönch	105
11	Joshu sieht die wahre Natur von zwei Eremiten	110
12	Zuigan ruft: »Meister!«	115
13	Tokusan trug seine Schalen	124
14	Nansen tötet eine Katze	133
15	Tozan bekommt sechzig Stockschläge	142
16	Glockenschlag und Priestertalar	152
17	Der Lehrer der Nation ruft dreimal	160
18	Die drei Pfund Flachs des Tozan	167
19	Tao ist alltäglicher Geist	174
20	Ein Mann von großer Stärke	184
21	Der Scheißstock des Unmon	192

22 Kasho und ein Fahnenmast	197
23 Denke weder gut noch böse	206
24 Laß ab von Worten und Reden	217
25 Rede des Mönchs vom dritten Sitz	225
26 Zwei Mönche rollen die Bambus-Jalousien hoch	232
27 Weder Geist noch Buddha	241
28 Der wohlbekannte Ryutan	247
29 Weder der Wind noch die Fahne	257
30 Geist ist Buddha	263
31 Joshu durchschaute die alte Frau	274
32 Ein Nicht-Buddhist befragt den Buddha	281
33 Nicht Geist, nicht Buddha	288
34 Weisheit ist nicht Tao	294
35 Sen-jo und ihre Seele sind getrennt	299
36 Begegnung auf dem Wege mit einem Mann des Tao	309
37 Die Eiche im Vorgarten	316
38 Ein Büffel geht durch ein Fenster	324
39 Unmon sagt: »Du hast es verfehlt!«	333
40 Er stieß den Krug um	340
41 Bodhidharma und der Friede des Geistes	347
42 Eine Frau erwacht aus der Meditation	357
43 Shuzan und ein Stab	364
44 Basho und ein Stock	369
45 Wer ist er?	374
46 Vorwärts von der Spitze eines Mastes	378
47 Die drei Schranken des Tosotsu	384
48 Der eine Weg des Kempo	395

Anhang

Nachwort des Mumon	402
Zen-Warnungen des Mumon	404
Gedichte des Muryo Soju über »Die drei Schranken des Oryo«	405
Teisho zu dem Koan »Die drei Schranken des Oryo«	406
Schlußwort des Mokyo	414
Die neunundvierzigste Rede des Amban	415

Erklärung von Worten und Begriffen

Verzeichnis der Kalligraphie von Shibayama Roshi

Nach der Seite 29: Reinheit: Klar wie eine Wolke
Nach der Seite 203: Mu: Orchideen sind elegant, Chrysanthemen wohlriechend
Nach der Seite 325: Heitere Ruhe: Ich sitze ruhig da und horche auf die Brise in den Kiefern

Vorwort

Seit mehr als sieben Jahrhunderten dient der *Mumonkan* dazu, in Zen-Klöstern Mönche zu schulen und die religiöse Erfahrung buddhistischer Laien zu bilden und zu verfeinern. Die Sammlung stammt aus dem 13. Jahrhundert und enthält Aussprüche und Erzählungen bestimmter Zen-Meister, in denen sie frei und unmittelbar ihre Zen-Erfahrung zum Ausdruck bringen; Meister Mumon gibt dazu seinen Kommentar. Für Schüler, die sich in der Ausbildung befinden, gibt ein Zen-Meister häufig als Richtschnur noch seine eigene Zen-Erklärung (jap. Teisho) zur *Mumonkan*-Sammlung hinzu.

Shibayama Roshi, Zen-Meister des Nanzenji-Klosters in Kioto, hat amerikanischen Universitätsstudenten sein Teisho zu einigen Stellen aus der *Mumonkan*-Sammlung gegeben und wurde daraufhin gebeten, die Übersetzung des *Mumonkan* ins Englische zu überwachen. Dazu sollte er sein Teisho, das er während des letzten Vierteljahrhunderts den Zen-Schülern in seinem Kloster gegeben hat, schriftlich niederlegen. Für diejenigen, die Religionen und religiöse Praktiken studieren, die ihnen vollkommen fremd sind und die für dieses Studium die Unterweisung durch urteilsfähige und einsichtige Anhänger der Religion dem Unterricht bei Außenstehenden vorziehen, geben diese Kommentare eine zuverlässige Einführung in das *Rinzai*-Zen.

Zenkei Shibayama wurde 1894 geboren, 1908 zum Zen-Mönch geweiht, trat 1916 in das Zen-Kloster Nanzenji ein und blieb dort mehr als zehn Jahre zur Ausbildung. Schließlich erhielt er vom Abt Bukai Kono von Nanzenji die Dharma-Bestätigung. Daraufhin war er acht Jahre lang Professor an den Universitäten Hanazono und Otani, von 1948 bis 1967 Zen-Meister (Roshi) des Zen-Klosters Nanzenji. Seit 1959 leitet er die Organisation der ungefähr 500 japanischen Rinzai-Zen-Tempel, die dem Nanzenji angeschlossen sind.

Wir hätten dieses Buch in englischer Sprache nicht herausgeben können, wenn uns nicht die Übersetzerin, Fräulein Sumiko Kudo, ihre Erfahrungen und ihr Wissen zur Verfügung gestellt hätte Sie ist seit 1955 eine Laien-Schülerin von Shibayama Roshi, nimmt regelmäßig an den monatlichen Zen-Übungen (jap. Sesshin) im Nanzenji teil und ist Dolmetscherin, wenn Shibayama Roshi Vorträge in den Vereinigten Staaten hält. Auch John Moffit hat durch die kritische Durchsicht des Manuskripts seine Unterstützung gewährt.

Auf Fußnoten wurde verzichtet. Wo es nötig ist, werden entsprechende Erklärungen gleichsam als mündlicher Kommentar gegeben. Das Buch enthält eine »Erklärung von Worten und Begriffen«, um Namen, Orte und Schriften zu identifizieren und die Zen-Bedeutung von Begriffen zu erklären, die einigen Lesern vielleicht nicht vertraut sind.

Für Shibayama Roshi, der weit über siebzig Jahre alt ist und die Aufgaben des Leiters der Nanzenji-Organisation wahrzunehmen hat, war es sehr mühsam, sein Teisho zu den 48 Koans der *Mumonkan*-Sammlung niederzuschreiben. Wir sind ihm dankbar, daß er das Seine getan hat, um »die erfrischende Zen-Brise« in der Welt zu wecken.

Colgate University   *Kenneth W. Morgan*

Bemerkung zur deutschen Ausgabe
Wer verschiedene deutsche Übersetzungen des *Tao te king* von Laotse vergleicht, kann sich davon überzeugen, daß das Chinesische wie keine andere Sprache zu »interpretieren« statt zu »lesen« ist. Entscheidend ist die Sinndeutung, die der Übersetzer aus dem Original dem Text gibt. Dasselbe gilt für die vorliegende Übertragung aus dem Amerikanischen. Sie spiegelt Shibayama Roshis Deutung der Koans und erhebt nicht den Anspruch, mit anderen deutschen Lesarten übereinzustimmen. Ihr Wert liegt gerade in dieser persönlichen Auffassung eines großen Zen-Meisters, der als erfahrener Lehrer aus langjährigem Umgang mit den Texten ihren Sinngehalt einem westlichen Publikum erschließt.

Der Verlag

Einleitung

Früher sagte man: »Schweigen ist Zen eher angemessen als Beredsamkeit.« Das gilt auch heute noch. Zen beruht auf der Tatsache religiöser Erfahrung, die zu einer anderen Dimension gehört als die sich aus ihr herleitenden verschiedenen Erscheinungsformen von Kultur und Philosophie. Diese religiöse Erfahrung, die im Zen von vorrangiger, wesentlicher Bedeutung ist, muß nach harter Erziehung und ehrlichem Suchen jeder einzelne persönlich entweder in einer natürlich sich ergebenden oder künstlich herbeigeführten Situation machen. Deshalb werden im Zen intellektuelle Erklärungen und Interpretationen, die leicht in dualistische Begriffe gefaßt werden, glatt abgelehnt, und aus diesem Grunde wird die tatsächliche Übung als wesentliche Notwendigkeit angesehen.

Im Verlauf der Geschichte hat sich selbstverständlich ein Hilfsmittel für die Übung entwickelt, das den Schülern dazu dienen soll, sich korrekt und mit Erfolg zu schulen. Das ist die Zen-Erziehung durch das Koan-Studium, im Japanischen »Kanna-Zen« genannt. Koans sind Aussprüche und Darstellungen des Verhaltens von Zen-Meistern, in denen sie frei und unmittelbar ihre Zen-Erfahrung zum Ausdruck bringen. In erster Linie hat das Koan im Zen die Aufgabe, die tatsächliche Schulung der Zen-Mönche zu unterstützen. Die philosophischen und dogmatischen Koan-Studien sind von nachgeordneter Bedeutung, weil die Perspektive dieser Studien sich wesentlich von dem Gesichtspunkt unterscheidet, von dem die Übung ausgeht; diese hat nur ein Ziel, nämlich den wirklichen, treibenden Geist des Zen zu erfahren und zu leben.

In Japan wird das Koan heute in maßgebenden Zen-Klöstern, in denen die Übung stattfindet, allgemein und mit Erfolg angewandt. Bei der näheren Untersuchung eines Koan kann man auf zwei Weisen vorgehen: Einmal kann der Schüler das Koan zum Gegenstand eines scholastischen oder philosophischen Studiums machen, oder aber er kann es im Zazen meditieren. In einem Kloster sieht man die Meditation eines Koan im Zazen als die gültige und maßgebliche Art und Weise des Koan-Studiums an. Um dem Schüler beim Koan-Studium zu helfen, gibt der Meister dazu sein Teisho.

Zazen ist für einen Mönch oder Schüler in der Ausbildung eine sehr wichtige Zen-Übung. Beim Zazen nimmt der Schüler den vollen Lotussitz ein und versucht, sein unterscheidendes Bewußtsein auszulöschen, um zu seinem wahren Selbst zu erwachen.

Das Teisho gibt dem Meister Gelegenheit, seinem Schüler unmittelbar und konkret seine eigene Zen-Erfahrung oder Geistigkeit unter Verwendung eines besonderen Koan mitzuteilen. Er kann auch seine erklärende Erläuterung zum Koan vom grundsätzlichen Zen-Standpunkt aus geben. Mit dem Teisho will man die Erfahrungen der Mönche in ihrer Suche und ihrer Erziehung leiten, ihnen Mut machen und ihnen Anregung geben. Eine Vorlesung dagegen hat den Zweck, Zen philosophisch und dogmatisch zu erklären, so daß der Schüler es verstandesmäßig erfassen kann. Daher ist eine Vorlesung eine Art kultureller Betätigung und gehört nicht unmittelbar zur tatsächlichen Übung.

Neuerdings ist man allgemein auf das Zen aufmerksam geworden, weil man es als eine einzigartige Religion oder religiöse Philosophie ansieht, die großen Einfluß auf verschiedene Entwicklungsstufen der asiatischen Kultur gehabt hat. Obwohl die Menschen in Europa und Amerika seit langem in einer ganz anderen Kultur erzogen werden, fangen sie nunmehr an, Zen großes Interesse entgegenzubringen. Jedoch gibt es, wie jedermann sich vorstellen kann, für das gegenseitige Verständnis und den Austausch zwischen den asiatischen und nichtasiatischen Kulturen mehrere Hindernisse: Die Sprachschwierigkeit ist eines der Haupthindernisse. Hinzu kommen die unterschiedliche Denkweise, die Verschiedenheit der Wertsysteme und der Formen ihrer langen Traditionen.

Unsere Vorfahren waren immer bestrebt, diese Hindernisse für einen kulturellen Austausch aus dem Weg zu räumen, und dank ihrer Bemühungen ist auch schon viel erreicht worden. Man kann jedoch nicht übersehen, daß diese Schwierigkeiten noch vorhanden sind. Im Zen, das mit Nachdruck die vorrangige Bedeutung der Erfahrung und weniger das spekulative Denken und die Philosophie betont, sind diese Hindernisse für die interkulturelle Verständigung sogar noch stärker spürbar.

Um zu dieser interkulturellen Verständigung beizutragen, habe ich mich entschlossen, dieses *Mumonkan*-Teisho in englischer Sprache herauszugeben. Ich habe mit meinen Mitarbeitern hart daran gearbeitet und keine Mühe gescheut.

Das Buch *Mumonkan* wurde ursprünglich gegen Ende der südlichen Sung-Dynastie (13. Jahrhundert n. Chr.) in China veröffentlicht und ist seitdem in Zen-Kreisen als eine vorbildliche Koan-Sammlung berühmt. Es ist ein handlicher Band mit 48 Koans. Der Kommentar zu jedem Koan von Meister Mumon, der sie zusammengestellt hat, ist äußerst direkt und trifft das Wesentliche. Das Buch ist sehr geeignet, die Mönche in ihrem Suchen und bei ihrer Übung anzuspornen. Neuerdings wird *Mumonkan* in Zen-Kreisen allgemein aufgrund der 48 hervorragenden Koans mit den lebendigen Kommentaren des Mumon als Standardtext benutzt und gleich bewertet wie das *Hekigan-roku* (»Aufzeichnungen des Blauen Felsens«), einer anderen Koan-Sammlung, die man auch den »Ersten Zen-Text« nennt. *Mumonkan* ist natürlich Thema einer Reihe von guten und auch schlechten Teishos, Vorlesungen, Reden oder Kommentaren. Die wenigen Bücher, die in englischer Sprache geschrieben wurden, scheinen einer weiteren Bearbeitung und nochmaligen Durchsicht zu bedürfen.

Das vorliegende *Mumonkan*-Teisho ist für jene Nichtasiaten gedacht, die sich für das Zen-Studium interessieren. Es gibt den übersetzten Originaltext der *Mumonkan*-Sammlung wieder; mein Teisho dazu folgt auf jedes Koan und jeden originalen Kommentar, um ihren traditionellen Sinn zu erläutern. Das Buch will keine analytischen oder literarischen Studien bieten; ich bin auf diese Einzelheiten gar nicht eingegangen.

Wie allgemein bekannt, war Zen in der T'ang-Dynastie (618–906 n. Chr.) äußerst schöpferisch und vital. Dann begann es, kulturelle und künstlerische Aspekte zu entwickeln, und bekam nach und nach in der nördlichen Sung-Dynastie einen traditionellen Charakter, und sein Andenken wurde gepflegt. Schließlich wurde gegen Ende der südlichen Sung-Dynastie die Zen-Übung durch das Koan-Studium eingeführt. Als Reaktion auf das Bedürfnis der damaligen Zeit erschien die *Mumonkan*-Sammlung und erfüllte damit ihre historische Aufgabe.

Obwohl *Mumonkan* wie auch *Hekigan-roku* Koan-Sammlungen sind, haben sie naturgemäß jeweils ihren eigenen geschichtlichen Hintergrund und sind von unterschiedlicher Bedeutung. Ihre Verschiedenheiten zeigen sich in den charakteristischen Merkmalen der Bücher: Während *Hekigan-roku* poetisch und geistvoll, von hohem literarischen Wert ist, hat die *Mumonkan*-Sammlung eine unmittelbare Schlichtheit und einen stimulierenden, didaktischen Ton. Sie ist offenbar darauf angelegt, die tatsächliche Übung der Mönche zu ermutigen.

Diese charakteristischen Unterschiede sind häufig der Grund für die Behauptung, daß die *Mumonkan*-Sammlung steif und polemisch sei und, verglichen mit dem *Hekigan-roku*, weniger elegant, ohne eine poetisch gepflegte Form. Das mag natürlich auf die persönliche Charakteranlage des Meisters Mumon zurückzuführen sein. Wir müssen bedenken, daß die *Mumonkan*-Sammlung die historische Aufgabe hatte, Zen durch Koan-Studien einzuführen. Der Charakter des Buches kann das natürliche Ergebnis des Versuchs sein, dieser Anforderung nachzukommen. Die *Mumonkan*-Sammlung dient dazu, das intellektuelle Verständnis und logische Denken der Mönche zu vernichten, und zu diesem Zweck kann es als Lehrbuch für die tatsächliche Übung dienen. Die *Hekigan-roku*-Sammlung jedoch ist ein äußerst anspruchsvoller und literarischer Zen-Text, der die edle, vornehme und tiefe Geistigkeit des Zen zur Geltung bringt.

Da die beiden Zen-Texte so ganz verschieden voneinander sind, halte ich es für sehr günstig, daß die *Mumonkan*-Sammlung zuerst übersetzt worden ist. Gerade zu einer Zeit, in der Zen als ein universaler Zugang zur Wahrheit weltweite Verbreitung findet, scheint es mir sehr angebracht, dieses *Mumonkan*-Teisho dem *Hekigan-roku* vorauszuschicken.

Wenn ich auch den Begriff »Teisho« gebrauche, so unterscheidet sich selbstverständlich das Zen-Teisho für westliche Schüler in seiner Bedeutung und Zielsetzung von dem traditionellen Teisho, das ich meinen Mönchen in meinem Kloster in Japan gebe. Bezeichnenderweise spürte ich zum ersten Mal die Notwendigkeit zur Veröffentlichung dieser Ausgabe, als ich vor einigen Jahren an der Colgate University in den Vereinigten Staaten an dem Kurs über das Zen-Studium teilnahm, der auf dem Programm für Fachstudien im Monat Januar stand. In diesem Kurs benutzte ich einige Koans aus der Mumonkan-Sammlung, um den Studenten mein Zen-Teisho zu geben. Die dabei gemachte Erfahrung veranlaßte mich zu dieser Arbeit.

Ich danke allen, die mir bei diesem Buch geholfen haben. Meine besondere Wertschätzung und Achtung gilt Herrn Professor Kenneth W. Morgan von der Colgate University, die sehr schwierige und undankbare Aufgabe übernahm, die englische Übersetzung zu prüfen und das Manuskript herauszugeben.

Ich freue mich, daß das Buch allen, die Zen ernsthaft studieren wollen, den Weg bahnen und bei der tatsächlichen Übung als Richtschnur dienen kann. Ich bin auch dankbar für die geschichtliche und kulturelle Funktion, die es möglicherweise zu einer Zeit ausübt, in der man sich überall in der Welt mit Zen beschäftigt.

Nanzenji, Kioto *Zenkei Shibayama*
Mai 1974

Vorwort des Shuan zum »Mumonkan«

Wenn man es als »Nicht-Tor« deutet, dann wird jeder auf Erden es durchschreiten. Wenn erklärt wird, daß es ein Tor gibt, dann hätte unser lieber Meister zu Beginn nicht solch einen Titel wählen müssen. Er wagte es, Anmerkungen und Kommentare hinzuzufügen, was genau dasselbe ist wie einen Hut auf einen anderen setzen. Ich, der alte Shu, wurde dringend ersucht, höfliche Worte über das Buch zu schreiben. Das heißt, Saft aus einem vertrockneten Bambusrohr pressen und es auf ein Kinderbuch legen. Wirf es fort, ohne darauf zu warten, daß ich es tue. Laß keinen Tropfen davon in die Welt fallen. Sogar Usui, das schönste Pferd, das tausend Meilen galoppiert, könnte es niemals verfolgen.

Ende Juli, erstes Jahr des Jotei (1228)
Geschrieben von Shuan Chin Ken

Teisho zum Vorwort des Shuan

Shuan, dessen eigentlicher Name Ken war, war von Kindheit an ungewöhnlich klug und bestand frühzeitig das Examen für den Staatsverwaltungsdienst. Später wurde er befördert und erhielt eine angesehene Stellung in der Regierung. Man sagt, daß er ein außerordentlich intelligenter und gebildeter Mann mit Geschmack und Kultur gewesen sei. Obwohl die Einzelheiten seines Lebens nicht bekannt sind, muß er auch – soweit man dies aus dem Vorwort ersehen kann – sehr viel Verständnis und Interesse für Zen gehabt haben. Oder aber es war vielleicht in der damaligen Zeit allgemein so, daß jeder vornehme Mann von Stand, den man bat, ein Vorwort zu einem Buch wie der *Mumonkan*-Sammlung zu schreiben, ganz bestimmt etwas von Zen verstand.

Oberflächlich betrachtet, macht Shuan das Buch *Mumonkan*

von Anfang bis zum Ende herunter. Aus diesen verächtlichen Äußerungen schließen einige, daß er das Buch für unbrauchbar erklärt. Genau das Gegenteil ist aber der Fall. Diese widersprechende, ironische Schreibweise, deren sich alte Meister häufig bedienen, macht das Vorwort sehr interessant.

Er beginnt zunächst mit dem Titel des Buches: *Mumonkan*, »die torlose Schranke«. Mit paradoxen Ausdrücken versucht er, die wahre Bedeutung von »Mumon« (Nicht-Tor oder torlos) zu erklären. »Wenn wirklich kein Tor vorhanden ist, muß jeder auf Erden in der Lage sein, hindurchzugehen. Wenn jedoch ein Tor da ist, dann darfst du nicht den Namen ›Mumon‹ (Nicht-Tor) gleich an den Anfang setzen.« Shuans Bemerkung ist sehr scharf, und mit diesen beißenden Worten versucht er, »Es« zu veranschaulichen – das, was sowohl Ja wie Nein, Bejahung und Verneinung übersteigt.

Shuan fährt im zweiten Satz fort: »Wenn wirklich kein Tor vorhanden ist, dann kann man ungehindert ein- und ausgehen, und es ist keine Erklärung notwendig. Du aber hast alle möglichen Kommentare zu den 48 Koans gegeben, Gedichte geschrieben und Anmerkungen dazu gemacht. Es ist alles so nutzlos und sogar töricht, so als ob du noch einen Hut auf den Hut setzen würdest, den du schon auf dem Kopfe hast.« Zen hat von frühester Zeit an nachdrücklich darauf bestanden, »sich nicht auf Schriften zu verlassen«, und betont, daß »Es« durch einen selbst persönlich erreicht und als eigenes tatsächliches Faktum erfahren werden muß. Von diesem Standpunkt aus hat Shuan mit seiner Kritik recht. Wir dürfen jedoch seine wirkliche Absicht, die charakteristischen Merkmale herauszustellen, nicht übersehen.

Im dritten Satz sagt Shuan: »Nichtsdestoweniger hat Mumon mich gebeten, ein Vorwort zu dem Buch zu schreiben. Aber wie kann ein derartiges Buch gerühmt werden? Außerdem bin ich von Natur aus nicht sehr geschickt. Wenn ich daher etwas schreiben würde, dann wäre dies so, als ob ich versuchen würde, aus einem vertrockneten Bambusrohr den Saft auszupressen und es auf dieses kindliche Buch zu legen. Es hat alles keinen Zweck und keinen Wert.« Es gehört zum Wesen des Großen Tao, der Wahrheit, daß es kein Tor hat. Es kann weder bestätigt noch geleugnet werden. Alle Versuche von Wort und Schrift sind vergeblich. Auch hier rühmt Shuan auf seine einzigartige paradoxe Weise das Zen.

»Ein Buch wie dieses sollte man besser sogleich wegwerfen. Warte nicht darauf, bis ich es tue. Laß das Buch niemals in der

Welt verbreiten, und wäre es auch nur in der kleinsten Auflage.«
Mit diesen Worten im nächsten Satz lehnt Shuan das Buch ab.
Hat nicht Meister Daie das *Hekigan-roku*, ein Buch, das von seinem Meister Engo geschrieben wurde, verbrannt? Warum braucht Zen, das sich nicht auf Schriften stützt und das außerhalb von Wort- und Schriftzeichen überliefert wird, ein Buch? Tatsächlich jedoch bringt Shuan auf diese Weise aus ganzer Seele seine Wertschätzung zum Ausdruck und entfaltet gleichzeitig die typischen Zen-Merkmale.

Er beschließt sein Vorwort, indem er sagt: »Usui, das schönste Pferd, das tausend Meilen galoppiert, wäre niemals in der Lage, es zu verfolgen.« »Das schwarze Pferd, das tausend Meilen galoppiert« bedeutet im übertragenen Sinn die größtmögliche Geschwindigkeit. Man sagte, daß einstmals der berühmte, tapfere chinesische General Kou ein schönes, schwarzes Pferd mit dem Namen Usui besessen habe, das tausend Meilen am Tag galoppieren konnte. Heute könnte man es mit einem Überschallflugzeug vergleichen. Sogar ein so schnelles Roß würde es niemals aufholen können. Mit anderen Worten: Wenn einmal ein dummer Fehler gemacht worden ist, kann er – sosehr man ihn auch bedauert – niemals wiedergutgemacht werden.

Durch ein betontes Paradoxon versucht Shuan, ein richtiges Bild von der Zen-Erfahrung zu geben, die jenseits von allen Unterscheidungen und logischem Denken ist. Es ist ein wirklich interessantes und bedeutungsvolles Vorwort, in dem Shuan für die *Mumonkan*-Sammlung in der ihm eigenen, einzigartigen Weise seine Bewunderung zum Ausdruck bringt.

Widmung an den Kaiserlichen Thron

Am 5. Januar im zweiten Jahr des Jotei feiere ich den Jahrestag Seiner Majestät. Ich, der Mönch Ekai, habe am 5. November letzten Jahres einen Kommentar über 48 Koans veröffentlicht, die die Buddhas und Patriarchen bei verschiedenen Gelegenheiten gegeben haben. Ich widme dieses Buch dem immerwährenden Glück Seiner Majestät.

Ich gebe ehrerbietig meinem Wunsch Ausdruck, daß die Tugend Seiner Majestät so aufstrahlen möge wie die Sonne und der Mond. Möge das Leben Seiner Majestät von so langer Dauer sein wie das Universum. Mögen die Menschen in den acht Richtungen die Tugend Seiner Majestät rühmen und die vier Meere sich der äußerst gesegneten Regierung Seiner Majestät erfreuen.

Ehrerbietig geschrieben von
Mönch Ekai,
Dem Dharma-Übermittler,
Ehemals Abt von Hoinyuji,
Dem der Kaiserin Jii gewidmeten
Zen-Tempel.

Vorwort des Meisters Mumon
Zen-shu Mumonkan
»Die torlose Schranke des Zen«

Vorwort des Mumon

Der Buddha-Geist ist die Grundlage, und torlos ist das Dharma-Tor. Wie kannst du hindurchgehen, wenn es torlos ist? Hast du nicht gehört, daß »nichts, was durch das Tor hineinkommt, ein Familienschatz sein kann – was auch immer ursächlich gewonnen wird, ist immer dem Wandel unterworfen«? Diese Reden lassen die Wellen hochgehen, wo es keinen Wind gibt, oder schlagen eine tiefe Wunde in eine gesunde Haut. Noch törichter ist jemand, der sich an Worte und Redewendungen klammert und auf diese Weise Verstehen zu erlangen sucht. Es ist so, als ob man versuchte, den Mond mit einem Stock zu schlagen oder den Schuh zu kratzen, weil der Fuß irgendwo juckt. Es hat nichts mit der Wahrheit zu tun.

Im Sommer des ersten Jahres des Jotei (1228) war ich, Ekai, Oberer der Mönche zu Ryusho in Toka. Die Mönche baten mich um Unterweisung. Ich begann schließlich mit den Koans der alten Meister und benutzte sie bei der Anleitung der Mönche, je nach ihren Fähigkeiten und Typen, als Ziegelsteine, um an das Tor zu klopfen. Ich habe diese Koans niedergeschrieben, und, ohne daß ich es beabsichtigte, ist eine ganze Sammlung daraus geworden. Es sind ihrer nunmehr 48; sie sind nicht irgendwie geordnet. Ich will die Sammlung *Mumonkan* nennen, »Die torlose Schranke«.

Wenn ein Mensch mutig ist, wird er sich geradewegs, ohne der Gefahr zu achten, hineinstürzen. Der achtarmige Nata mag vergeblich versuchen, ihn aufzuhalten. Sogar die achtundzwanzig Patriarchen von Indien und die sechs Patriarchen von China würden sich verkriechen vor seinem Mut und würden um ihr Leben zittern müssen. Wenn er jedoch zögert, wird er wie ein Mann sein, der ein Pferd an seinem Fenster vorbeirasen sieht. Im Nu ist es vorbei und verschwunden.

Gedicht des Mumon

>   Das Große Tao ist torlos.
>   Es führen viele tausend Wege zu ihm.
>   Wenn du diese Schranke durchschreitest,
>   Kannst du dich frei im Weltall bewegen.

Teisho zum Vorwort des Mumon

Meister Mumon, der die *Mumonkan*-Sammlung zusammengestellt hat, wurde 1183 während der südlichen Sung-Dynastie in Sento, Koshu, geboren, und starb am 7. April 1260 in seinem achtundsiebzigsten Lebensjahr. Er kam auf die Welt, als das Unheil über die südliche Sung-Dynastie hereinbrach, weil der Druck der Nachbarstaaten immer stärker wurde.

Meister Mumon wurde zunächst unter Meister Tenryu Ko zum buddhistischen Mönch ordiniert und schloß sich später Meister Getsurin Shikan an. Sechs Jahre lang studierte er unter Meister Getsurin sehr eifrig mit dem Koan »Hat ein Hund die Buddha-Natur?«, war sehr ausdauernd in seiner Übung, und eines Tages, als er den Trommelschlag hörte, wurde er plötzlich erleuchtet. Das Gedicht, das er bei dieser Gelegenheit verfaßte, lautet:

>   Ein Donnerschlag bei klarem, blauem Himmel!
>   Alle Wesen auf Erden haben ihre Augen geöffnet.
>   Alles unter der Sonne hat sich sogleich verneigt.
>   Der Berg Sumeru springt auf und tanzt.

Am nächsten Tag brachte Mumon das, was er erreicht hatte, bei Meister Getsurin vor, der die Richtigkeit seines Satori prüfte. Schließlich trat er die Nachfolge des Meisters an. Mumon hat die *Mumonkan-S*ammlung in seinem sechsundvierzigsten Lebensjahr veröffentlicht. Sie enthält achtundvierzig Koans mit seinen eigenen Kommentaren, die er in Ryushoji, Toka, gegeben hatte.

Als er vierundsechzig Jahre alt war, gründete Meister Mumon auf kaiserlichen Befehl Gokoku Ninnoji. Später wollte er ein ruhiges zurückgezogenes Leben am Seiko-See führen, kam jedoch nicht dazu, weil ein Wahrheitssucher nach dem anderen ihn aufsuchte.

Mumon wird in dem folgenden Gedicht beschrieben:

> Der Meister sah mager und heilig aus,
> Seine Worte waren einfach, aber tief.
> Lang und dunkel war sein Haar und sein Bart;
> Er war in zerfetzte Lumpen gekleidet.

Sein Spitzname war Laien-Mönch Ekai.

Meister Mumon schrieb zu dieser Sammlung ein Vorwort und zu jedem Koan einen Kommentar. Er schreibt im direkten Zen-Stil mit vielen Ausrufen, wie er in jener Zeit bei den Zen-Meistern beliebt war. Er versuchte niemals, zu erklären oder zu predigen.

Schon von alters her ist man sich nicht einig darüber, ob »Zen-shu Mumonkan«, das heißt: »Im Zen gibt es kein Tor«, der Titel oder der erste Satz des Buches ist. Ich habe mich hier der traditionellen, allgemein üblichen Deutung angeschlossen, daß es der Titel ist.

Ganz zu Beginn des Vorwortes erklärt Meister Mumon die grundlegenden Merkmale des Zen und seine eigene Einstellung zum Ausdruck in Wort und Schrift. »Der Buddha-Geist ist die Grundlage, und torlos ist das Dharma-Tor.« Diese Worte, die Meister Baso zum ersten Mal in seinem Zen-Teisho bei seinen Schülern benutzte, sind ursprünglich aus dem Ryoga-kyo (Lankavatara-Sutra) zitiert. Meister Mumon gibt mit diesen beiden ersten Zeilen eine prägnante Definition des Zen. Es kann auch sein, daß er den Begriff »Mumon« (»torlos« oder »Nicht-Tor«) in bezug auf den Titel seines eigenen Buches gebraucht hat.

»Zen beruht auf dem Sinn oder dem Geist der Aussprüche Buddhas. Mit anderen Worten: Die formlose Wirklichkeit, die Buddha-Sinn oder -Geist, Wahrer Geist, Ur-Natur etc. genannt wird, ist seine Grundlage. Zen stellt daher niemals Glaubensbekenntnisse oder Dogmen irgendwelcher Art auf oder überhaupt irgend etwas, was Form oder Gestalt hat. Keine Definition, keine Begrenzung, das heißt: Nicht-Tor ist das einzige unschätzbare Dharma-Tor zum Zen.« Auf diese Weise klärt Meister Mumon zu Anfang den grundsätzlichen Zen-Standpunkt.

Sodann gibt er einen Teisho-Kommentar zu »Mumon« (Nicht-Tor), das er gerade als die Grundlage des Zen hervorgehoben hat. »Da von Anfang an kein Tor vorhanden ist, kann nicht davon die Rede sein, es zu durchschreiten oder nicht. Wie durchschreitest du nun dieses Nicht-Tor? Diejenigen, die wirklich hindurchgehen können, sollen es tun und es mir zeigen«, fordert Mumon heraus. Hier muß jedoch in der tatsächlichen Übung von jedem einzelnen eine wichtige empirische Frage beantwortet werden, das heißt, ob er Mumon als Nicht-Tor betrachtet und sich nicht weiter damit beschäftigt oder ob er Nicht-Tor als eine Sperre sieht, die zu durchbrechen ist. Jeder Schüler muß dies als eine konkrete Frage seiner Selbstverwirklichung aufgreifen.

Mumon zitiert dann einen alten Spruch, um zu zeigen, was das wirkliche Nicht-Tor ist: »Nichts, was durch das Tor eingeht, kann ein Familienschatz sein. Was auch immer ursächlich gewonnen wird, ist immer dem Wandel unterworfen.« Der wirkliche unschätzbare Reichtum ist jener, der immer im Besitz der Familie war und nicht etwas, was in sie von außen hineingebracht wurde. Alles, was zufällig gewonnen wurde, wird schließlich durch den Wandel verlorengehen. »Es«, das wesentlich in einem selbst ist, ist ewig unwandelbar. Dieses nicht-kommende, nicht-fortgehende »Es« geht bestimmt durch das Nicht-Tor und wirkt überall durch Nicht-Form.

»Nichts, was durch das Tor eingeht, kann ein Familienschatz sein« ist eine alte volkstümliche Redensart in China, die besagt: »Nichts, was man von anderen erhält, kann wirklich viel taugen.« Alles von anderen Empfangene ist nicht wertvoll genug, als Erbstück angesehen zu werden. Das, was im Grunde in uns selbst ist, ist der wirkliche Schatz mit ewigem Wert.

Diese Redensart bezieht sich vielleicht auf das folgende Mondo zwischen Meister Ganto und seinem Schüler Seppo. Vor langer Zeit, als Meister Seppo bei Meister Ganto studierte, tadelte ihn dieser, weil er draußen, außerhalb von sich selbst, suche und forsche, und sagte: »Hast du nicht gehört, daß ›Nichts, was durch das Tor hereinkommt, ein Familienschatz sein kann‹?« Seppo fragte seinerseits: »Wie soll ich dann mit meiner Übung fortfahren?« Ganto antwortete: »Wenn du die Große Wahrheit erlangen und verbreiten willst, dann fasse ›Es‹, das aus deinem eigenen Geist hervorkommt, und zeige es mir jetzt hier!«

Suche nicht draußen, sondern fasse »Es«, das aus deinem eigenen Geist hervorströmt. Wenn du törichterweise nach den Schätzen anderer suchst und sagst, daß es so in diesem heiligen Buche stehe oder daß ein weiser Mann es so erklärte, dann kannst du niemals durch dieses Tor des Nicht-Tores gehen. Das ist die Ermahnung, die uns Mumon gibt.

Er fährt fort: »Diese Reden lassen die Wellen hochgehen, wo kein Wind ist, oder schlagen Wunden in eine gesunde Haut.«

»Diese Reden« bezieht sich auf die in diesem Buch zusammengestellten 48 Koans und auf die dazugehörigen Kommentare. Vom ursprünglichen Zen-Standpunkt aus gesehen, sind die 48 Reden alle unnötig und fehl am Platze. Diese Reden halten ist etwa so, als ob man Wellen auf einer windstillen, ruhigen See verursachen oder eine schöne, normale Haut operieren und eine häßliche Narbe zurücklassen würde. Es ist ein unnötiges Sicheinmischen, und da es unnötig ist, verursacht es großen Schaden. Auf diese Weise brandmarkt Mumon das Buch als sinnloses Mühen.

»Eine Wunde in eine gesunde Haut schlagen« heißt, bildlich gesprochen, etwas Unnötiges und Zweckloses tun. Der Ausdruck kann von Meister Unmon stammen, der sagte: »Sogar wenn du in der Lage wärest, das ganze Universum zu erklären, indem du ein einziges Haar umdrehst, wäre dies so sinnlos wie eine Wunde in die Haut schlagen.«

Mumon verurteilt dann die Torheit desjenigen, der »sich an Worten und Redensarten klammert und so Einsicht zu erlangen versucht«.

Es ist schon ein unerwünschtes Sicheinmischen, viele Reden vom Stapel zu lassen. Aber die Torheit desjenigen, der sich an Worte und Redensarten klammert, sie verstandesmäßig deutet und so versucht, sie zu verstehen, ist geradezu absurd und spottet jeder Beschreibung. Solche Leute können mit dem verglichen werden, der versucht, den Mond mit einem Stock zu schlagen, und seinen Schuh kratzt, weil ihm irgendwo der Fuß juckt. »Es hat nichts mit der Wahrheit zu tun.« Mumon spricht eindringlich von der Torheit eines solchen an Buchstaben sich klammernden Schülers.

Vom grundsätzlichen Standpunkt des Zen aus, das erklärt, Nicht-Tor sei sein Dharma-Tor, ist es sinn- und nutzlos, diese 48 Koans einzuführen und Teisho dazu zu geben. Es ist so töricht wie der Versuch, den Mond zu schlagen oder einen Schuh zu kratzen, wenn einem der Fuß juckt. Ein solches Sicheinmischen hat mit dem Tor des Nicht-Tores nichts zu tun. Mumon kritisiert scharf sein eigenes Buch als eine vollkommen überflüssige Arbeit. Was beabsichtigt Mumon wirklich, wenn er den ersten Teil seines eigenen Vorwortes mit diesen scharfen Worten schließt? Mumon will uns mit dieser Schmährede, die sich auf Zen gründet, für die

Wahrheit des Zen, das Absolute, die Augen öffnen. Mit anderen Worten: Er drängt uns, entschlossen und direkt durch das Nicht-Tor zu gehen.

Im zweiten Teil ändert Mumon seinen Ton und erklärt, wie dieses Buch zustande kam. »Im Sommer des ersten Jotei-Jahres (1228) war ich, Ekai, Oberer der Mönche zu Ryusho in Toka. Die Mönche baten mich um Unterweisung. Schließlich begann ich mit den Koans der alten Meister und benutzte sie bei der Unterweisung der Mönche je nach deren Fähigkeiten und Typen als Ziegelsteine, um an das Tor zu klopfen.«

Mumon sagt: »Als ich im Sommer 1228 Oberer im Ryushoji-Kloster auf dem Berg Koshin war, baten mich die Mönche, ihnen Anweisungen zu geben, die ihnen bei ihren Übungen von Nutzen sein könnten. Da ich ihre ernsthafte Bitte nicht abschlagen konnte, gab ich den Mönchen schließlich als Unterweisung, in Übereinstimmung mit ihren Fähigkeiten und Neigungen, Mondos und Aussprüche alter Zen-Meister, die als Koans studiert werden. Vom grundsätzlichen Standpunkt des Zen her, kann ›Es‹ niemals von anderen gelehrt oder gezeigt werden, aber ich hoffte, daß diese Koans als Ziegel dienen könnten, um an der Tür zu klopfen, oder als Finger, der zum Mond zeigt, bis (das) Nicht-Tor geöffnet würde. Die Anzahl der Anmerkungen und Berichte über diese Koans und Kommentare ist im Laufe der Zeit sehr gestiegen, und jetzt besitze ich achtundvierzig Koans. Ich habe sie nicht irgendwie geordnet, sondern ich gab sie jeweils einzeln wieder. Ich habe nunmehr diese Sammlung zusammengestellt und will sie *Mumonkan* nennen.«

Im ersten Jahr des Jotei (1228) war Meister Mumon sechsundvierzig Jahre alt. Der Verfall der Macht der südlichen Sung-Dynastie hatte begonnen. Gegen Ende der Dynastie befand sich die Nation in Aufruhr. Auch Zen verfiel allmählich; es hatte nicht mehr den lebendigen Geist, den es in seiner Blütezeit gehabt hatte. Ein Buch wie die *Mumonkan*-Sammlung, das als gutes Lehrbuch für Mönche in der Ausbildung benutzt werden konnte, war daher dringend notwendig. In einem solchen Augenblick erschien Meister Mumon auf der Welt und kam einem Bedürfnis der Zen-Schüler jener Zeit entgegen. Kurz gesagt, die *Mumonkan*-Sammlung kann als Standard-Zen-Text bezeichnet werden, dazu bestimmt, dem Üben der Schüler Richtung zu geben.

Am Schluß seines Vorwortes erhebt Meister Mumon seine Stimme und wendet sich an seine Schüler: »Ein wahrhaft tapferer

Mann wird sein eigenes Leben wagen und sich geradewegs in die Wirklichkeit des Nicht-Tores stürzen. Er wird niemals zögern, ganz gleich, welche Gefahr damit verbunden ist. Dann wird sogar ein Dämon mit übernatürlicher Kraft wie Nata sich nicht in die Übung eines so tapferen Wahrheitssuchers einmischen können. Selbst die achtundzwanzig Patriarchen Indiens und die sechs folgenden chinesischen Patriarchen werden sich vor Staunen vor seinem ehrlichen Suchen verkriechen und um ihr Leben fürchten.« Mit großem Nachdruck ermutigt Mumon die Schüler, sich mit Herz und Seele der Zucht zu widmen.

Er fährt fort: »Wenn du jedoch zögerst, dein Leben für die Ausbildung zu wagen, dann wird sie dir im Nu entgleiten, so etwa wie du nur einen Schimmer von einem Pferd erhaschst, das an deinem Fenster vorbeirast. Du wirst den Zen-Sinn sofort aus den Augen verlieren und dich niemals mehr auch nur dem Tor des Nicht-Tores nähern können.« Mumon beendet sein Vorwort mit diesen beflügelnden Worten, mit denen er sagen will, wie schwierig es ist, die Zen-Wahrheit zu erlangen. Gleichzeitig versucht er damit, einen starken Willen und furchtlosen Geist in uns zu erwecken.

Teisho zum Gedicht des Mumon

> Das Große Tao ist torlos,
> Kannst du dich frei im Weltraum bewegen.
> Wenn diese Schranke durchschreitest,
> Kannst du dich frei im Weltall bewegen.

»Das Große Tao« ist der »Höchste Weg«, die »Höchste Wahrheit« und das Wesen des Zen. Ihm können verschiedene Namen gegeben werden, aber es gibt nur eine, ewig unwandelbare Grundwahrheit. Darum hat das Große Tao kein Tor. Weil es torlos ist, steht es jetzt vor dir, und plötzlich siehst du es hinter dir. Es durchdringt das Universum.

Das japanische Wort für Tao ist »Michi«, was soviel heißt, wie »überreichlich«. Es ist überreichlich überall.

Vor langer Zeit fragte in China ein Mönch Meister Gensha: »Ich bin ein Novize und bin gerade in diesem Kloster aufgenommen worden. Von wo finde ich Zugang zum Zen?« Gensha sagte: »Kannst du das Gemurmel des Gebirgsbaches hören?« »Jawohl«, antwortete der Mönch. »Tritt von dort aus in das Zen ein«, war die Antwort des Meisters Gensha.

Tritt frei und ungehemmt von irgendwoher ein. Es ist nach allen Richtungen hin offen und torlos. Ja, ich möchte sagen, weil es torlos ist, ist es das Große Tao. Hindurchgehen oder Nichthindurchgehen steht gar nicht zur Debatte. Daher sagt man: »Es führen viele tausend Wege zu ihm.« Die Tatsache, daß es torlos ist, bedeutet, daß alles, so wie es ist, »Es« ist. Es bedeutet auch, daß zahllose, verschiedene Wege zu ihm führen. Ein alter Zen-Meister sagte: »Sieh unter deine Füße.« Wenn du stehst, dann ist genau der Platz, auf dem du stehst, Tao. Wenn du dich setzt, dann ist genau der Platz, auf dem du sitzt, Tao. Wenn man sagt, daß das Große Tao torlos ist, so trifft dies tatsächlich nur teilweise zu. Zu sagen, daß viele tausend Wege zu ihm hinführen, ist auch nur die halbe Wahrheit. Neben dem Prinzip der grundsätzlichen Gleichheit kann es niemals Phänomene der Unterscheidung geben. Neben den Phänomenen der Unterscheidung kann es niemals das Prinzip der grundsätzlichen Gleichheit geben. Gleichheit ist zugleich Unterscheidung; Unterscheidung ist zugleich Gleichheit – das ist das Große Tao. Dies ist die Wirklichkeit des Nicht-Tores, die sowohl Bejahung und Verneinung übersteigt.

Ein altes Sprichwort sagt: »Fische wissen nichts vom Wasser, während sie im Wasser sind.« So sehr es auch zutreffen mag, daß jeder im Großen Tao lebt, wenn er sich der Tatsache nicht bewußt ist, so ist dort für ihn bestimmt das Tor des Nicht-Tores. Zen-Meister müssen dann darauf bestehen, daß er die torlose Schranke durchbricht. Meister Mumon sagt von diesem noch nicht vollkommenen Standpunkt her:

Wenn du diese Schranke durchschreitest,
Kannst du dich frei im Weltall bewegen.

Wie schon wiederholt betont, ist Zen nicht etwas, worüber man philosophieren oder was man verstandesmäßig erfassen kann. Es muß das konkrete Geschehen sein, zu dem man durch die persönlich erfahrene Erkenntnis gelangt ist. Daher ist im Zen die religiöse Erfahrung des Durchbrechens der torlosen Schranke für jeden Schüler eine absolute Notwendigkeit. Wenn er wirklich die Schranke durchbrochen hat, dann kann er zum ersten Mal als aktuelle Wirklichkeit aussagen, daß sie torlos ist. Dann ist er ganz frei, und es gibt im Universum für sein kreatives Wirken kein

Hindernis mehr. Das Nicht-Tor bleibt so lange eine bloße Idee und ein Begriff, bis man diese Erfahrung gemacht hat.

Meister Rinzai, der diese absolute Freiheit des Sichbewegens durch das Universum beschreibt, sagt: »Wenn du einmal der Absolute Meister (subjektiv) bist, dann ist alles, wo du auch sein magst, wahr für dich. Die Umstände mögen sich ändern, aber sie können dir nichts anhaben.«

Das ist die neue Zen-Schau, die sich dir auftun wird, wenn du wirklich das Große Tao durchbrochen hast, das kein Tor hat. Das ist das Zen-Leben, das du frei entfalten wirst. Meister Mumon zeigt das wahre Bild des Großen Tao in einem Gedicht und bittet seine Mönche, stark zu bleiben in ihrer Übung.

Die 48 Koans des Mumon

修心之道

1 Joshus »Mu«

Koan   Ein Mönch fragte einmal Meister Joshu: »Hat ein Hund die Buddha-Natur oder nicht?« Joshu sagte: »Mu!«

Kommentar des Mumon

Beim Zen-Studium müssen die von den alten Zen-Meistern aufgebauten Sperren durchbrochen werden. Man muß seinen unterscheidenden Geist auslöschen, wenn man unvergleichliches Satori erlangen will. Diejenigen, die nicht die Sperre durchschritten und den unterscheidenden Geist nicht ausgelöscht haben, sind alle Gespenster, die in Bäumen und Pflanzen spuken.

Nun sage mir: Was ist die Sperre der Zen-Meister? Eben dieses »Mu« – das ist die Schranke des Zen. Es wird daher »die torlose Schranke des Zen« genannt. Diejenigen, die die Schranke überwunden haben, werden nicht nur deutlich Joshu sehen, sondern werden Hand in Hand gehen mit allen Meistern der Vergangenheit, sie von Angesicht zu Angesicht sehen. Du wirst mit dem gleichen Auge sehen, mit dem sie sehen, und hören mit dem gleichen Ohr. Wäre das nicht wunderbar? Willst du nicht die Schranke überwinden? Dann konzentriere dich mit deinen 360 Knochen und 84 000 Poren auf dieses »Mu« und verwandle deinen ganzen Leib in ein großes Suchen. Tag und Nacht arbeite eifrig daran. Versuche keine nihilistischen oder dualistischen Deutungen. Es ist, wie wenn man eine rote, heiße Eisenkugel hastig verschluckt hätte. Du versuchst, sie auszuspeien, aber du kannst es nicht.

Lösche dein illusorisches, unterscheidendes Wissen und deine bisher angesammelten Kenntnisse vollkommen aus und arbeite noch härter. Nach einer Weile wird dein Mühen Früchte tragen, werden alle Gegensätze (wie z. B. drinnen und draußen) auf natürliche Weise identifiziert werden. Du wirst dann wie betäubt sein, wie jemand, der einen wunderbaren Traum gehabt hat: Man selbst weiß es nur, in einem selbst. Plötzlich durchbrichst du die Schranke. Du wirst den Himmel in Staunen versetzen und die Erde erschüttern.

Es ist, als habest du das große Schwert von General Kan an dich gerissen. Du tötest den Buddha, wenn du ihm begegnest. Du tötest die alten Meister, wenn du sie triffst. Am Rande von Leben und Tod wirst du gänzlich frei, und in den sechs Reichen und den vier Lebensweisen lebst du in großer Freude ein wahres Leben in vollkommener Freiheit.

Wie soll man nun darum kämpfen? Mit aller Macht arbeite an diesem »Mu« und *sei* »Mu«. Wenn du nicht aufhörst in deinem Kampf und nicht wankst, dann wirst du sehen, wie die Dunkelheit sich sogleich erhellt, wenn die Dharma-Kerze brennt.

Gedicht des Mumon

> Der Hund! Die Buddha-Natur!
> Die Wahrheit zeigt sich deutlich.
> Ein Augenblick von Ja-und-Nein:
> Verloren sind dein Leib und deine Seele.

Teisho zu dem Koan

Dieses Koan ist äußerst kurz und einfach. Wegen seiner Einfachheit ist es von einzigartigem Wert; es ist ein ausgezeichnetes Koan.

Joshu ist der Name eines Ortes in Nordchina, und Meister Junen (778–897), der im Kannon-in in Joshu lebte, ist heute allgemein als Meister Joshu bekannt. Er war ein Zen-Meister, der außerordentlich lange lebte und im Alter von hundertzwanzig Jahren starb.

Joshu war siebenundfünfzig Jahre alt, als sein Lehrer Nansen starb. Die große Buddhistenverfolgung unter Kaiser Bu-so (845) fand statt, als Joshu siebenundsechzig Jahre alt war. Meister Rinzai Gigen (867) starb, als Joshu neunzig Jahre alt war, und Meister Gyzan starb, als Joshu in seinem hundertfünfzehnten Lebensjahr stand. Das bedeutet, daß Joshu gegen Ende der T'ang-Dynastie lebte, als Zen mit seinen schöpferischen geistigen Kräften seine

Blütezeit in China erlebte. Zu jener Zeit war Joshu in Zen-Kreisen eine der führenden Persönlichkeiten. Leute, die sein Zen beschrieben, sagten: »Seine Lippen strömen Licht aus«, und sie hatten große Achtung vor ihm.

Joshu wurde in einem Dorf in der Nähe von Soshufu im südwestlichen Teil von Santosho geboren und trat schon als Knabe in einen buddhistischen Tempel ein. Später – er war noch jung – kam er nach Chishu, um bei Meister Nansen zu studieren. Als er zum ersten Mal Nansen begegnete, befand sich dieser im Bett. Nansen fragte ihn: »Wo bist du kürzlich gewesen?« Joshu antwortete: »Bei Zuizo (wörtlich: »glückverheißendes Bild«), Meister.« »Hast du das glückverheißende Bild gesehen?«, fragte der Meister. Joshu sagte: »Ich habe nicht das Bild gesehen, aber ich habe einen liegenden Tathagata (Buddha) gesehen.« Nansen stand auf und fragte: »Hast du schon einen Meister, bei dem du studierst oder nicht?« Joshu antwortete: »Ich habe ihn.« Nansen fragte: »Wer ist er?« Da näherte sich Joshu Nansen, verbeugte sich vor ihm und sagte: »Ich freue mich, daß du trotz der strengen Kälte so wohlauf bist!« Nansen erkannte, daß Joshu ein ungewöhnlicher Mensch war, und er durfte sein Schüler sein. Danach setzte Joshu seine Zen-Studien bei Nansen mit Ausdauer fort.

Als Joshu siebenundfünfzig Jahre alt war, starb sein Meister Nansen, und vier Jahre später ging Joshu auf eine Pilgerreise mit dem Entschluß: »Wenn ein siebenjähriges Kind größer ist als ich, werde ich es bitten, mich zu lehren. Wenn ich größer bin als ein Hundertjähriger, werde ich diesen lehren.« Bis zu seinem achtzigsten Lebensjahr pilgerte er und vertiefte und verfeinerte sein Zen. Später lebte er im Kannon-in in Joshu und war in Nordchina zusammen mit Rinzai als ein führender Zen-Meister tätig.

In der Biographie des Joshu wird von einer Reihe von Mondos berichtet, denen dieses Koan entnommen ist. Man hat häufig versucht, diese Mondos zu deuten und das Koan in seiner Beziehung dazu zu erklären. Wir brauchen uns an dieser Stelle nicht damit zu beschäftigen, sondern wollen das Koan selbst behandeln. Meister Mumon, der seinen Kontext gut kennt, bringt ein einfaches, direktes und klares Koan. Seine Einfachheit spielt eine wichtige Rolle.

»Ein Mönch fragte einmal Meister Joshu: ›Hat ein Hund die Buddha-Natur oder nicht?‹« Dieser Mönch wußte sehr wohl, daß alle Lebewesen ohne Ausnahme die Buddha-Natur haben. Es ist daher eine außerordentlich wirkungsvolle und schwer zugängliche Frage, die nicht beantwortet wäre, wenn der Meister ja oder nein sagen würde. Der Mönch verlangt, daß Joshu ihm die wirkliche Buddha-Natur zeigt. Er fragt nicht nach ihrer Deutung oder ihrem begrifflichen Verständnis. Eine durchdringende Frage!

Als echter, fähiger Meister antwortete Joshu ohne im geringsten zu zögern: »Mu!« Er warf sich selbst – das ganze Universum – als »Mu« vor den Fragesteller. Hier ist kein Joshu, keine Welt, sondern nur »Mu«. Das ist das Koan vom »Mu« des Joshu!

Die Erfahrung der Buddha-Natur selbst findet hier einen schöpferischen Ausdruck im »Mu«. Obwohl »Mu« wörtlich »nein« heißt, weist es in diesem Falle auf das unvergleichliche Satori hin, das jenseits von Ja und Nein ist, auf die religiöse Erfahrung der Wahrheit, zu der man gelangen kann, wenn man seinen unterscheidenden Geist hinter sich läßt. Es hat nichts zu tun mit der dualistischen Interpretation von Ja und Nein, Sein und Nicht-Sein. Es ist die Wahrheit selbst, das Absolute selbst.

Joshu, der fragende Mönch, und der Hund sind jedoch für diese Geschichte nebensächlich, und sie haben in sich überhaupt keine wesentliche Bedeutung. Wenn wir das Koan nicht in uns selbst erfassen, so wie wir hier und jetzt leben, hört es auf, ein wirkliches Koan zu sein. Wir dürfen es nicht als eine alte Geschichte lesen; du selbst mußt direkt »Mu« *sein* und nicht nur den Mönch, sondern auch Joshu in die Flucht schlagen. Dann ist die Buddha-Natur »Mu«; Joshu ist »Mu«. Nicht nur dies, auch du selbst und das ganze Universum sind nichts als »Mu«. Auch »Mu« selbst reicht bei weitem noch nicht; es ist immer das unnennbare, unbeschreibliche »Es«.

Meister Daie sagt: »Arbeite direkt am ›Mu‹ des Joshu. *Sei* es ganz.« Er sagt uns, einfach Nicht-Selbst zu sein, »Mu« zu sein und es gleich hier zu zeigen. Das ist wirklich eine sehr verlockende Anweisung.

Einmal warf mein eigener Lehrer, Meister Bukai, seinen Stock (Nyoi, ungefähr 50 cm lang, den ein Zen-Meister immer mit sich herumträgt) vor mich hin und verlangte: »Nun übersteige das Ja-und-Nein dieses Stockes (Nyoi).« Und er erlaubte mir nicht einmal, auch nur einen Augenblick zu zögern. Die Zen-Übung hat das Ziel, den Durchbruch zur konkreten Wirklichkeit unmittelbar zu erfahren. Diesen Durchbruch zur Wirklichkeit muß jeder persönlich erreichen. Zen kann niemals eine Idee oder ein Wissen sein, die nur Schatten der Wirklichkeit sind. Du denkst vielleicht, daß »Mu« sowohl Ja wie Nein übersteigt, daß es die Absolute Einheit ist, in der sich jede dualistische Unterscheidung erschöpft. Während du so begrifflich denkst, geht dir das wirkliche »Mu« für immer verloren.

Mein Lehrer fragte mich auch einmal: »Zeige mir die Form des ›Mu‹.« Als ich antwortete: »Es hat ja überhaupt keine Form«, sagte er eindringlich: »Ich will diese Form sehen, die Nicht-Form ist.« Wie scharf und drastisch! Wenn man nicht die Form des »Mu« frei und deutlich darstellen kann, erweist sie sich als bedeutungsloser Leichnam.

In der Biographie des Meisters Hakuin lesen wir die folgende eindringliche Geschichte von seiner ersten Begegnung mit seinem Lehrer, Meister Shoju. Shoju fragte Hakuin: »Sage mir, was ist das Wort ›Mu‹ des Joshu?« Hakuin antwortete stolz: »Es durchdringt das All! Keine einzige Stelle, an der man es fassen kann!« Sobald er diese Antwort gegeben hatte, faßte Shoju Hakuins Nase und kniff sie. »Ich kann sie ganz bequem fassen«, sagte Shoju laut lachend. Im nächsten Augenblick ließ er sie los und beschimpfte Hakuin: »Du bist ein toter Mönch in einer Höhle! Bist du mit dir selbst zufrieden, bei solch einem ›Mu‹?« Dies brachte Hakuin ganz aus der Fassung.

Wir müssen erkennen, daß dieses eine Wort »Mu« von derartig erschöpfender Tiefe und Klarheit ist, daß man alle Zen-Koans – wenn man es einmal wirklich als sein eigenes erfaßt hat – zu ergründen vermag.

Häufig wird gesagt, daß »Mu« ein »Auftakt«-Koan für Anfänger sei, und das ist ein großer Fehler. Ein Koan im Zen unterscheidet sich wesentlich von allgemeinen Fragen und Problemen. Etymologisch bedeutet der Begriff Koan: »der Ort, an dem die Wahrheit ist«. In der tatsächlichen Übung hat es die Aufgabe, unser dualistisches Bewußtsein auszulöschen und unser inneres geistiges Auge für eine neue Schau zu öffnen. Praktisch mag es Unterschiede in der Tiefe der Geistigkeit und Fähigkeit der Zen-Schüler geben, die ein Koan durchdringen. Das können wir Menschen in dieser Welt nicht vermeiden. Man sollte aber keine Unterschiede zwischen den Koans machen oder Einteilungen vornehmen wie Einführungs-Koan für Anfänger und schwierige Koans für Fortgeschrittene. Ein alter Zen-Meister sagte: »Wenn du ein einziges Koan durchdringst, sind sogleich unzählige Koans ergründet worden.« Ein anderer Meister sagte: »Es ist wie das

Durchschneiden einer Zwirnsrolle: ein Schnitt, und alles ist durchgeschnitten.«

Der Gebrauch eines Koan bei der Zen-Übung entwickelte sich spontan in China unter der südlichen Sung-Dynastie, als eine traditionalistische, nur die Erinnerung an Zen pflegende Tendenz in Zen-Kreisen sich durchzusetzen begann. In der frühen Sung-Periode wurde das Wort »Mu« des Joshu schon in weiten Kreisen als Koan benutzt. Mumon selbst wurde durch dieses Koan in den Abgrund des Großen Zweifels getrieben, aber schließlich machte er die Erfahrung und ergründete es. Mumon muß wohl aufgrund seines eigenen Übens und seiner eigenen Erfahrung einen Auszug des wesentlichsten von verschiedenen Mondos gemacht und dies seinen Schülern als einfache, direkte Koans präsentiert haben.

Das obige Koan ist einem Mondo zwischen Joshu und einem Mönch entnommen. *Joshu Zenji Goroku* (»Aussprüche des Meisters Joshu«) und einige wenige andere Bücher berichten ähnliche Mondos. In dem Kapitel »Joshu Junen« des *Goto Egen*, Band 4, lesen wir: »Ein Mönch fragte Joshu: ›Hat ein Hund die Buddha-Natur oder nicht?‹ Der Meister sagte: ›Mu‹. Der Mönch fragte: ›Angefangen von den Buddhas bis hinunter zu den kriechenden Kreaturen, wie Ameisen, haben alle die Buddha-Natur. Wie kommt es, daß ein Hund sie nicht hat?‹ Der Meister antwortete: ›Weil er unwissend ist und sich an etwas hängt.‹«

In *Joshu Zenji Goroku* steht das folgende Mondo: »Ein Mönch fragte: ›Hat ein Hund die Buddha-Natur oder nicht?‹ Der Meister sagte: ›Mu‹. Mönch: ›Sogar alle kriechenden Kreaturen haben die Buddha-Natur. Wie kommt es, daß der Hund sie nicht hat?‹ ›Weil er unwissend ist und sich an etwas hängt.‹«

Ein anderer Mönch fragte Joshu: »Hat ein Hund die Buddha-Natur oder nicht?« Der Meister sagte: »U« (Ja). Der Mönch fragte: »Wenn er die Buddha-Natur hat, warum ist er dann in solch einem Hundekörper?« Meister: »Absichtlich wagt er, so zu sein.«

Obwohl allgemein angenommen wird, daß dieses Mondo über die Buddha-Natur ursprünglich von Joshu ausgeht, lesen wir das folgende Mondo in der Biographie des Meisters Ikan (755–817) von Kozenji in Keicho: Mönch: »Hat ein Hund die Buddha-Natur oder nicht?« Meister: »Ja« (U). Mönch: »Hast du, o Meister, die Buddha-Natur oder nicht?« Meister: »Ich habe sie nicht.« Mönch: »Alle Lebewesen haben die Buddha-Natur. Wie kommt es, daß du, Meister, sie allein nicht hast?« Meister: »Ich gehöre nicht zu allen Lebewesen.« Mönch: »Wenn du nicht zu den Lebewesen gehörst, bist du dann ein Buddha oder nicht?« Meister: »Ich bin kein Buddha.« Mönch: »Was für ein Ding bist du dann schließlich?« Meister: »Ich bin auch kein Ding.« Mönch: »Kann es gesehen und daran gedacht werden?« Meister: »Selbst wenn du versuchst, daran zu denken und es zu kennen, kannst du es nicht tun. Es wird deshalb das Unerkennbare genannt!« (*Keitoku Dento-roku*, Band 7)

Lassen wir für den Augenblick die historischen Koan-Studien beiseite. »Mu« als Koan soll unser geistiges Auge für die Wirklichkeit öffnen, für »Mu«, das heißt für das Zen des Joshu, und das ist die einzige Aufgabe dieses Koan; alles andere ist nur Beiwerk und nicht von primärer Bedeutung. Wir brauchen es nur zu unserer Information zu lesen.

Alle Lebewesen ohne Ausnahme haben die Buddha-Natur. Das ist die Grundwahrheit des Nicht-Dualismus und der Gleichheit. Andererseits ist diese unsere jetzige Welt dualistisch und voll von Unterscheidungen. Das obige Mondo zeigt uns den wesentlichen Widerspruch zwischen der Grundwahrheit des Nicht-Dualismus und den gegenwärtigen Phänomenen. Die alten Meister konfrontierten uns mit der Tatsache, daß wir Menschen von Anfang an in diesem wesentlichen Widerspruch leben. Aus Mitleiden haben die Meister auf diese Weise versucht, den Großen Zweifel ihrer Schüler zu vergrößern, sie zu einem noch intensiveren geistlichen Suchen anzuregen und sie schließlich durch die Ergründung des Koan zum Satori zu führen. Wenn man wirklich dieses Koan ergründet, das uns auf einzigartige Weise das innerste Wesen des menschlichen Widerspruchs zeigt, sieht man selbst mit seinem Zen-Auge deutlich, was dieses Mondo zu sagen versucht.

Teisho zum Kommentar des Mumon

Mumon kommentiert: »Beim Zen-Studium müssen die von den alten Zen-Meistern aufgebauten Sperren durchbrochen werden. Man muß seinen unterscheidenden Geist auslöschen, wenn man unvergleichliches Satori erlangen will. Diejenigen, die nicht die Sperre durchschritten und den unterscheidenden Geist nicht ausgelöscht haben, sind alle Gespenster, die in Bäumen und Pflanzen spuken.

»Nun sage mir: Was ist die Sperre der Zen-Meister? Eben dieses ›Mu‹ – das ist die Schranke des Zen. Es wird daher ›die torlose Schranke des Zen‹ genannt. Diejenigen, die die Schranke überwunden haben, werden nicht nur deutlich Joshu sehen, sondern werden Hand in Hand gehen mit allen Meistern der Vergangenheit, sie von Angesicht zu Angesicht sehen. Du wirst mit dem gleichen Auge sehen, mit dem sie sehen, und hören mit dem gleichen Ohr. Wäre das nicht wunderbar? Willst du nicht die Schranke überwinden? Dann konzentriere dich mit deinen 360 Knochen und 84 000 Poren auf dieses ›Mu‹ und verwandle deinen ganzen Leib in ein großes Suchen. Tag und Nacht arbeite eifrig daran. Versuche keine nihilistischen oder dualistischen Deutungen. Es ist, wie wenn man eine rote, heiße Eisenkugel hastig verschluckt hätte. Du versuchst, sie auszuspeien, aber du kannst es nicht.«

»Lösche dein illusorisches, unterscheidendes Wissen und deine angesammelten Kenntnisse vollkommen aus und arbeite noch härter. Nach einer Weile wird dein Mühen Früchte tragen, werden alle Gegensätze (wie z. B. drinnen und draußen)auf natürliche Weise identifiziert werden. Du wirst dann wie betäubt sein, wie jemand, der einen wunderbaren Traum gehabt hat: Man selbst weiß es nur, in einem selbst. Plötzlich durchbrichst du die Schranke. Du wirst den Himmel in Staunen versetzen und die Erde erschüttern.

Es ist, als habest du das große Schwert des Generals Kan an dich gerissen. Du tötest den Buddha, wenn du ihm begegnest. Du tötest die alten Meister, wenn du sie triffst. Am Rande von Leben und Tod wirst du gänzlich frei, und in den sechs Reichen und den vier Lebensweisen lebst du in großer Freude ein wahres Leben in vollkommener Freiheit.

Wie soll man nun darum kämpfen? Mit aller Macht arbeite an diesem ›Mu‹ und *sei* ›Mu‹. Wenn du nicht aufhörst in deinem Kampf und nicht wankst, dann wirst du sehen, wie die Dunkelheit sich sogleich erhellt, wenn die Dharma-Kerze brennt.«

Nach seiner Lebensbeschreibung wohnte Meister Mumon in einer Berghöhle, wo er Zazen praktizierte und sich sechs Jahre lang übte. Trotz dieser harten Schulung konnte er sein geistliches Suchen im Grunde nicht befriedigen. Es war dieses Koan, das »Mu« des Joshu, das ihn in den Abgrund des Großen Zweifels stürzen und ihn schließlich, als er es ergründete, so als ob er den Boden eines Fasses ergründet hätte, Satori erlangen ließ. Sein

Kommentar zu diesem Koan ist daher besonders liebevoll und eingehend. Er erzählt uns ganz offen von den harten Übungen, die er selbst durchgemacht hat und versucht, Zen-Schüler aufgrund seiner eigenen Erfahrung zu leiten.

»Beim Zen-Studium müssen die von den alten Zen-Meistern aufgebauten Sperren durchbrochen werden. Man muß seinen unterscheidenden Geist auslöschen, wenn man unvergleichliches Satori erlangen will.«

Zunächst sagt uns Mumon, welches die rechte Haltung für einen Zen-Schüler ist, das heißt, was grundsätzlich von ihm beim Zen-Studium verlangt wird. Meister Daiye sagt: »Satori ist die grundlegende Erfahrung im Zen.« Man muß sein alltägliches Selbst vernichten und als neues Selbst in einer anderen Dimension wiedergeboren werden. Mit anderen Worten: Der Schüler muß persönlich die innere Erfahrung, Satori genannt, haben, durch die er als das Wahre Selbst wiedergeboren wird. Diese grundsätzliche Erfahrung des Aufwachens ist im Zen wesentlich. Obwohl mehrere, verschiedene Ausdrucksweisen benutzt werden, wenn über das Faktum dieses religiösen Erwachens gesprochen wird, gibt es ohne es kein wirkliches Zen. Daher erklärt Mumon ganz zu Anfang, daß »man beim Zen-Studium die von den alten Meistern aufgestellten Schranken überwinden müsse«. Die Schranke der alten Zen-Meister ist das Hindernis zum Zen, und das Hindernis, das zu überwinden ist, ist der Dualismus von Ja und Nein, von Subjekt und Objekt. Die Aussprüche der alten Meister, die Koans genannt werden, sind praktisch solche Schranken oder Sperren.

Der Ausdruck »unvergleichliches Satori« weist auf die ewige Befreiung oder absolute Freiheit hin, die beim direkten Durchbruch durch die Zen-Schranke erreicht wird. Mumon betont, daß man sich ein für allemal von seinem unterscheidenden Geist vollkommen trennen müsse, damit dieser Durchbruch gelingt. Der »unterscheidende Geist« ist unser alltägliches Bewußtsein, das dualistisch, unterscheidend und Ursache aller Arten von Illusionen ist. Mumon verlangt von uns, daß wir uns davon trennen. Um es loszuwerden, muß unser ganzes Sein das Koan sein. Nichts darf zurückbleiben. Das Geheimnis des Zen liegt in diesem Sichtrennen. Man darf nicht fragen, was sich danach wahrscheinlich ereignen wird. Was auch immer sich ereignet, wird natürlich und automatisch geschehen, ohne daß man danach sucht. Wichtig ist hier, daß man es wirklich selbst tut.

»Diejenigen, die nicht die Sperre durchschritten und den unterscheidenden Geist nicht ausgelöscht haben, sind alle Gespenster, die in Bäumen und Pflanzen spuken.«

Es gibt einen Aberglauben, nach dem die Geister derer, die nach dem Tod nicht den Frieden gefunden haben, Bäume und Pflanzen heimsuchen und sogar einen bösen Zauber auf Menschen ausüben. An dieser Stelle sind damit diejenigen gemeint, die keine grundlegende geistige Basis haben, die sich an Worte und Logik klammern, die dualistischen Anschauungen verhaftet sind, ohne den Subjekt-Standpunkt zu begreifen.

Mumon sagt, daß jeder, der unfähig ist, die Schranke der alten Meister zu überwinden oder seinen unterscheidenden Geist auszulöschen – das heißt, wenn sein Zen-Sinn noch nicht erwacht ist –, er einem Gespenst ohne Wirklichkeit gleicht. Solch eine Existenz ist ohne Sinn. So versucht Mumon durch extreme Ausdrucksweise und Schimpfworte uns dahin zu bringen, daß wir uns unserer unerleuchteten Existenz schämen und zu der großen spirituellen Suche aufwachen.

»Nun sage mir«, fordert Mumon auf, »was ist die Sperre der Zen-Meister?« Er hat nun unser Interesse geweckt und antwortet selbst, daß dieses »Mu« die letzte Zen-Schranke ist. Wenn man sie einmal überwunden hat, ist man Herr aller Schranken und die 48 Koans und Kommentare der Mumonkan-Sammlung sind seine Werkzeuge. Mumon bemerkt, daß sie daher »die torlose Zen-Schranke« genannt werde. Wir sollten jedoch nicht vergessen, daß nicht nur das erste Koan, sondern daß jedes der 48 Koans die Zen-Schranke ist.

»Diejenigen, die die Schranke überwunden haben, werden nicht nur deutlich Joshu sehen, sondern werden Hand in Hand gehen mit allen Meistern der Vergangenheit, sie von Angesicht zu Angesicht schauen. Du wirst mit dem gleichen Auge sehen, mit dem sie sehen, und mit dem gleichen Ohr hören. Wäre das nicht wunderbar?«

Mumon sagt damit, wie wunderbar es ist, den Durchbruch durch die Schranke zu erfahren und das Leben des Satori zu leben. Wenn das Tor einmal überwunden ist, kommt man zum höchsten Frieden. Man kann dem alten Joshu in voller Kraft und Wirksamkeit begegnen. Auch wirst du mit allen Zen-Meistern in der gleichen Geistigkeit leben, sie von Angesicht zu Angesicht sehen und dich freuen an der Wahrheit der Einheit. Wie wunderbar, wie herrlich! Er rühmt das Leben des Satori in den höchsten

Tönen. Im Satori gibt es kein Alter, keine Unterschiede zwischen Ich und Du, zwischen Raum und Zeit. Wo auch immer und wann auch immer sie geschehen, hier und jetzt siehst und hörst du – es ist Joshu, es ist dein Selbst, und »Mu«. Es kann keine größere Freude geben. Dies erfahren heißt ewigen Frieden erlangen.

»Willst du die Schranke überwinden? Dann konzentriere dich mit deinen 360 Knochen und 84 000 Poren auf dieses ›Mu‹ und verwandle deinen ganzen Leib in ein großes Suchen.«

Nachdem er die große Freude des Satori beschrieben hat, wendet sich Mumon an seine Schüler und spricht sie unmittelbar an. »Gibt es unter euch einige, die diese Schranke der alten Meister passieren wollen?« Dann gibt er praktische Anweisungen, wie sie in ihren Übungen fortfahren sollen, um die Schranke zu überwinden – wie sie Satori erlangen. Er rät ihnen, mit ihrem Herzen und ihrer Seele nach dem zu suchen, was Ja und Nein, Du und Ich übersteigt. Sie müssen ihr ganzes Sein, vom Kopf bis zu den Füßen, für dieses Suchen einsetzen und dürfen niemals aufhören zu forschen. Es wird keine Welt, kein Selbst, nur einen Großen Zweifel geben. Dies ist »Mu«.

»Sei nichts als ›Mu‹!« drängt Mumon die Schüler.

»Konzentrieren« heißt, zur Einheit zusammengeschlossen und gleichgesetzt werden. »Sich auf ›Mu‹ konzentrieren« heißt, daß »Mu« und Selbst eins sind – eins sind und dann sowohl »Mu« wie auch das Selbst übersteigen.

»Arbeite Tag und Nacht eifrig daran; versuche keine nihilistischen oder dualistischen Deutungen.«

Mumon fährt mit seinen Unterweisungen fort: Sei niemals – auch nicht einen Augenblick nachlässig, sondern widme Tag und Nacht dem Zazen und dem Koan. Ein alter Meister beschrieb diesen Übungsprozeß mit den Worten: »Arbeite wie eine Henne, die versucht, ihre Eier auszubrüten.« Mißverstehe »Mu« nicht als nihilistische Leere. Auf keinen Fall verstehe es als dualistisches Nein im Gegensatz zum Ja. Es ist überflüssig zu sagen, daß es nichts mit intellektueller Unterscheidung oder dualistischem logischen Denken zu tun hat. Es ist ganz jenseits aller Beschreibung.

»Es ist, wie wenn man eine rote, heiße Eisenkugel hastig verschluckt hätte. Du versuchst, sie auszuspeien, aber du kannst es nicht. Lösche dein illusorisches, unterscheidendes Wissen und deine bisher angesammelten Kenntnisse vollkommen aus und arbeite noch härter. Nach einer Weile wird dein Mühen Früchte tragen, werden alle Gegensätze (wie z. B. drinnen und draußen) auf natürliche Weise identifiziert werden. Du wirst dann wie betäubt sein, wie jemand, der einen wunderbaren Traum gehabt hat: Man selbst weiß es nur, in einem selbst.«

Der Satz: »wie wenn man eine rote, heiße Eisenkugel hastig verschluckt hätte« beschreibt denjenigen, der sich mit seinem ganzen Sein, Leib und Seele, in den Großen Zweifel, die geistliche Suche, gestürzt hat. Alle Gemütsbewegungen sind erschöpft, die ganze Denkfähigkeit ist bis zum äußersten gelangt; die Unterscheidung kann keinen Zollbreit eindringen. Das ist der Zustand der höchsten geistigen Intensität. Wenn es heiß ist, dann ist das ganze Universum nichts als Hitze. Wenn du siehst, dann gibt es nur den einen Akt des Sehens – es gibt für irgendeinen anderen Gedanken keinen Raum mehr. Mumon ermahnt uns, wenn man bis zu diesem Zustand gelangt ist, den Kampf nicht aufzugeben, sondern einfach weiterzukämpfen. In diesem Zustand kann es keinen Gedanken der Unterscheidung geben. »Illusorisches, unterscheidendes Wissen und bisher angesammelte Kenntnisse« deuten auf unseren bisherigen, dualistisch arbeitenden Geist hin. Davon ist jetzt keine Spur mehr vorhanden. Du bist ganz leuchtend und klar wie ein Kristall. Subjekt und Objekt, drinnen und draußen, Sein und Nicht-Sein sind nur eins, und selbst dieses eine hört auf zu sein. Rinzai beschreibt diesen Zustand: »Das ganze Universum ist reine Dunkelheit.« Hakuin sagt: »Es war, wie wenn man in einer Eishöhle mit hundert Meilen dicken Wänden säße.« Das ist der Augenblick, in dem unser unterscheidender Geist geleert und ausgelöscht wird. Wenn man bei der Übung im Abgrund des absoluten »Mu« ist, kommt der unaussprechliche Augenblick über einen: der Augenblick, in dem »Mu« zum »Mu« erweckt wird, das heißt, wenn man als das Selbst des Nicht-Selbst wieder auflebt. In diesem geheimnisvollen Augenblick ist man wie betäubt, wie jemand, der einen wunderbaren Traum gehabt hat, denn er ist sich dessen voll bewußt, aber er kann es nicht in Worten ausdrücken. Das Absolute Nichts (»Mu«) ist zu sich selbst erwacht. Das ist der Augenblick der Erkenntnis, in dem der Subjekt-Objekt-Gegensatz wirklich völlig überschritten wird. Um dies zu beschreiben, müssen wir Worte wie »unaussprechlich« oder »geheimnisvoll« gebrauchen. »Du wirst dann wie betäubt sein, wie jemand, der einen wunderbaren Traum gehabt hat; er selbst weiß es nur allein, er in sich selbst.«

Dann versucht Mumon wieder, die Erfahrung desjenigen zu beschreiben, der gerade die Schranke überwunden hat: »Plötzlich durchbrichst du die Schranke. Du wirst den Himmel in Staunen versetzen und die Erde erschüttern.« Ich würde jedoch lieber die beiden Sätze umkehren und sagen: »Plötzlich durchbrichst du die Schranke; du wirst den Himmel in Staunen versetzen und die Erde erschüttern. Du wirst dann wie betäubt sein, wie jemand, der einen wunderbaren Traum gehabt hat. Man selbst weiß es nur, in einem selbst.« Dies würde der wirklichen Erfahrung mehr entsprechen. Zen nennt sie »unvergleichliches Satori« oder »einmal einen Großen Tod sterben und vom Tod wieder auferstehen.« Mumon beschreibt seine Erfahrung, als er Satori erlangte, mit den Worten: »Alle Wesen auf der Erde haben ihre Augen aufgemacht.« – Dies ist der wichtigste und wesentlichste Entwicklungsprozeß, den man in der Zen-Schulung durchzustehen hat.

»Es ist, als habest du das große Schwert des Generals Kan an dich gerissen. Du tötest den Buddha, wenn du ihm begegnest. Du tötest die alten Meister, wenn du sie triffst. Am Rande von Leben und Tod wirst du gänzlich frei, und in den sechs Reichen und den vier Lebensweisen lebst du in großer Freude ein wahres Leben in vollkommener Freiheit.«

General Kan war ein im alten China berühmter, tapferer General. Mit seinem großen Schwert pflegte er seine Feinde ungehindert zu schlagen und zu besiegen. Wenn man einmal das Satori dieses »Mu« erlangt hat, kann man die erreichte absolute innere Freiheit mit dem vergleichen, der das große Schwert jenes berühmten starken Generals in seiner Hand hat.

Nach dem Erlebnis dieses köstlichen Augenblicks, in dem die Schranke durchbrochen wird, verwandeln sich das eigene Selbst, die Welt und alles andere. Es ist gerade so, als ob einer, der blind geboren ist, das Augenlicht erhielte. Hier erklärt Mumon, in welch hohem Maße er nun absolut frei ist. Er sieht, er hört, und allem wird, so wie es ist, neues Leben gegeben. Mumon spricht in seinem eigenen Gedicht von diesem Wunder. »Der Berg Sumeru springt auf und tanzt.« Nur wer dies selbst wirklich erfahren hat, weiß auch zu würdigen, was Mumon hier besingt.

»Du tötest den Buddha, wenn du ihm begegnest. Du tötest die alten Meister, wenn du sie triffst.«

Dieser Ausdruck wird oft mißverstanden. Zen fordert absolute Freiheit, die alle Verhaftungen und Zwänge ausschaltet. Der Buddha wie auch die Patriarchen müssen vernichtet werden. Alle Zwänge im Geist müssen beseitigt werden. Kann es für jemanden, der durch den Abgrund des Großen Zweifels gegangen ist,

Subjekt und Objekt, Du und Ich überstiegen hat, der als das Wahre Selbst wieder zum Leben erwacht ist, irgend etwas geben, das ihn beunruhigt? Der Ausdruck »töten« darf nicht in unserem üblichen ethischen Sinn interpretiert werden. »Töten« heißt, über Namen und Ideen hinausgehen. Wenn du dem Buddha begegnest, ist der Buddha »Mu«. Wenn du die alten Meister triffst, sind sie »Mu«. Deshalb sagt er, wenn du die Schranke passierst, wirst du nicht nur Joshu deutlich sehen, sondern mit allen Meistern der Vergangenheit »Hand in Hand gehen, sie von Angesicht zu Angesicht sehen. Du wirst mit dem gleichen Auge sehen, mit dem sie sehen, und mit dem gleichen Ohr hören«.

Leben ist ein Aspekt des »Mu«, Sterben ist auch ein Aspekt des »Mu«. Wenn du stehst, ist dein Stehen »Mu«. Wenn du sitzt, ist dein Sitzen »Mu«. Die sechs Reiche weisen auf die sechs verschiedenen Stufen des Daseins hin, das heißt, die himmlische Welt, die menschliche Welt, die kämpfende Welt, Tiere, hungrige Wesen und Hölle. Die vier Weisen sind Erscheinungsweisen des Lebens: Lebendgeburt, Leben durch Eierlegen, Leben aus Feuchtigkeit und metamorphes Leben. Ursprünglich verwies der Satz auf die verschiedenen Lebensstadien der Seelenwanderung, die vom Kausalgesetz abhängig waren. Der Hinweis auf die sechs Reiche und die vier Erscheinungsweisen des Lebens bedeutet: »unter welchen Umständen du auch immer leben magst, in welcher Lage du dich auch befinden magst«. Sowohl günstige Umstände wie widerwärtige Situationen sind »Mu«, die zu jeder Zeit, an jedem Ort, während du lebst, verschieden wirken. Wie wunderbar ist es, so ein heiteres Leben in vollkommener Freiheit zu leben, mit der geistlichen Freiheit desjenigen, der den religiösen Frieden gefunden hat!

»Wie soll man nun darum kämpfen? Mit aller Macht arbeite an diesem ›Mu‹ und *sei* ›Mu‹.«

Noch einmal belehrt uns Mumon, wie man seine Zen-Übung durchführen soll, um die Schranke der Zen-Meister zu überwinden und unvergleichliches Satori und seine Zen-Persönlichkeit zu erlangen. Wie soll man am »Mu« arbeiten? Alles, was gesagt werden kann, ist: »Sei aus Leibeskräften nichts als ›Mu‹.« »Mu« zu sein heißt, alles, dich selbst und das ganze Universum, mit hineingeben.

»Wenn du nicht aufhörst in deinem Kampf und nicht wankst, dann wirst du sehen, wie die Dunkelheit sich sogleich erhellt, wenn die Dharma-Kerze brennt.«

Das kann einfach als eine Kerze auf dem Altar verstanden werden. Wenn der Geist sich einmal der Wahrheit des »Mu« öffnet, ist die Unwissenheit sofort erleuchtet, gerade so wie die Dunkelheit vergeht, wenn die Kerze brennt.

Mumon ermahnt seine Schüler, daß sie in ihrem Streben nicht nachlassen oder schwanken sollen. Mit anderen Worten, du mußt ganz und gar, aus Leibeskräften »Mu« sein und darfst niemals den Kampf aufgeben. Von einem alten japanischen Zen-Meister stammt das folgende Waka:

> Wenn dein Bogen zerbrochen ist
> und du hast keine Pfeile mehr,
> dann schieße!
> Schieße mit deinem ganzen Sein!

Ein westlicher Philosoph hat gesagt: »Des Menschen äußerste Grenze ist Gottes Gelegenheit.« Wenn der Mensch an seiner äußersten Grenze angelangt ist und mit seinem ganzen Sein weiterkämpft, ohne aufzuhören, dann kommt für ihn plötzlich der Augenblick des Durchbruchs. Das ist der Augenblick des grundlegenden Wandels, wenn man als Wahres Selbst wiedergeboren wird. Es ist so, als ob eine Kerze in der Dunkelheit angezündet würde. Die Dunkelheit ist sogleich erleuchtet.

Im *Hekigan-roku* steht von Meister Engo ein Gedicht:

> Es ist wie das Durchschneiden einer Zwirnsrolle:
> Ein Schnitt, und alles ist durchgeschnitten.
> Es ist wie das Färben einer Zwirnsrolle:
> Einmal eingetaucht, und alles ist gefärbt.

Auch ich möchte mit Mumon sagen: »Wäre das nicht wunderbar?« In seinem Kommentar hat Mumon sein möglichstes getan, uns zu beschreiben, wie köstlich und wunderbar die wahre Verwirklichung des Zen ist, und er hat den Weg gezeigt, dies zu erfahren.

Teisho zu dem Gedicht des Mumon

> Der Hund! Die Buddha-Natur!
> Die Wahrheit zeigt sich deutlich.
> Ein Augenblick von Ja-und-Nein:
> Verloren sind dein Leib und deine Seele.

Nach seinem eingehenden Kommentar zu Joshus »Mu« schrieb Mumon dieses Gedicht, um »Mu« nochmals zu erklären und klar und einfach das Wesen des Satori darzustellen.

Zunächst legt er uns direkt das Koan selbst vor: »Der Hund! Die Buddha-Natur!« Was braucht man hier noch? Wie die Dinge liegen, ist es »Mu«. So wie sie sind, sind sie »Mu«. Diejenigen, die es wirklich kennen, werden alles durch diese Zeile vollkommen verstehen.

Die zweite Zeile lautet: »Die Wahrheit zeigt sich deutlich.« Der ursprüngliche für Wahrheit gebrauchte chinesische Begriff besagt wörtlich: »Wahres Gesetz«, das heißt Buddhas grundsätzliches Gebot. Es ist nichts anderes als »Mu« selbst. Mumon sagt: Sieh, es ist gerade vor dir. Ein Blinder sieht nicht das Sonnenlicht, aber es ist nicht der Fehler der Sonne.

»Ein Augenblick von Ja-und-Nein: Verloren sind dein Leib und deine Seele.« Aus Mitleiden fügt Mumon diese beiden Zeilen hinzu, die besagen, daß – wenn auch nur ein Gedanke der Unterscheidung aufkommt – die Wahrheit des »Mu« völlig dahin ist. Wenn man wirklich ganz und gar »Mu« ist, ist es schon unkorrekt, es »Mu« zu nennen, denn dies gehört der dualistischen Welt der Wort- und Schriftzeichen an. »Mu« wird hier nur als Notbehelf gebraucht, um »U« (ja) und »Mu« (nein) zu übersteigen. Was kann man zustande bringen, wenn man Angst hat, Leib und Seele zu verlieren? Hier kann das Geheimnis nur denjenigen mitgeteilt werden, die einmal den Großen Tod gestorben sind.

2   Hyakujo und ein Fuchs

Koan   Wenn Meister Hyakujo sein Teisho gab, saß unter den Mönchen immer ein alter Mann, der mithörte und der sich zurückzog, wenn die anderen weggingen. Eines Tages blieb er jedoch zurück, und der Meister fragte: »Wer bist du, der du vor mir stehst?« Der alte Mann antwortete: »Ich bin kein menschliches Wesen. Früher, zur Zeit des Kasho Buddha, war ich der Obere dieses Klosters. Einmal fragte mich ein Mönch: ›Fällt ein erleuchteter Mensch auch unter das Gesetz von Ursache und Wirkung oder nicht?‹ Ich antwortete: ›Er tut es nicht!‹ Wegen dieser Antwort wurde ich gezwungen, fünfhundert Leben lang das Leben eines Fuchses zu leben. Nun bitte ich dich, sprich für mich die Worte der Verwandlung und entlasse mich aus dem Fuchsleib.« Dann fragte der alte Mann Hyakujo: »Fällt ein erleuchteter Mensch auch unter die Kausalität oder nicht?« Der Meister sagte: »Er mißachtet die Kausalität nicht.« Als der alte Mann dies hörte, wurde er sogleich erleuchtet. Er verneigte sich vor Hyakujo und sagte: »Ich bin jetzt von dem Fuchsleib befreit, den man hinter dem Berg finden wird. Ich wage, den Meister um etwas zu bitten. Bitte, beerdige ihn wie einen verstorbenen Mönch.«
Der Meister ließ Ino den Hammer schlagen und den Mönchen verkündigen, daß sie nach dem Mittagessen einen verstorbenen Mönch beerdigen würden. Die Mönche wunderten sich und sagten: »Wir sind alle gesund. In der Nirvana-Halle ist kein kranker Mönch. Was soll das bedeuten?«
Nach dem Essen führte der Meister die Mönche zu einem Felsen hinter dem Berg, spürte mit seinem Stab einen toten Fuchs auf und verbrannte ihn.
Am Abend bestieg der Meister das Rednerpult in der

Halle und erzählte den Mönchen die ganze Geschichte. Daraufhin fragte Obaku: »Du sagst, der alte Mann habe nicht die richtigen Verwandlungsworte gesprochen und mußte das Leben eines Fuchses fünfhundert Leben lang leben. Was wäre aus ihm geworden, wenn seine Antwort nicht jedes Mal falsch gewesen wäre?« Der Meister sagte: »Komm näher zu mir. Ich will es dir sagen.« Obaku tat einen Schritt auf Hyakujo zu und ohrfeigte ihn. Der Meister lachte laut, klatschte in die Hände und sagte: »Ich dachte daß der Bart eines Fremden rot sei, aber ich sehe, daß es ein Fremder mit einem roten Bart ist.«

Kommentar des Mumon

»Nicht unter das Gesetz von Ursache und Wirkung fallen.« Warum wurde er in einen Fuchs verwandelt? »Weil er Ursache und Wirkung nicht mißachtete.« Warum wurde er aus dem Fuchsleib befreit? Wenn du ein Auge hast, dies zu durchschauen, dann weißt du, daß der frühere Obere des Klosters seine fünfhundert glücklichen, gesegneten Leben als Fuchs genossen hat.

Gedicht des Mumon

> Nicht fallen, nicht mißachten:
> Gerade und ungerade sind auf einem Würfel.
> Nicht mißachten, nicht fallen:
> Hunderte und Tausende von Klagen!

Teisho zu dem Koan

Dies ist ein sogenanntes Nanto-Koan, ein Koan, dessen man sich bediente, um die Geistigkeit der Schüler nach dem Satori noch weiter zu bilden. Wenn man die Koans auch nicht in leichte und schwierige Koans einteilen kann, so werden sie vom Zen-Meister als Anleitungsmittel für Mönche doch für verschiedene Zwecke angewandt. Zum Beispiel können einige Koans dazu benutzt werden, die Einheit, andere die Wirkweisen der Einheit in der

Unterscheidung zu betonen, und wieder andere zeigen, daß Einheit Unterscheidung und Unterscheidung Einheit ist. Im obigen Koan sind die grundlegende Wahrheit und die Wirkweisen so sehr miteinander verflochten, daß nur Schüler, deren Auge wirklich für Zen geöffnet ist, seinen Sinn erfassen. In diesem Nanto-Koan wird die Geistigkeit eines wahren Zen-Anhängers im Zusammenhang mit der Kausalität erklärt, hier: mit der Kausalität der Seelenwanderung, an die das indische Volk glaubte. Das Ziel des Koan ist, den Zen-Schülern deutlich zu machen, was wirkliche Befreiung ist, und die vordergründige Geistergeschichte ist nur ein Mittel, dies zu veranschaulichen. Wir sollten uns daher nicht an die Geschichte selbst klammern, die nur ein Mittel ist, und uns nicht darin verstricken.

Die alten Inder hatten die religiöse Anschauung, daß wir, die wir in Unwissenheit leben, der Seelenwanderung unterworfen sind, die durch unser gutes und böses Karma bestimmt wird. Der Buddhismus übernahm diese Anschauung, die auf der Kette von Ursache und Wirkung beruht, und lehrt, daß wir deshalb die Lehre Buddhas annehmen und zur Wahrheit erwachen sollten, denn nur auf diese Weise können wir die Unwissenheit ablegen und ewigen Frieden erlangen.

Die Tatsache von Ursache und Wirkung ist so klar und gar nicht zu leugnen. Zu allen Zeiten und an allen Orten kann es nichts auf der Erde geben, was nicht dem Akt von Ursache und Wirkung sein Dasein verdankt. In jedem Augenblick ist jede Existenz selbst Kausalität. Außerhalb von ihr bin weder ich noch ist die Welt. Daher ist der wirklich freie Mensch derjenige, der in allen Verhältnissen und Umständen, ganz gleich, wie sie durch Ursache und Wirkung gestaltet wurden, in Frieden lebt. Ob die Situation günstig oder widerwärtig ist, er lebt sie mit seinem ganzen Sein als die absolute Situation, das heißt, er ist Kausalität selbst. Er macht niemals dualistische Unterscheidungen verschiedener Aspekte der Lage. Sein Herz ist niemals durch irgendwelche äußeren Fakten verwirrt. Wenn er so lebt, ist er der Herr von Ursache und Wirkung, und alles ist gut und glücklich so, wie es ist. Hier ist der ewige Friede gewonnen. Das ist das unbeschreibliche geistige Glück, das ein Zen-Anhänger genießt. Wir können mit einem alten Zen-Meister sagen: »Diejenigen, die es kennen, reden nicht. Diejenigen, die darüber reden, sind weit davon entfernt.«

Was ist der alte Mann? Was ist Hyakujo? Keiner von ihnen ist ein Mensch, keiner ist ein Fuchs. Alles ist nichts als »Es«. Alles ist nichts als Kausalität. Was könnten wir sonst sagen?

Daher heißt es im *Monju Shosetsu-Sutra:* »Ein ruchloser Mönch kommt nicht in die Hölle.« Genau dieser Ort hier ist der absolute Ort. Es gibt keine Hölle, in die man kommen kann. Das Buch sagt weiter: »Ein heiliger Mensch kommt nicht in den Himmel.« Hier, dieser Ort, ist der absolute Ort. Es gibt keinen Himmel, in den man aufsteigt. Wenn nun das ganze Universum Kausalität selbst ist, wie kann es dann »fallen« oder »nicht fallen« geben? Du kannst es daher »nicht fallen« oder genauso richtig »nicht mißachten« nennen. Wenn auch nur ein Gedanke von Wissen sich rührt, sind sowohl »nicht-fallen« wie »nicht mißachten« falsch. Eine unendlich kleine Diskrepanz ist sogleich ein wesentlicher Unterschied, ein himmelweiter Unterschied, und du wirst in einen Fuchs verwandelt und kommst in die Hölle.

Du kannst sagen, »die Kausalität nicht mißachten«; wenn sich jedoch dort ein unterscheidendes Bewußtsein regt und wenn du dich an das »Nicht-Mißachten« hängst, dann wirst du in einen Fuchs verwandelt. Du kannst sagen, »nicht unter die Kausalität fallen«, und wenn du dich nicht daran hängst, dann wirst du aus dem Fuchsleib befreit. Das Wesentliche dieses Koan kann man nur wirklich einsehen und würdigen, wenn man die Wirklichkeit des Nicht-Geistes erfährt. Dann werden keine dualistischen Unterscheidungen gemacht, wie »nicht fallen« und »nicht mißachten«, oder ob das eine gut ist und das andere nicht. Sowohl Fallen wie Mißachten werden durchbrochen und transzendiert.

Vielleicht habe ich genug zur Erklärung des Wesentlichen gesagt. Wenden wir uns nunmehr den Einzelheiten des Koan zu.

Die Erwähnung des Kasho Buddha in der Geschichte »Hyakujo und ein Fuchs« weist darauf hin, daß sie sich vor langer Zeit ereignete. Die buddhistische Geschichte hat ein genealogisches Überlieferungsverzeichnis (die Tatsache der Dharma-Überlieferung hat nichts damit zu tun), nach dem es früher sieben Buddhas gegeben hat, von denen Kasho Buddha der sechste und Shakyamuni Buddha der siebente war. »Einstmals« war der alte Mann Oberer dieses Klosters.

Meister Ekai (720–814) ist allgemein bekannt als Hyakujo, der Name des Berges, auf dem sein Kloster, Daichi-in in Nanshofu, Koshu, lag. Er lebte fünfundneunzig Jahre während der T'ang-Dynastie, als der lebendige Zen-Geist in der aufsteigenden T'ang-Kultur blühte. Zu dieser Zeit, als Zen allmählich in der

Gesellschaft eine Rolle zu spielen begann, fühlte man, daß Regeln und Vorschriften für Zen-Klöster dringend notwendig wurden. In der Zen-Geschichte ist wohlbekannt, daß Hyakujo die ersten formellen Kloster-Regeln verfügte, die später Hyakujo-Regeln genannt wurden. Er führte ein aktives, werktätiges Zen-Leben, nahm sogar im hohen Alter mit den Mönchen an der Handarbeit teil und ist berühmt wegen seines Ausspruches: »Ein Tag ohne Arbeit ist ein Tag ohne Essen.«

Ekai wurde als Mitglied der Oh-Familie in Choraku, Fukushu, geboren. Er trat in den Priesterstand ein, als er noch ein Kind war, und wurde in jungen Jahren in scholastischen buddhistischen Studien unterwiesen. Einige Jahre später hörte er von Baso, der in Kosei Zen lehrte und schloß sich ihm an, um Zen zu studieren. Nansen Fugan und Seido Chizo, die beide später bekannte Zen-Meister wurden, befanden sich zu jener Zeit auch unter den Schülern des Baso, und sie arbeiteten miteinander hart an ihren Übungen.

Eines Tages machte Hyakujo mit seinem Lehrer Baso einen Spaziergang. Baso, der eine Wildgans am Himmel fliegen sah, fragte Hyakujo: »Was ist das?« »Eine Wildgans, Meister«, antwortete Hyakujo. Baso fragte: »Wohin fliegt sie?« Hyakujo antwortete: »Sie ist schon fort.« Da ergriff Baso Hyakujos Nase und verdrehte sie. Hyakujo weinte vor Schmerz. Baso fragte: »Sagst du, sie sei fortgeflogen?« Dadurch erwachte Hyakujo sogleich.

Einige Jahre später kam Hyakujo zu einem Zen-Gespräch zu Baso, und nachdem sie einige Mondos über einen Hossu, der in einer Nische hing, gewechselt hatten, stieß Baso einen lauten KWATZ!-Schrei aus, der in Hyakujo alles vollständig vernichtete, und er wurde vollkommen erleuchtet.

In der Zen-Geschichte sind diese beiden Erzählungen berühmt. Nach und nach kamen Menschen zu Meister Ekai, um bei ihm zu studieren, und schließlich wurde er gebeten, Abt eines Klosters beim Berge Daiyu in Koshu zu werden. Da dieser Berg sehr zerklüftet und steil ist, nannten die Leute ihn Hyakujo (Hundert-Fuß-hoch). Viele Mönche kamen, um bei Hyakujo zu studieren; Isan Reiyu und Obaku Kiun waren zwei seiner älteren Schüler. Er starb am 17. Januar 814, in seinem fünfundneunzigsten Lebensjahr.

Meister Obaku Kiun, der andere Meister in diesem Koan, wurde in Binken, Fukushu, geboren. Sein Geburtsdatum ist jedoch unbekannt. Als Junge wurde er in einem Zen-Tempel in Fukusei-ken, Fukushu, genannt Obaku-san Kempuku-ji, ordiniert. (Obaku ist der Name einer Pflanze, die zum Färben benutzt wurde und die reichlich in der Nähe des Zen-Tempels wuchs.) Später wurde Gouverneur Haikyu Schüler von Meister Kiun und baute für ihn ein Kloster in Koshu. Kiun, der seine heimatliche Landschaft sehr liebte, nannte dieses neue Kloster Obaku-san, und er selbst wurde als Obaku bekannt. Er schrieb ein Buch, *Denshin Hoyo*, aus dem wir die charakteristischen Merkmale seines Zen ersehen können.

Auf einer Pilgerreise, die er als Student machte, um seine scholastischen Studien des Buddhismus fortzusetzen, hörte er von dem Ruf Hyakujos und ging, um bei ihm zu studieren. Es wird berichtet, daß Obaku einmal seinen Freund Nansen besuchte. Als er sich verabschiedete, nahm Nansen, der Obaku zum Tor begleitete, dessen Hut vom Kopf und sagte: »Dein Leib ist groß, aber dein Hut ist ganz klein, nicht wahr?« Obaku antwortete: »Aber das ganze Universum befindet sich darunter.« »Ich bin auch darunter, nicht wahr?« erwiderte Nansen. Obaku ging dann schnell fort, ohne sich auch nur einmal umzudrehen. Man sagt, er sei ein Mann von blendender Gestalt gewesen.

Eines Tages fragte Hyakujo den Obaku: »Wo warst du?« Obaku erwiderte: »Ich war am Fuß des Berges Daiyu, um Pilze zu sammeln.« »Bist du da nicht einem Tiger begegnet?« Auf diese Frage des Hyakujo brüllte Obaku diesen sogleich an und wurde selbst zum Tiger. Hyakujo schwang seine Axt und wollte nach ihm schlagen. Obaku jedoch ergriff den Arm seines Lehrers und ohrfeigte ihn. Dann lachte er herzlich und verließ ihn. Später im Teisho bestieg Hyakujo das Pult und sagte zu den Mönchen: »Am Fuß des Berges Daiyu ist ein Tiger. Ihr Mönche solltet gut auf ihn aufpassen. Ich selbst bin heute von ihm gebissen worden.«

An den beiden Geschichten wird deutlich, daß das Zen des Obaku typisch direkt, feurig und lebendig war. Obaku hat mit seiner starken, strengen und energischen Persönlichkeit die Zen-Kreise seiner Zeit sehr beeinflußt. Er starb im Jahre 850, fünf Jahre nach der großen Buddhistenverfolgung durch Kaiser Bu-so von der T'ang-Dynastie.

Ein »erleuchteter« Mensch ist jemand, der seine Schulung abgeschlossen hat und vollkommen erleuchtet ist. Er ist der Satori-Mann, der seine Befreiung und ewigen Frieden erlangt hat. Er ist nicht der Vergeltung und der Seelenwanderung unterworfen. Das höchste Ziel der Erziehung im Mahayana-Buddhismus ist, frei zu werden von der Kette von Ursache und Wirkung. Das ist so selbstverständlich unter Buddhisten, daß darüber gar nicht weiter diskutiert wird. Der frühere Obere des Klosters, der alte Mann, gab nun diese klare und nüchterne Antwort, als er sagte: »Ein erleuchteter Mann fällt nicht unter die Kausalität.« Warum mußte er dann wegen dieser Antwort fünfhundert Leben als Fuchs verbringen? Was ist das: von der Vergeltung befreit zu sein? Hier liegt die Wahrheit des Zen. Die Lehre, »nicht unter die Kausalität fallen«, wird einen schließlich mit Sicherheit in einen Fuchs verwandeln, wenn man nicht genau weiß, was diese Wahrheit wirklich ist.

Als der alte Mann bat: »Bitte sprich für mich die Worte der Verwandlung und befreie mich von dem Fuchsleib«, antwortete Hyakujo sofort: »Er mißachtet die Kausalität nicht.« (Die Verwandlungsworte sind die wahren Worte, die unseren Geist zur Wahrheit verwandeln, hinwenden und ihn zum Satori aufwecken, ein letztes Wort, das die Wahrheit zum Ausdruck bringt.) Wörtlich interpretiert bedeutet Hyakujos Antwort, daß ein erleuchteter Mensch die Tatsache von Ursache und Wirkung nicht mißachtet, sondern danach lebt. Das ist das genaue Gegenteil von: »Er fällt nicht in die Kausalität.« Warum wagte es Hyakujo, eine derartig widersprüchliche Antwort zu geben, die entgegen der Mahayana-Lehre von der Befreiung der Seelenwanderung ist und fast so klingt, als behauptete sie fortwährende Reinkarnationen? Hier muß der unaussprechliche tiefe Sinn erkannt werden.

Mein Lehrer kommentierte einmal dieses »die Kausalität nicht mißachten«. »Wie schade«, sagte er, »wenn ich gefragt worden wäre, hätte ich meine Stimme erhoben und geantwortet: ›Er fällt nicht unter die Kausalität.‹« Von welchem Gesichtspunkt aus hat mein Lehrer in dieser Weise kommentiert? Ich möchte sagen: Inwiefern sind »nicht unter die Kausalität fallen« und »nicht die Kausalität mißachten« voneinander verschieden? Ein derartig logischer Widerspruch macht dieses Koan gut und interessant.

»Als der alte Mann dies hörte, wurde er sofort erleuchtet.« Der alte Mann wurde erleuchtet, als er Hyakujo sagen hörte: »Er mißachtet die Kausalität nicht.« Man macht einen nicht wiedergutzumachenden, fatalen Fehler, wenn man denkt, daß »nicht unter die Kausalität fallen« eine unrichtige, »die Kausalität mißachten« dagegen eine korrekte Antwort sei und daß der alte Mann dann erkannt habe, daß der erleuchtete Mensch »die Kausalität nicht mißachte«.

Bei diesen Worten verlor der alte Mann sein Selbst; das ganze Universum brach auseinander. Weder der alte Mann noch der Fuchs waren da. Sowohl »nicht fallen« wie »nicht mißachten« wurden ausgelöscht, und es blieb nicht eine Wolke in seinem Geist. Er hatte sein Satori. Wenn man sich daran hängt, dann kommt es dahin, daß »nicht mißachten« das gleiche ist wie »nicht fallen«, und wenn man sich nicht an »nicht unter die Kausalität fallen« hängt, dann ist dies das gleiche wie »nicht die Kausalität mißachten«.

Höre einen alten Zen-Meister, der zu sagen wagte:

»Nicht unter die Kausalität fallen.«
Und er wurde in einen Fuchs verwandelt – der erste Fehler.
»Nicht die Kausalität mißachten.«
Und er wurde vom Fuchsleib befreit – der zweite Fehler!

Wenn sowohl »nicht fallen« wie »nicht mißachten« transzendiert und fortgewischt werden, dann kannst du zum ersten Mal selbst Hyakujo und Mumon sehen und den wirklichen Sinn dieses Koan erfassen. Welche Art von Erfahrung ist es dann, sowohl »nicht fallen« wie »nicht mißachten« zu transzendieren? Das Zen-Studium sollte sich auf diesen Punkt konzentrieren.

Die Leute sagen oft, daß der alte Mann in einen Fuchs verwandelt werden mußte, weil »nicht unter die Kausalität fallen« die Tatsache von Ursache und Wirkung leugnet und so eine einseitige, falsche Sicht der Befreiung bilde, die nicht wirkliche Befreiung sei. Er wurde von dem Fuchsleib befreit, weil »die Kausalität nicht mißachten« die Wirklichkeit von Ursache und Wirkung anerkennt und weiß, daß die Unterscheidung angenommen wird. Das innerste Wesen dieses Koan kann jedoch niemals in einer derartig nüchternen Deutung gefunden werden. Auch sage ich nicht, daß Zen die Kausalität leugne. Ich will deutlich machen, daß Zen lebendig und aktiv in einer ganz anderen Sphäre ist, in der es frei verfügt sowohl über »nicht fallen« wie »nicht mißachten«.

»Er verneigte sich vor Hyakujo und sagte: ›Ich bin jetzt von dem Fuchsleib befreit, den man hinter dem Berg finden wird. Ich wage, den Meister um etwas zu bitten. Bitte, beerdige ihn wie einen verstorbenen Mönch.‹«

Wenn ein Fuchs wirklich ein Fuchs ist und sich nicht einmal ein Gedanke des unterscheidenden Bewußtseins rührt, dann ist er wirklich »ein früherer Oberer eines Klosters«. Wenn ein alter Mann kein alter Mann sein kann und sich in seinem dualistischen Denken verliert, dann ist er ein Fuchs. Meister Dogen sagte: »Wenn du einmal Satori erlangt hast und du müßtest durch die Sechs Reiche und die Vier Lebensweisen hindurchgehen, wäre deine Seelenwanderung nichts anderes als das Werk deines barmherzigen Lebens des Satori.«

Der Fuchs hinter dem Berg genießt sein Leben, so wie es ist, ohne Rücksicht darauf, ob er von dem Fuchsleib erlöst wird oder nicht. Hier entfaltet sich das einzigartige Zen-Leben.

Hyakujo führte die Mönche des Klosters zu einem Felsen auf der Rückseite des Berges, spürte einen toten Fuchs auf und verbrannte ihn gemäß den Riten für einen verstorbenen Mönch. Hyakujo kannte keine Unterscheidung zwischen einem verstorbenen Mönch und einem Fuchs. Auch dies ist charakteristische Zen-Geistigkeit. Auf diese Weise findet die Geschichte einen zufriedenstellenden Abschluß.

Nun entwickelt sich der zweite Teil des Koan. Als abendliches Teisho erzählte Hyakujo den Mönchen die ganze Geschichte von dem alten Mann und wollte dabei die Zen-Befähigung seiner Schüler prüfen.

»Daraufhin fragte Obaku: ›Du sagst, der alte Mann habe nicht die richtigen Verwandlungsworte gesprochen und mußte das Leben eines Fuchses fünfhundert Leben lang leben.‹ Was wäre aus ihm geworden, wenn seine Antwort nicht jedes Mal falsch gewesen wäre?«

Obaku trat aus der Reihe der versammelten Mönche heraus und stellte eine schneidende Frage: »Der alte Mann (der frühere Obere des Klosters) mußte fünfhundert Leben lang als Fuchs leben, weil seine Antwort nicht richtig war. In was wäre er jedes Mal verwandelt worden, wenn seine Antwort auf jede Frage richtig gewesen wäre?« Obakus Frage beinhaltet, daß »alle Lebewesen und Nicht-Lebewesen die Buddha-Natur haben. Das Große ist ein großer Buddha, das Kleine ein kleiner Buddha. Jedes ist, so wie es ist, erleuchtet. Jedes ist, so wie es ist, die Wahrheit. Es ist unmöglich, vom rechten Wege abzukommen oder in die Irre zu gehen.«

Ein altes Sprichwort sagt: »Die Frage liegt in der Antwort; die

Antwort liegt in der Frage.« Obaku hatte den springenden Punkt der Geschichte genau erfaßt und forderte Hyakujo heraus.

»Der Meister sagte: ›Komm näher zu mir. Ich will es dir sagen.‹ Obaku tat einen Schritt auf Hyakujo zu und ohrfeigte ihn.«

Hyakujo, der Lehrer, war ein »alter Hase« und wußte sehr wohl, was Obaku im Sinn hatte. Er erwartete nicht, daß eine ausweichende Antwort ihn befriedigen würde. »Komm näher zu mir. Ich will es dir sagen«, sagte Hyakujo. Obaku jedoch wußte nur zu gut, daß keine Worte »Es« erreichen konnten. Obaku trat an seinen Lehrer Hyakujo heran und ohrfeigte ihn. Meinte er damit: »Hier ist die Antwort«? Wirklich wunderbar ist die Größe Hyakujos. Prachtvoll ist die Freiheit Obakus. Der Meister und der Schüler leben in der gleichen Geistigkeit, und die große Wirkung des Zen kommt hier ganz natürlich zur Entfaltung. An dieser Stelle muß das Wesentliche des Koan erfaßt werden.

»Der Meister lachte laut, klatschte in die Hände und sagte: ›Ich dachte, der Bart eines Fremden sei rot, aber ich sehe, daß es ein Fremder mit einem roten Bart ist!‹«

Hyakujo lachte froh über die große Tat Obakus, die zeigte, daß er sogar seinem Lehrer keinen Schrittbreit nachgab. Der Meister klatschte in die Hände und sagte herzlich lachend: »Ich dachte, der Bart eines Fremden sei rot, aber ich sehe, daß es ein Fremder mit einem roten Bart ist.« Die Ausdrücke können verschieden sein, aber die Tatsache bleibt die gleiche. Was Hyakujo meinte, war: »Ich war im Begriff, dich zu ohrfeigen, aber statt dessen hast du mich geohrfeigt.« Hyakujos Geistigkeit und die Geistigkeit Obakus sind wie zwei einander reflektierende Spiegel. Ein Genie versteht vollkommen ein anderes Genie. Hier ist wirkliches Verstehen und Anerkennung. Beide sind gleich große Meister und aus dem gleichen Holz geschnitzt. Hyakujo erkennt mit einer solchen Erklärung an, daß Obaku Satori erlangt hat.

Gestatte mir, an dieser Stelle nochmals zu fragen: »Was wäre aus ihm geworden, wenn seine Antwort nicht jedes Mal falsch gewesen wäre?«

Teisho zum Kommentar des Mumon

Mumon kommentiert: »›Nicht unter das Gesetz von Ursache und Wirkung fallen.‹ Warum wurde er in einen Fuchs verwandelt?

›Weil er Ursache und Wirkung nicht mißachtete.‹ Warum wurde er aus dem Fuchsleib befreit? ›Wenn du ein Auge hast, dies zu durchschauen, dann weißt du, daß der frühere Obere des Klosters seine fünfhundert glücklichen, gesegneten Leben als Fuchs genossen hat.‹«

Mit diesem klaren und direkten Kommentar faßt Mumon sehr schön das Wesentliche dieses ziemlich langen, zweiteiligen Koan zusammen. Er ist bemerkenswert geschickt bei der Darstellung der für Zen-Schüler wesentlichen Pointe.

Zunächst fragt er scharf, warum der frühere Obere des Klosters auf seine Antwort hin, daß ein Erleuchteter nicht in die Kausalität falle, in einen Fuchs verwandelt wurde. Dann fährt er in seinem Kreuzverhör fort: »Warum wurde er auf die Antwort des Hyakujo, daß ein Erleuchteter die Kausalität nicht mißachtete, aus dem Fuchsleib befreit?« Schon von alters her sagt man, daß das innerste Wesen des Zen in diesem einen Wort »Warum?« liege. Ich möchte wissen wieso? Tatsächlich gibt es kein Fallen, kein Befreien. Was ist es wirklich, von diesem absoluten Standpunkt aus gesehen: aus dem Fuchsleib befreit zu werden? Und was könnte es sein, als Fuchs zu leben? Diesen Punkt müssen wir genau untersuchen. Mumon verlangt von uns, Hindernisse wie »in einen Fuchs verwandelt werden« und »aus dem Fuchsleib befreit werden« ganz aus dem Weg zu räumen. Ich möchte daher noch einmal das Gedicht des Meisters zitieren, da es den richtigen Weg für dein Studium zeigen kann:

>»Nicht unter die Kausalität fallen.«
>Und er wurde in einen Fuchs verwandelt
>– der erste Fehler.
>»Nicht die Kausalität mißachten.«
>Und er wurde vom Fuchsleib befreit
>– der zweite Fehler!

Mumon sagt: »Wenn du ein Auge hast ...«, das heißt das geistige Auge, um zu sehen, daß im Grunde Buddha und die unwissenden Wesen eins sind, Reinheit und Befleckung sind eins. Vom absoluten Standpunkt aus ist man daher über den Dualismus hinausgegangen. Das ist das dritte Auge in der Stirn. Wenn du dieses Auge hast, das Zen-Auge des Satori, dann wirst du wissen, daß die fünfhundert Fuchsleben, so wie sie waren, glückliche, gesegnete Leben für den früheren Oberen des Klosters gewesen sind. Wenn der alte Mann wirklich durch und durch ein alter Mann ist, dann ist dieses Leben glücklich und gesegnet. Wenn der Fuchs über »fallen und befreien« hinausgegangen ist und wirklich ganz und gar Fuchs ist, dann ist das Leben glücklich und gesegnet. Es ist nicht begrenzt auf nur fünfhundert Leben, sondern ein ewiges Glück durch alle Zeiten und an allen Orten wird sich so entfalten. Es ist überflüssig zu sagen, daß der Kommentar des Mumon eine gute Antwort auf die Frage Obakus ist: »Wenn seine Antwort nicht jedes Mal falsch gewesen wäre, was wäre er dann geworden?«

Teisho zu dem Gedicht des Mumon

> Nicht fallen, nicht mißachten:
> Gerade und ungerade sind auf einem Würfel.
> Nicht mißachten, nicht fallen:
> Hunderte und Tausende von Klagen.

In diesem kurzen Gedicht faßt Mumon nochmals seinen Kommentar zu dem Koan »Hyakujo und ein Fuchs« zusammen.

Vom Standpunkt des Zen aus ist »nicht fallen« und »nicht mißachten« nichts anderes als »Es« (das innerste Wesen des Zen). Wo immer es sein mag, wann immer es sein mag, es ist immer die Kausalität selbst. Außerhalb von Kausalität kann niemals etwas sein. Gerade und ungerade sind auf demselben Würfel. Sie sind schließlich nur zwei Seiten der gleichen Münze. Nein, wenn ich sage, daß sie ein und dasselbe sind, dann könnten die Menschen sich an diese Einheit hängen und im Netz der Gleichheit gefangen werden. »Nicht mißachten« und »nicht fallen«, was immer man auch sagen mag, es gibt »Hunderte und Tausende von Klagen«.

Darf ich am Schluß noch fragen: Was für eine Art von Leben ist dieses Leben mit »Hunderten und Tausenden von Klagen«? Ich möchte darauf hinweisen, daß der Kern dieses Koan in der letzten Zeile liegt. Der Schlüssel zu den fünfhundert glücklichen, gesegneten Leben liegt darin verborgen.

3   Gutei hebt einen Finger

Koan   Immer, wenn Meister Gutei etwas gefragt wurde, hob er einen Finger.
Er hatte einmal einen jungen Diener, den ein Besucher fragte: »Was für ein Zen lehrt dein Meister?« Da hob auch der Junge einen Finger. Gutei hörte das und schnitt den Finger des Jungen mit einem Messer ab. Als der Junge vor Schmerz laut schreiend hinauslief, rief ihn Gutei an. Der Junge wandte daraufhin den Kopf, und Gutei hob den Finger. Der Junge wurde plötzlich erleuchtet.
Als Gutei im Sterben lag, sagte er zu den versammelten Mönchen: »Ich erlangte das Zen des Einen Fingers des Tenryu. Ich habe es mein ganzes Leben lang angewandt, konnte es aber nicht ausschöpfen.« Als er dies gesagt hatte, starb er.

Kommentar des Mumon

Das Satori des Gutei und des kleinen Dieners ist nicht in dem Finger. Wenn du dies wirklich durchschaust, dann sind alle: Tenryu, Gutei, der Junge und du selbst, von einem einzigen Spieß durchbohrt.

Gedicht des Mumon

> Gutei machte den alten Tenryu lächerlich.
> Mit einem scharfen Messer strafte er den Knaben.
> Korei erhob mühelos seine Hand,
> Und siehe! Der Große Kamm des Berges Ka wurde entzweigespalten!

Teisho zu dem Koan

Dieses Koan hat drei Teile. Der erste Teil ist der erste Satz: »Immer, wenn Meister Gutei etwas gefragt wurde, hob er einen Finger.« Der zweite Absatz, der mit dem Satz beginnt: »Er hatte einmal einen jungen Diener«, und endet mit: »Der Junge wurde plötzlich erleuchtet«, ist der zweite Teil, der berichtet, wie der junge Diener Guteis erleuchtet wurde. Der letzte Absatz, angefangen mit: »Als Gutei im Sterben lag ...« bis zum Schluß ist der dritte Teil des Koan.

Am wichtigsten ist jedoch der erste Teil. Der Kern dieses Koan liegt in dem ersten Satz. Der zweite Teil gibt ein gutes Beispiel von der Zen-Befähigung des Gutei, und der dritte spricht von dem ungeheuren und grenzenlosen Wirken des »Zen des Einen Fingers«.

»Immer, wenn Meister Gutei etwas gefragt wurde, hob er einen Finger.« Gutei war zweifellos ein ungewöhnlicher Zen-Meister. Er hob nur seinen Finger, wann und was auch immer er von irgend jemandem gefragt wurde. Zum Beispiel könnte jemand gefragt haben: »Was ist das innerste Wesen des Buddhismus?«, und er hob einen Finger. Oder er könnte gefragt worden sein: »Was ist Joshus ›Mu‹?«, und er hob einen Finger. Als Antwort auf die Frage: »Wohin gehst du, wenn dein Leib verwest ist?« hob er einen Finger. Während seines ganzen Lebens hielt er keine Reden. Was für ein tüchtiger Meister! Tatsächlich konnte er es niemals in Worte fassen, selbst wenn er es tun wollte. Oder ich könnte auch sagen, er brachte es vollkommen zum Ausdruck.

Eins ist alles. Es gibt nichts hinzuzufügen. Es mag wahr sein, aber sage mir: »Was ist der Finger?« Gibt es jemanden, der keinen Finger hat? Oder Wahrheit, oder die Buddha-Natur, oder wie immer du es nennen willst? Wirklich bemitleidenswert sind diejenigen, die nicht erkennen, wie töricht es ist, nach Wasser zu suchen, wenn sie mitten im Wasser sind. Wenn du dich jedoch an den Finger klammerst, dann bist du viele tausend Meilen von der Wahrheit entfernt.

Mumon sagte auch einfach zu seinen Schülern: »Immer, wenn Meister Gutei etwas gefragt wurde, hob er einen Finger«, und er fügt nichts weiter hinzu. »Ich hebe meinen Finger.« Mit diesem Akt ist das wirkliche Teisho vollendet. Diejenigen, die wissen, sollten es damit verstehen, und diejenigen, die es nicht verstehen können, müssen sich eben weiter bemühen, bis sie es verstehen können. Es gibt keine anderen Mittel oder Wege, zur Wahrheit des Zen zu gelangen.

Jedoch sollte ich vielleicht mein Teisho nicht damit beschließen, daß ich meinen Finger hebe. So will ich einen Schritt herunterkommen und einige Worte – jedoch von einem weniger absoluten Standpunkt her gesehen – hinzufügen.

Gutei war im neunten Jahrhundert in China Zen-Meister. Nach seiner Lebensbeschreibung lebte er als junger Mensch auf einem Berg und übte Zazen. Eines Tages kam zufällig eine Nonne vorbei. Wenn zwei Menschen einander begegnen, nehmen sie nach chinesischem Brauch die Hüte ab. Diese Nonne benahm sich jedoch nicht der Etikette gemäß. Sie war so unhöflich, dreimal um Gutei herumzugehen, ohne ihre Kopfbedeckung abzunehmen, stellte sich dann gerade vor ihn hin und sagte: »Wenn du mir das Wort sagen kannst, das mich überzeugt, dann werde ich meine Kopfbedeckung abnehmen.« Gutei, dessen geistiges Auge leider noch nicht geöffnet war, konnte nichts sagen. Die Nonne wandte sich sofort zum Gehen. Gutei rief aus: »Es wird dunkel. Warum bleibst du nicht über Nacht und gehst morgen weiter?« Die Nonne wandte sich um und sagte wiederum: »Ich werde bleiben, wenn du mir das Wort sagen kannst.« Wiederum war Gutei außerstande, etwas zu sagen, und die Nonne ging einfach davon.

Gestatte mir, dich zu fragen: Wenn du statt Gutei zu der Nonne sprechen müßtest, wie würdest du antworten?

Gutei schämte sich nun sehr, weil er nicht in der Lage gewesen war, der Nonne eine Antwort zu geben. Er entschloß sich, seine Berghütte zu verlassen und verschiedene große Zen-Meister zu besuchen, um sich weiter zu üben und sein Zen-Auge zu öffnen. Der Legende nach hatte er in jener Nacht einen Traum, in dem ein Fremder ihm sagte, daß ein großer Meister, der sein Lehrer sein werde, bald zu seiner Hütte kommen werde. Nach diesem Traum entschloß sich Gutei, auf dem Berg zu bleiben. Zehn Tage später kam wirklich ein alter Mönch vorbei. Es war Meister Tenryu, der Nachfolger des Meisters Taibai Hojo. Gutei war überzeugt, daß dies der Meister sein müsse, den der Traum vorhergesagt hatte, und er hieß ihn ehrfürchtig willkommen. Er erzählte Tenryu von seiner Begegnung mit der Nonne und fragte ihn, welches »das grundlegende Zen-Wort« sein könne. Tenryu hob, ohne etwas zu sagen, einen Finger. Dabei wurde Gutei erleuchtet. Die Dunkelheit in seinem Geist war ganz verflogen, und sein geistiges Auge war für eine neue Schau geöffnet.

In seiner Lebensbeschreibung steht: »Tenryu hob einen Finger. Dabei hatte Gutei Satori.« Es werden keine Einzelheiten über seinen inneren Kampf vor der Erlangung von Satori berichtet. Jedoch werden diejenigen, die durch eine harte Schule und langes Suchen gegangen sind, in diesem kurzen Satz das schmerzvolle Suchen und Ringen erkennen, das Gutei durchgemacht haben muß, ehe ihm der Augenblick des Durchbruchs zuteil wurde.

Nicht der erhobene Finger ist hier wichtig, sondern die Intensität des von Gutei durchlittenen inneren Ringens. In der Zen-Schulung muß man mit Leib und Seele kämpfen, um jenseits seines dualistischen, unterscheidenden Bewußtseins zu gelangen. Man muß bis an die äußerste Grenze gehen, wo die leiseste Berührung einen großen Wandel in unserer Persönlichkeit hervorrufen kann, die so grundlegend ist, daß sie mit den Worten beschrieben werden kann: »Die Erde öffnet sich, und die Berge stürzen ein.« Man muß in den Abgrund »absoluter, purer Dunkelheit« tauchen, wie ein alter Meister dies ausdrückte.

Als Meister Tenryu seinen Finger hob, muß Gutei an dieser seiner äußersten Grenze gewesen sein. Er hatte Jahre auf dem Berg im Zazen zugebracht, aber irgendwie konnte seine Zucht die dualistischen Begrenzungen nicht überwinden. Durch den Zwischenfall seiner Begegnung mit der Nonne wurde er sich dessen bewußt und schämte sich seiner Übungen. Er vertiefte sein spirituelles Suchen, um die Schranke zu durchbrechen. Schließlich wurde er in den Abgrund seiner äußersten Not gestoßen. Er war in einem geistigen Zustand, der bei der leisesten Berührung explodieren würde. Tenryus Finger war ein Pfeil, der im richtigen Augenblick losging. Er bewirkte den Durchbruch. Die verstärkte Suche des Gutei und das Heben von Tenryus Finger können mit einem Hühnchen verglichen werden, das sich anschickt, die Eierschale zu durchbrechen, und einer Henne, die die Schale aufpickt, um dem Küken herauszuhelfen. Das Satori des Gutei war das glückliche Ergebnis von beiden, die den richtigen Augenblick erwischten. Wer anfängt und fragt, was dieser Finger bedeuten mag und in dem erhobenen Finger ein Zeichen zu entdecken sucht, dabei aber den tatsächlichen inneren Kampf, den Gutei durchlitt, übersieht, dem ist Zen vollkommen fremd. Wenn unsere geistige Suche – oder der Große Zweifel – bis zum äußersten verstärkt wird und der Kampf bis zur Zerreißprobe geführt worden ist, dann bringt der Gesang eines Vogels, das Geräusch eines

Steines, der ein Bambusrohr trifft, die Ohrfeige eines Meisters oder sein erhobener Finger oder sonst irgend etwas den Durchbruch.

Tenryus erhobener Finger bewirkte diesen Durchbruch durch die Sperre: daß er wirklich persönlich den Dualismus von Ja-und-Nein überschritten, die Zweiteiligkeit von Subjekt und Objekt wirklich überwunden hatte. Wenn ich es philosophisch zu erklären wage, so würde ich sagen: Ein erhobener Finger ist nicht mehr ein Finger; es ist Gutei selbst, Ich-Selbst, das Universum selbst. Wenn man sich jedoch an eine derartige Erklärung klammert, ist es kein Zen mehr.

Auf meiner Reise in die Vereinigten Staaten bat mich ein Künstler in Kioto, seinem amerikanischen Freund ein Bild eines Pflaumenbaumzweiges zu überbringen und auch einen kurzen Spruch auf sein Bild zu schreiben. Ein japanischer Maler bittet häufig einen Zen-Meister, einen Zen-Spruch auf sein Bild zu schreiben, so daß man den Zen-Geist in seiner Arbeit erkennt. Ich schrieb auf sein Bild eines Pflaumenbaumzweiges: »Dreitausend Welten (das ganze Universum) duften.« Ich wollte, daß dieser Pflaumenbaumzweig den Finger des Gutei oder Zen selbst symbolisiere. Ein einzelner kleiner Pflaumenbaumzweig duftet durch das ganze All; das heißt, der Pflaumenbaumzweig ist das Absolute und umfaßt das ganze Universum, übersteigt alle Formen dualistischer Gegensätze. Das ganze Universum ist ein Pflaumenbaumzweig; ein Pflaumenbaumzweig ist das ganze Universum. Das Zen des Einen Fingers ist wirklich nicht auszuschöpfen.

»Er hatte einmal einen jungen Diener, den ein Besucher fragte: ›Was für ein Zen lehrt dein Meister?‹ Da hob auch der Junge einen Finger. Gutei hörte das und schnitt den Finger des Jungen mit einem Messer ab. Als der Junge vor Schmerz laut schreiend hinauslief, rief ihn Gutei an. Der Junge wandte daraufhin den Kopf, und Gutei hob den Finger. Der Junge wurde plötzlich erleuchtet.«

Mumon ist so liebenswürdig, noch eine Geschichte zu erzählen, die sich auf das Zen des Einen Fingers bezieht, in der Hoffnung, uns das Zen des Gutei noch mehr zu verdeutlichen. Gutei hatte einen jungen Laien-Schüler, der ihn bediente, einen Jungen, der sich im Kloster aufhielt, um die Sutras zu studieren und eine Ausbildung zu erhalten, der aber noch nicht zum Mönch ordiniert worden war. Der Junge gewöhnte sich an, seinen Lehrer nachzuahmen und einen Finger zu heben, und wenn Besucher ihn fragten: »Welche Art von Lehre erteilt Gutei?«, pflegte er, ohne ein Wort zu sagen, den Finger zu heben. Als Gutei das hörte, griff er eines Tages zu einer drastischen Maßnahme und schnitt den Finger des Jungen ab; das heißt, er schnitt den Nachahmungsfinger des Jungen ab, der nicht besser ist als ein Leichnam.

Gutei rief ihn an, als er vor Schmerz schreiend hinausrannte, und unwillkürlich wandte der Junge den Kopf. Da hob Gutei einen Finger. Dadurch wurde der Junge glücklicherweise zu dem wahren Einen Finger erweckt. In dem äußersten Schmerz, der das ganze All durchdrang, erfaßte er die Wahrheit des Einen Fingers. Der Junge erhielt den wahren Finger und ewiges Leben, während er einen Finger verlor. Dieses Zen des Einen Fingers ist nichts als die Wahrheit, die das ganze All durchdringt. Sie kann niemals in dem nachahmenden Finger des Jungen gefunden werden, der einem Leichnam gleicht. Die wunderbare Klugheit des Gutei, den Finger abzuschneiden, verdient unsere Bewunderung.

Ich selbst habe eine ähnliche Geschichte in meiner eigenen Ausbildung erlebt, die natürlich nicht mit der des jungen Dieners verglichen werden kann. Ich hatte schon drei Jahre in dem Kloster verbracht und lebte in tiefster Dunkelheit. Ich wußte nicht, wie ich fortfahren, wohin ich gehen oder was ich tun sollte. Während des intensiven Übens in einem Kloster, das eine Woche lang dauert und Sesshin genannt wird, muß jeder Mönch sich einmal in das Zimmer des Meisters zu einer persönlichen Aussprache mit dem Meister (jap. Sanzen) begeben. Das ist für den Mönch die Gelegenheit, dem Lehrer persönlich sein Zen-Können zu zeigen. (Es ist etwas vollkommen anderes als logische oder philosophische Gespräche oder Mondos.) Ich läutete die Glocke zum Sanzen und trat in das Zimmer des Meisters. Dabei fühlte ich mich wie ein Lamm, das zum Schlachthaus hingezogen wird, denn ich hatte nichts zu sagen. In dieser Klemme hob ich sogleich meine Hand und rief aus: »Die Wahrheit durchdringt das ganze Universum!« Mit durchdringenden Augen erhob sich der Meister und jagte mich aus dem Sanzen-Raum. Dabei sagte er: »Du unnützer Mönch! Es ist besser, du gehst zur Schule zurück!« Ich werde nie den Schmerz vergessen, den ich bei dieser Rüge des Meisters empfand.

Philosophisch gesprochen ist meine Feststellung: »Die absolute Wahrheit durchdringt das ganze All« dem Inhalt nach zweifellos richtig. Aber es war nur eine Idee, ein Gedanke, das heißt ein Kadaver, der nur an der Oberfläche lebendig aussah. Es war kein

Faktum, das ich persönlich erfahren hatte. Der Finger des Gutei und der Finger seines jungen Dieners sind der gleiche Finger. Jedoch gibt es einen grundlegenden Unterschied. Während der Finger des Gutei das Zen selbst war, das Universum selbst, war der Finger des Dieners nur eine Nachahmung ohne die Tatsache seiner eigenen Erfahrung. Er war eine Imitation ohne Leben und mußte abgeschnitten werden.

Das Zen des Einen Fingers ist in dem Finger und geht doch über den Finger hinaus. Wer hier nicht die Wahrheit des Einen Fingers erfaßt, der hat vom Zen ganz und gar nichts verstanden.

»Als Gutei im Sterben lag, sagte er zu den versammelten Mönchen: ›Ich erlangte das Zen des Einen Fingers des Tenryu. Ich habe es mein ganzes Leben lang angewandt, konnte es aber nicht ausschöpfen.‹ Als er dies gesagt hatte, starb er.«

Mumon fügt großzügig diese letzte Bemerkung hinzu, um das Koan vom Zen des Einen Fingers zu vervollständigen. Obwohl der physische Leib des Gutei, eine historische Person namens Gutei, wirklich starb, lebt sein Zen hier und heute in meinem Finger und in deinem Finger und übersteigt Raum und Zeit. Das ganze Universum ist ein Finger; ein Finger ist das ganze Universum. Es muß daher immer neu und lebendig sein, und sein schöpferisches Wirken geht niemals zu Ende. Es besteht immer weiter zusammen mit dem Universum selbst.

Teisho zum Kommentar des Mumon

»Das Satori des Gutei und des kleinen Dieners ist nicht in dem Finger. Wenn du dies wirklich durchschaust, dann sind alle: Tenryu, Gutei, der Junge und du selbst, von einem einzigen Spieß durchbohrt.«

Mumon kommentiert zunächst, daß das Satori Guteis und das seines Jungen nicht in dem Finger liegen. Wo ist dann das Satori? Wir sollten uns nicht von dem Wort *Finger* beirren lassen. Was steht vor dir? Was befindet sich hinter dir? Wirf dich selbst weg, stirb in dir und sei das Gesehene, wenn du siehst, und das Gehörte, wenn du hörst. Wenn du wirklich in dir selbst stirbst, dann ist es nichts anderes als der Finger, ob du stehst oder sitzt, gehst oder kommst. Es ist nichts anderes als Zen. Wir alle, Himmel und Erde, Gutei und der Junge, ich und du, wir werden von einem Finger durchbohrt. Alles ist in einem Finger. Mumon tut sein möglichstes, das Zen des Einen Fingers zu unterstützen.

Es wird berichtet, daß vor langer Zeit Meister Gensha sagte: »Wäre ich in jener Zeit dabei gewesen, als Gutei seinen Finger hob, hätte ich ihn ganz bestimmt abgerissen!« Rühmt dieser Kommentar des Gensha das Zen von Einem Finger oder schmäht er es?

Teisho zu dem Gedicht des Mumon

> Gutei machte den alten Tenryu lächerlich.
> Mit einem scharfen Messer strafte er den Knaben.
> Korei erhob mühelos seine Hand,
> Und siehe! Der Große Kamm des Berges Ka wurde entzweigespalten!

Mumon machte ein Gedicht, um dieses Koan abzuschließen, aber auch, um das Wesentliche hervorzuheben und zu veranschaulichen. Ursprünglich ist die Wahrheit des Zen klar und offenbar. Sie tritt überall leuchtend hervor. Nirgendwo fehlt etwas. Warum ist es dann notwendig, einen Finger zu haben oder ihn abzuschneiden? Vom absoluten Gesichtspunkt her gesehen, machen sowohl Tenryu wie Gutei jedermann lächerlich. Außerdem: Wie absurd, den Jungen dadurch zum Satori zu bringen, daß man ihm den Finger abschneidet! Wenn man es auch nur hört, tun einem die Ohren weh. Das ist der begeisterte Kommentar des Mumon zu diesem Koan.

Schließlich bezieht sich Mumon auf einen chinesischen Mythos und sagt: »Korei erhob mühelos seine Hand, und siehe! Der Große Kamm des Berges Ka wurde entzweigespalten!« Es gab einmal einen Gott mit Namen Korei, der geheimnisvolle, übernatürliche Kräfte besaß. Er spaltete den Großen Berg Ka in zwei Teile und ließ den breiten Fluß durch die Gebirgskette fließen. Aber sogar die übernatürlichen Kräfte des Korei sind dem Zen des Einen Fingers nicht gewachsen. Mit dem Wort »mühelos« deutet Mumon an, wie dynamisch und außerordentlich Ein Finger wirkt.

Wenn man gehen will, geht man. Wenn man sitzen will, sitzt man. So lebt ein Zen-Anhänger. Wo findet er diese Wahrheit im Zen? Wir müssen diese übernatürliche, schöpferische und geheimnisvolle Macht klar erkennen.

4   Der Fremde hat keinen Bart

Koan   Wakuan sagte: »Warum hat der Fremde aus dem Westen keinen Bart?«

Kommentar des Mumon

Die Zen-Übung muß wirkliche Übung sein. Satori muß echtes Satori sein. Du mußt selbst diesen Fremden hier klar erkennen; dann kennst du ihn wirklich. Wenn du jedoch über »klar erkennen« sprichst, dann bist du schon der Zweiteilung verfallen.

Gedicht des Mumon

> Vor einem Narren
> Sprich nicht vom Traum.
> Der Fremde hat keinen Bart:
> Es heißt Dummheit mit Klarheit verbinden.

Teisho zu dem Koan

Meister Wakuan lebte von 1108 bis 1179. Er starb ungefähr vier Jahre vor Mumons Geburt; sie gehörten daher fast der gleichen Ära der südlichen Sung-Dynastie an. Uns ist bekannt, daß Wakuan der Nachfolger des Meisters Gokuku Keigen war. Über seine Lebensgeschichte wissen wir jedoch nur wenig. Auf seinem Sterbebett verfaßte er das folgende Gedicht:

> Ein Baum von Eisen steht in Blüte.
> Ein Koch legt ein Ei.
> Zweiundsiebzig Jahre.
> Die Wiege ist zusammengefallen.

Wakuan muß ein außerordentlich fähiger Zen-Meister gewesen sein, denn sonst hätte er ein so hervorragendes Koan nicht verfassen können.

Der Fremde aus dem Westen ist Bodhidharma, der im 6. Jahrhundert von Indien nach China kam. Es könnte damit auch irgendein Fremder aus dem Westen gemeint sein.

»Warum hatte Bodhidharma keinen Bart?« – Diese kurze und einfache Frage ist so zwingend und scharf wie ein blanker Dolch an der Kehle. Insbesondere das Wort »Warum?« ist der Schlüssel zu diesem Koan. Wie ist das möglich? Bodhidharmas Gesicht ist mit einem dichten Bart bedeckt – diese Tatsache kann man nicht leugnen. Ein bartloses Gesicht kann niemals als Bodhidharmas Gesicht identifiziert werden. Der Bart ist sogar das Symbol Bodhidharmas. Wakuan, der sich auf diesen dichten Bart bezieht, fragt eindringlich: »Warum hat er keinen Bart?« Dieser Widerspruch muß richtig erkannt werden. Es ist das gleiche, als ob man fragen würde: »Warum hast du keine Nase?«

Warum sagt er in bezug auf etwas, was bestimmt *ist*, daß es *nicht ist*? Von welchem Standpunkt aus betont Wakuan: »Er hat keinen Bart«, während er doch tatsächlich einen hat? Was ist der eigentliche, tiefste Grund des Mumon bei der Wiedergabe dieses Koan? Wer den wirklichen Sinn des obigen Widerspruchs nicht erfaßt, kann das innerste Wesen des Koan nicht begreifen.

Wakuan fordert uns auf, unser ganzes dualistisches Bewußtsein in diesem Großen Zweifel »Warum?« auszulöschen. In diesem »Warum?« werden Ja und Nein aufgegeben; Subjekt und Objekt müssen transzendiert werden. Wer wirklich die Zen-Übungen gemacht hat und über den Dualismus hinausgelangt ist, sollte sogleich verstehen, worin der eigentliche Sinn dieses Koan liegt.

Gibt es solch eine Unterscheidung von Ja und Nein in dem Ding selbst? Gibt es Unterscheidung wie Groß und Klein. Dieses oder Jenes in der Wirklichkeit eines Dinges selbst? Sei die Wirklichkeit selbst! Sei ganz und gar Bart selbst. In diesem Augenblick ist das ganze Universum Bart; das ganze Universum ist Nicht-Bart. Das Universum oder das Unendliche kennen nicht die Zweiteilung von Ja und Nein, Diesem und Jenem, Groß und Klein. An dieser Stelle muß Wakuans Absicht verstanden werden. Wenn auch nur ein Gedanke an das unterscheidende Bewußtsein sich regt, wird er nichts als ein normaler Bart in der Welt von Ja und Nein sein.

Es gibt eine interessante Geschichte: Es war einmal ein vornehmer Mann mit einem schönen Bart, der ihm bis auf die Brust hinabreichte. Eines Tages fragte sein Freund, der seinen Bart bewunderte: »Dein Bart ist wirklich wunderbar! Tust du, wenn du zu Bett gehst, diesen schönen Bart auf die Bettdecke oder darunter?« Der Herr, der niemals darüber nachgedacht hatte, konnte die Frage nicht beantworten. Von jenem Abend an jedoch legte er während der ganzen Nacht seinen Bart einmal über die Bettdecke und dann darunter, dann wieder darüber und dann darunter. Er konnte nicht mehr friedlich einschlafen und wurde schließlich nervenkrank. Was für ein bemitleidenswerter Tor!

Ein anderer Herr, der einen wunderschönen langen Bart hatte und die obige Geschichte hörte, sagte lächelnd: »Ich lege ihn manchmal über die Bettdecke und manchmal darunter.«

»Warum hat der Fremde aus dem Westen keinen Bart?« Wenn er den Bart hat, dann hat er eben mit ihm, so wie er ist, keinen Bart. Wenn er keinen Bart hat, dann hat er eben ohne ihn, so wie er ist, einen Bart. Solch ein Bart ist der wahre Bart, der sogar das ganze Universum bezwingen kann. Derjenige, der diesen Bart besitzt, ist der Mann ewigen Friedens.

Teisho zum Kommentar des Mumon

»Die Zen-Übung muß wirkliche Übung sein. Satori muß echtes Satori sein. Du mußt selbst diesen Fremden hier klar erkennen; dann kennst du ihn wirklich. Wenn du jedoch über »klar erkennen« sprichst, dann bist du schon der Zweiteilung verfallen.«

Mumon betont ausdrücklich, daß die Übung im Zen wirkliche Übung sein müsse. Satori muß wirkliches Satori sein. Es ist überflüssig zu sagen, daß Zen etwas ganz anderes ist als intellektuelle Methoden, die auf theoretische oder begriffliche Schlußfolgerungen abzielen. Es lebt in einer ganz anderen Dimension. Zen verlangt von uns, den Dualismus zu übersteigen, den Nicht-Geist zu erlangen. Wenn Zen nur philosophisch gedeutet wird, bleibt es eine Idee und ein Begriff. Wenn die Wahrheit des Zen persönlich erfahren und erwiesen wird, dann ist unsere Übung wirkliche Übung und das Satori echtes Satori. Abgesondert von diesem selbigen individuellen Wesen, diesem Ich, kann es kein Zen geben.

Wakuan sagt: »Der Fremde hat keinen Bart.« Um zu wissen, ob er wirklich einen Bart oder keinen Bart hat, muß man Bodhidharma lebendig, mit seinem ganzen Sein, begreifen. Bodhidharma lebendig begreifen heißt, selbst Bodhidharma sein. Wer ganz und gar Bodhidharma ist, der ist selbst die Wahrheit, die Sein und Nicht-Sein übersteigt. Wer es jedoch »ihn klar erkennen« nennt, der ist der Zweiteilung verfallen und hat das Absolute verfehlt.

Teisho zu dem Gedicht des Mumon

>Vor einem Narren
>Sprich nicht vom Traum.
>Der Fremde hat keinen Bart:
>Es heißt Dummheit mit Klarheit verbinden.

Mumon sagt zornig zu Wakuan: »Erzähle einem Narren, der von vornherein nicht bei Sinnen ist, keinen leeren Traum, dem es an Wahrheit fehlt.« Ein Narr ist derjenige, der sich an das unterscheidende Denken von Ja-und-Nein klammert und ein Sklave seines dualistischen Geistes ist. Grundsätzlich sprechen beide, Mumon wie Wakuan, nur von einem Traum. Mumon fährt fort: »Mit einem ruhigen und munteren Aussehen bringst du sogar einen Schläfer dazu, zu reden und zu fragen: ›Warum hat der Fremde aus dem Westen keinen Bart?‹« Mumon lehnt das ganze Koan glatt als phantastischen Traum eines Narren ab. Was erwartet er nach seiner Ablehnung von uns? Meint er, daß die »Wahrheit des Nicht-Bartes darin erkannt werden kann«? Es ist der mitleidige Versuch des Mumon, uns von den Toten zu erwecken.

5 Der Mann des Kyogen auf einem Baum

Koan Meister Kyogen sagte: »Es ist wie ein Mann auf einem Baum, der mit seinem Mund von einem Zweig herabhängt. Seine Hände können keinen Ast ergreifen, seine Füße können den Baum nicht berühren. Ein anderer Mann kommt unter den Baum und fragt, welchen Sinn es habe, daß Bodhidharma vom Westen komme. Wenn er nicht antwortet, kommt er dem Verlangen des Fremden nicht nach. Wenn er jedoch antwortet, wird er sein Leben verlieren. Wie sollte er zu solch einem Zeitpunkt antworten?«

Kommentar des Mumon

Obwohl deine Beredsamkeit wie ein Fluß daherfließt, nützt sie gar nichts. Wenn du die ganze Sammlung der buddhistischen Schriften *(Tripitaka)* auslegen kannst, ist auch das ohne Wert. Kannst du aber wirklich antworten, dann wirst du die Toten wieder zum Leben erwecken und die Lebenden töten. Wenn du jedoch unfähig bist zu antworten, dann warte, bis Maitreya kommt, und frage ihn.

Gedicht des Mumon

> Kyogen schnattert nur.
> Wie schädlich sein Gift ist!
> Er stopft den Mönchen den Mund
> Und bringt ihre Teufelsaugen zum Funkeln!

Teisho zu dem Koan

Meister Kyogen war ein Zeitgenosse von Gyozan, der im Jahre 890 starb. Er muß also gegen Ende der T'ang-Dynastie gelebt haben. Kyogen gibt dieses Koan aus Mitleid und stellt es in dieser drastischen Form dar. Er bemüht sich, mit einem Schlag die Beschränkung menschlicher Unterscheidung zu zertrümmern. Er will, daß wir durch dieses Koan dahin gelangen, unseren unterscheidenden Geist auszulöschen.

Die Frage nach dem »Sinn von Bodhidharmas Herkunft aus dem Westen« kann als eine Frage nach dem Sinn des »innersten Wesens des Zen« verstanden werden.

Es gibt eine interessante Geschichte darüber, wie Kyogen sein Satori erlangte, das ihn ohne Zweifel veranlaßte, diese seltsame Frage hier zu stellen. Die Geschichte ist in Zen-Kreisen gut bekannt, und da sie uns helfen kann, ihn als Zen-Meister zu verstehen, will ich abschweifen und die Geschichte hier erzählen.

Kyogen war ein Gelehrter und hatte ein gutes Gedächtnis, er war ungewöhnlich klug und talentiert. Von Kindheit an liebte er das Studium. Zuerst studierte er bei Meister Hyakujo. Als dieser jedoch bald nach dem Beginn seines Studiums starb, setzte er seine Zen-Übungen bei Isan fort. Isan erkannte in ihm das ungewöhnliche Genie und wollte sein geistiges Auge öffnen. Eines Tages rief er Kyogen zu sich und sagte: »Ich will von dir nicht hören, was du aus den Schriften gelernt hast, auch nicht, was deine fleißigen Studien und Spekulationen ergeben haben. Gib mir nur das wesentliche Wort über dein Selbst, ehe du geboren wurdest, ehe du weder Osten noch Westen kanntest.« Bei dieser unerwarteten Frage geriet Kyogen in große Verlegenheit und konnte kein Wort hervorbringen. Er suchte eifrig, aber jedes Mal, wenn er Isan eine Antwort vorlegte, sah er, daß Isan sie ganz ablehnte. Schließlich, als seine Kraft völlig erschöpft war, ging Kyogen zu Isan und flehte ihn an: »Bitte, lehre mich ›Es‹.« Isan sagte: »Auch wenn ich es dir zeigen könnte, wäre es mein Wort und hätte nichts mit deiner Antwort zu tun.« Und er beachtete die Bitte Kyogens nicht.

In seiner Enttäuschung nahm Kyogen die Bücher und Aufzeichnungen seiner Studienjahre, verbrannte sie und sagte: »Bilder von Kuchen stillen unseren Hunger nicht.« Da er unfähig war, die Sperre zu durchbrechen, geriet er in solche Verzweiflung, daß er sein Üben aufgab und Isans Kloster tränenden Auges verließ. Er besuchte das Grab des Lehrers der Nation, Echu, und entschloß sich, dort als namenloser Grabhüter zu leben. Wenn er auch an seiner Zen-Fähigkeit verzweifelt war und sich entschlossen hatte, als Grabhüter zu leben, und wenn seine Lebensbeschreibung auch keine Einzelheiten erwähnt, muß er seinen inneren Kampf und sein Suchen doch Tag und Nacht fortgesetzt und weiter vertieft haben. Sein großer religiöser Zweifel muß sich bis zu dem Punkt verstärkt haben, an dem die leiseste Berührung eine Explosion hervorrufen kann. Die Zeit war reif.

Eines Tages warf Kyogen, als er den Hof gekehrt hatte, den Kehricht in die Büsche. Ein Stein schlug auf ein Bambusrohr. Er hörte den Aufschlag, und in diesem Augenblick, ganz plötzlich, wurde er erleuchtet und mußte unwillkürlich lachen.

Er kehrte sofort in seine Hütte zurück und wechselte die Kleider. Er verbrannte Weihrauch und warf sich in der Richtung, in der Isan war, auf den Boden und pries die Tugend seines Lehrers. »Die Barmherzigkeit des Isan ist wirklich größer als die meiner Eltern. Hätte er ›Es‹ mich gelehrt, als ich ihn darum bat, hätte ich niemals diese große Freude heute erleben können.«

Wie wir aus der obigen Geschichte ersehen können, war Kyogen ein einzigartig kluger und gelehrter Mann. Um über seinen Scharfsinn und seine Gelehrsamkeit hinauszugelangen, mußte er sogar noch größere Widersprüche und schmerzlichere Kämpfe erdulden. Sein geistiges Ringen, über intellektuelle Widersprüche hinauszugehen, war jedoch von Erfolg gekrönt, und er wurde ein Großer Meister des wirklichen Friedens und der wahren Freiheit. Der besondere Übungsprozeß, den er durchgemacht hatte, und seine Erfahrungen gaben ihm die Möglichkeit, ein Koan wie das obige zu bieten.

Tatsächlich kann ein Leben, das vom dualistischen Intellekt kontrolliert wird, mit dem Mann in diesem seltsamen Koan des Kyogen verglichen werden. Ein Mann, der mit seinem Mund vom Ast eines Baumes herabhängt, wird von einem Mann unter dem Baum nach dem innersten Wesen des Zen gefragt. Wenn er antwortet, wird er vom Baum fallen und tot sein. Wenn er nicht antwortet, kann er dem Fragesteller nicht helfen. Wie kann er die Schranke dieses großen Dilemmas durchbrechen? Wenn man sich nicht der unausweichlichen Krise stellt und die Erfahrung des Sterbens einmal gemacht hat, wird man nicht zu wahrer Freiheit gelangen. Meister Mumon unterstreicht dies in seinem Kommentar zum ersten Koan: Beim Zen-Studium muß man die Schranken, die von den alten Zen-Meistern gesetzt worden sind, überwinden. Man muß seinen unterscheidenden Geist auslöschen, um das unvergleichliche Satori zu erlangen. Zu welcher Art von Geistigkeit wird man gelangen, wenn man seinen unterscheidenden Geist ausgelöscht hat? Welche Art von Leben wird man leben? Kyogen sagt in dem Koan: »Zu solch einem Zeitpunkt.« Das bedeutet: »Eben so, wie er ist«, ohne daß ein Gedanke ihn beschäftigt, das Bewußtsein sich regt. Wenn er von einem Baum herabhängt, dann ist, so wie er dort hängt, das Wesen des Zen eben dort lebendig und offenbar.

Ein Zen-Meister, der diesen Koan kommentierte, sagte: »Was ist nun, von dem Mann oben in dem Baum abgesehen, ›der Sinn von Bodhidharmas Herkunft aus dem Westen‹, wenn du vom Baum gefallen bist?« Auch das weist hin auf »zu solch einem Zeitpunkt«. Wenn man vom Baum gefallen ist, dann sollte das innerste Wesen des Zen eben dann, wenn man gefallen ist, dort lebendig und aktiv sein. Hier und jetzt, so wie es ist, das ist »Es«. Ist noch eine andere Antwort möglich? Außerhalb des konkreten, klaren und alles durchdringenden Faktums gibt es kein Zen.

Wesentlich im Zen ist: »seinen unterscheidenden Geist auslöschen«. Wenn dies getan ist, kann man zum ersten Mal Ja und Nein, Gut und Böse übersteigen und kann erklären, daß alles, überall »Es« ist. Dann kann man wirklich das Zen des Kyogen begreifen.

Teisho zum Kommentar des Mumon

Mumon kommentiert: »Obwohl deine Beredsamkeit wie ein Fluß daherfließt, nützt sie gar nichts. Wenn du die ganze Sammlung der buddhistischen Schriften (*Tripitaka*) auslegen kannst, ist auch das ohne Wert. Kannst du aber wirklich antworten, dann wirst du die Toten wieder zum Leben erwecken und die Lebenden töten. Wenn du jedoch unfähig bist zu antworten, dann warte, bis Maitreya kommt, und frage ihn.«

Kyogen verlangt in dem Koan, daß seine Schüler »zu solch einem Zeitpunkt« die Antwort geben. Mumon jedoch, der dies kommentiert, sagt, daß es zu solch einem Zeitpunkt gar nichts nütze, selbst wenn du die Beredsamkeit besäßest, die wie ein Fluß daherfließt, und die *Tripitaka* auslegen könntest. Wenn du zu solch einem Zeitpunkt eine wirklich angemessene Antwort geben kannst, dann bist du absolut frei und fähig, die Toten wieder zum Leben zu erwecken und die Lebenden zu töten. Das heißt, du kannst ungehindert Satori dem sogenannten Erleuchteten, der sich an das Satori klammert, wegnehmen und den Unwissenden zur Erleuchtung bringen. Dazu bist du ganz bestimmt fähig, denn du bist jetzt ein Mensch absoluter Freiheit, der grundsätzlich die Widersprüche im Geist gelöst hat.

Mumon fährt fort und sagt, daß diejenigen, die noch nicht fähig sind, die wirklich passende Antwort zu solch einem Zeitpunkt zu geben, auf die Ankunft des Maitreya Buddha warten müssen, des Buddhas der Zukunft, von dem gesagt wird, daß er 5 670 000 000 Jahre nach dem Tode von Shakyamuni Buddha in dieser Welt erscheinen wird, um die Menschen zu retten. Sie können dann Maitreya fragen. Das ist keine sarkastische Bemerkung, sondern ein mitleidiger Tadel Mumons, der auf diese Weise seine Schüler anspornen will, sich vom Abgrund des Todes abzuwenden.

Teisho zum Gedicht des Mumon

> Kyogen schnattert nur.
> Wie schädlich sein Gift ist!
> Er stopft den Mönchen den Mund
> Und bringt ihre Teufelsaugen zum Funkeln!

»Schnattern« ist eine Übersetzung von *Zusan*. Einst lebte in China ein Mann namens Zusan, der exzentrische Gedichte ohne Reim zu schreiben pflegte. So kam es, daß »Zusan« irgend etwas ohne Reim oder Sinn bedeutete. An dieser Stelle bedeutet es Unsinn, etwas, was nur in den Tag hineingeredet wird. In den beiden ersten Zeilen sagt Mumon: »Was für ein absurder Meister dieser Kyogen ist! Und wie schädlich ist das Gift, das er hier verspritzt!« Man kann diesen Kommentar so verstehen, daß er schildert, wie fatal seine Frage ist, die das Leben so vieler Mönche vernichtet hat. Das Zen bedient sich jedoch manchmal einer Devise, die heißt: »Lobe durch Schmähung.« Mumon, der Schmach und Schande auf Meister Kyogen häuft, bewundert in Wirklichkeit sein außerordentliches Zen-Können. Er schließt sein Gedicht, indem er sagt: »Auf so eine entsetzliche Frage des Kyogen würden diejenigen, die sich als Zen-Experten betrachten, unfähig sein, auch nur ein Wort zu antworten. Vor Angst zitternd würden sie mit weit aufgerissenen Augen ihren Mund halten müssen.«

Ich möchte jedoch hinzufügen, daß Zen – »Es« – gerade dann außerordentlich lebendig und offenkundig ist, wenn Kyogen den Mönchen den Mund gestopft und ihre Teufelsaugen zum Funkeln gebracht hat. Mumon tritt hier deutlich für Kyogen ein. Wenn es dir nicht gelingt, »Es«, das hier so lebendig dargestellt ist, zu begreifen, dann übersteigt Zen völlig deine Fassungskraft.

6   Shakyamuni zeigt eine Blume

Koan   *Vor langer Zeit, als der von der Welt Geehrte am Berge Grdhrakuta war, um eine Rede zu halten, zeigte er vor der Versammlung eine Blume. Darauf verfielen alle in Schweigen. Nur der ehrwürdige Kasho begann zu lächeln. Der von der Welt Geehrte sagte: »Ich habe das alles durchdringende, wahre Dharma, das unvergleichliche Nirvana, die ausgezeichnete Lehre von der formlosen Form. Sie stützt sich nicht auf Worte und Schriftzeichen und wird außerhalb der Schriften überliefert. Ich übergebe sie jetzt Maha-Kasho.«*

Kommentar des Mumon

Der gelbgesichtige Gotama ist wirklich unerhört. Er verwandelt das Edle in das Niedrige, verkauft Hundefleisch, das als Schafkopf angepriesen wurde. Ich dachte, es sei etwas Interessantes daran. Wem wäre das wahre Dharma übergeben worden, wenn damals jeder in der Versammlung gelächelt hätte? Oder aber, wenn Kasho nicht gelächelt hätte, wäre dann das wahre Dharma überhaupt weitergegeben worden? Wenn du sagst, daß das wahre Dharma übertragen werden kann, dann hat der gelbgesichtige alte Mann mit seiner lauten Stimme schlichte Dorfleute betrogen. Wenn du aber sagst, daß es nicht weitergegeben werden kann, warum wurde dann nur Kasho allein anerkannt?

Gedicht des Mumon

> Eine Blume wird gezeigt,
> Und das Geheimnis ist enthüllt.
> Kasho beginnt zu lächeln:
> Die ganze Versammlung gerät in Verlegenheit.

Teisho zu dem Koan

Shakyamuni Buddha wird »der von der Welt Geehrte« genannt. Man sagt, daß er im Jahre 565 v. Chr. als Prinz Siddhartha des Shakya-Stammes im Königreich Magadha geboren wurde, der Welt im Alter von neunundzwanzig Jahren entsagte, mit fünfunddreißig Jahren die Buddhaschaft erlangte und 486 v. Chr. im Alter von achtzig Jahren nach einem Leben, das er ganz der Lehre und Verbreitung des von ihm gegründeten Buddhismus gewidmet hatte, in das Nirvana einging.

Der Berg Grdhrakuta ist ein Berg in der Nähe der Hauptstadt von Magadha, wo Shakyamuni seine Reden zu halten pflegte. Der Berg wird auch Adler-Berg genannt, weil er die Form eines Adlerkopfes hat.

Maha-Kasho (im Sanskrit Kashyapa) war einer der Zehn Großen Schüler des Shakyamuni. Er wurde wegen seines ungemein ausdauernden Übens hoch geachtet und war nach Shakyamunis Tod als Führer der buddhistischen Gemeinschaft, der Sangha, tätig. Er wird als Buddhas Nachfolger hoch geehrt. Er starb etwa um 436 v. Chr.

Zen macht geltend, daß es die religiöse Erfahrung von Shakyamuni Buddha unmittelbar weitergebe und daß das Leben des Zen in dieser Weitergabe bestehe. Wie geht nun die Dharma-Übertragung im Zen wirklich vor sich? Das Koan »Shakyamuni zeigt eine Blume« ist ein sehr aufschlußreiches Koan, da es ein klares und konkretes Beispiel von der eigenen Art der Dharma-Übertragung im Zen vor Augen führt. Ehe ich mein Teisho zu dem Koan gebe, ist es vielleicht gut, kurz seinen Hintergrund zu beleuchten.

Es gibt in China eine Anzahl von Büchern, die ähnliche Geschichten enthalten wie dieses Koan. In allen kommt die Erzählung vor: »Shakyamuni zeigt eine Blume«, so als ob es ein historisch nachweisbares Ereignis wäre. Ihre Quelle ist *Daibontenno Monbutsu Ketsugi-kyo*. Sanskrit-Schriften in Indien, die diese Erzählung enthalten, gibt es nicht. Die Bibliographen sind außerdem allgemein der Ansicht, daß *Daibontenno Monbutsu Ketsugi-kyo* ein in China gefälschtes Werk späteren Datums sein müsse, und Kritiker betrachten *Shakyamuni zeigt eine Blume* als Fälschung ohne historische Grundlage.

Obwohl es wahr sein mag, daß die Erzählung geschichtlich nicht nachgewiesen werden kann, so bedeutet dies jedoch nicht, daß die Tatsache der Dharma-Übertragung im Zen von einem

Meister auf seinen Schüler geleugnet werden soll. Es ist ganz natürlich, daß jemand, der eine derartige Übertragung erfahren hat, der Tatsache der Dharma-Weitergabe von einem Meister auf seinen Schüler, wie wir es hier in diesem Koan sehen, eine Zen-Deutung geben wird. Der Sinn des Koan einerseits und seine geschichtliche Grundlage andererseits sind zwei ganz verschiedene Dinge, die einander gar nicht berühren.

Es ist überflüssig zu sagen, daß das Zen-Leben als Religion in der tatsächlich von jedem einzelnen persönlich gemachten Erfahrung liegt. Von Anfang an hat man sich gesträubt, eine Einführung in Zen nach irgendeinem Ritus oder irgendeiner Schrift zu geben. Die Zen-Weitergabe hat immer als Grundlage die tatsächliche Erfahrung eines jeden einzelnen. Gleichzeitig muß die Erfahrung eines Schülers und die seines Lehrers ein und dieselbe sein. Während Zen daher einerseits die absolute Notwendigkeit der von jedem einzelnen selbst gemachten Erfahrung betont, mißt es andererseits der Überlieferung durch den Lehrer auf den Schüler große Bedeutung bei und nimmt sie sehr ernst. Wenn sie vernachlässigt wird, dann erlischt sofort das Licht der wahren, lebendigen Zen-Tradition. Daher wird die »Lehrer-Schüler-Überlieferung« im Zen mit »Geist-zu-Geist« bezeichnet. Sie hat einmalige Bedeutung erlangt und ist zur Tradition geworden.

Obwohl es ein »Geist-zu-Geist« sein mag, so beinhaltet der Begriff »Übertragung« doch eine Weitergabe in Raum und Zeit von A zu B. Für Zen, das sich nur auf die eigene, religiöse Erfahrung gründet und eine Initiation oder Vererbung in irgendwelcher Form nicht anerkennt, ist dieser Begriff der Übergabe oder Weitergabe ein unverzeihlicher Irrtum, eine vollkommen falsche Auffassung. Dem Wort Übergabe wurde daher ein neuer, schöpferischer Sinn gegeben, indem man sagt, daß es die »Übertragung des nicht Nicht-Übertragbaren« sei oder »Übertragen heißt identifiziert werden mit«. In anderen Worten, im Zen ist die »Lehrer-Schüler-Überlieferung« gleich »Lehrer-Schüler-Identifikation«, wobei die Erfahrung des Lehrers und die des Schülers in vollkommener Übereinstimmung miteinander sind. Sie haben im Grunde in ein und derselben Wahrheit ihren Ursprung.

Von alters her sagt man: »Es ist genauso, als ob man Wasser von einem Kessel in einen anderen gießen würde.« Die Erfahrung des Schülers muß immer von seinem Lehrer anerkannt werden. Es ist ein besonderes Charakteristikum der Zen-Übertragung, daß die Bestätigung des Lehrers auf diese Weise wesentlich wird, denn dadurch ist die Echtheit der Zen-Tradition erhalten geblieben.

Ob die Erzählung *Shakyamuni zeigt eine Blume* tatsächlich wahr ist oder nicht, ist von historischem und bibliographischem Interesse und hat mit der Tatsache der Lehrer-Schüler-Übertragung des Zen nichts zu tun. Das will besagen, daß das Faktum der Zen-Übertragung jenseits des historischen Interesses liegt, und in diesem Sinne hat das Koan sogar für uns heute eine tiefe Zen-Bedeutung.

Das obige Koan erzählt, daß sich vor langer Zeit Shakyamuni am Berg Grdhrakuta befand und daß er eines Tages vor einen Hörerkreis trat. Er zeigte den Menschen, die ungeduldig auf eine Rede warteten, eine Lotusblume und gab nicht ein einziges Wort von sich. Shakyamuni zeigte eine Blume – hielt er wirklich eine Rede oder nicht? Es war alles in diesem einen Augenblick, als er die Blume zeigte, entschieden.

Ich bin eine Blume. Das ganze Universum ist eine Blume. Wenn sich ein Gedanke von Bewußtsein regt, dann ist alles vorbei. Gutei hob einen Finger; Joshu rief aus: »Mu!« Ist dies das gleiche, oder unterscheidet sich dies voneinander? Diejenigen, die es wissen, werden es sofort erkennen. Diejenigen, die sehen können, werden es sogleich sehen. Alles ist gründlich erklärt worden – welch eine wunderbare Rede! Ein alter Zen-Meister singt:

> So wie ich es mit meinem Geist des Nicht-Geistes sehe,
> Ist diese Blume, die gezeigt wurde, Ich-Selbst.

Wir sollten jedoch nicht einfach die begriffliche Schlußfolgerung ziehen, daß ich und die ganze Welt eins sind.

Im *Hoke-kyo* steht der Satz: »Die Versammlung am Berg Grdhrakuta ist ganz bestimmt hier gegenwärtig.« Dies bedeutet, daß die Rede auf dem Berg Grdhrakuta jetzt, in diesem Augenblick, lebhaft im Gange ist, hier unmittelbar vor uns. Verlangt daher dieser Satz von uns, unmittelbar hier und jetzt, über Raum und Zeit hinweg, auf Shakyamunis Große Rede von der gezeigten Blume zu hören? Heißt er uns, die Wahrheit vor dem Erwachen des menschlichen Bewußtseins zu erfassen?

Es war jedoch niemand da, der die Große Rede Shakyamunis mit seinem Herzen und seiner Seele hören konnte. Die Zuhörerschaft schwieg und reagierte nicht darauf. Da begann der ehrwürdige Kasho zu lächeln. Nur der ehrwürdige Kasho verstand diese

»Rede der Nicht-Rede« vollkommen und antwortete darauf mit einem Lächeln.

Dieses »Lächeln« hat Aufsehen in Zen-Kreisen erregt, und schon in frühester Zeit war man darüber geteilter Meinung.

Rede der Nicht-Rede, hören, ohne zu hören. Was entnahm Kasho daraus, daß Shakyamuni die Blume zeigte? Was ist schließlich der wirkliche Sinn von Kashos Lächeln? Das muß natürlich der Kern der Frage sein, und die tatsächliche Zen-Erfahrung eines jeden einzelnen ist der Schlüssel zur Klärung dieser Kernfrage.

Ein Zen-Meister, der das Lächeln des ehrwürdigen Kasho kommentierte, sagte: »Ein Kind achtet nicht auf die Häßlichkeit seiner Mutter.« Warum könnte es häßlich sein, daß Shakyamuni eine Blume zeigt? Das Zen-Auge muß geöffnet werden, um dies zu sehen. Und wiederum: Wie wagte es Shakyamuni, häßlich zu sein? Es muß sein unwiderstehliches Mitleiden mit seinen Schülern gewesen sein, das ihn zwang, so zu sein. Kasho verstand Shakyamunis Widerwärtigkeit und würdigte sie, und in seinem Lächeln erfüllte sich das Wunder der Lehrer-Schüler-Identifikation. Shakyamuni, der Lehrer, und Kasho, der Schüler, teilen eine »Familienschande«. Sage mir, worin diese »Familienschande« besteht. Hier liegt das Geheimnis der »gezeigten Blume« und des »Lächelns«, das Geheimnis der völligen, schweigenden Lehrer-Schüler-Identifikation.

Ein anderer Meister kommentiert: »Der Vater hat ein Schaf gestohlen, und der Sohn gab es zu.« Dies war ursprünglich eine volkstümliche Redensart in China, um dumme Ehrlichkeit zu veranschaulichen, daß »der Vater Böses tat, welches der Sohn ans Licht brachte«. Der Kommentar ist insofern bezeichnend und von Interesse, als Vater und Sohn in wunderbarem Einklang miteinander stehen, während sie verschiedene Standpunkte einnehmen. Wir müssen hier jedoch richtig verstehen, was »ein Schaf stehlen« in Wirklichkeit bedeutet.

Ohne unsere eigene klare Erfahrung können wir schließlich nicht verstehen, was die alten Zen-Meister sagten oder taten. Sei nichts als eine Blume, sei nichts als ein Stock (Nyoi). Sei es ganz und gar. Wo ist dann das Universum? Hier gib mir ein Wort. Du kannst schweigen, oder du kannst lächeln, ganz wie du willst. Und hier kannst du dieses Koan zum ersten Mal wirklich erfassen.

In Verbindung mit der Erzählung »Shakyamuni zeigt eine

Blume« gibt es ein Mondo. Eines Tages fragte ein Statthalter Meister Ungo: »Man sagt, der von der Welt Geehrte habe eine geheime Rede über das Zeigen einer Blume gehalten, und Kasho habe dies durch sein Lächeln nicht verheimlicht. Was bedeutet das?« Ungo rief aus: »O Statthalter!« »Ja, Meister«, antwortete der. »Verstehst du?« fragte der Meister. Als der Statthalter sagte: »Nein, nichts«, sprach Ungo: »Wenn du es nicht verstehst, dann zeigt dies, daß der von der Welt Geehrte wirklich eine geheime Rede gehalten hat. Wenn du es verstehst, dann heißt dies, daß Kasho es nicht verheimlichte.«

Das ist ein interessantes Mondo zu dem Koan über das Zeigen einer Blume! Wenn nunmehr die von Shakyamuni gezeigte Blume durch das ganze All duftet, dann muß das »Ja, Meister« des Statthalters jetzt durch die ganze Welt tönen. Diejenigen, die es fassen können, mögen es fassen.

Als Kasho zu lächeln begann, bestätigte Shakyamuni die völlige Übereinstimmung ihrer Geistigkeit und erklärte vor der Versammlung: »Ich habe das alles durchdringende, wahre Dharma, das unvergleichliche Nirvana, die ausgezeichnete Lehre von der formlosen Form. Sie stützt sich nicht auf Worte und Schriftzeichen und wird außerhalb der Schriften überliefert. Ich übergebe sie jetzt Maha-Kasho.« Auf diese Weise bezeugt er die Tatsache der Dharma-Übertragung auf Kasho.

Von alters her wird solch eine Übertragung des Nicht-Übertragbaren »Buddha-zu-Buddha-Zeugnis« genannt. Es ist nicht ein Übertragen von Shakyamuni auf Kasho, sondern von Shakyamuni auf Shakyamuni, und nicht die Nachfolge des Kasho auf Shakyamuni, sondern des Kasho auf Kasho.

Die Lehrer-Schüler-Übertragung ist im Zen auf diese Weise möglich, und die Lehrer-Schüler-Übertragung wird in einer derartigen Identifikation nachgewiesen. Deshalb heißt im Zen »übertragen« dasselbe wie »identisch sein mit« und wird als »die Übertragung des Nicht-Übertragbaren« definiert.

Nun befindet sich das Dharma, das durch Nicht-Übertragung zu übertragen ist, jenseits aller Objektivation und Begrifflichkeit. Dharma soll das ewig unnennbare »Es« sein. Wie absurd, daß Shakyamuni diesem unnennbaren »Es« einen so langen und komplizierten Namen gab und sagte: »Ich habe das alles durchdringende, wahre Dharma, das unvergleichliche Nirvana, die ausgezeichnete Lehre von der formlosen Form. Sie stützt sich nicht auf Worte und Schriftzeichen und wird außerhalb der Schriften überliefert.« In dem Augenblick, in dem wir von dem Namen irregeleitet werden, erlischt das Dharma. Hier können wir jedoch Shakyamunis unendliches Mitleiden mit den Menschen der späteren Generationen erkennen. Es würde vielleicht eine Hilfe sein, wenn ich versuchen würde, die Bedeutung eines jeden Wortes, das in Shakyamunis Liste von unnennbaren Namen gebraucht wird, zu klären.

»Wahres Dharma« ist die Wahrheit der »So-wie-es-ist-heit«, in dem sich nicht einmal ein Gedanke des Bewußtseins regt. Es ist »Es« oder die Wahrheit jenseits von Raum und Zeit.

»Alles durchdringend und erfüllend« bedeutet, es ist die Quelle von Schöpfungskraft und wunderbarem Wirken, die absolut frei, vollkommen, unausschöpfbar und unendlich ist.

»Unvergleichliches Nirvana« ist die nie-geborene, nie-sterbende Wirklichkeit selbst. Es ist die Subjektivität, die sich ungehindert zum Ausdruck bringt und in allen unterschiedlichen Situationen am Werke ist.

»Formlose Form«. Eine Form nimmt eine Gestalt an und läßt Unterscheidung erkennen. Wenn es keine Unterscheidung gibt, dann gibt es keine Form, und diese formlose Form ist die wahre Form der Wirklichkeit, denn sie ist die Selbstoffenbarung des »Mu«.

»Sich nicht auf Worte und Schriftzeichen stützen«: Die Wahrheit selbst hat keinen Raum für Verstehen, denn das erfahrene Faktum gehört nicht zum Bereich der Logik und des Intellekts.

»Übertragung außerhalb der Schriften«: Wenn eine Lehre einmal erklärt ist, ist sie schon ein in Begriffe gefaßter Leichnam, mag sie noch so hervorragend ausgelegt worden sein. Das erfahrene Faktum ist die Grundlage, auf der Lehren und Dogmen entstehen. Es kann niemals durch Lehren und Dogmen eingeengt werden und ist immer neu, lebendig und kreativ.

Obwohl diese Erklärungen der Namen und Worte eine Hilfe sein mögen, sind sie doch nur in der einen oder anderen Form Begrifflichkeit und Objektivation, und wir dürfen uns nicht von ihnen täuschen lassen. Negativ ausgedrückt: Nicht eine Spur von »Es« ist in ihnen. Positiv gesagt: Das wahre Dharma durchdringt und erfüllt das All. Deshalb befindet sich »Es«, so wie es ist, hier und jetzt. Wenn du dich wirklich selbst wegwirfst, dann leuchtet immer hier und jetzt das wahre Dharma.

Die Wahrheit, zu der Shakyamuni unter dem Bodhi-Baum gelangte, ist nichts anderes als dies. Das Dharma, das von Buddha zu Buddha, von Meister zu Meister übertragen wurde, war nichts anderes als dies. Wir sollten uns darüber klar sein, daß es ohne das von jedem von uns erfahrene und erwiesene Faktum keine echte Zen-Tradition, keine aktive Zen-Übertragung geben kann.

Teisho zum Kommentar des Mumon

Mumon sagt: »Der gelbgesichtige Gotama ist wirklich unerhört. Er verwandelt das Edle in das Niedrige, und verkauft Hundefleisch, das als Schafkopf angepriesen wurde. Ich dachte, es sei etwas Interessantes daran. Wem wäre das wahre Dharma übergeben worden, wenn damals jeder in der Versammlung gelächelt hätte? Oder aber, wenn Kasho nicht gelächelt hätte, wäre dann das wahre Dharma überhaupt weitergegeben worden? Wenn du sagst, daß das wahre Dharma übertragen werden kann, dann hat der gelbgesichtige Mann mit seiner lauten Stimme schlichte Dorfleute betrogen. Wenn du aber sagst, daß es nicht weitergegeben werden kann, warum wurde dann nur Kasho allein anerkannt?«

Meister Mumon versucht, auf den wahren Sinn des Koan zu verweisen, und gibt dazu seine charakteristisch einzigartige und freie Erläuterung. Wie gewöhnlich strotzt der Kommentar von scharfen, ironischen Bemerkungen. Wenn wir uns jedoch an ihre vordergründige Bedeutung halten, dann geht sogleich der wahre Sinn verloren. Wir müssen den wirklichen Sinn außerhalb der verwendeten Formulierung erfassen.

»O du gelbgesichtiger Gotama!« Mumon wendet sich an Shakyamuni im vertraulichen und neckenden Ton. »Du solltest nicht so absurd sein und solchen Unsinn reden. Du redest zu einem reichen Edelmann und nennst ihn arm und gering. Du preist Wein an und verkaufst Essig. Höre auf, die Menschen auf diese Weise zu betrügen. Ich dachte, du wärest besser, aber du meine Güte! Es ist schließlich alles barer Unsinn!« Mumon spricht Shakyamuni, den Weisen der Shakya-Sippe, in einem vertraulichen und sehr formlosen Ton an und nennt ihn »gelbgesichtiger Gotama«. Gotama ist ein persönlicher Name, und mit gelbgesichtig meint er goldgesichtig – gold, weil er erleuchtet ist. Mumon fährt fort: »Du preist Wein an und verkaufst Essig.« Du gebrauchst schöne Redensarten wie »alles durchdringendes, wahres Dharma«, und dann zeigst du eine Blume. Diese Bemerkung darf man nicht nur als Scherz verstehen. Mumon tut so, als ob er die Rede Shakyamunis mit der gezeigten Blume streng rügte, in Wirklichkeit aber spendet er ihm höchstes Lob.

Er sagt: »In meinen Augen ist jeder mit der Buddha-Natur ein reicher Edelmann. Warum siehst du alle Menschen für arm und gering an und behandelst nur Kasho als Edelmann? Außerdem zeigtest du nur schweigend eine Blume und gabst vor, eine gute Rede zu halten. Gehst du nicht zu weit in dem Betrug der Menschen?« Mit diesen tadelnden Worten billigt Mumon die ausgezeichnete Rede der Nicht-Rede des Shakyamuni.

Mumons Kommentar wird sogar noch schärfer: »Du hast Glück gehabt, daß nur der ehrwürdige Kasho sie verstanden hat und zu lächeln begann. Angenommen, alle hätten darüber gelächelt. Wie würdest du dann das wahre Dharma übertragen haben? Wenn jedoch der ehrwürdige Kasho nicht gelächelt hätte, hätte das wahre Dharma dann doch übertragen werden können?« Mumon drängt auf klares Erfassen der »Übertragung des Nicht-Übertragbaren« von einem Meister auf seinen Schüler. Er fährt mit seinen eindringlichen Fragen bis zum Schluß fort, wo er sagt: »Wenn du meinst, im Zen gebe es die Dharma-Übertragung, dann betrügst du die Menschen.« Dann fragt er: »Wenn du sagst, im Zen gäbe es keine Übertragung, warum erklärst du dann, du habest es dem ehrwürdigen Kasho allein übergeben?« Durch diese sehr nachdrücklichen Fragen versucht Mumon, für seine Schüler die wirkliche Bedeutung der Übertragung des Nicht-Übertragbaren im Zen zu veranschaulichen und ihnen zu zeigen, wie seine Lehrer-Schüler-Übertragung möglich ist.

Meister Hakuin gab sein Teisho zu diesem Koan: »Jeder, Mann oder Frau, ohne Ausnahme, besitzt das wahre Dharma. Jedoch hat Shakyamuni ausdrücklich erklärt, es allein Kasho übergeben zu haben. Zweifellos täuscht er die Menschen. Ich will jedoch nicht sagen, daß keine Übertragung stattgefunden hat. Ich zeige jetzt hier meinen Stock (Hossu), dessen Wahrheit niemals ein einfacher Mönch, der schwer von Begriff ist, erfassen kann. Kasho erfaßte sie, daher lächelte er. Es wird nicht allzu viele geben, die die wirkliche Bedeutung dieses Lächelns ganz verstehen. Dort, wo man es begreift, ist die wahre Dharma-Übertragung.« Wir sollten genau auf das hören, was Hakuin und auch Mumon sagen und zu einer klaren Erkenntnis der Übertragung im Zen gelangen.

Teisho zu dem Gedicht des Mumon

> Eine Blume wird gezeigt,
> Und das Geheimnis ist enthüllt.
> Kasho beginnt zu lächeln:
> Die ganze Versammlung gerät in Verlegenheit.

Das in der zweiten Zeile übersetzte Wort »Geheimnis« lautet wörtlich »Tail«, ein Wort, das manchmal die Bedeutung von »einem unter einer Maske verborgenen Gesicht« hat. Hier bedeutet es Geheimnis – die Wahrheit, die Worte und Schriftzeichen übersteigt. In diesem Gedicht übt Mumon scharfe Kritik daran, daß Shakyamuni eine Blume zeigt: »Ich habe deinen Trick durchschaut, und ich lasse mich nicht anführen.« Mumon zeigt die Tiefe seiner eigenen Erfahrung dadurch, daß er sagt, er habe das Geheimnis der Übertragung des Nicht-Übertragbaren durchschaut. »Du magst jeden anderen zum Narren halten, aber mich nicht«, sagt Mumon zu Shakyamuni.

Sage mir, was für eine Blume es ist, die Shakyamuni zeigte. Es ist die Blume, die niemals im Feuer verbrennen, niemals im Frost dahinwelken wird. Es ist die Blume, die weder groß noch klein ist; in den Wiesen und auf den Bergen wächst sie, jetzt und früher, immer hell und frisch in Blüte. Gleichzeitig ist sie die Blume, die sogleich dahinwelkt, wenn man sich an Worte und Logik klammert und sich von Begriffen irreleiten läßt.

In den beiden letzten Zeilen des Gedichtes wiederholt Mumon einfach die Erzählung: »Kasho allein begann zu lächeln, da er vollkommen verstand, aber alle anderen waren in großer Verlegenheit.« Ich kann beinahe hören, wie er zu seinen Schülern sagt: »Es ist keine alte Erzählung, sondern jetzt dein eigenes Problem!« Er sagt ihnen wirklich: »Du, jeder von euch, hat die ewige Blume in der Hand, oder vielmehr ist er die Blume selbst. Warum macht ihr nicht eure Augen auf?«

Ein alter Zen-Meister gab in Form eines Gedichtes zu dem Koan einen symbolischen Kommentar:

> Der Regen gestern abend zerstörte die Blumen.
> Lieblich ist das Schloß umgeben von fließendem Wasser.

Wie sollen wir das innerste Wesen des Zen in diesem schönen Gedicht deuten? Heißt es, daß jeder, ob er lächelt oder nicht, im gleichen wahren Dharma lebt? Es gibt wahrhaftig kein Plätzchen, das die Sonne nicht bescheint, jedoch sind die Blinden, die in der Dunkelheit leben müssen, beklagenswert.

Vielleicht darf ich noch einen zusätzlichen Kommentar geben. In einem allgemein beliebten Buch las ich einmal eine Kritik dieses Koan »Shakyamuni zeigt eine Blume«. Dort hieß es: »Weil Mumon das Koan durch eine beschlagene Brille sah, konnte er das Spiel zarter, menschlicher Gefühle auf dem Hintergrund der Geschichte nicht wahrnehmen.« Das ist ein überraschendes Mißverständnis. Das Koan veranschaulicht für uns die Wahrheit des Zen, die in der Dharma-Übertragung durch die Lehrer-Schüler-Identifikation gesehen wird. Eine ethische Frage, wie z. B. die Schönheit der menschlichen Beziehung zwischen Lehrer und Schüler, steht gar nicht zur Debatte. Zen richtet sich auf jene grundlegende Verwirklichung, in der Ethik und andere menschliche Tugenden ihren Ursprung haben.

7 Joshu sagt: »Spüle deine Schalen«

Koan Einst richtete ein Mönch an Joshu eine Bitte. Er sagte: »Ich bin gerade in das Kloster eingetreten. Ich bitte dich, Meister, unterweise mich.« Joshu erwiderte: »Hast du gefrühstückt?« – »Jawohl«, antwortete der Mönch. »Dann«, sagte Joshu zu ihm, »spüle deine Schalen.« Der Mönch kam zu einer Einsicht.

Kommentar des Mumon

Joshu öffnete seinen Mund und zeigte seine Gallenblase, er enthüllte sein Herz und seine Leber. Wenn der Mönch die Wahrheit nicht erfaßte, als er dies hörte, wird er eine Glocke für einen Topf halten.

Gedicht des Mumon

> Weil es so sehr klar ist,
> Dauert es länger, bis man es erkennt.
> Wenn du sogleich weißt, daß Kerzenlicht Feuer ist,
> Ist das Mahl lange gekocht.

Teisho zu dem Koan

Schon von alters her sagt man vom Zen des Joshu: »Von den Lippen des Joshu geht Licht aus.« Wie Rinzai und Tokusan war Joshu ein Zen-Meister, der in den späteren Jahren der T'ang-Dynastie wirkte, als das Zen in China lebendig und schöpferisch war. Er war nicht wie andere berühmte Zen-Meister, die gern einen Stock schwangen oder einen KWATZ-Schrei ausstießen. Joshu brachte sein Zen in wunderbar angemessenen und prägnanten Worten zum Ausdruck. Die dynamische Kraft seines Zen wurde in seinen Aussprüchen lebendig, obwohl er keine physischen oder gewaltsamen Mittel anwandte.

Dieses Koan, in dem Joshu das innerste Wesen des Zen in unserem täglichen Leben unmittelbar darstellt, zeigt deutlich die typischen Merkmale seines Zen.

Eines Tages kam ein Mönch, der sich noch in der Ausbildung befand, mit einer Bitte zu Joshu: »Ich bin ein Novize in diesem Kloster. Bitte lehre mich das Wesen des Zen.« Der Mönch sagte von sich, daß er gerade in das Kloster eingetreten sei. Ich glaube, er war ein Neuankömmling im Kloster des Joshu, aber er braucht nicht notwendigerweise ein Novize in der Zen-Ausbildung gewesen zu sein, denn dem Mondo im Koan ist zu entnehmen, daß er schon weitgehend das harte innere Suchen hinter sich hatte, sonst hätte er nicht so leicht Einsicht in die Wahrheit erlangen können. Wer selbst die Übungsprozesse an sich erprobt hat, wird mit mir der Ansicht sein, daß wahrer geistiger Friede und geistiges Glück nicht so leicht und zufällig in einem Augenblick zu erlangen sind. Aus dem Mondo ist auch zu ersehen, daß der Mönch in seiner Suche nach der Wahrheit sehr aufrichtig ist.

Joshu gab ihm daher eine freundliche und angemessene Antwort: »Hast du schon gefrühstückt?« Mit seiner Antwort brachte er keine Philosophie oder irgendeine Idee ins Gespräch. Ein altes Sprichwort sagt: »Weil es so naheliegt, sieht es niemand.« Welche Wahrheit kann es hier geben, abgesehen von »diesem Menschen, Ich-Selbst, hier und jetzt«? Wenn du siehst, dann sieh' unmittelbar! Was suchst du, wendest deine Augen von dir selbst ab? Wie schade, daß der Mönch nicht begriff, was Joshu wirklich meinte.

Deshalb antwortete der Mönch naiv: »Jawohl«. So ist's recht! Ja, so ist's recht! Aber er erkennt es noch nicht. Ein alter Zen-Meister bedauert diesen fragenden Mönch sehr und meint: »Er sitzt auf dem schönsten Pferd und weiß nicht, wie es zu reiten ist.« (Das betrifft nicht nur den Mönch. Ich möchte fragen: Wie steht es mit dir?)

Joshu, der erkannte, daß sein erster Pfeil danebengegangen war, schoß sofort den zweiten ab: »Dann spüle deine Schalen.« Das ist eine ausgezeichnete Unterweisung! Ich möchte in die Hände klatschen und ausrufen: »Das ist es!« Eine herbe, dynamische Geistigkeit sprudelt aus seinen Worten. Ohne Zweifel »geht von seinen Lippen Licht aus«. Zen leben war für Joshu nicht, ein Zen-artiges Leben führen. Für ihn war Zen ein normales, alltägliches Leben, so wie es ist.

Hakuin, der sich auf diese Worte des Joshu bezog, sagte: »Wenn du den wirklichen Sinn von ›Dann spüle deine Schalen‹ verstehen willst, dann frage dich zunächst, wie du das Nembutsu (die Anrufung des Amida-Buddha) rezitieren kannst, ohne deinen Mund zu öffnen.« Ich würde dich bitten, »deine Schalen zu spülen, ohne deine Hände zu benutzen«. Es ist nichts anderes, als von dir zu verlangen, mit Nicht-Geist zu leben, der nur nach langem, aufrichtigem und hartem Kampf erlangt werden kann.

Zu seinem großen Glück hatte der fragende Mönch bei den Worten des Joshu »eine Einsicht«. Sein geistiges Auge wurde für die Tatsache geöffnet, daß es so ist, wie es ist – daß er, so wie er ist, »Es« ist; daß »Es« nicht außerhalb von ihm sein kann. Einmal erwacht, ist er immer im »Es«. In seinem Wesen ist er immer »Es«, die Wahrheit, gewesen. Sein Gehen, Stehen oder Sitzen sind nichts anderes als »Es«. Ich möchte ausrufen: »Wie dumm und langsam bist du, daß du es jetzt erst erkennst!« Aber wie viele wird es geben, die so glücklich sind, überhaupt zu dieser Erkenntnis zu gelangen!

Von Meister Shido Bunan stammt das folgende Gedicht:

> Laß das Wort »Tao« dich nicht irreführen.
> Erkenne, daß es nichts anderes ist,
> Als was du morgens und nachts tust.

Meister Tendo Shogaku schrieb ein Gedicht über das Koan:

> Das Frühstück war vorüber,
> Und der Mönch wurde gebeten, die Schalen zu spülen.
> Er hatte sogleich eine Erkenntnis.
> Sagt mir, vollendete Mönche in den Klöstern von heute,
> Habt ihr Satori oder nicht?

Die erste Zeile bezieht sich auf Joshus Anweisung, die er als Antwort auf die Frage des Mönchs gegeben hat, und die zweite auf den Mönch, der bei Joshus Worten eine Erkenntnis hatte. Diese beiden Zeilen brauchen keinen besonderen Kommentar, aber die dritte und vierte Zeile geben die hervorragende Ansicht des Meisters Shogaku zu diesem Koan wieder. Er sagt: »Es mag heute viele Zen-Mönche in verschiedenen Klöstern geben, die in ihrer Ausbildung schon fortgeschritten sind. Ich möchte sie aber fragen, ob sie zum Satori gelangt sind oder nicht.« Meister Shogaku fragt sie: »Mönche, die ihr heute Zen studiert, habt ihr Satori oder nicht? Wenn ihr auch nur ein bißchen Satori habt, könnt ihr euch doch nicht mit Joshu messen, dessen Zen so prachtvoll und mit gar nichts zu vergleichen ist.« Er warnt auf diese Weise vor einem Zen, das nach Zen schmeckt oder einen Zen-mönchischen Einschlag mit dem üblen Geruch von Satori hat. Er hegt aber große Bewunderung für Joshu, dessen Geistigkeit so makellos und so außerordentlich, ohne jede Spur von Überheblichkeit ist und der doch im normalen täglichen Leben eine tiefe und klare Zen-Geistigkeit besitzt.

Teisho zum Kommentar des Mumon

»Joshu öffnete seinen Mund und zeigte seine Gallenblase, er enthüllte sein Herz und seine Leber. Wenn der Mönch die Wahrheit nicht erfaßte, als er dies hörte, wird er eine Glocke für einen Topf halten.«

Mumon spricht zunächst von Joshu: »Er enthüllte sein ganzes Herz, als er ein Wort aussprach.« Soviel er auch über enthüllen sprechen mag, tatsächlich kann Zen niemals verheimlicht werden.

An einem Herbsttag gingen Meister Maido und sein Laienschüler Kosan-goku zusammen auf dem Berg spazieren. Maido fragte Kosan-goku: »Riechst du den Duft des Mokusei-Baumes?« »Ja«, antwortete Kosan-goku. Der Meister antwortete: »Ich habe nichts vor dir zu verbergen«, und dies machte einen großen Eindruck auf seinen Laien-Schüler.

Sodann übt Mumon scharfe Kritik an dem fragenden Mönch: »Wenn dieser Mönch, als er es hörte, die Wahrheit nicht begriff, dann wird er eine Glocke für einen Topf halten.« Obwohl das Koan besagt, daß der Mönch eine Erkenntnis hatte, unterscheidet Mumon seine Erkenntnis vom wahren Satori im Zen. Er mag eine Erkenntnis gehabt haben, aber Mumon bestätigt sie nicht als Satori.

Mumon kommentiert, daß die Zen-Fähigkeit des Mönchs leider auch nicht ausreiche, um Joshus großzügige Unterweisung zu durchschauen, der ihm sein Herz weit öffnete. Eine Glocke und ein Topf sind zwei vollkommen verschiedene Dinge, obwohl ihre äußere Form ähnlich ist. Mumons eindringliche Warnung an den fragenden Mönch scheint zu sein: Verschlinge nicht die Unterweisung des Joshu in hastigem Mißverständnis. Sie ist natürlich an seine eigenen Schüler gerichtet.

Teisho zu dem Gedicht des Mumon

> Weil es so sehr klar ist,
> Dauert es länger, bis man es erkennt.
> Wenn du sogleich weißt, daß Kerzenlicht Feuer ist,
> Ist das Mahl lange gekocht.

Mumon sagt, weil es so klar und offenbar ist, wird es für die Menschen schwierig sein, zur Erkenntnis zu gelangen. Wenn du siehst, sieh' es direkt; erfasse es in deinem Sehen. Wenn du hörst, höre es direkt, erfasse es in deinem Hören. Aber sage mir: Wie erfaßt du es? Es ist sogleich »Es«. Nicht nur »beim Frühstücken«, »beim Spülen der Schalen«, sondern jede Bewegung deiner Hand und deines Fußes ist nichts anderes als »Es«.

In der Eingangshalle eines japanischen Zen-Tempels befindet sich ein kleines hölzernes Brett mit der Inschrift: »Sieh unter deine Füße.« Sie fordert dich auf, genau die Stelle zu betrachten, auf der du stehst. Weil sie aber so nah ist, nimmt sich niemand die Mühe, sie anzuschauen. Leben wir nicht Tag und Nacht darin?

Der Mönch mag eine Erkenntnis gehabt haben, als er Joshu sagen hörte: »Spüle deine Schalen.« Es ist jedoch nichts, wovon man viel Aufhebens machen sollte, denn es ist so, als ob man erkennen würde, daß Kerzenlicht Feuer ist. Er erkennt einfach Wasser, während er sich mitten im Wasser befindet.

Das Mahl ist schon bereitet. Du brauchst Joshu nicht noch einmal zu fragen, noch mußt du auf Joshu warten, daß er es dir zeigt. Es ist hier, dort, überall, von Anfang an.

Ein alter Zen-Meister singt:

> Denke nicht,
> Der Mond ginge auf, wenn die Wolken verschwunden sind.
> Die ganze Zeit über stand er am Himmel
> In vollkommener Klarheit.

8   Keichu stellt Karren her

Koan   Meister Gettan sagte zu einem Mönch: »*Keichu machte einen Karren, dessen Räder hundert Speichen hatten. Nimm die Vorder- und Hinterteile weg und entferne die Achse. Was ist es dann?*«

Kommentar des Mumon

Wenn du dies sogleich durchschauen kannst, dann ist dein Auge wie eine Sternschnuppe und deine Geistigkeit wie ein Blitz.

Gedicht des Mumon

> Wenn das fleißig arbeitende Rad sich dreht,
> Ist sogar ein Fachmann verloren.
> Vier Richtungen, oben und unten:
> Süden, Norden, Osten und Westen.

Teisho zu dem Koan

Keichu war im alten China ein Fachmann in der Herstellung von Karren. Es gibt über ihn viele Geschichten, aber von keiner Geschichte weiß man mit Bestimmtheit, ob sie wahr ist. Man sagt, daß Keichu in den Tagen des Kaisers U von der Ka-Dynastie den ersten Pferdekarren herstellte und daß er einen großen Karren machte, dessen Räder hundert Speichen hatten und die Menschen in höchstes Erstaunen versetzte. In diesem Koan bezieht sich Meister Gettan auf die Geschichte dieses außerordentlichen Karrens und versucht, seine Schüler zur Wahrheit des Zen zu erwecken.

Meister Gettan Zenka lebte am Berg Daii in Tanshu. Obwohl

er ein Zen-Meister und Vorgänger des Mumon in der gleichen Linie der Dharma-Übertragung war und nicht lange vor Mumons Zeit lebte, ist wenig über ihn bekannt.

Eines Tages sagte Gettan zu einem Mönch: »Man sagt, daß Keichu vor langer Zeit einen ganz prachtvollen Karren, dessen Räder mit zahlreichen Speichen versehen waren, gebaut habe. Wenn aber die Radnaben und der Karrenrumpf weggenommen und die Achse entfernt werden, was wird dann daraus?«

Diese Frage kann wörtlich wie folgt ausgelegt werden: »Keichu baute einen sehr schönen Karren, indem er verschiedene Teile zusammenfügte. Wenn nun alle diese Teile entfernt werden und sogar die Gestalt des Karrens nicht mehr vorhanden ist, was wird dann daraus?« Viele, die das Koan in dieser Weise interpretieren, verstehen darunter eine Sunyata-Doktrin, die lehrt, daß ursprünglich alles leer ist. Ein japanisches Gedicht sagt:

> Füge Gras zusammen und binde Zweige aneinander:
> Sieh! Es ist eine Hütte!
> Reiße sie ab und zerlege sie in Stücke:
> Sieh! Es ist das ursprüngliche Grasland.

Sie zitieren dieses Gedicht und sagen, daß ein Karren Gestalt bekommt, wenn verschiedene Teile wie eine Achse, Radnaben, Speichen, Räder, etc. zusammengefügt werden. Wenn er abgebrochen und in Stücke zerlegt wird, dann ist die wirkliche Gestalt des Karrens nicht mehr vorhanden. Dies mag *eine* buddhistische Doktrin sein, aber es ist nicht Zen.

Gettan drängt dich, ihm zu antworten: »Was wird dann daraus?« Er verlangt keine philosophische Deutung von dir, sondern er will, daß du zeigst, wie dynamisch dein Zen wirkt. Es ist eine sehr scharfe und direkte Aufforderung. Mit anderen Worten, er will, daß du dein Auge öffnest für die Zen-Wahrheit, in der menschliches Bewußtsein noch nicht zu arbeiten begonnen hat. Gettan verlangt von dir, »sowohl die Vorder- wie die Hinterteile wegzunehmen und die Achse zu entfernen«, das heißt, über die Gestalt des Wagens direkt hinauszugehen. Objektiv die Gestalt des Karrens überschreiten heißt, subjektiv seine eigene Existenz auszulöschen. Das heißt, die dualistische Unterscheidung von Ich-und-Du, Subjekt-und-Objekt zu überschreiten und in der transzendenten und doch individualistischen Einheit zu leben und zu wirken.

Gettans Frage: »Was wird daraus?« hat diese unmittelbare und tiefe Bedeutung. Sie entspringt tiefem Mitleiden!
Ich möchte noch einige Worte über »Was wird daraus?« hinzufügen. Ein berühmtes japanisches Sprichwort beschreibt das Geheimnis der Reitkunst wie folgt: »Kein Reiter im Sattel, kein Pferd unter dem Sattel.« Um ein erfahrener Reiter zu werden, muß man fleißig üben, sich einem langen und schwierigen Training unterziehen, bis man schließlich den Zustand vollständiger Einheit von Mann und Pferd erreicht, in dem es weder Reiter noch Pferd gibt, auf dem geritten wird. Auch muß der Reiter dahin gelangen, daß ihm die Einheit selbst noch nicht einmal bewußt ist. Das ist Samadhi, das »beides überschritten hat«. Wenn sowohl Reiter wie Pferd vergessen sind, können sie am besten arbeiten und ihre größte Geschicklichkeit zeigen. Das klingt sehr nach dem Wirken des Nicht-Geistes oder Einheit von Subjekt und Objekt im Zen. Keichu, der erfahrene Hersteller von Karren, war in einem ähnlichen Samadhi-Zustand. Wenn er einen Karren baute, war er selbst durch und durch ein Karren. Wenn so emsig arbeitende Räder sich drehen, während die Vorder- und Hinterteile weggenommen und die Achse entfernt wurden, dann muß zweifellos sogar ein Meister in Verlegenheit sein. Keichu war ein früherer Meister in der Herstellung von Karren, der seinesgleichen nicht hatte.
Damit hängt jedoch eine sehr wichtige Frage zusammen: Können wir einen erfahrenen Reiter als Zen-Anhänger und einen erfahrenen Hersteller von Karren als Zen-Meister betrachten wegen ihrer Geschicklichkeit und ihres Samadhis, während sie arbeiten? Die Antwort ist ein entschiedenes Nein. Warum? Wer mit Leib und Seele bei seiner Arbeit ist, wird häufig im Samadhi-Zustand sein, in dem er sich selbst vergißt und sich jenseits der Unterscheidung von Subjekt und Objekt befindet. Eine derartige Einheit hat ihren eigenen Wert und ihre eigene Schönheit und kann mit Recht bewundert werden. In den meisten Fällen ist er jedoch auf einen bestimmten Aspekt der Arbeit beschränkt, der psychologisch oder sachlich vom übrigen Leben getrennt ist. Man ist in jenem Samadhi-Zustand nur, wenn man mit dieser besonderen Arbeit beschäftigt ist. Sobald man diese aufgibt, kann die Einheit dahin sein. Der springende Punkt ist, daß dieser Samadhi-Zustand nicht auf einem die ganze Persönlichkeit und das ganze Leben völlig umwandelnden Erwachen beruht.
Zen lehrt Samadhi und ermutigt die Mönche nachdrücklich

zum Üben, um Einheit von Seele und Leib, Identität von Subjekt und Objekt zu erreichen. Es fordert von den Mönchen, Nicht-Geist zu haben und Nicht-Selbst zu sein. Da dieses Ausbildungsverfahren des Zen psychologischen oder technischen Disziplinen in den Künsten ähnlich zu sein scheint, werden sie wahrscheinlich von vielen Menschen verwechselt.

Die Zen-Schulung oder die Übung hat das Ziel, einen grundsätzlichen Wandel in der ganzen Persönlichkeit zu bewirken, der zu klarer Erkenntnis oder Erleuchtung (genannt Satori) führt und einen befähigt, ein neues Zen-Leben als neuer Mensch zu leben. Zen zufolge ist diese Erfahrung der Erlangung der religiösen Persönlichkeit von wesentlicher Bedeutung. Sie ist daher grundverschieden von einem Sich-selbst-Vergessen in der Kunst oder in einem sonstigen Tun oder Können, das nur einen speziellen Aspekt unseres Lebens ausmacht. Um es nochmals zu wiederholen: Zen zielt letzten Endes darauf hin, durch die Satori-Erfahrung eine vollkommen neue religiöse Persönlichkeit heranzubilden, die Zen in jedem Augenblick tatsächlich lebt. Ohne diese grundlegende Erfahrung ist es überhaupt kein Zen, ganz gleich welche besonderen Fähigkeiten man auch haben mag.

In diesem Koan spricht Gettan zunächst von der beispiellosen Geschicklichkeit, die Keichu in der Herstellung von Karren besitzt und die das Ergebnis einer langen Ausbildung ist. Er beschließt das Koan mit den Worten: »Was ist es dann?« Gettan vergleicht die harte und ausdauernde Lehre in diesem Handwerk mit der Zen-Ausbildung, die ein Mittel ist, die Mönche zu dem endgültigen geistigen Sprung zu befähigen. Er unterstreicht die Notwendigkeit, daß jeder die grundlegende Erleuchtungserfahrung machen muß, die einen Wandel seiner Persönlichkeit herbeiführen wird. Daher ist der letzte Satz äußerst wichtig. Ohne ihn verliert das aufgeworfene Problem seinen Zen-Sinn als ein Koan.

Mir begegnen häufig Menschen, die ganz naiv glauben, daß der Samadhi-Zustand in der Kunst – oder Nicht-Geist im fachlichen Können – wegen seiner vordergründigen Übereinstimmung mit dem Samadhi-Zustand des Zen verglichen werden kann. Für sie kann es natürlich tanzendes Zen, malendes Zen, Klavier-spielendes Zen oder schwer-arbeitendes Zen geben. Das ist ein großes Mißverständnis, und es ist sehr unbedacht und unüberlegt, so zu urteilen. Sie haben nicht den grundlegenden Unterschied zwischen Zen und psychologischem Versunkensein in einer Kunst oder einer Fertigkeit erfaßt.

Teisho zum Kommentar des Mumon

»Wenn du dies sogleich durchschauen kannst, dann ist dein Auge wie eine Sternschnuppe und deine Geistigkeit wie ein Blitz«, kommentiert Mumon.

Sein Kommentar trifft unmittelbar die Sache: »Wenn du sogleich die durch Erfahrung erlangte Wahrheit des Entfernens der Vorder- und Hinterteile wie der Achse erkennst, dann ist dein Auge wie eine Sternschnuppe und deine Geistigkeit wie ein Blitz. Dort ist nicht einmal so viel Raum, daß ein Gedanke des Bewußtseins eindringen kann.«

Mit anderen Worten: Er verlangt von dir, sofort dein ganzes Bewußtsein auszulöschen und selbst direkt Karren zu sein. Dann gibt es weder dich noch den Karren, weder Bewegen noch Nicht-Bewegen. Überschreite dies alles, dann bist du ganz frei im Himmel und auf Erden, zu töten oder wiederzubeleben. Sogar der Blitz kann deine transzendente Freiheit nicht beeinflussen. Was könnte nun diese transzendente Freiheit sein? Dies wird in dem Gedicht veranschaulicht, das Mumons Kommentar beschließt.

Teisho zu dem Gedicht des Mumon

> Wenn das fleißig arbeitende Rad sich dreht,
> Ist sogar ein Fachmann verloren.
> Vier Richtungen, oben und unten:
> Süden, Norden, Osten und Westen.

Mumon verweist auf einen Karren und beschreibt bildlich das wunderbare Wirken der Einheit. Wenn dieser transzendente Karren der Nicht-Form fährt, während alle seine Teile entfernt sind, dann ist er in Bewegung, jedoch bewegungslos. Er bewegt sich nicht, ist aber in Bewegung – dies ist das wahre Bewegen, das sogar ein Überschallflugzeug nicht zustande bringen kann. Selbst ein Fachmann wird ganz außerstande sein, diese Unterscheidung hier anzuwenden. Ein alter Zen-Meister dichtet:

> Der Geist wendet sich und wirkt,
> Je nachdem wie die Lage es erfordert.
> Wo immer er sich hinwenden mag,
> Er ist geheimnisvoll klar und heiter.

Ich hebe meine Hand, und die Sonne und der Mond verlieren unter meiner Hand ihr Licht. Ich hebe meinen Fuß, und die Weite der Erde ist unter meinem Fuß ganz verschwunden. Hier ist überhaupt kein Raum für den Intellekt.

Vier Richtungen, oben und unten: Süden, Norden, Osten und Westen. Überallhin wendet sich der wunderbare Karren der Nicht-Form. Alles ist das Wirken des wahren Selbst der Nicht-Form. Ich frage dich nun: Wie wendet es sich genau hier und genau jetzt? »Vier Richtungen, oben und unten: Süden, Norden, Osten und Westen!«

9 Daitsu Chisho

Koan Ein Mönch sagte einst zu Meister Seijo von Koyo: »Daitsu Chisho Buddha übte während zehn Kalpas auf einem Bodhi-Sitz Zazen. Das Buddha-Dharma wurde nicht geoffenbart, auch erreichte er nicht die Buddhaschaft. Wie kam das?« Jo sagte: »Deine Frage ist wirklich herrlich!« Der Mönch blieb hartnäckig: »Er übte Zazen auf einem Bodhi-Sitz. Warum erlangte er die Buddhaschaft nicht?« Jo antwortete: »Weil er die Buddhaschaft nicht erlangte.«

Kommentar des Mumon

Der alte Fremde mag es wissen, aber er kann es nicht wirklich erfassen. Wenn ein gewöhnlicher Mensch es erkennt, ist er ein Weiser. Wenn ein Weiser es begreift, ist er ein gewöhnlicher Mensch.

Gedicht des Mumon

> Befreie den Geist, ehe du den Leib befreist.
> Wenn der Geist im Frieden ist, leidet der Leib keine Qualen.
> Wenn sowohl Geist wie Leib befreit sind,
> Warum muß dann der heilige Mensch ein großer Herr werden?

Teisho zu dem Koan

Dieses Koan ist eine metaphorische Geschichte aus dem *Hoke-kyo*, Kapitel 7. Vom philosophischen Standpunkt des Buddhismus lassen sich aus dieser Erzählung des Daitsu Chisho Buddha verschiedene Lehrmeinungen ableiten. Das Koan gibt einen Teil der Geschichte des Daitsu Chisho Buddha aus dem *Hoke-kyo* wieder und versucht, die Zen-Schüler dahin zu bringen, sich von allen doktrinären Hindernissen religiöser Philosophie zu lösen und zum wirklichen, lebendigen Daitsu Chisho Buddha zu gelangen.

Rinzai sagte von ihm im Buch *Rinzai-roku*: »Daitsu meint den, der überall die Nicht-Natur, die Nicht-Selbst-Wirklichkeit aller Dinge erreicht hat. Chisho ist der, der sich auf keine Lehre verläßt und unter gar keinen Umständen irgendwelche Zweifel hegt. Buddha ist der, dessen Geist rein und klar ist und dessen Licht durch die Dharma-Welt dringt. Zazen auf einem Bodhi-Sitz während zehn Kalpas praktizieren, deutet auf das Leben der Zehn Tugenden (Paramitas). ›Buddha wurde nicht offenbar‹ bedeutet, daß der Buddha ursprünglich ungeboren ist; Dharma ist unvergänglich. Wie konnte sich das Dharma dann jemals offenbaren? ›Er erlangte die Buddhaschaft nicht‹ heißt, daß er nicht wieder Buddha wird, da er es ja von seinem Ursprung her ist.« Letzten Endes sind die Erklärungen des Rinzai jedoch auch Hindernisse von Wort- und Schriftzeichen. Ein Zen-Anhänger muß mit einer anderen Sicht leben.

Studieren wir nunmehr das Koan. Ein Mönch stellte eines Tages an Meister Seijo von Koyo die Frage: »Im *Hoke-kyo* steht über Daitsu Chisho Buddha, daß er Zazen auf einem Bodhi-Sitz während zehn Kalpas übte. Das Buddha-Dharma wurde nicht geoffenbart, auch erlangte er nicht die Buddhaschaft. Was bedeutet dies?« Der Mönch stellt natürlich die Frage vom Standpunkt des Zen aus, er will keine philosophischen Erklärungen oder doktrinäre Debatten.

Vielleicht ist es notwendig, daß ich auf ein oder zwei Seiten die von dem Mönch verwendeten Begriffe erkläre.

»Zehn Kalpas« ist ein unendlich langer Zeitabschnitt.

»Er übte Zazen auf einem Bodhi-Sitz« heißt, daß wirkliches Zazen Buddhas Tat selbst ist. Wenn man Zazen praktiziert, dann ist es Buddhas Zazen. Hakuin sagte: »Warum muß man Zazen auf einem Bodhi-Sitz praktizieren? Du sitzt jetzt hier und du bist so, wie du bist, Daitsu Chisho Buddha.«

»Das Buddha-Dharma wurde nicht offenbar.« Buddha-Dharma ist die grundlegende, allumfassende Wirklichkeit selbst, die ewig ungeboren und unvergänglich, makellos und ungeläutert, nicht-zunehmend und nicht-abnehmend ist. Das wahre Buddha-Dharma der Nicht-Offenbarung ist jenseits von Offenbarung und Nicht-Offenbarung. Im *Shodoka* lesen wir: »Sie ist immer offenbar und kann niemals fehlen. Wenn du sie suchst, wirst du sie niemals finden.«

»Er erlangte keine Buddhaschaft.« Jeder ist schon im Buddha-Dharma. Er sollte nicht vor Durst schreien, wenn er selbst schon im Wasser ist. Ist nicht der, der die Buddhaschaft nicht erlangt, eigentlich der, der sie tatsächlich erlangt hat? Wenn er sich noch weiter um die Buddhaschaft bemüht, dann ist er so töricht, noch einen Hut auf den zu setzen, den er bereits auf dem Kopf hat. Man muß jedoch wirklich das Buddha-Leben der Nicht-Erlangung leben, um sagen zu können, daß derjenige, der die Buddhaschaft nicht erreicht, der ist, der sie erlangt hat. Getrennt von ihm selbst oder von dir selbst gibt es kein Zen.

Seijo war ein großer und fähiger Meister, und er erwiderte auf die Frage des Mönchs: »Das ist es! Du hast recht!« Da Seijo das Zen der Nicht-Erlangung selbst lebte, konnte er die Wahrheit sogleich hinausschreien. Ein alter Zen-Meister gab zu dieser herrlichen Antwort des Seijo folgenden Kommentar: »Wirklich ganz wunderbar! Er verfolgt den Einbrecher auf dem Pferd, das dem Einbrecher selbst gehört.« Damit sagt er: »Selbstverständlich ist er Daitsu Chisho Buddha. Das wirkliche Leben des Buddha-Dharma ist tatsächlich, die Buddhaschaft nicht zu erlangen.«

Was den Mönch angeht, war jedoch diese wunderbare Antwort leider eine Perle vor die Säue. Er konnte sie überhaupt nicht verstehen und fragte wiederum einfältig: »Er praktizierte tatsächlich Zazen auf einem Bodhi-Sitz. Warum erlangte er die Buddhaschaft nicht?« Ich möchte ihm laut zurufen: »Du hast es nicht verstanden.« Wie töricht von ihm, nach Wasser zu fragen, wenn er doch selbst darin ist!

»Weil er keine Buddhaschaft erlangte.« Seijo zeigte damit liebenswürdigerweise das wahre Bild des Daitsu Chisho Buddha. Warum muß ein Buddha nach einem Buddha jagen? Weil er ein wahrer Buddha ist, erlangt er keine Buddhaschaft. Seijo selbst erfreute sich des Lebens eines wahren Buddha. Ein Waka-Gedicht sagt:

Laßt uns den Mond bewundern und die Blumen pflegen, –
So möchten wir leben.
Niemals versuchen, Buddhas zu werden
Und unser kostbares Leben ruinieren!

Studieren wir den Kern des Gedichtes und auch den wesentlichen Gehalt von Seijos Antwort.

Teisho zum Kommentar des Mumon

»Der alte Fremde mag es wissen, aber er kann es nicht wirklich erfassen. Wenn ein gewöhnlicher Mensch es erkennt, ist er ein Weiser. Wenn ein Weiser es begreift, ist er ein gewöhnlicher Mensch.« So beginnt Mumon seinen Kommentar mit der alten Redensart, daß sogar die größten Meister wie Shakyamuni und Bodhidharma nicht sagen können, sie hätten die Wahrheit des Daitsu Chisho Buddha erfaßt. Die Wirklichkeit des Buddha gehört nicht dem Bereich des Wissens und Nicht-Wissens, des Begreifens und Nicht-Begreifens an.

Er fährt fort und sagt, daß ein gewöhnlicher Mensch schon ein Weiser ist, wenn er die Realität des Daitsu Chisho Buddha erkennt. Ich würde sagen, daß der gewöhnliche Mensch, der überhaupt keine Bildung hat, der Mensch von wirklicher Bildung ist. Der Mensch, der nicht das Aussehen eines Weisen annimmt, muß ein wirklicher Weiser sein.

Mumon sagt: »Wenn ein Weiser es begreift, ist er ein gewöhnlicher Mensch.« Die Wahrheit, die sogar für Buddhas und Patriarchen unerreichbar ist, geht über die Frage von Begreifen und Nicht-Begreifen hinaus. Ein gewöhnlicher Mensch, der keine Buddhaschaft erlangt, kann der wirklich weise sein. Mumon versucht, die Realität des Daitsu Chisho Buddha zu zeigen, indem er dualistische Denkformen, wie Wissen und Nicht-Wissen, Begreifen und Nicht-Begreifen wegläßt.

Teisho zu dem Gedicht des Mumon

> Befreie den Geist, ehe du den Leib befreist.
> Wenn der Geist im Frieden ist, leidet der Leib keine Qualen.
> Wenn sowohl Geist wie Leib befreit sind,
> Warum muß dann der heilige Mensch ein großer Herr werden?

Mumon versucht in diesem Gedicht wiederum, das wahre Bild des Daitsu Chisho Buddha zu beschreiben. »Befreie den Geist, ehe du den Leib befreist.« Wenn einer das Problem seines Daseins grundsätzlich lösen und Frieden und Freiheit für immer erlangen will, muß er sowohl seinen »Leib« wie seinen »Geist« befreien. Leib ist ein typisches Beispiel für alle Unterscheidungen, wie Buddha und unerleuchteter Mensch, Weiser und gewöhnlicher Mensch, Satori und Unwissenheit, während der Geist der Ursprung dieser Unterscheidung ist.

»Wenn der Geist im Frieden ist, leidet der Leib keine Qualen.« Wenn das Selbst wirklich transzendiert und zum ursprünglichen Geist erwacht ist und zu der Erkenntnis gelangt, daß »das Ganze nur ein Geist ist«, dann werden alle Unterscheidungen und Sonderungen in der Welt neuen und schöpferischen Sinn haben, denn sie verherrlichen in Wirklichkeit den Einen Geist. Jedes neue andersartige Phänomen der Unterscheidung ist ein Aspekt der Tätigkeit des Einen Geistes, und inmitten der Unterscheidung, so wie sie ist, ist der Geist in Frieden. Mit einer Weide ist er grün, mit einer Blume ist er rot – jedes ist, so wie es ist, das Wirken von ihm selbst.

Mumon fährt in seinem Kommentar fort: »Wenn Geist und Leib befreit sind...« – Wenn einer seinen Leib in der wirklichen Schulung oder in der tatsächlichen Übung befreit hat, dann hat er seinen Geist befreit. Denn der Leib muß befreit werden, damit der Geist wirklich im Frieden ist. Leib und Seele sind ursprünglich eins, und in dieser Einheit im Frieden sind wir in der Lage, die Wahrheit des Daitsu Chisho Buddha zu erkennen. »Warum muß der heilige Mensch ein großer Herr werden?« Ein heiliger Mensch ist jemand, der alle irdischen, relativistischen Werte transzendiert hat. In diesem Gedicht ist »der heilige Mensch« ein anderer Name für Daitsu Chisho Buddha. Denn für den heiligen Menschen, der vollkommen frei ist von allen irdischen Werten, jeder Art menschlicher Ehre oder Ansehen auf der Erde, bedeutet sogar der Rang eines Königs oder eines großen Herrn nichts. Die Tatsache an sich, daß er Buddha nicht sucht, ist der Beweis dafür, daß Daitsu Chisho Buddha ein wirklicher Buddha ist.

Es gibt eine interessante Geschichte von einem Zen-Meister namens Tosui, der einmal in Japan lebte. Er wollte nicht Abt eines großen Tempels sein und führte lange Zeit das Leben eines Bettlers. Eines Tages besuchte ein alter Shin-Buddhist (von der Sekte des Reinen Landes) Tosuis Hütte. Er bemerkte, daß es in der halb zerfallenen Hütte kein Buddha-Bild gab. Der fromme Anhänger der Reinen-Land-Sekte dachte, daß Tosui, ganz gleich wie arm er auch sei, Buddha verehren solle. Von seinem Glauben und seiner Freundschaft beseelt, brachte er ihm ein Bild von Amitabha, hing es an die Wand der Hütte und riet ihm, es jeden Morgen und jeden Abend zu verehren. Tosui nahm sofort einen Pinsel und schrieb folgendes Gedicht auf das Bild des Amitabha-Buddha:

Obwohl meine Hütte sehr eng ist,
Darfst du hier bleiben, o Amitabha.
Aber glaube bitte nicht,
Ich möchte von dir die Wiedergeburt im Reinen Land.

10 Seizei, ein armer Mönch

Koan Einst sagte ein Mönch zu Meister Sozan: »Ich bin arm und mittellos. Ich bitte dich, Meister, hilf mir und mache mich reich.« Sozan sagte: »Ehrwürdiger Seizei!« Seizei antwortete: »Ja, Meister.« Sozan bemerkte: »Wirst du, wenn du drei Glas vom besten Seigen-Wein getrunken hast, noch behaupten, daß deine Lippen nicht befeuchtet seien?«

Kommentar des Mumon

Seizei nahm eine herablassende Haltung an. Was beabsichtigt er? Sozan hat einen durchdringenden Blick und hat Seizeis Geist durchschaut. Wie dem auch sei, sage mir nur, wie der ehrwürdige Seizei den Wein getrunken haben konnte?

Gedicht des Mumon

> Seine Armut gleicht der des Hantan,
> Sein Geist ist wie der des Kou.
> Obwohl er seinen Lebensunterhalt nicht verdienen kann,
> Wagt er es, mit dem reichsten aller Menschen wettzueifern.

Teisho zu dem Koan

Sozan war ein Nachfolger des Tozan, und er ist mit letzterem als ein Gründer des Soto-Zen in China bekannt. Er wurde 858 geboren, im Alter von neunzehn Jahren geweiht und starb 919 im zweiundsechzigsten Lebensjahr. Er lebte unter der T'ang-Dynastie zwischen den beiden großen Buddhisten-Verfolgungen (845 und 955), zu einer Zeit, als Zen in China seinen Höhepunkt erlebte. Er ist berühmt wegen der freien und eleganten Darstellung seines Zen.

Anscheinend war der bittende Mönch, Seizei, in Zen-Kreisen seiner Zeit gut bekannt, jedoch wissen wir weiter nichts über ihn. Er muß geglaubt haben, daß er schon zu beträchtlicher Einsicht gelangt war, sonst hätte er nicht sagen können, daß seine Geistigkeit »arm« sei.

Eines Tages suchte ein Mönch namens Seizei Meister Sozan auf und bat ihn: »Ich bin äußerst arm und mittellos – bitte, hilf mir heraus aus dieser Armut und mache mich reich.«

Beim Thema »Armut« fällt mir ein, daß einmal ein Brite zu Meister Daigi kam, um bei ihm Zen zu studieren. Meister Daigi war mein Mitschüler während meiner Übungszeit. Er gab dem Briten als Koan das berühmte christliche Wort: »Selig sind die Armen im Geiste.« Ich weiß nicht, wie die überlieferungsgemäße, orthodoxe Interpretation dieser Stelle im Christentum lautet. Es wäre interessant zu wissen, wie Meister Daigi sie vom Zen-Standpunkt her aufgriff und sie als Zen-Koan verwendete.

Selbstverständlich hat die »Armut«, von der Seizei hier spricht, nicht deren buchstäblichen Sinn. »Ich habe weder Satori noch Unwissenheit, Himmel oder Hölle, Subjekt oder Objekt. Ich bin rein und makellos, und sogar eine helfende Hand kann nichts für mich tun. Wie würdest du einen armen Mann, wie ich es bin, retten?« Der Mönch fordert Sozan mit dieser scharfen Frage heraus, um Sozans Antwort ergründen zu können. Mit anderen Worten, der Mönch konfrontiert Sozan mit der statischen Einsicht seiner Armut und will sehen, wie dieser reagiert.

Sozan war jedoch ein tüchtiger Meister, der freien Gebrauch von seinem Zen machen konnte. Er war zu groß, um sich von einer derartigen Frage beirren zu lassen. Er rief sogleich: »Ehrwürdiger Seizei!« Als Seizei antwortete: »Ja, Meister«, protestierte Sozan: »Nachdem du drei Glas vom besten Seigen-Wein getrunken hast, sagst du, du hättest ihn noch nicht einmal probiert?«

Was in aller Welt fehlt dir? Wenn du siehst, sind deine Augen voll von »Es«, wenn du hörst, tönen deine Ohren vom »Es«. Wenn du gehen willst, dann gehst du: Wenn du sitzen willst, sitzt du. Du bist sogar ein reicher Mann und weit davon entfernt, arm zu sein. – Die Antwort des Sozan ist wirklich wunderbar. Sie ist eine Antwort, in der Frage und Antwort einander ganz durchdringen. Sie sind eins, und gleichzeitig sind sie zwei. Dies ist ein Charakteristikum des Soto-Zen.

Von Meister Ingen gibt es ein Gedicht über die »gesegnete Armut«:

> Zünde keine Lampe an. Im Haus ist kein Öl.
> Wie traurig ist es, daß du ein Licht willst.
> Ich selbst kenne einen Weg, die Armut zu preisen.
> Ich lasse dich deinen Weg die Wand entlang ertasten.

Besonders die beiden letzten Zeilen haben einen tiefen Sinn. Wer arm ist, fühlt sich unglücklich in der Armut; der Reichtum schafft ebenfalls Mißbehagen – so ist das menschliche Leben. Wer jenseits von Reich und Arm, Ja und Nein ist, der kann wahrhaft frei sein und in wirklichem Frieden leben.

Einmal kam ein Laienschüler des Zen zu Meister Bankei, einem berühmten japanischen Zen-Meister der Tokugawa-Zeit. Der Schüler sagte: »Meine Weisheit ist fest in mir eingesperrt, und ich bin nicht in der Lage, sie anzuwenden. Wie kann ich sie anwenden?« Bankei sagte zu ihm: »Mein Freund, komm bitte näher zu mir.« Als der Laien-Schüler einige Schritte näher kam, bemerkte Bankei: »Wie wunderbar du sie anwendest!«

Teisho zum Kommentar des Mumon

»Seizei nahm eine herablassende Haltung an. Was beabsichtigt er? Sozan hat einen durchdringenden Blick und hat Seizeis Geist durchschaut. Wie dem auch sei, sage mir nur, wie der ehrwürdige Seizei den Wein getrunken haben konnte?«

Zunächst kommentiert Mumon die Haltung Seizeis: »Seizei ging ein bißchen vorwärts und nahm eine demütige Haltung an.« Was beabsichtigte er in Wirklichkeit, als er dies tat? Das feststehende Prinzip der Einheit oder Gleichheit verdient in gewissem Sinn natürlich Bewunderung. Wenn er sich jedoch daran klammert und das freie Wirken in Unterscheidung fehlt, dann wandelt sich dies zu einer Verhaftung und hört auf, wirkliche Einheit zu sein. Mumon warnt seine Schüler vor solch einer relativistischen, toten Einheit.

Dann lobt Mumon Sozan: »Er ist ein tüchtiger Meister. Er

durchschaute sogleich die Zen-Fähigkeit des Seizei und gab eine passende Antwort.«

Mumon ändert nun seinen Ton und fährt fort: »Mag es sein, wie es will, Sozan sagte zu Seizei, daß er einen herzhaften Schluck des besten Weins gekostet habe. Wie konnte Sozan dies sagen?« Mumon rät seinen Mönchen, das Koan nicht als eine hübsche alte Geschichte anzusehen, sondern es als ihr eigenes Problem aufzugreifen und mit ihrem religiösen Auge seinen wirklichen Sinn zu durchschauen. Mumons Bemerkung ist auch für uns heute eine Unterweisung voll Barmherzigkeit.

Zen verneint alles und bejaht gleichzeitig alles. Wenn diese absolute Bejahung nicht in jeglicher wie auch immer gearteten Situation wirkt, ist die Verneinung nur ein Leichnam, den man vernichten kann.

Ein japanisches Volkslied lautet:

> Ich bin beschwipst, richtig beschwipst von
> nur einem Glas Wein,
> Ich bin beschwipst von einem Glas Wein, das
> ich nicht getrunken habe.

Beschwipst sein von einem nicht getrunkenen Wein bezieht sich auf das Reden mit Nicht-Geist und das Handeln mit Nicht-Geist. Mit Hilfe von Mumons Erklärung sollten wir den Kern des Liedes begreifen können.

Teisho zu dem Gedicht des Mumon

> Seine Armut gleicht der des Hantan,
> Sein Geist ist wie der des Kou.
> Obwohl er seinen Lebensunterhalt nicht verdienen kann,
> Wagt er es, mit dem reichsten aller Menschen wettzueifern.

In diesem Gedicht sagt Mumon, daß Seizei gänzlich arm sei, ärmer noch als Hantan, ein chinesischer Edelmann aus dem 2. Jahrhundert n. Chr., der in größter Armut lebte und niemals auch nur besorgt oder bekümmert aussah. Da Seizei seiner Armut sicher war, kam er zu Sozan, um an ihn eine herausfordernde Frage zu stellen. Das war ohne Zweifel sehr mutig von ihm, und man kann seinen Mut mit dem des Kou, eines äußerst tapferen chinesischen Generals aus dem 3. Jahrhundert v. Chr., vergleichen, von dem berichtet wird: »Er hatte so viel Kraft, daß er einen Berg in Bewegung setzen konnte, und sein Geist war so mächtig, daß er die ganze Welt erfaßte.«

Als Sozan sich an ihn wandte, antwortete er aus dem Nichts heraus, obwohl er in größter Armut und bitterer Not lebte: »Ja, Meister.« Er zögerte nicht mit seiner Antwort und war nicht schüchtern – er war ganz gewiß reich genug, um an Wohlstand mit Sozan, einem Krösus, zu konkurrieren. Seizei hielt zwar seine Armut hoch, jedoch wurde er durch Sozans wunderbare Fähigkeit der Unterscheidung vollkommen besiegt.

11 Joshu sieht die wahre Natur von zwei Eremiten

Koan Joshu kam zu einem Eremiten und fragte: »Bist du da? Bist du da?« Der Eremit zeigte seine Faust. Joshu sagte: »Das Wasser ist zu seicht, als daß ein Schiff darin vor Anker gehe.« Und er ging fort. Er kam dann zu einem anderen Eremiten und rief: »Bist du da? Bist du da?« Auch dieser Eremit zeigte seine Faust. Joshu sagte: »Du hast die Freiheit, zu geben oder zu nehmen, zu töten oder Leben zu geben«, und verneigte sich vor ihm.

Kommentar des Mumon

Beide zeigten ihre Faust. Warum billigte er den einen und mißbilligte den anderen? Sage mir, wo liegt die eigentliche Schwierigkeit? Wenn du ein Schlüsselwort hierzu sagen kannst, dann wirst du sehen, daß Joshu ungezwungen das sagt, was er sagen will und vollkommen frei ist, dem einen zu helfen, sich zu erheben, und den anderen hinunterzustoßen. Wie dem auch sei, weißt du, daß es im Gegenteil die beiden Eremiten waren, die die wahre Natur des Joshu gesehen haben? Wenn du sagst, daß der eine Eremit dem anderen überlegen sei, dann hast du noch nicht das wahre Zen-Auge. Oder wenn du sagst, es gebe keinen Unterschied zwischen den beiden, dann hast du auch noch nicht das Zen-Auge.

Gedicht des Mumon

> Sein Auge ist eine Sternschnuppe,
> Sein Geist ist Blitz.
> Ein Schwert zum Töten,
> Ein Schwert, das Leben zu geben.

Teisho zu dem Koan

In diesem Koan ist der berühmte Joshu wieder die Hauptfigur. Ich habe bereits auf sein bekanntes Wort hingewiesen, das in seiner Lebensbeschreibung festgehalten ist: »Auch wenn er ein kleines Kind von sieben Jahren, mir aber in irgendeiner Weise überlegen ist, werde ich ihn bitten, mich zu belehren. Wenn er auch ein alter Mann von hundert Jahren, mir aber unterlegen ist, werde ich ihn belehren.« Unter diesem Motto setzte Joshu seine Pilgerreise zur Schulung fort, bis er achtzig Jahre alt war. Die obige Episode wird sich auf seiner Pilgerreise zugetragen haben. Zen-Anhänger halten es nicht zu genau mit den Umständen einer Koan-Situation, die, vom Zen her gesehen, von zweitrangiger Bedeutung ist, und sie stellen keine eingehenden Fragen darüber. Die vorrangige Bedeutung des Koan besteht darin, daß es ein Mittel ist zum Üben.

Eines Tages kam Joshu zu einem Eremiten und fragte: »Bist du da?« Zen-Anhänger schulen sich bei ihrer täglichen Begrüßung häufig gegenseitig und versuchen, ihre Geistigkeit zu verbessern. Auch in diesem Koan leitete eine alltägliche Frage sogleich ein Zen-Mondo ein.

Auf Joshus Frage zeigte der Eremit als Antwort schweigend seine Faust. Eine emporgehaltene Faust – mehr nicht – wirklich wunderbar! Eine Faust ist durch und durch eine Faust. Da gibt es keinen Raum für Unterscheidung.

Als jedoch Joshu dies sah, sagte er: »Das Wasser ist zu seicht, als daß ein Schiff darin vor Anker gehe.« Und er ging sogleich fort. Vordergründig kann man es so interpretieren: Er ist kein großer Zen-Mönch. Es lohnt sich nicht, ein Mondo mit ihm zu wechseln, und Joshu wandte sich sogleich ab.

Joshu gebrauchte und entfaltete sein Zen, wie er wollte. Könnte es in der gezeigten Faust selbst so eine Unterscheidung wie Überlegenheit oder Unterlegenheit geben? Ein alter Zen-Meister gab zu der Faust folgende Erläuterung:

> Ich überlasse es anderen,
> Das verrückt oder grob zu nennen.
> Pfirsichblüten sind von Natur aus rosa;
> Birnenblüten sind von Natur aus weiß.

Wie verstand er die Faust, daß er solch ein Gedicht schrieb? Was bedeutet die Faust? Dieser entscheidende Punkt muß ganz klar verstanden werden.

Joshu ging nun zu einem anderen Eremiten und fragte auf die gleiche Weise: »Bist du da?« Der Eremit zeigte schweigend seine Faust. Eine emporgehaltene Faust, nicht mehr – wirklich wunderbar! Eine Faust ist durch und durch eine Faust. Da gibt es keinen Raum für Unterscheidung. Als aber Joshu dies sah, machte er sogleich eine tiefe Verbeugung vor ihm und sagte: »Du hast die Freiheit, zu geben oder zu nehmen, zu töten oder Leben zu geben.« Auch hier wandte Joshu sein Zen an und offenbarte es, ganz wie es ihm gefiel. Gestatten wir ihm, ganz so zu tun, wie er will.

Jetzt möchte ich fragen: »Ist in der Faust selbst irgendeine Unterscheidung?« Schließlich ist sie nur eine Faust – das ist alles. Wie konnte Joshu die wahre Natur der beiden Eremiten, die gleicherweise ihre Faust zeigten, sehen? Wo liegt der Schlüssel zu Joshus Geist? Das ist der wesentliche Punkt dieses Koan.

Zunächst solltest du dein Augenmerk auf die Faust selbst richten. Wenn du wirklich durch diese Faust hindurchsehen kannst, dann werden dir Joshus Bemerkungen und sein Zen natürlich klar sein. Ein Zen-Meister schrieb darüber ein Gedicht:

> Der Frühlingswind in einem Baum
> Hat zwei verschiedene Gesichter:
> Ein südwärts gerichteter Zweig sieht warm aus,
> Ein nordwärts gerichteter Zweig sieht kalt aus.

Welch eine Art von Zen lebt er, daß er zu diesem Koan solch eine Erklärung geben kann? Eins ist alles; alles ist eins. Gleichheit ist zugleich Unterscheidung. Wir müssen selbst unsere tiefgehende und durchdringende Erfahrung gemacht haben, um ihm wirklich zustimmen zu können.

Teisho zum Kommentar des Mumon

Mumon sagt: »Beide zeigten ihre Faust. Warum billigte er den einen und mißbilligte den anderen? Sage mir, wo liegt die eigentliche Schwierigkeit? Wenn du ein Schlüsselwort hierzu sagen kannst, dann wirst du sehen, daß Joshu ungezwungen das sagt, was er sagen will, und vollkommen frei ist, dem einen zu helfen, sich zu erheben, und den anderen hinunterzustoßen. Mag es sein, wie es will, weißt du, daß es im Gegenteil die beiden Eremiten waren, die die wahre Natur des Joshu gesehen haben? Wenn du sagst, daß der eine Eremit dem anderen überlegen sei, dann hast du noch nicht das wahre Zen-Auge. Oder wenn du sagst, es gäbe keinen Unterschied zwischen den beiden, dann hast du auch noch nicht das Zen-Auge.«

Mumons Kommentar hat drei Teile. Im ersten Teil fragt er, warum Joshu den einen Eremiten billigte und den anderen mißbilligte, wenn beide gleicherweise die Faust zeigten. Wo liegt die eigentliche Schwierigkeit? Auf diese Weise weist Mumon auf den Kern des Problems und sagt: »Wenn du eine passende Antwort hierzu geben kannst, dann kannst du in das Herz Joshus sehen und wirst verstehen, welche absolute Freiheit er in all seinem Tun, im Geben oder Nehmen, besaß.« Oberflächlich betrachtet kommen Joshus sich widersprechende und aufs Geratewohl gemachten Bemerkungen tatsächlich aus seinem vollkommen freien und kreativen Zen-Leben. Dieser erste Teil von Mumons Kommentar enthält seine eigene Stellungnahme und seine Anerkennung für Joshu, der den einen Eremiten billigte und den anderen mißbilligte.

Im zweiten Teil ändert Mumon seinen Ton und sagt: »Wie dem auch sei, in meinen Augen haben die beiden Eremiten Joshus Natur gesehen, obwohl letzterer glaubt, er habe deren Natur gesehen.«

Nun sage mir, wie sahen die beiden Eremiten Joshus wahre Natur? Jeder zeigte schweigend seine Faust – auch sie müssen Zen-Meister gewesen sein, deren Zen-Auge geöffnet war. Mit anderen Worten, sie stellten anschaulich die Wahrheit dar, daß »Alles zum Einen zurückkehrt«.

Sodann beschließt Mumon seinen Kommentar mit sehr feinen und passenden Bemerkungen: »Wenn du wie Joshu sagst, daß ein Eremit dem anderen überlegen sei, dann hast du dein Zen-Auge noch nicht geöffnet. Wenn du jedoch sagst, daß es keinen Unterschied zwischen ihnen gäbe, dann ist dein Zen-Auge auch noch nicht geöffnet.«

Mumon macht uns darauf aufmerksam, daß die Fäuste kein Kriterium dafür sind, ob ihre Fähigkeiten unterschiedlich seien oder nicht. Warum sagt er das? Gehe über so dualistische Unterscheidungen wie Überlegenheit und Unterlegenheit, Ist und Nicht-Ist, hinaus und sei ganz und gar Faust selbst. Wenn du dich von solchen Unterscheidungen ganz löst, dann besitzt du den

Schlüssel zum freien Gebrauch sowohl von Ja wie von Nein, von Ist und Nicht-Ist.

Meister Hakuin bemerkte zu dem Kommentar des Mumon: »Mumon sagt, er heiße es nicht gut zu sagen, es gäbe einen Unterschied oder es gäbe keinen Unterschied. Obwohl dies eine gute Stellungnahme ist, würde ich, wenn dies meine Aufgabe wäre, keine so unbeholfene Erklärung geben, denn er mag es vielleicht erklären, aber man kann es nicht verstehen. Er mag es lehren, aber man kann es nicht lernen. Man muß selbst, persönlich, die Erfahrung machen, sonst hat alles Wissen darüber keinen Wert.«

Gleichheit enthält Unterscheidung, und Unterscheidung gründet sich auf Gleichheit. Es gibt weder eins noch zwei. Aber dieses Geheimnis muß man selbst als eine Tatsache der eigenen Erfahrung erfassen. Niemals sollte es eine begriffliche Schlußfolgerung sein. Hakuin hat uns in seiner Barmherzigkeit darauf hingewiesen.

Teisho zu dem Gedicht des Mumon

> Sein Auge ist eine Sternschnuppe,
> Sein Geist ist Blitz.
> Ein Schwert zum Töten,
> Ein Schwert, das Leben zu geben.

Mumon lobt in hohen Tönen die Fähigkeit Joshus, der die wahre Natur der beiden Eremiten, die gleicherweise ihre Fäuste zeigten, erkannte, und er beschreibt ihn als einen, dessen Auge so schnell wie eine Sternschnuppe und dessen Geist so erhaben und dynamisch wie ein Blitz ist.

Die emporgehaltene Faust ist wirklich wunderbar. Sie ist frei, Leben und Tod zu geben. Mumon bewundert sowohl das wundervolle Wirken von Joshus Zen wie auch das köstliche Geheimnis der einen Faust.

Wenn man Mumons Erklärung nicht richtig zu schätzen und zu würdigen weiß und nicht richtig die Frage versteht, die er aufwirft, dann hat man den Sinn dieses Koan oder das Wesen des Zen noch nicht verstanden.

12 Zuigan ruft: »Meister!«

Koan   Jeden Tag pflegte Meister Zuigan Shigen sich selbst zuzurufen: »O Meister!« und sich selbst zu antworten: »Ja?« Dann fragte er: »Bist du wach?« und pflegte darauf zu antworten: »Jawohl!« »Laß dich an keinem Tag, zu keiner Zeit, von anderen täuschen.« »Nein, Meister.«

Kommentar des Mumon

Der alte Zuigan verkauft selbst und kauft selbst ein. Er besitzt eine Menge von Kobold- und Dämonen-Masken, mit denen er spielen kann. Warum? Nii! Eine, die ruft; eine, die antwortet; eine, die wach ist; und eine, die von anderen nicht getäuscht werden will. Du bist vollkommen auf dem Irrwege, wenn du glaubst, daß alle diese verschiedenen Erscheinungsformen wirklich existieren. Wenn du jedoch Zuigan nachahmen würdest, dann gleicht dein Begriffsvermögen dem eines Fuchses.

Gedicht des Mumon

> Diejenigen, die den Weg suchen, erkennen die Wahrheit nicht,
> Sie kennen nur ihr altes unterscheidendes Bewußtsein.
> Das ist die Ursache des endlosen Kreislaufes von Geburt und Tod,
> Unwissende glauben jedoch, es sei der Ursprüngliche Mensch.

Teisho zu dem Koan

Meister Shigen von Zuigan, Taishu, wurde in Binetsu geboren, geweiht, als er noch sehr jung war, und war der Nachfolger von Meister Ganto Zenkatsu (828–887). Als er zum ersten Mal Ganto begegnete, fragte er: »Was ist die Ewige Wahrheit?« Ganto antwortete: »Du hast sie verfehlt.« Zuigan fragte: »Was ist sie, wenn ich sie verfehle?« Ganto sagte: »Es ist nicht mehr Ewige Wahrheit.« Zuigan mußte hart daran arbeiten und wurde schließlich erleuchtet. Später ging Ganto nach Tankyu, wo er wie ein Fels den ganzen Tag lang saß. So ein Narr! Von Meister Shigen wird in seiner Lebensbeschreibung berichtet, daß alle ihn liebten und achteten und ihn einluden, im Kloster von Zuigan Abt zu werden. Er war streng und korrekt in der Leitung der Mönche, und alle bewunderten ihn sehr.

Dieses Koan ist wegen seiner ungewöhnlichen und neuartigen Form sehr berühmt. Trotz seiner Popularität gibt es jedoch überraschend wenige Menschen, die ein korrektes Zen-Verständnis von seinem wirklichen Sinn haben.

Es ist überflüssig zu erwähnen, daß Koans Aussprüche und Taten sind, denen reiche und tiefe Erfahrungen alter Zen-Meister zugrunde liegen. Hinter der vordergründigen Ausdrucksweise in Wort und Tat steht die Zen-Wahrheit, die solche Ausdrucksweise in Wirklichkeit übersteigt. Die Schüler können den ursprünglichen Koan-Sinn nur verstehen und würdigen, wenn sie sich selbst in die hinter solchen Aussprüchen und Taten stehende Zen-Wahrheit versenken. Diejenigen, die noch keine Zen-Erfahrung erlangt haben, können ihr geistiges Auge mit Hilfe des Koan öffnen, und diejenigen, die bereits die Schranke überwunden haben, können ihre geistige Einsicht mit Hilfe des Koan weiterbilden und vertiefen.

Ethische Lehren oder Belehrungen über menschliches Verhalten, die man aus bestimmten Koans ziehen kann, sind alle von nebensächlicher Bedeutung. Wer nur diese sekundären Werte des Koan im Auge hat, verfehlt vollkommen seinen ursprünglichen Sinn im Zen. Zen stellt natürlich ethisches Leben oder moralische und menschliche Lehren nicht in Abrede, aber sie müssen das unmittelbare Ergebnis der ihnen zugrundeliegenden Zen-Wahrheit sein.

Häufig wird dieses Koan vom »Meister« nur als eine ethische Lehre in dem Sinne gedeutet, daß Meister Zuigan ein Leben der

Selbstprüfung und Innenschau begann. Wenn es nur das wäre und nichts weiter, dann wäre es kein Zen-Koan mehr. Meister Zuigan würde niemals als ein großer Zen-Meister geachtet und angesehen werden, wenn er mit diesem Koan nur ethische Ratschläge gegeben hätte.

Man braucht daher nicht zu betonen, daß Meister Mumon diese Geschichte der Biographie Zuigans nicht für den ethischen Unterricht aufgegriffen hat. Er gab vielmehr sein Teisho dazu, damit seine Schüler das Zen des Zuigan spürten und sich selbst bemühten, ihren Zen-Geist zu vertiefen und wirklich Zen zu leben.

Das Koan besagt, daß Meister Zuigan sich selbst jeden Tag zurief: »O Meister!« und er selbst darauf antwortete: »Ja?«

Dem geht voraus, daß Zuigan eine lange und außerordentlich gewissenhafte Schulung bei Meister Ganto erfahren, sein Zen-Auge geöffnet hatte und ein vollendeter Meister geworden war. Was immer er sagte oder tat, war das Wirken seines Zen. Für Zuigan offenbart sich der wirkliche Meister in seiner Aufforderung und in seiner Antwort und ist in ihnen lebendig. Wenn man diesen Meister, der sich uns hier voller Leben offenbart, nicht begreift, dann verfehlt man vollkommen das Wesen des Koan.

Es sei mir gestattet, hier etwas abzuschweifen und den Gebrauch des Wortes »Meister« zu erklären. Im allgemeinen benennt man so ein Subjekt, das einem Objekt gegenübersteht: Ein Meister ist ein Meister von etwas. In diesem Falle jedoch bezieht sich der Meister nicht auf eine Subjektivität, die einer Objektivität gegenübersteht. Es ist »absolute Subjektivität«, die sich jenseits von Subjektivität und Objektivität befindet und diese frei schafft und handhabt. Es ist »fundamentale Subjektivität«, die niemals objektiviert oder in Begriffe gefaßt werden kann, vollkommen in sich selbst, mit der ganzen existentiellen Bedeutung. Es ist schon ein Fehler, sie so zu benennen; es ist schon ein Schritt hin zur Objektivierung und zur Begrifflichkeit. Daher bemerkte Meister Eisai: »Es ist ewig unnennbar.«

Notgedrungen gab Meister Zuigan dieser ewig unnennbaren Wirklichkeit den Namen »Meister«. Meister Eno nannte es »das Ur-Antlitz«; Meister Rinzai nannte es »den Wahren Menschen ohne Namen«. Alle diese verschiedenen Namen, die die Meister zu verwenden gezwungen sind, versuchen, auf ein und dieselbe Wirklichkeit zu verweisen. (Ich glaube, daß das Wort »ich« in dem Spruch: »Ehe Abraham ward, bin ich« sich auch auf die immer unnennbare Wirklichkeit bezieht.)

Zen ist nichts anderes als die Erfahrung, die jeder von uns macht, wenn er sein geistiges Auge für diese absolute Subjektivität öffnet und sie schließlich selbst wird. Diese Erfahrung ist Satori. Man muß Leib und Seele dazugeben. Mumon betonte dies, als er im ersten Koan sagte: »Wenn man Zen studiert, muß man die Schranken durchbrechen, die die alten Zen-Meister errichtet haben. Man muß sich von seinem unterscheidenden Geist trennen, um das unvergleichliche Satori zu erlangen.«

Meister Gudo von Myoshinji in Kyoto schrieb ein Gedicht mit dem Titel »Ur-Antlitz«:

> Dies ist der Jüngling von natürlicher Schönheit.
> Wenn du kein Lächeln von Herz-zu-Herz mit ihm
> tauschen konntest,
> Dann muß dein Herz bluten.
> Die Schönheit Seishis verliert ihren Glanz,
> Die Anmut Yokis ist in den Schatten getreten.

Die absolute Subjektivität, die niemals objektiviert oder in Begriffe gefaßt werden kann, hat keine Grenzen in Raum und Zeit; sie ist nicht Leben und Tod unterworfen. Sie ist jenseits von Subjekt und Objekt, und obwohl sie in einem Einzelwesen lebt, ist sie nicht auf das Individuum beschränkt. Meister Gudo nennt diese absolute Subjektivität »den Jüngling von natürlicher Schönheit«, eine echte Schönheit ohne den Makel von Künstlichkeit. Um die Absolutheit der natürlichen Schönheit des Jünglings zu veranschaulichen, verweist Gudo auf Seishi und Yoki, die als die schönsten Frauen in der Geschichte Chinas bekannt sind, und sagt, daß sogar so seltene chinesische Schönheiten neben dieser Schönheit verblassen. Daher, sagt Gudo, müsse man seine ganze Verstandestätigkeit fortwerfen und ein Lächeln von Herz-zu-Herz mit ihm tauschen, das heißt, ihn in der Erfahrung, sogar unter Lebensgefahr, erfassen. Wenn man dies nicht tut, wird man es während seines ganzen Lebens bedauern.

Zuigan ist ein Zen-Meister, der nach einer langen und harten Schulung unter Meister Ganto ein Herz-zu-Herz-Lächeln mit dem Jüngling von natürlicher Schönheit austauschte. Nach dieser Erfahrung hörte Zuigan nicht auf, »Es« oder den »Meister«, wie Zuigan den Jüngling von natürlicher Schönheit nannte, zu rufen.

Er lebte in sich selbst den Meister, erfreute sich seiner und benutzte ihn. Sein Zen-Leben wurde von den Zen-Schülern späterer Generationen sehr bewundert. Der rufende Meister und der antwortende Meister können nicht zwei sein, sondern es muß ein absoluter Meister der absoluten Subjektivität sein. Sein Zen-Geist war sehr hell und klar, und er hatte eine sehr weitgehende, gründliche Zen-Erfahrung. Er verdient ohne Zweifel unsere aufrichtige Bewunderung.

Zuigan fährt in seinen Fragen und Antworten fort, indem er »Es« lebt, sich daran freut und es verwendet: »Bist du wach?« »Jawohl!« »Laß dich niemals und unter keinen Umständen von anderen täuschen!« »Nein, Meister!« Wenn man oberflächlich dieses Selbstgespräch oder diesen Dialog mit sich selbst liest und wörtlich versteht, mag es sehr simpel klingen: »O Meister, ist deine Subjektivität klar und fest?« »Jawohl!« »Laß niemanden, wann auch immer, deine Subjektivität verdunkeln.« »Nein, Meister!« In diesem Zuruf an sich selbst und in der sich selbst gegebenen Antwort müssen wir deutlich erkennen, wie fest und durchsichtig sein Zen war. Wir müssen die Geschichte nochmals mit dem Zen-Auge lesen, das wir durch unser Üben und unsere Erfahrung erworben haben.

»Bist du wach?« »Jawohl!« »Laß dich nie von anderen täuschen.« »Nein, Meister!« Was bedeutet seitens des Zuigan, daß er sich selbst fragt und sich selbst dann die Antwort gibt? Ein Zen-Meister sagte: »Es ist der Allerhöchste, der es richtig auszuführen versteht.« Zuigans Meister leuchtete immer durch sein Essen, seine Kleidung, sein Reden und Lächeln und konnte niemals durch irgend etwas getäuscht werden. Wenn er steht, ist er wach, wenn er sitzt, ist er wach.

»Alle Menschen liebten und achteten ihn und luden ihn ein, Abt des Zuigan-Klosters zu werden«, weil Zuigans Zen, das Zen, das er lebte, so durchsichtig war.

Ein alter Zen-Meister brachte bildhaft zum Ausdruck, wie echt und korrekt Zuigan sein Zen zeigte und lebte. Er sagte: »Ein Drache erfreut sich an einem Juwel.« Wie wunderbar ist es, daß Zuigan »Es« lebte, sich seiner in sich selbst erfreute und »Es« in sich anwandte, indem er sich selbst rief und sich selbst antwortete. Es ist so wunderbar wie ein Drache, der ein Juwel liebt und sich seiner erfreut.

Wenn man dies nur vordergründig und buchstäblich als ethische Belehrung über Selbstprüfung und Innenschau interpretiert,

119

kann man niemals auch nur einen kurzen Einblick in eine derartig tiefe und klare Zen-Geistigkeit, die »Es« lebt, sich seiner erfreut und »Es« anwendet, erhalten.

Warum lebte Meister Zuigan dieses strikte Leben, lebte »Es«, freute sich daran und wandte es an?

Wir sollten sein übergroßes Mitleiden mit den späteren Generationen wie auch die Transparenz seines Zen nicht übersehen. Dies war auch der Grund, warum Mumon seinen Schülern dieses Koan gab. Kurz gesagt, Zuigans Meister ist hier und jetzt dein Meister, mein Meister.

Es gibt ein anderes Koan, das eine Fortsetzung dieses »Meister«-Koan ist. Eines Tages suchte ein Mönch Meister Gensha auf. Gensha fragte den Neuankömmling: »Wo bist du kürzlich gewesen?« »Bei Meister Zuigan, Herr«, antwortete der Mönch. »Aha. Wie unterrichtet Zuigan seine Schüler?« fragte Gensha. Der Mönch berichtete mit allen Einzelheiten, wie Zuigan jeden Tag auszurufen pflegte: »O Meister!« und sich selbst darauf antwortete. Gensha hörte dem Mönch zu und fragte wieder: »Warum bist du nicht länger bei Zuigan geblieben und hast die Übung fortgesetzt?« Der Mönch sagte: »Meister Zuigan ist gestorben.« Auf diese Antwort hin stellte Gensha eine überraschende Frage an den Mönch: »Wenn du ihm jetzt zurufen würdest: ›O Meister‹, wird er dann antworten?« Leider konnte der Mönch darauf kein Wort antworten und schwieg.

Meister Zuigan ist schon tot und Gensha fragt: »Wenn du ihm jetzt zurufen würdest: ›O Meister!‹, wird er dann antworten?« Warum wagte er es, eine derartige Frage zu stellen? Dahinter steht das Zen des Gensha: Er versucht, den Mönch zu dem wahren Meister, der jenseits von Raum und Zeit, Ich und Du, Leben und Tod ist, zu erwecken. Es ist bedauerlich, daß der Mönch nicht fähig war, auf die freundlichen Fragen Genshas zu antworten.

In Japan lebte während der Bürgerkriege ein Lehnsherr namens Ota Dokan, der sein Schloß in Edo, dem heutigen Tokio, erbaute. Er studierte Zen bei Meister Unko, der in einem nahe gelegenen Tempel, genannt Seishoji, lebte, und wandte viel Fleiß auf, sich im Zen zu üben. Meister Unko gab Dokan das Koan »Zuigan, der Meister« und ließ ihn hart daran arbeiten. Lange Zeit studierte er redlich und ernsthaft dieses Koan, und eines Tages ergründete er das Wesen des Meisters. Unko wollte prüfen, was er erreicht hatte, und fragte: »Wo ist nun der ›Meister‹ jetzt, in diesem Augenblick?«

»Berge antworten
Auf die Tempelglocke
Im Mondlicht«

erwiderte sogleich Dokan, und diese Antwort fand Billigung.

Bedeutet dieses Gedicht des Dokan dasselbe wie der sich selbst antwortende Zuigan? Oder unterscheiden sie sich voneinander? Der wahre Meister ist immer lebendig, ob mit Zuigan oder mit Dokan, jetzt oder in der Vergangenheit, er ist niemals ein toter Begriff. Der Meister ist immer hier, jetzt, und ist »wach« in deinem Stehen und Sitzen. Mumon schärft uns ein: Du, der du ein Auge zum Sehen hast, sieh ihn jetzt, unmittelbar; du, der du die Fähigkeit hast, ihn zu benutzen, benutze ihn direkt.

Teisho zum Kommentar des Mumon

Mumon sagte: »Der alte Zuigan verkauft selbst und kauft selbst ein. Er besitzt eine Menge von Kobold- und Dämonenmasken, mit denen er spielen kann. Warum? Nii! Eine, die ruft; eine, die antwortet; eine, die wach ist; und eine, die von anderen nicht getäuscht wird. Du bist vollkommen auf dem Irrwege, wenn du glaubst, daß alle diese Erscheinungsformen wirklich existieren. Wenn du jedoch Zuigan nachahmen würdest, dann gleicht dein Begriffsvermögen dem eines Fuchses.«

Dieser Kommentar hat drei Teile. Im ersten Teil schmäht Mumon scheinbar Zuigans Benehmen, »sich selbst jeden Tag zuzurufen und sich selbst zu antworten«. »Du verkaufst selbst und kaufst selbst. Was willst du mit einem derartigen Einmann-Spiel, in dem du alle möglichen Ungeheuer eins nach dem anderen auf die Bühne schleppst, sagen? Auf diese Weise plagt Mumon den Zuigan. Das ist die bekannte traditionelle Zen-Methode, mit schmähenden oder spöttischen Ausdrücken höchstes Lob zu spenden. Tatsächlich bewundert er das Wirken von Zuigans Zen.

»Nii!« ist ein Ausruf, das den Sinn unterstreicht. Hier hat es die Bedeutung von »Da!«, »Sieh!« und fordert eine Antwort, weil es auf Kobolde und Dämonen anspielt. In China war es alter Volksglaube, daß ein Stückchen Papier mit den Zeichen »Nii«, am Tor befestigt, alle bösen Feinde wegzaubern würde.

Im ersten Teil der Lobrede Meister Mumons auf das klare und transparente Zen-Leben des Zuigan ist zwischen den Zeilen zu lesen, daß er selbst durch und durch der Meister war und es in seinem Kommen und Gehen, Sitzen und Niederlegen bezeugte.

Im zweiten Teil sagt Mumon: »Eine, die ruft; eine, die antwortet; eine, die wach ist; und eine, die von anderen nicht getäuscht wird. Du bist vollkommen auf dem Holzwege, wenn du glaubst, daß alle diese verschiedenen Erscheinungsformen wirklich existieren.« Er bezieht sich auf die verschiedenen Verhaltensweisen des Zuigan: Jetzt ruft er sich selbst zu, jetzt antwortet er sich selbst, jetzt sagt er sich selbst, wach zu sein, nun sagt er, er würde sich von anderen nicht täuschen lassen. Damit erteilt Mumon den Mönchen eine ernste Warnung: »Hänge dein Herz niemals an diese verschiedenen Gesichter.« Im Grunde ist der Meister der Meister, ganz gleich in welcher Gestalt er auftreten mag. Ein alter weiser Mann kommentierte: »Ein Esel im Osthaus, ein Pferd im Westhaus.« Mit einem Weidebaum ist es grün, mit einer Blume ist es rot. Wo immer er lebt, er wird immer die Wahrheit leben und niemals aufhören, der Meister zu sein. In einem mitleidsvollen Kommentar spornt Mumon seine Schüler an, die Eigenart von Zuigans Zen zu studieren.

Der letzte Satz lautet: »Wenn du jedoch Zuigan nachahmen würdest, dann gleicht dein Begriffsvermögen dem eines Fuchses.« Einige mögen daraus schließen, daß der Meister das Absolute bedeutet, das über alle Beschreibung hinausgeht. Wir sollten nur ausrufen: »O Meister! O Meister!« Wenn sie Zuigan so nachahmen, ohne daß ihr eigenes schöpferisches Zen am Werke ist, dann ist ihr Begriffsvermögen ohne Zweifel tot. Es ist ein lebloses und falsches Zen-Verständnis, das Fuchs-Zen genannt wird. So verspottet und beschimpft Mumon die Mönche und zeigt ihnen den wahren, lebenden Meister. Es ist eine wirklich liebenswürdige Ermahnung, die Mumon hier erteilt.

Teisho zu dem Gedicht des Mumon

> Diejenigen, die den Weg suchen, erkennen die Wahrheit nicht,
> Sie kennen nur ihr altes unterscheidendes Bewußtsein.
> Das ist die Ursache des endlosen Kreislaufes von Geburt und Tod,
> Unwissende glauben jedoch, es sei der Ursprüngliche Mensch.

Dieses Gedicht hat Meister Chosa geschrieben. Mumon zitiert es ganz wörtlich. Mit Hilfe seines eigenen Zen-Vermögens machte er es zu einem Kommentar zu diesem Koan. Der »Ursprüngliche Mensch« stimmt mit dem »Meister« des Zuigan überein. Mumon muß dieses Gedicht verwendet haben, als er mitleidig versuchte, den illusorischen Traum derer zu zerschlagen, die sich an das unterscheidende Bewußtsein klammern, so als ob dies der Ursprüngliche Mensch wäre, und eben dies ist doch immer die Ursache der Unwissenheit.

Während meiner Übungszeit begann ich einmal, dieses Gedicht vor meinem Lehrer zu rezitieren. Ich hatte kaum die erste Zeile beendet: »Diejenigen, die den Weg suchen, erkennen die Wahrheit nicht«, als er auf mich zusprang und sagte: »Hör auf mit dem Gedicht! Was ist denn *deine* Wahrheit?« Ich erinnere mich, daß ich ganz sprachlos bei dieser strengen, forschenden Frage war.

In diesem einen Wort »Wahrheit« liegt das Wesen des Zen und auch die Seele dieses Gedichts. Mit anderen Worten, aus diesem einen Wort ist der Meister oder der Ursprüngliche Mensch geboren.

Viele Menschen, die auf der Suche nach dem Wege sind, erkennen den wahren Meister nicht, weil sie sich an Arayashiki (die Quelle des ganzen menschlichen Bewußtseins) klammern, von dem sie lange geglaubt haben, daß es die Wurzel ihres Daseins sei. Das ist tatsächlich der eigentliche Grund ihres ewig fortdauernden Kreislaufs von Geburt und Tod, und er sollte sogleich zerstört und beseitigt werden. Wie bedauerlich, daß sie dies fälschlicherweise für den Meister, den Ursprünglichen Menschen halten! Mit diesem Vers will Mumon uns die Augen für den wahren Meister öffnen.

Wenn man diesen Meister zu einem Objekt macht und ihn als eine Existenz außerhalb seiner selbst versteht, dann ist es schon eine Verhaftung und wird zur Ursache der Unwissenheit. Ein alter Zen-Meister hinterließ zur Mahnung für spätere Generationen das folgende Gedicht:

> Ein Wasservogel kommt und geht,
> Er hinterläßt nicht eine Spur.
> Aber er weiß,
> Wie er seinen eigenen Weg zu gehen hat.

13 Tokusan trug seine Schalen

Koan   *Eines Tages kam Tokusan hinunter in den Speiseraum und trug seine Schalen. Seppo sagte: »Alter Meister, die Glocke hat noch nicht geläutet, und die Trommel hat noch nicht geschlagen. Wohin gehst du mit deinen Schalen?« Tokusan ging sofort in sein Zimmer zurück. Seppo erzählte diesen Zwischenfall Ganto, der bemerkte: »Obwohl Tokusan ein großer Meister ist, hat er doch noch nicht das letzte Zen-Wort begriffen.« Als Tokusan dies hörte, sandte er seinen Diener und bat Ganto zu sich. Er fragte ihn: »Erkennst du mich nicht an?« Ganto flüsterte ihm seine Antwort zu. Tokusan war zufrieden und schwieg. Am nächsten Tag erschien Tokusan auf der Rednerbühne. Seine Rede war freilich anders als sonst. Ganto trat vor die versammelten Mönche, lachte herzlich, klatschte in die Hände und sagte: »Was für eine große Freude! Der alte Meister hat jetzt das letzte Zen-Wort begriffen. Von jetzt an kann niemand auf der Welt ihn mehr übergehen.«*

Kommentar des Mumon

Weder Ganto noch Tokusan haben von dem letzten Zen-Wort auch nur im Traum gehört. Wenn ich es genau prüfe, dann sind sie wie Marionetten auf einem Gestell.

Gedicht des Mumon

> Wenn du das erste Zen-Wort verstehst,
> Dann wirst du das letzte Wort wissen.
> Das letzte Wort oder das erste Wort –
> »Es« ist kein Wort.

Teisho zu dem Koan

Es mag insbesondere bei diesem Koan notwendig sein, vor dem Teisho einige zusätzliche Erklärungen zum Koan selbst zu geben.

Koans sind ursprünglich Redensarten oder Taten in Form von Mondos, Unterweisungen, Gesprächen etc., die uns Zen-Meister hinterlassen haben. Mit anderen Worten, aufgrund ihrer reichen Zen-Erfahrung brachten sie frei und eigenständig in verschiedenen Lebenslagen und unter verschiedenen Umständen ihr Zen zum Ausdruck. Der Sinn des Koan ist von einem zum anderen sehr unterschiedlich. Die Koans können nicht nach irgendwelchen Formen oder Regeln eingeteilt werden. Einige ermutigen vielleicht zur Übung, einige können Mondos zwischen zwei Menschen sein, um einander genau zu prüfen und sich weiter zu bilden. Einige bringen vielleicht eine tiefe und klare Geistigkeit zum Ausdruck, und wieder andere können die Wahrheit der Gleichheit oder den Wirkaspekt der Wahrheit in der Unterscheidung betonen. Andere betonen die Wahrheit, daß »eins alles, alles eins ist«. Einige mögen allen Zen-Gestank und sogar den Zen-Beigeschmack beseitigen, und manche passen vielleicht in gar keine Kategorie.

Es gibt natürlich einfache, unmittelbare und verwickelte, komplizierte Koans, da sie tatsächlich Redensarten und Erzählungen über Handlungen sind, die unmittelbar aus dem Leben eines Zen-Meisters genommen wurden. Der Sinn des Koan *Tokusan trug seine Schalen* ist besonders kompliziert. Es hat eine ungewöhnlich sublime und tiefe Geistigkeit und wird als das typischste Nanto-Koan angesehen. Wer nicht eine gründliche Schulung erfahren und sein Zen-Auge klar geöffnet hat, wird nicht begreifen können, um was es sich handelt.

Obwohl es in Japan viele Bücher über die *Mumonkan*-Sammlung gibt, enthält kaum ein Zen-Buch ein richtiges Teisho zu diesem Koan. Die Bücher der Gelehrten, die keine tatsächliche Zen-Schulung erhalten haben, geben Erklärungen, die alle nicht das Wesentliche treffen, und keines von ihnen kann empfohlen werden.

Mein eigener Lehrer erklärte einmal mit einem leichten Lächeln die Rolle des Koan in der Übung. Ich zitiere die Erklärung an dieser Stelle, weil sie die Frage, was ein Koan ist, richtig beantwortet: »Selbstverständlich besteht die Aufgabe oder die Rolle des Koan darin, dem Schüler behilflich zu sein, sein Zen-Auge zu öffnen, das im Zen Erreichte zu vertiefen und seine Zen-Persönlichkeit zu vervollkommnen. Es ist ein Mittel in der Zen-Übung; in der tatsächlichen Praxis aber führt das Koan den Schüler nicht – wie die anderen üblichen Mittel dies tun – auf den leichtesten und kürzesten Weg. Das Koan treibt ihn im Gegenteil in einen abschüssigen und zerklüfteten Irrgarten, in dem er jedes Gefühl für die Richtung verliert. Man erwartet von ihm, daß er alle Schwierigkeiten überwindet und selbst den Weg findet. Mit anderen Worten, das Koan ist das schwierigste und härteste Mittel für die Erziehung des Schülers. Gute Koans, Nanto genannt, sind die, die am kompliziertesten, unlogischsten und vernunftwidrigsten sind und in denen der klügste Kopf sich nicht mehr auskennt.

»Angenommen, da ist ein vollkommen blinder Mensch, der auf einen Stock gestützt mühsam dahergeht und sich auf sein Gefühl verläßt. Die Rolle des Koan besteht darin, ihm erbarmungslos den Stock wegzunehmen, ihn umzudrehen und dann niederzustoßen. Der Blinde hat seine einzige Stütze und sein Gespür verloren, und er weiß nicht, wohin oder wie er weitergehen soll. Er gerät in einen Abgrund von Verzweiflung. Genauso nimmt uns das Nanto-Koan erbarmungslos unsere logische Denkfähigkeit und jegliches Wissen. Kurz gesagt, das Koan hat nicht die Aufgabe, uns mühelos zu Satori zu führen, sondern uns im Gegenteil vom Wege abzubringen und zur Verzweiflung zu treiben.«

Dieses Zitat möchte ich auf das Koan *Tokusan trug seine Schalen* anwenden. Vollkommen blinden und schwachsichtigen Menschen wird alles genommen, sie werden in einen dunklen Abgrund der Verzweiflung gestoßen, und sie wissen nicht, was sie tun sollen. Die fähigen Zen-Schüler, deren Zen-Auge bereits geöffnet ist, werden sogleich – so kompliziert das Labyrinth auch ist – die Richtung finden. Sie werden die Dunkelheit durchdringen und aus eigener Kraft aus dem verschlungenen Irrgarten herauskommen.

Tokusan trug seine Schalen ist tatsächlich ein verschlungenes Labyrinth und pure Dunkelheit. Mumon gibt seinen Schülern dieses Koan, um ihnen ein wirklich tiefes und durchdringendes Zen-Können zu vermitteln. Auch von den heutigen Zen-Schülern wird dies verlangt. Wenn dein Zen-Auge weit geöffnet ist, dann kannst du eigentlich den Weg sehen, der durch die unüberwindliche Schranke führt.

In diesem Koan erscheinen drei Personen. Die Hauptgestalt ist Meister Tokusan Senkan, der dafür berühmt ist, daß er häufig seinen Stock schwang. Er pflegte zu jedem, der zu ihm kam, zu sagen: »Ganz gleich, ob du ein Wort sagen kannst oder nicht: Dreißig Schläge mit meinem Stock!« So trieb er die Mönche an, sich unmittelbar in die Wahrheit zu versenken. Tokusan war zuerst ein bekannter Gelehrter des Diamant-Sutra. Als er jedoch nach dem Süden kam, um gegen die Zen-Lehre aufzutreten, gab er seine Sutra-Studien auf und wurde ein Schüler des Ryutan Soshin. Später wurde er einer der größten Meister in der Zen-Geschichte Chinas. Tokusan starb 866 in seinem dreiundsechzigsten Lebensjahr. Das Vorkommnis in dem obigen Koan fand drei Jahre vor seinem Tode statt, als Ganto fünfunddreißig und Seppo einundvierzig Jahre alt waren.

Meister Ganto Zenkatsu war ein Nachfolger des Tokusan und ein ebenso großer Meister, der sogar seinem Lehrer nicht nachstand. Während der großen Verfolgung des Buddhismus in China im Jahre 845 wurde er Fährmann auf einem See. Er hinterließ viele berühmte Aussprüche. Er wurde 828 in Senshu, dem gleichen Geburtsort des Seppo, geboren und starb 887 im sechzigsten Lebensjahr.

Meister Seppo Gison war auch ein Schüler des Tokusan. Er arbeitete lange Zeit in der Klosterküche, und während er Koch für alle Mönche war, vervollkommnete er sein Zen-Können. Heute noch wird der Raum im Kloster, in dem die Mönche wohnen, die für das Kochen verantwortlich sind, »Seppo-Zimmer« genannt. Er wurde 822 während der T'ang-Dynastie geboren – gerade als die Dynastie zu Ende ging – und starb 908 im siebenundachtzigsten Lebensjahr.

Es ist bekannt, daß Ganto sich wie ein guter Freund des Seppo annahm, ihm Mut machte und ihm half, die Zen-Schranke zu durchbrechen. Das Zen-Drama, das sich in dem obigen Koan entfaltet, fand gegen Ende des Lebens von Tokusan statt, als Ganto und Seppo sich in seinem Kloster aufhielten.

»Eines Tages kam Tokusan hinunter in den Speiseraum und trug seine Schalen. Seppo sagte: ›Alter Meister, die Glocke hat noch nicht geläutet, und die Trommel hat noch nicht geschlagen. Wohin gehst du mit deinen Schalen?‹ Tokusan ging sofort in sein Zimmer zurück.«

Das Mittagessen fand eines Tages wahrscheinlich nicht zur gewohnten Zeit statt. Der alte Tokusan kam mit seinen Schalen hinunter in den Speiseraum. (Die Mönche eines Klosters haben alle ihre eigenen Schalen und kommen zu den Mahlzeiten mit ihren Schalen in den Speisesaal.) Sein Schüler Seppo sah dies und fragte: »Meister, die Glocke hat noch nicht geläutet und auch die Trommel hat noch nicht zur Ankündigung der Mahlzeit geschlagen. Wo gehst du mit deinen Schalen hin?« Als er dies hörte, drehte sich Tokusan ganz demütig und ruhig um und ging schweigend in sein Zimmer zurück, so als ob er sagen wollte: »Ach, wirklich?« Das ist der Anfang eines Zen-Dramas, das von den drei Personen gespielt werden soll.

Tokusan war ein großer und äußerst fähiger Zen-Meister. Warum kehrte er auf die von Seppo gemachte Bemerkung hin schlicht und einfach in sein Zimmer zurück, ohne auch nur ein Wort zu sagen? Hier müssen wir in das Herz des Tokusan eindringen. Dies ist der erste Punkt des Koan. Selbst wenn er den Fehler gemacht hat, vor der Ankündigung der Mahlzeit in den Speiseraum zu kommen, so muß doch hier sein Zen am Werke gewesen sein, das eines großen Meisters würdig ist.

Ein Zen-Meister bewunderte das arglose und taktvolle Verhalten des Tokusan und seine edle Persönlichkeit und sagte: »Er geht insgeheim unter dem Himmel und wandert ruhig auf der Erde.« Ein anderer Meister gab seinem Lob über das arglose, kluge und natürliche Verhalten des Nicht-Geistes symbolischen Ausdruck in einem Gedicht:

> Wenn der Wind durch die Weidenkätzchen weht,
> Fliegen Samtperlen durch die Luft.
> Wenn der Regen auf die Birnblüten fällt,
> Fliegen weiße Schmetterlinge über den Himmel.

Das riecht nicht nach Zen. Er lebt es anspruchslos und ungekünstelt. Er hat eine transzendente Reinheit wie ein kleines Kind.

Dagegen war Seppo noch jung und energiegeladen. Seine Zen-Fähigkeit hatte noch nicht einen solchen Grad der Verfeinerung erreicht, daß er das gelassene und arglose Leben des Nicht-Geistes des Tokusan richtig verstehen und würdigen konnte. Er war im Gegenteil mit seiner eigenen Bemerkung, die den alten Tokusan veranlaßte, in sein Zimmer zurückzukehren, sehr zufrieden. Seppo war damals noch zu jung, um zu erkennen, daß die Geistigkeit des Tokusan weit über seine Erkenntnisfähigkeit ging. Daher erzählte Seppo übermütig diesen Vorfall seinem guten Freund Ganto. Hier tritt die Geschichte in die zweite Entwicklungsphase.

Ganto war schon ein vollendeter Mönch mit einem größeren Zen-Können als Seppo. Als er den Bericht hörte, bedauerte er Seppo, der seine Unfähigkeit nicht erkannte, das Zen-Wirken des Tokusan zu begreifen. Er versuchte, seinen guten Freund zu bewegen, diese Gelegenheit zu benutzen, die Sperre zu durchbrechen und seine Geistigkeit weiter zu bilden.

Er griff zu außergewöhnlichen Maßnahmen. Als er die Geschichte des Seppo gehört hatte, sagte er: »Obwohl Tokusan ein großer Meister ist, hat er doch noch nicht das letzte Zen-Wort begriffen.«

Ganz offensichtlich war sich Ganto bewußt, daß der alte Tokusan ein wirklich vollendeter Meister war, der sich mit »dem letzten Zen-Wort« nicht mehr befassen mußte. An dieser Stelle wird das Koan sehr kompliziert. Seppo und die übrigen Mönche des Tokusan-Klosters konnten nicht wissen, was Ganto wirklich beabsichtigte. Sie stehen nun vor dem »letzten Zen-Wort« als einer Schranke, die sie überwinden müssen.

Das »letzte Zen-Wort« kann gedeutet werden als das »endgültige Wort« oder »absolute Wort« oder das »absolute Wesen, das schließlich in der Übung erlangt wird«. Zen fordert, daß wir dies als ein persönlich erfahrenes Faktum und als die Geistigkeit begreifen, in der wir allezeit leben. Man soll es nicht in Begriffe fassen oder philosophische Spekulationen darüber anstellen.

Wörtlich genommen scheint das Koan zu besagen: »Seppo sandte mit seiner Bemerkung den alten Tokusan zurück in sein Zimmer und berichtete seinem guten Freund ziemlich übermütig über dieses Mondo. Ganto hörte sich den Bericht des Seppo an und erklärte, Tokusan habe Seppo aus dem Grunde nachgeben müssen, weil er das letzte Zen-Wort noch nicht verstanden habe.«

Das große Problem für jedermann ist hier, ob der weltberühmte Tokusan das letzte Zen-Wort tatsächlich noch nicht begriffen hatte. Daraus ergibt sich eine andere Frage: »Welches ist das letzte Zen-Wort?« Auch muß man fragen, ob es wirklich ein sogenanntes letztes Wort im Zen gibt oder nicht.

Nicht nur Seppo und die Mönche im Tokusan-Kloster, sondern wir selbst müssen heute diese lebenswichtigen Fragen lösen und wirkliche Seelenruhe finden. Wie können wir sie dann lösen? Hier liegt der Sinn dieses Koan, und Ganto hat die ganze verwickelte Situation aus seinem Mitleid heraus herbeigeführt.

Das Koan erreicht nun seine dritte Stufe. Als Tokusan die unerwartete Erklärung des Ganto erfährt, schickt er seinen Diener nach Ganto, ließ ihn hereinbitten und fragt: »Erkennst du mich nicht an?« Ganto näherte sich Tokusan und flüsterte insgeheim »ein Wort« in sein Ohr. Das geflüsterte Geheimnis befriedigte offenbar den alten Tokusan, der Ganto ruhig fortschickte. Hier erreicht das Koan seinen Höhepunkt. Warum gab ein großer und fähiger Zen-Mönch wie Ganto, als er gefragt wurde: »Erkennst du mich nicht an?«, nicht deutlich und sofort eine passende Antwort? Überraschenderweise flüsterte er heimlich Tokusan ein Wort ins Ohr. Außerdem befriedigte das geflüsterte Geheimnis den alten Tokusan, so daß er schwieg! Das Flüstern muß eine außerordentliche Bedeutung gehabt haben. Nun frage ich dich: Was für eine Art von Flüstern könnte es sein? Und dann sage mir: Gibt es irgend etwas im Zen, das heimlich geflüstert werden muß oder nicht? Wir müssen dieses heimliche Flüstern gründlich untersuchen, denn dies ist das Herz und der Kern des Koan.

In der tatsächlichen Übung setzt der Zen-Meister dem Schüler sehr zu und fragt: »Was ist das für ein Geheimnis, das Ganto geflüstert hat?« Mit dieser Frage nimmt Zen dem Schüler nicht nur sein ganzes Wissen und seine ganze Denkfähigkeit, sondern sogar das letzte bißchen Zen. Sie wird ihm eine wahre, reine, klare, makellose und einfache Zen-Schau ermöglichen.

Wenn man das Koan wörtlich nimmt, dann scheint es so, als ob Ganto Tokusan »das Geheimnis des letzten Zen-Wortes« mitteile. Laß dich von dem vordergründigen Kontext nicht beirren. Gibt es überhaupt im Zen irgend etwas, das mitzuteilen wäre? Wenn du »Nein« sagst, dann frage ich dich: »Was war das denn für ein Geheimnis, das Ganto flüsterte?« Zen will von uns keine logische oder begriffliche Antwort, sondern es drängt darauf, das Geheimnis erfahrungsmäßig als konkretes, von uns persönlich bezeugtes Faktum zu erfassen.

Hier tritt das Koan in sein letztes Entwicklungsstadium. Am nächsten Tag erschien Tokusan auf dem Rednerpult, um sein Teisho zu geben. Freilich hatte sich ganz offensichtlich das geflüsterte Geheimnis gelohnt, denn sein Teisho war wirklich sehr gut und von den vorherigen sehr verschieden. Ganto, der dies bemerkte, stand vor der Versammlung der Mönche, lachte herzlich, klatschte in die Hände und rief so laut, daß jeder Mönch es hören konnte: »Zu meiner großen Freude scheint der alte Tokusan das letzte Zen-Wort begriffen zu haben. Von nun an kann niemand auf der Welt ihn mehr übergehen.« Warum dieser Wandel des

Tokusan? Das ist eine weitere Frage, die beantwortet werden muß. Ganto machte guten Gebrauch von dem »letzten Zen-Wort« bis zum Schluß und forderte Seppo und die übrigen Mönche des Tokusan-Klosters auf, diese Sperre zu durchbrechen.

Wie antwortest du auf den Anruf des Ganto, wenn du wirklich ein Zen-Anhänger bist, und wie bringst du deine Anerkennung für seine Leistung und die glänzende Darstellung zum Ausdruck, die ihm gelungen ist? Wenn du ihn nicht auf angemessene Weise grüßen kannst, dann ist dir das Wesentliche des Koan völlig entgangen. Hier mußt du das Koan aufgrund deiner eigenen Übung und deiner eigenen Erfahrung erfassen.

Meister Kodo Genju von Jojiji machte zu *Tokusan trug seine Schalen* das folgende Gedicht:

> Wenn du anderen hilfst, dann tue es gründlich.
> Wenn du andere tötest, dann gib acht, daß du das Blut siehst.
> Tokusan und Ganto,
> Durch und durch solides Eisen!

Dieser für die Übung bestimmte Akt des Zen-Dramas ist sehr kompliziert in seinem Aufbau und ist hiermit zu Ende. Warum, in aller Welt, mußte der große Tokusan sich in seinem hohen Alter um das letzte Zen-Wort kümmern und Ganto damit befassen? Sie sind beide zu groß und zu fähig, als daß sie mit einem derartig unzureichenden Maß gemessen werden.

Sowohl Tokusan wie Ganto taten dies mit Absicht. Sie spielten einen Akt des Zen-Dramas, handelten darin als die Hauptgestalten, verteidigten in ihrem grenzenlosen Mitleiden das letzte Zen-Wort bis zum Schluß. Dabei schien sie das Häßliche ihres Tuns überhaupt nicht zu stören. Tokusan und Ganto sind tatsächlich durch und durch solides Eisen. Reines Gold. Sie sind eins in Leib und Seele bei der Darstellung des Dramas. Wie können wir heute auf ihr überströmendes Mitleiden antworten?

Ich frage dich noch einmal: »Wie heißt das letzte Zen-Wort? Welches Geheimnis flüsterte Ganto Tokusan zu?« Wenn du dein Zen-Auge klar öffnest und durch diese unangreifbare Sperre brichst, dann kannst du ein neues, freies und schöpferisches Leben führen. Und damit kannst du ihnen für ihr Mitleiden einen wirklichen Dank abstatten.

Teisho zum Kommentar des Mumon

»Weder Ganto noch Tokusan haben von dem letzten Zen-Wort auch nur im Traum gehört. Wenn ich es genau prüfe, dann sind sie wie Marionetten auf einem Gestell.« Der Kommentar des Mumon ist, verglichen mit dem langen und sehr komplizierten Koan, sehr kurz und einfach. »Weder Ganto noch Tokusan haben von dem letzten Zen-Wort auch nur im Traum gehört.« So schaltet Mumon die Frage vom letzten Zen-Wort schon ganz aus. Ob es das erste oder das letzte Wort ist – je weniger man darüber sagt, um so besser. Am besten ist es, sie überhaupt nicht zu stellen. Das ist die Ansicht des Meisters Mumon und sein gütiger Kommentar. Er fügt noch einige Worte hinzu und sagt: »Wenn du das Koan genau prüfst, dann gehört alles: das letzte Wort, das geheime Flüstern, das Verstehen oder Nicht-Verstehen, das Rufen und Lachen, zum Akt eines Marionettenspiels.« Mit dieser wohlwollenden Bemerkung veranschaulicht Mumon die äußerst hoch entwickelte und klare Geistigkeit des wirklichen Zen-Anhängers, wobei er alles übrige wegwischt und nicht eine Spur hinterläßt.

Teisho zu dem Gedicht des Mumon

> Wenn du das erste Zen-Wort verstehst,
> Dann wirst du das letzte Wort wissen.
> Das letzte Wort oder das erste Wort –
> »Es« ist kein Wort.

Mumon sagt damit, wenn du das erste Wort verstehst, dann hast du das letzte Wort schon begriffen. Im Grunde genommen handelt es sich gar nicht um erstes oder letztes – oder? Es geht gar nicht um Verstehen oder Nicht-Verstehen. Kein erstes, kein letztes: Nur der Mensch in Unwissenheit gibt dem ewig unnennbaren »Es« plausible Namen und nennt es einmal erstes, einmal letztes.

Auch Meister Mumon konnte schließlich nur sagen: »›Es‹ ist kein Wort.« Meister Tozan sagte: »Ich bin immer ganz ehrlich da, wo ich gerade bin.« Nun sage mir: »Wo ist das: ›wo ich gerade bin‹?«

14   Nansen tötet eine Katze

Koan   Einmal stritten sich die Mönche der Östlichen Halle mit den Mönchen der Westlichen Halle um eine Katze. Nansen hob die Katze hoch und sagte: »Mönche, wenn ihr ein Zen-Wort sagen könnt, dann will ich die Katze verschonen. Wenn ihr es nicht könnt, bringe ich die Katze um!« Kein Mönch konnte antworten. Schließlich tötete Nansen die Katze. Als Joshu gegen Abend zurückkehrte, erzählte ihm Nansen den Vorfall. Da zog Joshu seine Sandale aus, legte sie sich auf den Kopf und ging weg. Nansen sagte: »Wenn du hier gewesen wärest, hätte ich die Katze verschont!«

Kommentar des Mumon

Sage mir, was hat es für einen Sinn, daß Joshu sich die Sandale auf den Kopf legt? Wenn du mir dazu das Schlüsselwort sagen kannst, dann wirst du sehen, daß Nansen nicht umsonst gehandelt hat. Wenn du es nicht kannst, dann nimm dich in acht!

Gedicht des Mumon

> Wenn Joshu nur da gewesen wäre,
> Würde er gehandelt haben.
> Hätte er das Schwert an sich gerissen,
> Hätte Nansen um sein Leben gefürchtet.

Teisho zu dem Koan

In Zen-Kreisen ist dies ein sehr berühmtes Koan, das wegen der ungewöhnlichen Erzählung, zu der man überhaupt keinen verstandesmäßigen oder gedanklichen Zugang finden kann, in viele Zen-Bücher aufgenommen wurde. Für Gelehrte ist es daher äußerst schwierig, das Koan richtig zu verstehen, es sei denn, sie haben selbst eine Zen-Schulung hinter sich. Meistens interpretieren sie es nur vom ethischen Standpunkt oder vom gesunden Menschenverstand her, da sie nicht das authentische Zen-Auge und die Erfahrung besitzen, das Wesentliche zu erfassen.

Ich möchte nochmals darauf hinweisen, daß Koans Aussprüche und Erzählungen über das Tun der Zen-Meister sind, in denen sie frei und unmittelbar ihre Zen-Erfahrungen zum Ausdruck bringen. Wir müssen klar erkennen, daß sie grundsätzlich etwas anderes sind als Unterweisungen in Ethik und gesundem Menschenverstand. Wenn wir nicht begreifen, daß die Koans zu einer ganz anderen Dimension gehören als zu ethischer, kluger oder praktischer menschlicher Tätigkeit, dann werden wir niemals auch nur einen Schimmer von ihrer wirklichen Bedeutung haben.

Einige mögen vielleicht diese Feststellung kritisieren und meinen, dies würde bedeuten, daß Zen die Ethik und den gesunden Menschenverstand ignoriere. Das ist ein sehr großes Mißverständnis. Zen befreit uns im Gegenteil von dem Leid und den Zwängen, die Ethik und gesunder Menschenverstand uns auferlegen. Das besagt nicht, daß man Ethik und gesunden Menschenverstand ignorieren oder sich ihnen widersetzen solle, sondern man soll sie beherrschen und freien und spontanen Gebrauch von ihnen machen. Wer dies nicht klar versteht, kann Zen-Aussprüche, Verhaltensweisen und Taten niemals richtig begreifen.

Die Hauptgestalten in diesem Koan sind Nansen Fugan und sein Schüler Joshu Junen, zwei große Zen-Meister, die gegen Ende der T'ang-Dynastie, als Zen in höchster Blüte stand, eine führende Rolle spielten. Das *Hekigan-roku* bringt das gleiche Koan in Form von zwei Koans: *Nansen tötet eine Katze* und *Joshu legt sich eine Sandale auf den Kopf*. In der Mumonkan-Sammlung erscheint es als ein einziges Koan.

»Einmal stritten sich die Mönche der Östlichen Halle mit den Mönchen der Westlichen Halle um eine Katze. Nansen hob die Katze hoch und sagte: ›Mönche, wenn ihr ein Zen-Wort sagen könnt, dann will ich die Katze verschonen. Wenn ihr es nicht könnt, bringe ich die Katze um!‹ Kein Mönch konnte antworten. Schließlich tötete Nansen die Katze.«

Die erste Hälfte des Koan erzählt ganz einfach nur den Vorfall. Es wird berichtet, daß es in dem Kloster, in dem Meister Nansen Abt war, immer Hunderte von Mönchen gab, die dorthin gekommen waren, um unter seiner Anleitung zu studieren. Eines Tages hatten die Mönche, die in der Östlichen Halle und der Westlichen Halle wohnten, einen Streit wegen einer Katze. Das Koan erwähnt nicht die wirkliche Streitfrage, und wir können dies heute auch nicht mehr feststellen. Aus dem Zusammenhang kann man schließen, daß sie in irgendein spekulatives, religiöses Streitgespräch, das sich auf eine Katze bezog, verwickelt waren.

Meister Nansen kam zu diesem Streitgespräch zufällig hinzu. Er hatte als ihr Lehrer ein unwiderstehliches Mitleid mit ihnen, das plötzlich durchbrach und alle ihre eitlen theoretischen Streitgespräche zerschlug, damit ihr geistiges Auge für die Zen-Wahrheit geöffnet würde. Er ergriff die Katze mit einer Hand, ein großes Messer mit der anderen und rief aus: »Mönche, wenn ihr ein Zen-Wort sagen könnt, dann will ich die Katze verschonen. Wenn ihr es nicht könnt, dann will ich sie sofort umbringen!« Er forderte die Mönche zum entscheidenden Kampf heraus.

Sehen wir einmal ab von den Mönchen im Nansen-Kloster. Sage mir: »Welches Wort auf die Frage des Nansen kann die Katze retten?« Das Koan will deine Antwort, die Nansen daran hindern würde, die Katze zu töten. Das ist der wesentliche Punkt in der ersten Hälfte des Koan. In der tatsächlichen Übung setzt der Meister den Mönch unter Druck und fragt: »Wie rettest du die Katze jetzt, sofort?« Und wenn du auch nur einen Augenblick zögerst, dann unternimmt der Meister sogleich an Stelle von Nansen etwas Entscheidendes.

Ein alter Buddhist, der das Koan erklärte, sagte: »Nicht einmal das Messer des Nansen kann die grundlegende Weisheit töten. Sie ist immer, sogar jetzt, in diesem Augenblick, ganz lebendig.« Obwohl man nicht bestreiten kann, daß dies wahr ist, riecht diese Feststellung doch noch etwas nach religiöser Philosophie, denn der Begriff »grundlegende Weisheit« ist ein sehr philosophischer Ausdruck und bedeutet: »die grundlegende Wahrheit jenseits von allem Dualismus«. Meister Nansen steht wirklich vor dir und hält die Katze hoch. Er will dich nicht in ein philosophisches Gespräch oder religiöses Streitgespräch verwickeln. Wenn du von grundlegender Weisheit sprichst, dann wird er sagen: »Zeige mir sofort, hier, diese Katze der grundlegenden Weisheit!« Er besteht darauf, deine Darstellung des Zen zu sehen.

Sei Nicht-Selbst; sei ganz und gar Nicht-Selbst. Wenn du wirklich Nicht-Selbst bist, gibt es dann einen Unterschied zwischen dir und der Welt? dir und der Katze? dir und Nansen? Gibt es einen Unterschied zwischen der getöteten Katze und Nansen, der tötet? Um jeden Preis mußt du zunächst wirklich Nicht-Selbst sein; das ist die erste und absolute Bedingung im Zen. Dann wird das Wort, das die Katze rettet, ganz natürlich wie ein Blitz aus dir hervorschießen. Tatsächliches Üben und wirkliche Erfahrung sind im Zen unbedingt notwendig. Es gab früher und es gibt auch heute noch selten wirklich fähige Menschen. Nansen hatte viele Schüler, aber keiner konnte auf die Aufforderung des Lehrers eine Erklärung geben. Das Koan sagt: »Kein Mönch konnte antworten.« Wahrscheinlich unterdrückte Nansen seine Tränen, und »schließlich tötete Nansen die Katze«. Aus dem Wort »schließlich« kann man entnehmen, daß er sie blutenden Herzens tötete.

Wie dem auch sein mag: »Schließlich tötete Nansen die Katze« ist eine steile Schranke in diesem Koan, die in tatsächlicher Übung und in echter Zucht überwunden werden muß. Der Zen-Meister wird den Schüler bestimmt mit der Frage plagen: »Was hat das eigentlich für einen Sinn, daß Nansen die Katze umbrachte?« Wenn du ihm keine konkrete und befriedigende Antwort geben kannst, dann ist dein Zen-Auge noch nicht geöffnet. Nur diejenigen, die wirklich den Sinn des Tötens der Katze begriffen haben, können die Katze retten.

Meister Toin sagte: »Was Nansen tötete, war nicht nur die betreffende Katze, sondern die Katzen, die Buddhas genannt werden, die Katzen, die Patriarchen genannt werden – sie alle wurden umgebracht. Sogar ihr Aufenthaltsort, Arayashiki, wurde völlig vernichtet, und jetzt weht überall ein erfrischender Wind.« Obwohl dies eine richtige Feststellung ist, klingt sie doch noch sehr nach einem argumentativen Vorwand, der sich nicht auf tatsächliche Übung und wirkliche Erfahrung stützt.

Meister Seccho des *Hekigan-roku* kommentierte die Tötung der Katze durch Nansen sehr streng. »Glücklicherweise handelte Nansen korrekt. Ein Schwert teilt sie auf der Stelle in zwei Teile! Kritisiert es, wie ihr wollt!« Dogen sagte jedoch zu dem Kommentar, »Ein Schwert teilt sie auf der Stelle in zwei Teile«: »Ein Schwert zerschneidet sie auf der Stelle – Nicht-Schnitt!« Mit anderen Worten, er fordert uns auf, »Es« im Zen-Tun des Nansen zu sehen, das niemals von einem Schwert durchteilt werden kann.

Während meiner Übungszeit war ich zu einem Sanzen bei meinem Meister, der mich plötzlich fragte: »Sehen wir einmal von dem Töten der Katze durch Nansen ab: Wo ist die von Nansen getötete Katze jetzt, in diesem Augenblick?« Wenn man auch nur einen Augenblick mit der Antwort auf seine schwierige Frage zögerte, dann erhielt man sogleich dreißig Stockschläge; denn das Zögern würde bedeuten, daß man weder richtig das Töten der Katze durch Nansen noch auch den Ausspruch des Dogen »Ein Schwert zerschneidet sie auf der Stelle – Nicht-Schnitt« wirklich begriffen hatte. Das Sanzen in der Zen-Übung ist nicht so einfach, wie Außenstehende vielleicht annehmen.

Ein Zen-Anhänger sollte, wenn er eine Katze tötet, in der Lage sein, sein Zen frei zum Ausdruck zu bringen und zu leben. Wenn die Katze umgebracht ist, dann ist das ganze Universum getötet, und sein Zen wirkt in der toten Katze. Sonst hat er noch nicht einmal einen Schimmer von dem wirklichen Sinn dieses Koan.

Traditionsgemäß kann er niemals Zen, getrennt von seinem wirklichen Selbst, hier und jetzt, studieren. Deutungen und Interpretationen des gesunden Menschenverstandes sind vielleicht möglich, sie sind jedoch alle nebensächlich.

Nun ändert sich die Szene des Koan. Abends kehrt Joshu, der unter Nansen als hervorragender Mönch bekannt war, zum Kloster zurück. Nansen erzählte ihm, was während seiner Abwesenheit passiert war, und Joshu zog seine Sandale aus, legte sie auf seinen Kopf und verließ, ohne ein Wort zu sagen, das Zimmer. Als Nansen dies sah, lobte er Joshu und sagte: »Wenn du bei dieser Gelegenheit bei uns gewesen wärest, hätte ich die Katze verschonen können!« »Der Vater versteht sein Kind gut und das Kind seinen Vater.« Ohne ein Wort zu sagen, stimmen sie vollkommen miteinander überein.

Was bedeutet es nun eigentlich, daß Joshu eine Sandale auf seinen Kopf legt? Außerdem: Wie kann das die Katze retten? Das ist der wesentliche Punkt in der zweiten Hälfte des Koan. Auch hier gibt es kaum Bücher, die einen richtigen Zen-Standpunkt zur Tat des Joshu geben, denn ihre Autoren haben selbst noch nicht die Schranke: »Tötung der Katze durch Nansen« überwunden.

Meister Dogen sagte sehr zutreffend: »Tod: nichts als vollständiger Tod, durch und durch – vollendete Manifestation.« Wenn du stirbst, dann stirb wirklich. Wenn du wirklich gründlich und vollständig stirbst, dann hast du Leben und Tod überschritten. Dann wird zum ersten Mal freies und kreatives Zen-Leben und Wirken entfaltet. Dort werden Katzen und Hunde, Berge und Flüsse, Sandalen und Hüte ihre alten Namen und Formen überschritten haben, und sie werden in der neuen Welt eine Neugeburt erfahren. Das ist das Wunder des Wiedererwachens. In dieser neuen Welt werden die alten provisorischen Namen alle ihren Sinn verlieren. Höre, was ein alter Meister sagt:

> Ein Mann geht über die Brücke.
> Sieh! Die Brücke fließt, und das Wasser ist unbeweglich.

Man sagt, daß Christus nach seiner Kreuzigung vom Tode auferstanden sei. Da ich kein Christ bin, kenne ich die orthodoxe Deutung der Auferstehung im Christentum nicht. Ich selbst glaube jedoch, daß die Auferstehung Jesu bedeutet, im menschlichen Fleisch zu sterben, Leben und Tod zu überschreiten, und als Sohn Gottes wieder lebendig zu werden. Seine Auferstehung bedeutet die Ankunft des Reiches Gottes. Es ist das geheimnisvolle Wirken Gottes, die neue und wahre Welt zu schaffen. Dort lebt jeder, alles, in Gott, und alle provisorischen Namen und alles Verderben dieser Erde sind nicht mehr.

Der Tod der Katze durch Nansen (d. h. der Große Tod) bot Joshu eine günstige Gelegenheit für die Auferstehung. Laß dich nicht durch alte, festgelegte Namen wie Sandale oder Hut, Berg oder Fluß täuschen. Ein Name ist ein vorübergehendes Etikett, das man der Wirklichkeit zu einer bestimmten Zeit an einem bestimmten Ort gibt. Erst wenn wir uns von der Verhaftung an diese provisorisch gegebenen Namen freimachen, wird die Wirklichkeit, die Wahrheit, aufleuchten. Joshu stellte unmittelbar die Wirklichkeit dar, die niemals durch irgend etwas verdrängt werden kann. In dieser neuen Welt wird alles mit einem neuen Sinn wiederbelebt. Warum in aller Welt klammerst du dich an alte provisorische Namen? Das Tun des Joshu ist die unmittelbare Darstellung seines Zen, die Meister Nansen in hohen Tönen lobte, als er sagte: »Wenn du hier gewesen wärest, hätte ich die Katze verschont!«

Meister Shido Bunan gab dem Geheimnis des Zen-Wirkens in seinem folgenden Gedicht Ausdruck:

Stirb, während du am Leben bist, und sei vollkommen tot,
Dann tu, was du willst, alles ist gut.

Die erste Zeile: »Stirb, während du am Leben bist, und sei vollkommen tot« beschreibt gut das wirkende Zen des Nansen, und die zweite Zeile: »Dann tu, was du willst, alles ist gut« bezieht sich auf das Zen-Wirken des Joshu. Das Zen des Nansen und das Zen des Joshu sind zwei, aber dennoch sind sie eins – eins, und dennoch sind sie zwei. Meister Mumon verwendete dieses Koan, damit seine Schüler dieses Zen-Geheimnis erfassen sollten. Meister Daito schrieb über das Koan die folgenden Gedichte. Zunächst über *Nansen tötet eine Katze*:

Nansen ergreift die Katze: Sieh! Eins, zwei, drei!
Er tötet sie: Sieh! Solides Eisen.

Hier ist alles völlig ausgelöscht. Das ganze Universum ist nur ein Finger. Alles ist zum Einen zurückgekehrt. Zu *Joshu legt eine Sandale auf seinen Kopf* schrieb Meister Daito das folgende Gedicht:

Joshu geht mit einer Sandale auf seinem Kopf: Sieh! Drei, zwei, eins!
Himmel ist Erde; Erde ist Himmel!

Wo die absolute Subjektivität wirkt, haben die alten, festgelegten Ideen keinen Wert. Dies ist die Welt der Wirklichkeit oder Wahrheit, die jenseits von provisorischen Namen und Etiketts ist und in der alles mit schöpferischer Freiheit neugeboren wird.

Teisho zum Kommentar des Mumon

»Sage mir, was hat es für einen Sinn, daß Joshu sich die Sandale auf den Kopf legt? Wenn du mir dazu das Schlüsselwort sagen kannst, dann wirst du sehen, daß Nansen nicht umsonst gehandelt hat. Wenn du es nicht kannst, dann nimm dich in acht!«

Meister Mumon fragt seine Schüler: »Was bedeutet es eigentlich, daß Joshu sich die Sandale auf den Kopf legt?« Meister Daito, den ich zitierte, bewunderte in seinem Gedicht das freie

Wirken des Joshu und sagte: »Himmel ist Erde; Erde ist Himmel!« Wo in aller Welt ist die Quelle für diese schöpferische Freiheit? Vernichte, lösche alles aus, vernichte alles. Wenn nicht nur die Katze, sondern auch buddhistische Ansichten und Dharma-Begriffe vernichtet sind und es keine Spur von ihnen mehr gibt, dann besitzt du diese schöpferische Freiheit. Jedoch kannst du kaum erwarten, daß du sie erlangst, wenn du nicht tatsächlich hart arbeitest und dich in Zucht nimmst.

Meister Mumon richtet sich an seine Schüler vom Standpunkt der tatsächlichen Übung aus. Vom gleichen Standpunkt her verlangt er von dir, den wirklichen Sinn von Nansens Tat der Wahrheit in Joshus freier Darstellung des Zen zu verstehen. Mit anderen Worten, er heißt uns, das Wunder der Auferstehung in der Tatsache des Großen Todes zu erkennen. Dann wird die getötete Katze rot aufblühen wie eine Blume, blau wie ein Fluß fließen. Es ist immer lebendig, nicht nur bei Meister Joshu, sondern bei dir heute, in deiner Hand und in deinem Fuß.

In Japan gibt es ein altes Haiku:

> Ein Frosch springt ins Wasser;
> Mit dieser Stärke
> Treibt er nun dahin.

Es ist interessant, das Gedicht in Verbindung mit diesem Koan zu lesen.

Am Schluß ermahnt Mumon seine Mönche: »Wenn du es nicht kannst, dann nimm dich in acht!« Du bist in Gefahr, wenn du das Zen des Nansen und des Joshu nicht lebendig erfaßt und weiterhin auf Logik herumreitest. Es wäre besser, du wärest ein für allemal durch das Schwert des Nansen getötet worden.

Teisho zu dem Gedicht des Mumon

> Wenn Joshu nur da gewesen wäre,
> Würde er gehandelt haben.
> Hätte er das Schwert an sich gerissen,
> Hätte Nansen um sein Leben gefürchtet.

Mumon sagt, wenn Joshu da gewesen wäre, als Meister Nansen die Katze hochhielt und verlangte: »Wenn ihr kein Zen-Wort sagen könnt, werde ich die Katze sofort töten«, dann hätte Joshu die Tat der Wahrheit: »Ein Schnitt und alles ist zerschnitten!« vollbracht. Sind sie vielleicht Gleichgesinnte? Nur wer Leben geben kann, kann auch töten. Joshu war vollkommen frei, Leben zu geben oder zu töten, zu geben oder zu nehmen. So hervorragend war das Zen-Können des Joshu.

Mumon, der in die Zen-Fähigkeit des Joshu sein ganzes Vertrauen setzt, sagt, wenn er Nansen das Schwert weggenommen hätte, dann hätte sogar der große Meister Nansen seinen Kopf vor Joshu nicht mehr hochhalten können. Schließe daraus aber nicht voreilig, daß das Werk des Joshu gut und das Werk des Nansen nicht gut sei. Wenn ein Zen-Anhänger gewinnt, dann gewinnt er nur; das ist alles. Es bleibt keine Spur zurück.

Meister Mumon sagt: »Hätte er das Schwert an sich gerissen.« Ich frage dich: »Was für eine Art von Schwert ist dies?« Wenn es das Schwert der grundlegenden Weisheit ist, dann muß nicht nur Nansen, sondern es müssen alle, Katzen, Mönche, Berge und Flüsse, um ihr Leben fürchten. Vielleicht habe ich zuviel geredet.

15   Tozan bekommt sechzig Stockschläge

Koan   Als Tozan zu einer Unterredung zu Unmon kam, fragte dieser ihn: »Wo bist du vor kurzem gewesen?« »In Sado, Meister«, antwortete Tozan. »Wo hast du dich während der letzten Ge-Periode aufgehalten?« Tozan erwiderte: »In Hozu, in Konan.« »Wann bist du von dort fortgegangen?« Tozan antwortete: »Am 25. August.« Unmon rief aus: »Ich gebe dir sechzig Stockschläge!« Am nächsten Tag kam Tozan wieder und fragte den Meister: »Gestern gabst du mir sechzig Stockschläge. Ich weiß nicht, worin mein Fehler lag.« Unmon schrie: »Du Reissack! Bist du so von Kosei nach Konan hingeschlichen?« Da wurde Tozan erleuchtet.

Kommentar des Mumon

Wenn Unmon zu jener Zeit Tozan das Futter der Wahrheit gegeben und ihn zum lebendigen, dynamischen Zen-Leben erweckt hätte, wäre die Schule des Unmon nicht untergegangen. In dem Meer von Ja-und-Nein kämpfte Tozan die ganze Nacht hindurch. Als der Tag kam und er den Meister wieder aufsuchte, verhalf ihm Unmon zum Durchbruch. Obwohl Tozan sofort erleuchtet wurde, war er nicht genügend erleuchtet. Sage mir, mußte Tozan wirklich geschlagen werden oder nicht? Wenn du sagst, er mußte Schläge bekommen, dann müßten Bäume und Gras und alles andere Schläge bekommen. Wenn du sagst, er durfte nicht geschlagen werden, dann erzählt Unmon eine Unwahrheit. Wenn du dir über diesen Punkt Klarheit verschaffen kannst, dann kannst du und Tozan miteinander leben.

Gedicht des Mumon

>Ein Löwe übt seine Jungen auf diese Weise:
>Wenn sie vorausgehen, tritt er sie und weicht schnell aus.
>Gegen seinen Willen mußte Tozan noch einmal geschlagen werden.
>Der erste Pfeil ritzte ihn nur, aber der zweite ging tief.

Teisho zu dem Koan

Das Koan berichtet uns über das erste Gespräch, das Tozan Shusho mit Meister Unmon Bunen hatte und wie er Satori erlangte.

Meister Unmon Bunen, der in Koho-in auf dem Berge Unmon lebte, war ein Nachfolger des Seppo und wirkte vom Ende der T'ang-Dynastie bis zu den Fünf Dynastien. (Man sagt, er sei 949 gestorben.) Sein strenges und erhabenes Zen hatte einen großen Einfluß auf die Zen-Kreise jener Zeit. Später wurde er als der Gründer der Unmon-Schule, eine der fünf Rinzai-Zen-Schulen, verehrt. Viele seiner Nachfolger, große Zen-Meister, greifen auf ihn zurück, darunter Meister Tozan Shusho.

Meister Shusho wird gewöhnlich Meister Tozan genannt, weil er in Tozan, in Joshu, lebte. Er wird häufig mit Meister Tozan Ryokai, dem Gründer des Soto-Zen, verwechselt, aber letzterer lebte in Tozan, Kinshu. Es sind zwei verschiedene Meister, die zu verschiedener Zeit an verschiedenen Orten gelebt haben.

Meister Tozan von Joshu wurde 910 in Hosho, im westlichen Teil von Sensei-sho des heutigen China, geboren und starb im Jahre 990. Hosho war, zusammen mit Choan und Rakuyo, schon seit der Einführung des Buddhismus in China über die T'ang-Dynastie bis hinein in die Sung-Dynastie ein Zentrum wissenschaftlicher Studien des Buddhismus. Tozan, der dort geboren wurde, muß in den buddhistischen Studien sehr bewandert gewesen sein. Da sie ihn nicht befriedigten, verließ er Hosho, durchquerte den großen chinesischen Kontinent, reiste Tausende von Meilen von der Nordwestecke des Landes bis in den Süden, in die Nähe von Kanto, um Meister Unmon aufzusuchen und bei ihm zu studieren. Man kann sich leicht eine Vorstellung von seinem eifrigen Forschen und Suchen machen.

Zu jener Zeit war es nicht leicht zu reisen. Es wird nichts über die Mühen und Bedrängnisse berichtet, die er auf sich genommen hat; auch wissen wir nicht, wie lange die Reise dauerte, welche Erfahrungen er auf dieser Reise, die eine Suche nach Wahrheit war, von seinem fernen Heimatland im Nordwesten Chinas bis an den Berg Unmon machte. Sie muß jedoch sehr schwierig und anstrengend gewesen sein, und wenn er nicht von dem glühendsten und entschlossensten Willen beseelt gewesen wäre, die Wahrheit zu suchen, hätte er die Reise nicht durchhalten können.

Eines Tages, nachdem Tozan buchstäblich Tausende von Meilen zurückgelegt hatte, hatte er mit Meister Unmon eine Unterredung. Meister Unmon stellte an den von weither gereisten Neuankömmling sehr alltägliche Fragen, so wie man sie an jeden Fremden stellen kann:

Unmon: Wo bist du vor kurzem gewesen
Tozan: Ich war in Sado, Meister.
Unmon: Wo hast du dich während der letzten Ge-Periode aufgehalten?
Tozan: In Hozuij, in Konan.
Unmon: Wann bist zu von Hozuij fortgegangen?
Tozan: Am 25. August, Meister.

Zu jener Zeit stellte man häufig die Frage: »Wo bist du vor kurzem gewesen?«, nicht nur als übliche Begrüßung eines Neuankömmlings, sondern auch als typische Frage im Mondo, um so die Zen-Fähigkeit des Mönchs zu prüfen. »Wo bist du vor kurzem gewesen?« kann sich auf einen Ort beziehen; die Frage bezieht sich aber auch auf die eigene, innere Zen-Geistigkeit. Die Antwort des Tozan war sehr naiv und alltäglich, und sie schien nichts von Zen zu enthalten. Natürlich kann eine naive Entgegnung ein echter und interessanter Zen-Ausdruck sein; zu dieser Zeit aber hatte Tozan noch nicht diese Geistigkeit erlangt.

Meister Unmon fragte weiter: »Wo hast du dich während der letzten Ge-Periode aufgehalten?« (Die jährliche Regenzeit von 90 Tagen, die traditionsgemäß Meditationszeit für die Mönche ist.) Tozan zeigte noch keine Wandlung in seiner Erwiderung. Unmon ging in seiner Befragung einen Schritt weiter und sagte: »Wann bist du von dort fortgegangen?« Tozan antwortete noch auf die gleiche naive Weise. Man sah keinen Funken von Zen bei ihm aufblitzen. Meister Unmon konnte nun nicht mehr an sich halten.

Sein Zen brach plötzlich hervor: »Du Narr!« Bei diesem Ruf schlug er Tozan mit dem Stock, den er in der Hand hatte, nieder.

In diesem Mondo sind die Fragen ganz alltäglich und die Antworten ganz harmlos. Man kann nirgendwo ein Vergehen oder Versehen entdecken, das kritisiert werden muß oder Schläge verdient. Warum tadelte und schlug denn Meister Unmon den Tozan? Unmon war ein großer, im ganzen Land bekannter Zen-Meister. Es ist nicht möglich, daß er seinen Stock ohne Grund gebrauchte. Wo könnte dann in den Antworten des Tozan der Grund gelegen haben, ihn zu schlagen? Du mußt ein Zen-Auge haben, um diese Frage zu beantworten, und dort liegt der Schlüssel zu dem Koan.

Fast allgemein werden die harten Stockschläge des Meisters Unmon wie folgt ausgelegt: »Die Haltung des Tozan war, wie seine Reise gezeigt hat, nicht ernsthaft genug. Die harten Schläge mit dem Stock des Unmon wurden zum Zeichen der moralischen Verurteilung des trägen Verhaltens des Tozan bei seiner Übung erteilt. Sie sollten ihn dazu bringen, sich anzustrengen.«

Alle, die so urteilen, begreifen den wirklichen Zen-Sinn dieses Koan nicht, und zwar deshalb, weil sie selbst keine wirkliche Übung und keine eigene Erfahrung gemacht haben.

Wenn es eine moralische Ermahnung sein sollte, hätte Meister Mumon es nicht als Koan genommen und seinen Schülern in ihrer Übung zum Studium gegeben.

Meister Unmon hat ein anderes berühmtes Mondo. Ein Mönch fragte ihn einmal: »Welchen Ton hat Unmon?« Das heißt: »Welches ist dein Zen?« Unmon antwortete: »Der 25. Dezember.« Wir sollten dieses Mondo zusammen mit dem Koan »Tozan bekommt sechzig Stockschläge« sorgfältig studieren.

Nun zurück zu Tozan. Ein alter Zen-Meister erklärte zu der Antwort, die Tozan dem Unmon gab, folgendes: »Er sitzt auf dem besten Pferd und versteht nicht, es zu reiten.« Er ist tatsächlich sogleich auf dem besten Pferd, aber er merkt es nicht. Mit andern Worten, er sagt: »Du lebst jeden Tag mitten im Zen, aber du vergegenwärtigst es dir nicht. Was für ein Narr du bist!« Das Zen-Auge des Meisters Tozan war zu dieser Zeit noch nicht geöffnet.

Wie traurig, daß Tozan nicht zu der Erkenntnis kam, als er antwortete: »In Sado, Meister.« (Sado ist der Name eines Dorfes auf dem Wege.) Er sagt: »In Hozu, Konan« und ist noch nicht aufgewacht. Meister Unmon fragt zum drittenmal: »Wann bist du von dort fortgegangen?« »Am 25. August«, und er erkennt es nicht. Überall wird die Wahrheit ganz offenbar. Alles ist Zen, so wie es ist. Niemand erkennt es, weil es zu nahe ist! Unmon konnte nicht mehr an sich halten und fuhr mit seinem Stock drein.

Ein alter Zen-Meister gab zu dem Stock des Unmon die folgende Erklärung:

> Vor dem Goho-Palast
> Wurde er gefragt, wo Rakuyo sei.
> Mit einem goldenen Stock
> Wies er auf die lange, vornehme Palast-Allee.

Vor dem Weißen Haus wurde er nach der Hauptstadt der Vereinigten Staaten gefragt. Mit einem Stock wies er auf die vor ihm liegende Straße. Wessen Augen noch nicht geöffnet sind, wird nichts verstehen. Im Gesang des Meisters Hakuin zeigt es sich klar:

> Dein Gehen und Zurückkehren findet nur dort statt, wo du bist,
> Dein Singen und Tanzen ist nichts anderes als die Stimme des Dharma.

Es ist die gleiche alte Welt. Wir müssen nur unser geistiges Auge für die neue Schau einer ganz anderen Dimension öffnen.

Nun kommt das Koan in das zweite, wichtige Stadium: die sechzig Stockschläge. (Der Chinese sagt: »drei ›ton‹ von Schlägen«. Ein ›ton‹ ist zwanzig, daher würden drei ›ton‹ sechzig sein. Hier ist jedoch keine bestimmte Zahl gemeint, sondern nur viele Schläge.) Tozan erhielt sechzig Schläge mit dem Stock des Meisters und ging dorthin zurück, wo er wohnte. Es muß ihm zumute gewesen sein, als habe man ihn zehntausend Fuß tief bis auf den Grund einer Schlucht gestürzt. Das Koan stellt nur fest: »Am nächsten Tage kam Tozan wieder und fragte den Meister: ›Gestern gabst du mir sechzig Stockschläge. Ich weiß nicht, worin mein Fehler lag.‹« Nichts wird von dem heftigen inneren Kampf und dem Schmerz des Tozan erwähnt, die er nach den Prügeln des Unmon bis zu seiner Rückkehr mit seiner nochmaligen Frage am nächsten Morgen durchlitten haben muß. Daher scheinen die meisten Menschen den geistigen Prozeß, den Tozan während dieser wesentlich wichtigen Nacht durchgemacht haben muß, zu übersehen. Es zeigt nur, daß sie niemals die Wahrheit gesucht oder sich mit einer derartigen Intensität, unter Einsatz ihres Lebens, geschult haben.

Mumon war ein großer Meister, der selbst intensiv geforscht und eine harte Schulung erfahren hat. Er übersah daher diesen Punkt nicht. Er drang in das Herz des Tozan ein und sagte: »In dem Meer von Ja-und-Nein kämpfte Tozan die ganze Nacht.« Er muß die ganze Nacht hindurch wach gelegen und sich über die Schläge des Meisters Gedanken gemacht haben. Er dachte nach und dachte mit solcher Intensität nach, daß er nicht merkte, als der Morgen anbrach. Ich möchte meine Hände zusammenpressen in tiefer Anerkennung für diese eine Nacht. Nur diejenigen, die eine ähnliche harte und schmerzliche Übungszeit durchgestanden haben, können sich an Tozans Stelle in jener Nacht versetzen. Ein Zen-Meister, der sah, wie sich die Mönche sehr hart und streng erzogen, konnte nicht anders, als selbst denselben Schmerz empfinden, und sang:

> Jahrelang litt ich in Schnee und Kälte,
> Jetzt wurde ich überrascht von dem Fallen der Weidenkätzchen.

Wenn man die Lebensbeschreibungen der alten Meister liest, dann stößt man auf Sätze wie: »In diesem Augenblick erlangte er Satori.« Oder: »Dabei wurde er erleuchtet.« Wenn auch über die Schwierigkeiten und Nöte nichts gesagt wird, die sie vor der Erlangung des Satori durchgestanden haben müssen, so mußt du doch in der Lage sein, sie zu verstehen und zu würdigen. Ich wage zu behaupten, daß du nicht in der Lage bist, ihre Lebensbeschreibungen mit der richtigen Einsicht und dem notwendigen Wahrnehmungsvermögen zu lesen, wenn du noch nicht den gleichen Schmerz erfahren hast, den sie bei dem einen Wort »Satori« empfunden haben müssen. Das obige Koan bildet in dieser Hinsicht keine Ausnahme.

Tozan unternahm die lange, schwierige Reise über den chinesischen Kontinent und suchte den richtigen Meister. Schließlich gelangte er an den Berg Unmon im südlichen Teil des Landes. Es war buchstäblich eine »Forschungsreise« auf Leben und Tod. Unter welch großen Schmerzen und Qualen mag er im Meer der Zweigeteiltheit während der ganzen Nacht gekämpft haben! Wir sind von Ehrfurcht ergriffen, wenn wir an diesen geistigen Kampf denken.

Am nächsten Morgen fragte Tozan Unmon: »Gestern gabst du mir sechzig Stockschläge. Ich weiß nicht, worin mein Fehler lag.« Es war keine leichte, beiläufige Frage. Es war eine Frage, die er blutenden Herzens stellte, auf die er sein ganzes Forschen und Suchen setzte. Wenn ein Schüler aus der Frage des Tozan einen derartigen spirituellen Kampf nicht herauslesen kann, dann bedeutet dies, daß er die Erfahrung des Forschens und Sich-selbst-Erziehens auf Leben und Tod nicht gemacht hat. Dieses Koan hat auch das Ziel, den Schüler zu aufrichtigem und ernsthaftem Forschen und strenger Zucht anzuspornen und anzuleiten.

Meister Unmon war ein tüchtiger »alter Hase«. Er beschimpfte Tozan. »Du Reis-Sack! Bist du so von Kosei nach Konan hingeschlichen?« (Ein Reis-Sack ist ein Taugenichts, ein Faulenzer.) Diese Anschuldigung war ohne Zweifel härter und strenger als die sechzig Stockschläge. Wie schon erwähnt, darf man diese scheinbar moralische Ermahnung nicht in einem vordergründigen, ethischen Sinn deuten.

Glücklicherweise zeigte sich nun das Ergebnis der langen Schulung. Der nächtliche, sehr schmerzliche Kampf im Abgrund der Verzweiflung endete damit, daß er die Sperre durchbrach. Bei der wohlwollenden Beschuldigung des Meisters Unmon erhellte sich das Dunkel im Herzen des Tozan. Er erlangte Satori. Alles ist, so wie es ist, »Es«. Was ich lange gesucht habe, liegt direkt hier unter meinen Füßen! Ich-Selbst, die Welt – alles ist »Es« und kann nicht anders sein. Nur war ich nicht wach! Aber was für ein Unterschied! Es ist eine ganz andere Welt.

Ich wage es zu wiederholen: Höre auf, über Satori zu reden. Suche zuerst dich selbst und erziehe dich selbst mit Leib und Seele. Das Wichtigste im Zen-Studium ist das ehrliche, spirituelle Forschen und Suchen und der harte, innere Kampf, ehe du Satori erlangst. Wie groß war die Freude des Tozan! In seiner Lebensbeschreibung steht, daß er Meister Unmon überaus dankbar war und sagte: »In Zukunft will ich weit entfernt von den Dörfern leben und weder ein Korn Reis noch einen Kopf Gemüse besitzen. Aber dort werde ich alle Menschen in der Welt führen.« Anders ausgedrückt heißt das: »Diese große Freude, die ich heute erlebte, darf ich nicht für mich allein behalten. Wenn ich auch arm bin, was ist schon Armut? Ich werde jedermann das Glück des Zen-Lebens mitteilen.« Sein Lehrer Unmon prüfte das Satori, das Tozan erlangt hatte, und sagte: »Du bist nicht größer als eine Kokosnuß, aber wie du aufschneidest!« Wie schön ist es, Lehrer und Schüler in Glück und Freude vereint zu sehen. Das gehört einer ganz anderen Dimension an als ethische Überlegung oder moralische Ermahnung.

Teisho zum Kommentar des Mumon

»Wenn Unmon zu jener Zeit Tozan das Futter der Wahrheit gegeben und ihn zum lebendigen, dynamischen Zen-Leben erweckt hätte, wäre die Schule des Unmon nicht untergegangen. In dem Meer von Ja-und-Nein kämpfte Tozan die ganze Nacht hindurch. Als der Tag kam und er den Meister wieder aufsuchte, verhalf ihm Unmon zum Durchbruch. Obwohl Tozan sofort erleuchtet wurde, war er nicht genügend erleuchtet. Sage mir, mußte Tozan wirklich geschlagen werden oder nicht? Wenn du sagst, er mußte Schläge bekommen, dann müßten Bäume und Gras und alles andere Schläge bekommen. Wenn du sagst, er durfte nicht geschlagen werden, dann erzählt Unmon eine Unwahrheit. Wenn du dir über diesen Punkt Klarheit verschaffen kannst, dann kannst du und Tozan miteinander leben.«

Seccho, ein Meister der Unmon-Schule, gibt zu diesem Koan den folgenden Kommentar: »Der Geist des Unmon gleicht dem eines Königs. Wenn er einmal am Werk ist, fällt alles zusammen. Wenn er zu jener Zeit richtig gehandelt hätte, wären seine Nachkommen nicht ausgestorben.« Der erste Teil des Mumon-Kommentars ist fast im gleichen Ton gehalten wie der des Seccho. Mumon sagt in seinem Kommentar zu Meister Unmon zuerst: »Wie schade, daß du Tozan, als er zu dir kam, nicht sogleich das Futter der Wahrheit gegeben hast, so daß er sein geistiges Auge viel weiter und klarer geöffnet hätte. Dann wäre das Zen der Unmon-Schule nicht untergegangen. Das Futter der Wahrheit ist Zen-Nahrung, Dharma-Nahrung; oder es kann Schläge sein, KWATZ-Schreie oder scharfe Fragen. Es ist das äußerste Mittel des Zen. Oberflächlich betrachtet, hört es sich so an, als ob Mumon mit dem Hinweis auf den späteren Verfall der Unmon-Schule Unmon herabsetzte. Tatsächlich aber spendet er Unmon höchstes Lob.

Sodann kommentiert Mumon Tozan und sagt: »Unmon gab Tozan sechzig harte Stockschläge, wodurch Tozan in die tiefste

Dunkelheit gestürzt wurde.« Tozan verbrachte eine schlaflose Nacht im Abgrund der Verzweiflung und kämpfte mit seiner inneren, spirituellen Angst. Dieses Meer von Ja-und-Nein, dieser Große Zweifel oder die Angst »der finstersten, allgegenwärtigen Dunkelheit«, wie Rinzai sie nennt, ist der wichtigste und quälendste Entwicklungsprozeß, der durchzustehen ist, ehe man die Sperre durchbricht. Meister Mumon hat in dieser Qual sechs Jahre seiner Übungszeit mit dem »Mu« des Joshu verbracht. Obwohl Meister Mumon schlicht und einfach sagt: »Als der Tag kam und er den Meister wieder aufsuchte ...«, können wir uns gut vorstellen, in welchem geistigen Zustand er sich befand. Von diesem Schritt hing das schwierige Forschen und der harte Kampf ab, den er ein halbes Leben lang geführt hatte, und weil dieser Kampf hart genug und seine Qual groß genug gewesen war, durchdrang der donnernde Vorwurf des Meisters: »Bist du so von Kosei nach Konan hingeschlichen?« das Dunkel, das seinen Geist umhüllte, wie ein Blitz. Das war ein glücklicher und gesegneter Augenblick für ihn! Wie groß war seine Freude! Ich kann nur meine Hände in Dankbarkeit für diesen Augenblick des Durchbruchs zusammenfalten. Mumon sagt: »Obwohl Tozan sofort erleuchtet wurde, war er nicht genügend erleuchtet.« Mit diesen, oberflächlich betrachtet, mißbilligenden Worten spricht er Tozan tatsächlich ein Lob aus.

Im dritten Teil des Kommentars wendet sich Meister Mumon plötzlich an seine Schüler und fragt sie: »Nun frage ich euch, Mönche: Tozan erhielt sechzig Stockschläge. Mußte er wirklich Schläge bekommen oder nicht?« Er dringt noch weiter in sie: »Wenn du sagst, er mußte Schläge bekommen, dann müßte alles, sogar Bäume und Gras geschlagen werden. Wenn du sagst, er durfte nicht geschlagen werden, dann erzählt Unmon eine Unwahrheit. Wenn du dir über diesen Punkt Klarheit verschaffen kannst, dann kannst du das gleiche Zen-Leben mit Tozan führen.«

Sehen wir hier von dem Schüler des Mumon ab. Aber du hier, wie antwortest du auf die Frage des Meisters Mumon? Auch hier weist Mumon darauf hin, daß die Frage aus der eigenen Erziehung und Erfahrung heraus beantwortet werden muß.

Teisho zu dem Gedicht des Mumon

> Ein Löwe übt seine Jungen auf diese Weise:
> Wenn sie vorausgehen, tritt er sie und weicht schnell aus.
> Gegen seinen Willen mußte Tozan noch einmal geschlagen werden.
> Der erste Pfeil ritzte ihn nur, aber der zweite ging tief.

Eine alte chinesische Legende berichtet, wie der Löwe, der König der Tiere, seine Jungen erzieht. »Drei Tage nach der Geburt ihrer Jungen stößt eine Löwin ihre geliebten Kinder einen steilen Hang hinunter in ein abgrundtiefes Tal. Sie zieht nur den vielversprechenden Nachwuchs groß, der die Klippe wieder erklommen hat. Die anderen Jungen, die nicht tapfer genug dazu sind, überläßt sie ihrem Schicksal. Der König der Tiere hat seine eigenen harten Erziehungsmethoden, die einem König entsprechen. Er erzieht die Jungen nicht gerade sehr zart.« Meister Unmon verhielt sich Tozan gegenüber wie eine Löwenmutter und stürzte ihn unbarmherzig mit sechzig Stockschlägen einen steilen Hang hinab. Leider besaß Tozan jedoch nicht genügend Mut und Kraft, um sich sogleich auf ihn zu stürzen und ihn anzugreifen. Daher mußte Meister Unmon den zweiten Pfeil auf ihn loslassen: »Du Reissack! Bist du so von Kosei bis Konan geschlichen?« Tozan war kein alltäglicher Mönch, und bei diesem zweiten Schlag faßte er sich, durchbrach die Schranke und hatte die Freude, Satori zu erlangen.

In den ersten beiden Zeilen seines Gedichts, in denen von der ungewöhnlichen Strenge der Löwenmutter bei der Erziehung ihrer Jungen die Rede ist, weist Meister Mumon indirekt auf die Begegnung des Unmon mit Tozan hin. In den beiden letzten Zeilen bewundert er Meister Unmons lebendiges Zen-Wirken. Mit der Bemerkung: »Wenn auch die ersten sechzig Schläge ihren Zweck nicht ganz erreichten, so traf der zweite Schlag – ›Reissack‹ – doch genau ins Schwarze«, lobt Mumon den Tozan, der zum Satori gelangt ist, und gleichzeitig preist er auch die wirksamen Methoden des Meisters Unmon.

16 Glockenschlag und Priestertalar

Koan Unmon sagte: »Seht! Diese Welt ist unermeßlich und weit. Warum legt ihr beim Glockenschlag euren Priestertalar an?«

Kommentar des Mumon

Wenn man Zen studiert und sich im Zen übt, muß man unter allen Umständen vermeiden, Tönen zu folgen und sich an Formen zu klammern. Das ist ganz selbstverständlich, auch wenn du dadurch erleuchtet wurdest, daß du einen Ton hörtest oder dein Geist durch die Wahrnehmung einer Form sich erhellte. Es ist auch nicht der Rede wert, wenn ein Zen-Anhänger Töne meistern und Formen beherrschen und auf diese Weise die Wirklichkeit von allem klar erkennen kann und er selbst in allem, was er tut, wunderbar frei ist. Das mag zwar richtig sein, aber sage du mir einmal: Kommt der Ton zum Ohr oder geht das Ohr zum Ton? Selbst wenn du in der Lage bist, über Ton und Schweigen hinauszugehen, wie sprichst du von diesem Faktum? Wenn du mit deinem Ohr hörst, dann kannst du es nicht wirklich erreichen. Wenn du mit deinem Auge hörst, dann kannst du es wirklich erlangen.

Gedicht des Mumon

> Wenn du »Es« verstehst, dann sind alle Dinge eins.
> Wenn nicht, sind sie verschieden und gesondert.
> Wenn du »Es« nicht verstehst, sind alle Dinge eins.
> Wenn ja, dann sind sie verschieden und gesondert.

Teisho zu dem Koan

Dieses Koan ist dem Teisho des Meisters Unmon Bunen entnommen, das er an die versammelten Mönche – nicht an einen besonderen Mönch – richtete. Da Unmon der berühmte Meister ist, von dem bereits im vorhergehenden Koan die Rede war, will ich an dieser Stelle nicht mehr im einzelnen auf ihn eingehen.

Eines Tages, gerade in dem Augenblick, als er auf die Rednerbühne stieg, um seinen Schülern Teisho zu geben, hörte er das Läuten einer Glocke. Diesen Glockenschlag benutzte er sogleich für sein Teisho und sagte: »Seht! Diese Welt ist unermeßlich und weit. Warum legt ihr beim Glockenschlag euren Priestertalar an?« Meister Mumon benutzte dieses Teisho des Meisters Unmon als Koan für seine Mönche, um ihnen in ihrer Übung zu helfen.

Es ist überflüssig zu betonen, daß der Ausspruch des Unmon als Zen-Koan studiert werden muß. Einige Kommentatoren diskutieren hier die Philosophie des Kegon, auf die sich nach ihrer Ansicht die Denkweise des Unmon stützt. Einige streiten über die Talare, die die buddhistischen Mönche tragen. Dies alles sind aber nur beiläufige Fragen; sie stehen mit dem eigentlichen Sinn des Koan in keinem direkten Zusammenhang und sind von nebensächlicher Bedeutung.

Unmon sagt zunächst: »Seht! Diese Welt ist unermeßlich und weit.« Er sagt: Seht! Wie unermeßlich und grenzenlos dieses Universum ist! Kein Partikelchen ist hinderlich! Das bezieht sich natürlich auf die innere Zen-Geistigkeit, und Meister Unmon fordert uns damit nachdrücklich auf, jetzt in dieser Geistigkeit auch wirklich zu leben. Wenn wir sie begrifflich oder dogmatisch interpretieren, dann hört sie auf, Zen zu sein.

Vom Standpunkt der Welt aus gesehen, bin ich selbst die Welt. Vom Standpunkt des Ich-Selbst aus ist die Welt Ich-Selbst. Wenn die Welt Ich-Selbst ist, dann gibt es kein Selbst. Wenn es kein Selbst gibt, dann ist die ganze Welt nur Ich-Selbst, und dies ist der wahre Nicht-Geist im Zen. Kann es irgend etwas geben, was dem Ich-Selbst im Wege steht, wenn man mit diesem Nicht-Geist lebt? Was kann es dann geben, das die Welt beschränkt? »Die Welt ist unermeßlich und weit« bezieht sich auf diesen Nicht-Geist. Schüler, die die Wahrheit suchen, müssen zunächst selbst diesen Nicht-Geist erlangen.

Das Zen des Meisters Unmon ist in der Tat schneidend und scharf. »Warum legt ihr beim Glockenschlag euren Priestertalar an?« Es muß die Wahrheit nicht als Idee, Vorstellung, sondern als tatsächlich von uns gelebtes Faktum sein. Das eine Wort »Warum?« ist der Kern dieses Koan; es ist der Ausbruch des großen Mitleidens des Meisters Unmon. Er stellt diese Frage aus seinem aufrichtigen Wunsch heraus, daß wir als die Subjektivität des Sehens und Hörens wiedergeboren werden mögen. Wer kann nun auf die dringende Frage des Unmon so antworten, daß er zufrieden ist?

Er erwähnte den Talar nur, weil seine Zuhörer Mönchs-Schüler waren. Der Talar an sich hat keine besondere Bedeutung. Man könnte genausogut sagen: »Du gehst beim Glockenschlag mit deinen Büchern in den Klassenraum«, oder: »Du nimmst den Hörer ab, wenn das Telefon läutet.« »Der Glockenschlag« soll hier alle Töne und daher alle objektiven Daseinsweisen vorstellen. Während wir in dieser unermeßlichen und weiten Welt leben, werden wir uns dessen nicht bewußt. Wir stehen unter dem Zwang verschiedener Phänomene in der objektiven Welt. Wie bedauerlich, daß wir so leiden – daß wir selbst unsere freie Subjektivität in drückende Sklaverei verwandeln. Aus Mitleiden drängen sowohl Unmon wie Mumon uns, diese Einengung und Einschränkung abzuschütteln und zu unserer ursprünglichen Freiheit zurückzukehren.

Beim Glockenton legst du deinen Talar an, beim Glockenton gehst du in das Eßzimmer. Wenn das Telefon läutet, nimmst du den Hörer ab. Du mußt das wundervolle Zen-Wirken sehen, wenn du auf den Anruf antwortest. Ein alter Zen-Meister hat dieses geheimnisvolle Zen-Wirken in einem schönen Gedicht beschrieben:

> Wenn auch die Bambusrohre noch so dick werden,
> Behindern sie doch nicht den Lauf des Stromes.
> Wenn der Berg auch noch so hoch ist,
> Verhindert er doch nicht das Dahingleiten der Wolken.

Er weist uns liebenswürdig auf das geheimnisvolle und schöpferische Wirken des Nicht-Geistes hin.

Teisho zu dem Kommentar des Mumon

»Wenn man Zen studiert und sich im Zen übt, muß man unter allen Umständen vermeiden, Tönen zu folgen und sich an Formen zu klammern. Das ist ganz selbstverständlich, auch wenn du dadurch erleuchtet wurdest, daß du einen Ton hörtest oder dein Geist durch die Wahrnehmung einer Form sich erhellte. Es ist auch nicht der Rede wert, wenn ein Zen-Anhänger Töne meistern und Formen beherrschen und auf diese Weise die Wirklichkeit von allem klar erkennen kann und er selbst in allem, was er tut, wunderbar frei ist. Das mag zwar richtig sein, aber sage du mir einmal: Kommt der Ton zum Ohr oder geht das Ohr zum Ton? Selbst wenn du in der Lage bist, über Ton und Schweigen hinauszugehen, wie sprichst du von diesem Faktum? Wenn du mit deinem Ohr hörst, dann kannst du es nicht wirklich erreichen. Wenn du mit deinem Auge hörst, dann kannst du es wirklich erlangen.«

Das Koan selbst ist schlicht und einfach, aber Mumon gibt dazu einen sehr liebenswürdigen und sorgfältigen Kommentar. Meister Hakuin kritisierte ihn und sagte: »Ich mag diesen Kommentar nicht. Er brauchte nicht soviel Aufhebens davon zu machen, sondern er hätte es jedem einzelnen überlassen sollen, ob er erleuchtet wurde oder nicht.«

Im ersten Satz zeigt Meister Mumon den Schlüssel zum Zen-Studium: »Wenn man Zen studiert und sich im Zen erzieht, muß man unter allen Umständen vermeiden, Tönen zu folgen und sich an Formen zu klammern.« In der wirklichen Übung werden die Zen-Schüler sehr ernst davor gewarnt, Tönen zu folgen und sich an Formen zu klammern, das heißt, sie werden eindringlich darauf hingewiesen, sich nicht vom unterscheidenden Bewußtsein täuschen und von Objekt-Phänomenen versklaven zu lassen. Zen verfolgt das Ziel, uns dahin zu bringen, daß wir sowohl über das Subjekt wie über das Objekt im üblichen dualistischen Sinne hinausgehen und das wahre Selbst verwirklichen, das als absolute Subjektivität lebt. Töne und Formen weisen auf die sechs Hindernisse hin, die der Buddhismus nennt, nämlich: Form (Auge), Ton (Ohr), Geruch (Nase), Geschmack (Zunge), Fühlung (Leib) und Idee (Geist). Hier sind die beiden ersten Objekt-Phänomene stellvertretend für alle Objektivitäten genannt.

Mumon sagt weiterhin: »Das ist ganz selbstverständlich, auch wenn du dadurch erleuchtet wurdest, daß du einen Ton hörtest oder dein Geist durch die Wahrnehmung einer Form sich erhellte.« Man kann dadurch zum Satori gelangen, daß man einen Ton hört. Meister Kyogen wurde zum Beispiel erleuchtet, als er hörte, wie ein Stein auf ein Bambusrohr schlug. Man kann durch die Wahrnehmung einer Form zu seinem wahren Selbst erwachen, wie dies mit Meister Reiun geschah, der nach vielen Jahren beim Anblick von Pfirsichblüten die Sperre des Großen Zweifels durchbrach. Für einen Zen-Anhänger ist eine derartige Erfahrung etwas Selbstverständliches und nicht etwas, was besonders erwähnt werden muß. Ein echter Zen-Anhänger wird in erster Linie die Wahrheit als die Subjektivität der Formen leben, wenn sich ihm Formen zeigen. Er wird Töne als ihre Subjektivität frei benutzen, wenn ihm Töne zu Ohren kommen. Er wird sich niemals durch irgendeine Objektivität versklaven lassen. Er wird immer die Wahrheit in seinem Sehen, Hören, Fühlen oder Wissen leben. Er wird die Wahrheit in jeder Bewegung seiner Hand und seines Fußes kundtun. Mumon erklärt, daß dies das Leben eines Zen-Anhängers in absoluter Freiheit und Kreativität ist.

Nunmehr ändert Meister Mumon den Ton seines Kommentars und wendet sich an seine Schüler: »Mag es sein, wie es will, aber kannst du mir eine klare Antwort auf die folgende Frage geben: ›Man sagt, der Zen-Anhänger sei der Herr der Töne; wenn das stimmt, kommt dann der Ton zum Ohr oder geht das Ohr zum Ton?‹ Selbst wenn du in der Lage bist, über den Gegensatz von Ton (Stimme, Objektivität) und Schweigen (Ohr, Subjektivität) hinauszugehen, wie kannst du dieses Faktum in Worten ausdrücken? Du wirst das wahrscheinlich nicht können.« Mit dieser Frage fordert Mumon von seinen Schülern eine konkrete Antwort. Welche Antwort gibst du ihm dann? Hierin liegt das Wesentliche dieses Koan.

In Japan gibt es ein Volkslied:

> Ist es die Glocke oder der Stock, was da erklingt?
> Es ist die Einheit von Glocke und Stock!

»Die Einheit erklingt« – was ist es in Wirklichkeit? Es gibt ein weiteres Lied, das sich so anhört, als ob es das erste verneine:

> Weder die Glocke erklingt noch der Stock;
> Diese Einheit von nichtklingender Glocke und Stock!

Das deutet natürlich auf den geheimnisvollen Zustand hin, in dem »sowohl Klang wie Schweigen überschritten sind«. Aber wie sprichst du von dieser Tatsache? Und was ist die Einheit der nichtklingenden Glocke und des Stocks? Erfasse die vollkommen nackte Wahrheit des Tones! Sei ganz und gar Ton!

Abschließend stellt Meister Mumon das Geheimnis der Zen-Übung in seiner Aktualität dar: »Wenn du mit deinem Ohr hörst, kannst du es nicht wirklich erreichen. Wenn du mit deinem Auge hörst, dann kannst du es wirklich erlangen.« Damit sagt er: »Höre nicht mit deinem Ohr, sondern mit deinem Auge, denn dort liegt das Geheimnis, die Subjekt-und-Objekt-Zweigeteiltheit zu überschreiten und absolute Freiheit zu erlangen.«

Kurz gesagt: Geh über Leib und Geist hinaus, geh über den Leib und den Geist der anderen hinaus. Weg mit Ohren und Augen, die in der dualistischen Welt von Subjekt und Objekt ihre Funktion haben. Wenn du wirklich über das Ohr hinausgegangen bist, dann ist das ganze Selbst nur noch ein Ohr. Wenn du dich wirklich von deinem Auge getrennt hast, dann ist das ganze Universum nur noch ein Auge. Dann ist es überhaupt kein Wunder mehr, wenn du mit dem Auge hörst und mit dem Fuß horchst. Meister Daito verfaßte ein Waka:

> Wenn du mit Ohren siehst und hörst mit Augen,
> Dann zweifelst du nicht mehr.
> Diese Regentropfen, die von den Dachrinnen tropfen!

Laßt uns dies, zusammen mit dem Kommentar des Meisters Mumon, eingehend studieren.

Ich möchte dich an dieser Stelle daran erinnern, daß es kein Zen mehr ist, wenn du auch nur etwas von der tatsächlichen Übung und der wirklichen Erfahrung abweichst und beginnst, den obigen Kommentar auf der Ebene von Ideen und Begriffen zu diskutieren. Die Bemerkung des Meisters Hakuin, die zu Beginn dieses Teisho zum Kommentar des Mumon zitiert wurde, warnt dich sehr davor. Der Satz des Mumon: »Wenn du mit deinem Ohr hörst, kannst du es nicht wirklich erlangen« stammt aus dem Satori-Gedicht des Meisters Tozan Ryokai:

> Wie wunderbar, wunderbar, wirklich wunderbar!
> Die Dharma-Rede des Nicht-Lebewesens ist wirklich herrlich.

> Wenn du mit deinem Ohr horchst, kannst du sie nicht
> wirklich verstehen.
> Wenn du mit deinem Auge hörst, dann begreifst du sie
> wirklich.

Tozan Ryokai studierte bei seinem Lehrer, Meister Ungan, der ihm das Koan *Die Rede des Nicht-Lebewesens* gab. Tozan, der hart daran arbeitete, erlangte schließlich Satori; das obige Gedicht wurde bei dieser Gelegenheit verfaßt. »Mit seinem Auge hören« heißt, im Zustand absoluter Freiheit in Unterscheidung leben, wobei alle sechs Organe in vollkommener Harmonie miteinander sind. Mit anderen Worten, es ist das Wirken des Nicht-Geistes im Zen. Um jedoch die Möglichkeit einer begrifflichen Interpretation auszuschalten, benutzt man einen Ausdruck wie »mit dem Auge hören«.

Teisho zu dem Gedicht des Mumon

> Wenn du »Es« verstehst, dann sind alle Dinge eins.
> Wenn nicht, sind sie verschieden und gesondert.
> Wenn du »Es« nicht verstehst, sind alle Dinge eins.
> Wenn ja, dann sind sie verschieden und gesondert.

In den ersten beiden und in den letzten beiden Zeilen werden genau die gleichen Worte im entgegengesetzten Sinn gebraucht, wodurch das Gedicht schwer zu verstehen ist. Meister Mumon schreibt die beiden ersten Zeilen von unserem üblichen Standpunkt aus, auf dem der Dualismus von Erleuchtung und Unwissenheit vorherrschend ist. Wenn man sein Auge der Geistigkeit öffnet, »die die Töne meistert und die Formen beherrscht« und das wunderbare freie Zen-Leben des »Hörens mit dem Auge« lebt, dann »sind alle Dinge eins«, und man kann in der Welt der Einheit leben, in der Subjekt und Objekt identisch sind. Wenn man jedoch sein Zen-Auge nicht geöffnet hat und in der Unterscheidung von Ich-und-Du lebt und den Widerspruch von Ja-und-Nein erleidet, dann sind die Dinge »verschieden und gesondert«. Eins steht gegen das andere, und man wird niemals Frieden erlangen.

Hier ist für den Zen-Schüler noch eine weitere Sperre, die er zu durchbrechen hat. Die Tatsache, daß er Satori von Unwissenheit unterscheidet, so als ob sie zwei verschiedene Dinge wären, ist eben ein Beweis dafür, daß seine Übung noch nicht vollkommen ist. Die beiden letzten Zeilen sagen uns, solchen Schmutz wie Satori und Unwissenheit zu beseitigen und unser ganzes Sein in die Wahrheit selbst, die Wirklichkeit selbst, zu versenken. Dann, sagt Mumon, lebe so natürlich und so frei, wie du willst.

Ob man »Es« versteht oder nicht – die Welt der Unterscheidung ist in erster Linie eins und in Einheit. Ganz gleich, ob man »Es« versteht oder nicht, in der Welt der Einheit und Übereinstimmung sind Unterscheidung und Vielheit – so wie sie sind – frei und unbeschränkt. Wenn wir uns an Einheit klammern, ist sie Unwissenheit; Unterscheidung ist, wenn wir uns nicht an sie klammern, Satori.

Wo liegt schließlich der springende Punkt? Die Formulierung des Mumon ist zwar kompliziert, und er wiederholt sich oft; er bittet uns jedoch nur eindringlich, unseren unterscheidenden Geist, der Satori von Unwissenheit unterscheidet, auszulöschen. Wenn wir keinen unterscheidenden Geist mehr besitzen, dann öffnet sich uns die neue Schau der Wahrheit. Gib alles Argumentieren auf und versenke dich unmittelbar in die Wahrheit des Wortes: »Warum legt ihr beim Glockenschlag euren Priestertalar an?« Darin erfasse die konkrete Wahrheit des Zen.

17 Der Lehrer der Nation ruft dreimal

Koan   Der Lehrer der Nation rief dreimal seinen Diener, und
       der Diener antwortete dreimal. Der Lehrer der Nation
       sagte: »Ich dachte, ich hätte gegen dich gefehlt, aber du
       hast auch gegen mich gefehlt.«

Kommentar des Mumon

Der Lehrer der Nation rief dreimal, und seine Zunge fiel auf den
Boden. Der Diener antwortete dreimal, dämpfte sein Licht und
ließ es ausströmen. Da der Lehrer der Nation alt geworden war
und sich einsam fühlte, stieß er den Kopf der Kuh auf das Gras,
um sie zu füttern. Der Diener hat es nicht einfach hingenommen.
Sogar köstliches Essen lockt einen vollen Magen nicht. Nun sage
mir, wie haben sie gefehlt?

> Wenn ein Staat im Frieden lebt, werden talentierte
> Männer geachtet.
> Wenn die Familie wohlhabend ist, halten die Kinder ihren
> Status.

Gedicht des Mumon

> Er muß einen eisernen Kragen ohne Loch tragen.
> Es ist nicht leicht. Die Plage geht auf die Nachkommen
> über.
> Wenn du das Tor stützen und das Haus erhalten willst,
> Mußt du mit bloßen Füßen einen Berg von Schwertern
> erklimmen.

Teisho zu dem Koan

Der Lehrer der Nation in diesem Koan ist Meister Echu von Nanyo. Er hat bei Meister Gunin, dem Fünften Patriarchen, und bei Eno, dem Sechsten Patriarchen, dessen Nachfolger er wurde, studiert. Echu lebte vierzig Jahre lang auf dem Berge Ryakugai in Nanyo ein einsames Leben, während sich sein Ruf als großer Meister verbreitete. Auf kaiserlichen Befehl begab er sich 759 in die Hauptstadt und war sechzehn Jahre lang Lehrer des Kaisers Shuku-so und des Kaisers Dai-so; ihm wurde der Titel »Lehrer der Nation« verliehen. Als er 775 starb, muß er gut über hundert Jahre alt gewesen sein.

Der Diener in diesem Koan ist Oshin, obwohl sein Name nicht genannt wird. Er wurde später der Nachfolger des Meisters Echu und Abt des Tangen-Klosters. Der Vorfall ereignete sich, als Meister Oshin noch bei seinem Lehrer, Meister Echu, als dessen Diener lebte. Meister Mumon führte es als Koan ein, an dem seine Schüler ihre Geistigkeit weiterbilden konnten.

Das Koan sagt, daß Meister Echu eines Tages seinen Diener rief: »Oshin!« Der Diener antwortete auf diesen Ruf: »Ja, Meister.« Der Meister rief wiederum: »Oshin!« und wieder antwortete Oshin: »Ja, Meister.« Zum dritten Mal rief der Meister: »Oshin!«, und zum dritten Mal antwortete der Diener: »Ja, Meister.« Dann bemerkte der Meister: »Ich dachte, ich hätte gegen dich gefehlt, aber du hast auch gegen mich gefehlt.«

Was bedeutet dieses »dreimalige Antworten«? Das ist der erste wesentliche Punkt dieses Koan. Der zweite ist die Erklärung, die Meister Echu selbst zu diesem »dreimaligen Rufen und dreimaligen Antworten« gibt: »Ich dachte, ich hätte gegen dich gefehlt, aber du hast auch gegen mich gefehlt.« Was sind das für Verfehlungen, die Meister und Diener begangen haben? Diese beiden Punkte müssen klar beantwortet werden.

Vom grundsätzlichen Standpunkt aus war vielleicht ein »dreimaliges Rufen und dreimaliges Antworten« gar nicht notwendig. Es kann sein, daß »ein einmaliger Ruf, eine einmalige Antwort« vollkommen genügt hätten. Aber wir sollten in der Lage sein, die besondere Bedeutung dieses »dreimaligen Rufens und dreimaligen Antwortens« von Meister und Schüler zu erkennen. Ein Zen-Meister zitierte als Kommentar zu dem dreimaligen Ruf des Meisters Echu ein altes Gedicht:

Sie ruft mehrmals: »O Shogyoku!«
Es geschieht nur aus dem einen Grund,
Daß ihr Geliebter
Ihre Stimme erkennen möge.

Das Gedicht besagt, daß eine junge Dame mehrmals ihre Dienerin ruft: »O Shogyoku, Shogyoku!«, und sie fährt in ihrem Gespräch mit ihrer Dienerin mit lauter Stimme fort – aber nicht, weil sie mit dem Mädchen etwas Besonderes zu besprechen hätte. Sie wünscht nur, ihr Geliebter, der zufällig in der Nähe ist, möge ihre Stimme erkennen und wissen, daß sie da ist.

Der dreimalige Anruf des Meisters Echu hört sich sehr ähnlich an. Aber der Meister verfolgte ein ganz anderes Ziel, als er seinen Diener dreimal anrief. Der Diener Oshin indessen durchschaute die Absicht seines Lehrers. Er antwortete ganz harmlos: »Ja, Meister« und schien nicht im entferntesten beunruhigt.

Das ist Rufen mit Nicht-Geist und Antworten mit Nicht-Geist. Nicht-Geist antwortet dem Nicht-Geist in klarer Einheit. Wenn auch nur ein Gedanke an Unterscheidung sich regt, dann sind Subjekt und Objekt Tausende von Meilen voneinander getrennt. Dieses Geheimnis der Einheit kann nur durch tatsächliche Übung erlangt werden, wo Zucht gleichzeitig Satori ist.

Wenn du eine Blume aufnimmst, dann bist du selbst eine Blume; wenn du einen Berg siehst, dann bist du selbst ein Berg; wenn du einen Pfeiler anschaust, dann bist du selbst durch und durch ein Pfeiler. Nicht-Geist wirkt in Einheit und So-heit, was immer du siehst, was immer du hörst und wo immer du hingehst. Wo gibt es dann eine solche Unterscheidung wie Satori und Zucht?

Ich erinnere mich, daß mein Lehrer sagte, als er zu diesem Koan des dreimaligen Rufens und dreimaligen Antwortens Teisho gab: »Mönche, ich hoffe sehr, daß euer Üben so sorgfältig und gründlich sein wird wie dieses hier!« Ein alter Meister machte ein schönes Gedicht über das wunderbare Wirken der Einheit in dem dreimaligen Rufen und dreimaligen Antworten:

Ein Spiegel im Goldenen Palast spiegelt Kerzenlicht.
Ein Berg im Mondschein antwortet der Tempelglocke.

Kerzenlicht im Spiegel, sie spiegeln einander wider – welches sind die wirklichen Lichter und welches sind die Spiegelungen? In der klaren Helle können sie kaum voneinander unterschieden werden. Der Berg gibt im Mondlicht das Echo der Tempelglocke wider. Glocke und Echo, die einander unter dem friedlichen Himmel antworten, sind nicht voneinander zu unterscheiden. Der rufende Meister und der antwortende Diener wirken miteinander in Einheit.

Echu war ein Zen-Meister von vornehmer, offener und gerader Menschlichkeit. Er lebte und wirkte in Einheit von Satori und Zucht. Auf Meister Echu wird noch ein anderes berühmtes Mondo zurückgeführt: »Ein Regierungsbeamter namens Kyogunyo fragte einmal den Lehrer der Nation: ›Welche Art von Übung hattest du, als du jahrelang auf dem Berg Ryakugai lebtest?‹ Der Meister rief einen Knaben herbei, der Diener war, strich ihm über den Kopf und sagte: ›Wenn du dies bist, dann sage direkt, daß du dies bist. Wenn du jenes bist, dann sage offen, daß du jenes bist. Laß dich niemals von Menschen täuschen‹!«

In diesem Mondo erkennt man den offenen und geraden Charakter seines Zen-Lebens in der Einheit von Satori und Zucht. Sie hat viel Ähnlichkeit mit dem Koan vom dreimaligen Rufen und dreimaligen Antworten.

Während der Zeit der Bürgerkriege lebte in Japan ein loyaler Samurai namens Kusunoki Masashige. Auf einer Reise war er zufällig mit einem Zen-Mönch zusammen, den Masashige fragte, was wohl das Geheimnis des Zen sei. Der Mönch fragte: »Wie heißt du?« »Mein Name ist Kusunoki Masashige«, antwortete der andere. Der Mönch rief aus: »O Masashige!« Als Masashige antwortete: »Ja, bitte?«, fragte der Mönch: »Liegt darin irgendein Geheimnis?« Diese Frage machte einen tiefen Eindruck auf ihn und war der Anlaß, daß er von da an ernsthaft Zen studierte.

Nachdem der Lehrer der Nation dreimal gerufen und ihm dreimal geantwortet worden war, erklärte er: »Ich dachte, ich hätte gegen dich gefehlt, aber du hast auch gegen mich gefehlt.« Welche Verfehlungen begingen sie? Darauf mußt du antworten. Der Meister rief den Diener – wie und warum beging er einen Fehler? Der Diener antwortete: »Ja, Meister« – wie und warum ist dies eine Verfehlung?

Höre das folgende Mondo: »Ein Mönch fragte Meister Joshu: ›Was bedeutet es, daß der Lehrer der Nation seinen Diener rief?‹ Joshu antwortete: ›Es ist so, als ob ein Mann im Dunkeln Buchstaben schriebe. Es werden vielleicht keine Buchstaben sein, aber die Spuren davon sind schon da.‹« Was meint er damit: »Es werden vielleicht keine Buchstaben sein, aber die Spuren davon sind schon da?« Wenn der Meister ruft, ». . . ist die Spur davon schon da«, das heißt, das ewig unnennbare »Es« ist schon befleckt.

Man befleckt schon das Dharma, wenn man es »Es« nennt. In der Wahrheit gibt es keine Unterscheidung wie Subjekt und Objekt. Sie hat weder Form noch Name. Wenn ich »Oshin!« rufe, dann habe ich schon einen Fehler begangen und dem Unnennbaren einen falschen Namen gegeben. Und wenn du auf den von mir gerufenen falschen Namen »Ja, Meister« antwortest, dann hast du ohne Zweifel gegen mich gefehlt. Das ist es, was Echu sagt. Der Vater versteht seinen Sohn gut. Diese Verfehlung des Vaters und des Sohnes in Einheit beschreibt sehr schön den charakteristischen Zug von Meister Echus Zen.

Teisho zum Kommentar des Mumon

»Der Lehrer der Nation rief dreimal, und seine Zunge fiel auf den Boden. Der Diener antwortete dreimal, dämpfte sein Licht und ließ es ausströmen. Da der Lehrer der Nation alt geworden war und sich einsam fühlte, stieß er den Kopf der Kuh auf das Gras, um sie zu füttern. Der Diener hat es nicht einfach hingenommen. Sogar köstliches Essen lockt einen vollen Magen nicht. Nun sage mir, wie haben sie gefehlt?

> Wenn ein Staat im Frieden lebt, werden talentierte
> Männer geachtet.
> Wenn die Familie wohlhabend ist, halten die Kinder
> ihren Status.«

»Es genügt, einmal zu rufen. Er ist so lieb wie eine Großmutter und ruft dreimal! Seine Zunge ist so süß wie Honig.« Mit dieser etwas sarkastischen Bemerkung weist Mumon auf die vornehmen, offenen und geraden Zen-Merkmale des Echu hin. Dann fährt Mumon fort und lobt das dreimalige Antworten des Oshin: »Oshin dämpfte sein Licht und ließ es ausströmen.« Oshin ist wunderbar, wie er sein Licht dämpft und auf den Ruf seines Lehrers mit Nicht-Geist antwortet. Seine reine und aufrechte Geistigkeit gibt sogar der Geistigkeit seines Lehrers nichts nach. Mumon bewundert die schöne spirituelle Identität von Vater und Sohn.

Mumon fährt in seinem Kommentar fort: Der Lehrer der Nation wird älter und fühlt sich anscheinend einsam. Voll übergroßer Güte stieß er den Kopf der Kuh hinunter auf das Gras und zwang sie, zu fressen. Der Diener jedoch scheint sich überhaupt nicht darum zu kümmern. Er weiß sehr gut um das Geheimnis von Echus Hand, denn er ist ein vollkommen gereifter und vollendeter Zen-Mönch. Ein Mann mit einem vollen Magen sieht das Essen noch nicht einmal an, so köstlich es auch sein mag. – Das ist die Erklärung Mumons zu Echu bzw. Oshin.

Schließlich wendet er sich der Verfehlung zu und fragt die Mönche: »Der Lehrer der Nation redet von Verfehlung. Sage mir, inwiefern fehlten sie?« Mumon weist damit auf das Wesentliche des Koan hin und spornt das Üben seiner Schüler an. Natürlich richtet sich diese Frage nicht nur an die Schüler Mumons, sondern auch an die Zen-Schüler von heute. Sodann zitiert Mumon ein Gedicht:

> Wenn ein Staat im Frieden lebt, werden talentierte
> Männer geachtet.
> Wenn die Familie wohlhabend ist, halten die Kinder ihren
> Status.

Das Gedicht, das ursprünglich Taikobo zugeschrieben wurde, besagt, daß begabte Männer geachtet sind, wenn der Staat eine gute Regierung hat und im Aufsteigen begriffen ist. Wenn die Familie wohlhabend ist und gedeiht, dann werden auch die Kinder des Hauses vornehm und erhalten eine gute Erziehung. Überall herrscht Reichtum, da ist kein Schatten von Armut oder bitterer Not.

Ist »Es« im Grunde Verfehlung oder Nicht-Verfehlung unterworfen? Was fehlt dir hier und jetzt? Gibt es einen größeren Reichtum, als sich noch nicht einmal um Satori sorgen? Es gibt ein altes Haiku:

> Nichts drin,
> Leicht ist meine Tasche.
> Dieser Abend ist kühl!

Teisho zu dem Gedicht des Mumon

> Er muß einen eisernen Kragen ohne Loch tragen.
> Es ist nicht leicht, die Plage geht auf die Nachkommen über.
> Wenn du das Tor stützen und das Haus erhalten willst,
> Mußt du mit bloßen Füßen einen Berg von Schwertern erklimmen.

Vor langer Zeit wurde einem Verbrecher ein Eisenkragen um den Hals gelegt. Es war eine furchtbare Last. Aber der hier erwähnte Eisenkragen hat kein Loch. Das ist etwas ganz Außerordentliches, zu absurd, als daß man es beschreiben könnte. Er bedeutet hier die von Buddhas und Patriarchen übermittelte Zen-Wahrheit. Auch bezieht er sich auf das Koan *Der Lehrer der Nation ruft dreimal*.

Dieser Eisenkragen ohne Loch, an dem alle Versuche, ihn zu verstehen, scheitern, muß um jeden Preis getragen werden. Aber es ist nicht leicht, ihn zu tragen, denn sogar die Nachkommen desjenigen, der es versucht, werden darunter zu leiden haben. Die alltägliche Entschlußkraft reicht dafür unter keinen Umständen aus. Auf diese Weise betont Mumon, wie ernst, wichtig und schwierig es ist, die Zen-Wahrheit zu erfahren, und erklärt, wie man sich mit Hilfe dieses Koan erziehen soll.

Er spornt seine Schüler an und sagt: »Wenn du das dir von deinen Ahnen übergebene brüchige Zen-Tor neu errichten willst, dann genügt es nicht, den Eisenkragen ohne Loch zu tragen. Du mußt deinen Geist und deine Kräfte mobilisieren, damit sie durch Höllenqualen gehen und mit bloßen Füßen einen Hügel von Messern und einen Berg von Schwertern erklimmen können.«

Mumon richtete seine Ermahnung und Ermutigung natürlich an seine Schüler der späten südlichen Sung-Dynastie, als Zen offenbar im Verfall begriffen war. Jedoch fordert er auch uns heute zu noch größerer Entschlossenheit auf, Zen zu studieren, denn es ist zweifelsohne ein dringendes Bedürfnis aller Zeiten.

18   Die drei Pfund Flachs des Tozan

*Koan   Ein Mönch fragte Meister Tozan: »Was ist Buddha?«
Tozan sagte: »Drei Pfund Flachs.«*

Kommentar des Mumon

Der alte Tozan studierte etwas Muschel-Zen, und als er die Muschel ein wenig öffnete, zeigte er seine Leber und seine Eingeweide. Obwohl das richtig sein mag, sage du mir einmal, wo du Tozan siehst?

>»Drei Pfund Flachs« ist hingeworfen.
>Worte reden eine deutliche Sprache, jedoch mehr noch
>der Geist.
>Wer über Richtig und Falsch redet,
>Ist ein Mensch des Rechten und Falschen.

Teisho zu dem Koan

Trotz seiner Kürze und Einfachheit ist dieses Koan berühmt und wird in viele Zen-Texte aufgenommen. Im *Hekigan-roku* steht es als das zwölfte Koan.

Die Hauptgestalt in dem Koan ist Meister Tozan Shusho, ein Nachfolger von Meister Unmon, die beide im fünfzehnten Koan dieser Sammlung erscheinen. Eines Tages fragte ein Mönch Meister Tozan: »Was ist Buddha?« Tozan, der vielleicht gerade mit Flachs beschäftigt war, antwortete: »Drei Pfund Flachs.« Das ist eine glänzende Antwort, und daher ist sie in Zen-Kreisen seit jener Zeit sehr populär.

»Was ist Buddha?« ist natürlich eine der charakteristischsten Fragen in den Zen-Mondos. Allein in der *Mumonkan*-Sammlung wird sie viermal gestellt, nämlich: in diesem achtzehnten Koan, im zweiundzwanzigsten, dreißigsten und dreiunddreißigsten Koan. Verschiedene Zen-Bücher enthalten unzählige Mondos über dieses Thema.

Vielleicht ist an dieser Stelle eine kurze Erklärung zu dem Begriff »Buddha« notwendig. »Buddha« ist im Chinesischen »Butsu«, ursprünglich eine Umschreibung des Sanskrit Buddha, mit der Bedeutung von »ein erleuchteter Mensch«.

Zu Lebzeiten von Shakyamuni Buddha, dem Gründer des Buddhismus, wurde der Begriff »Buddha« nur als Titel für Shakyamuni benutzt, weil er ein großer Erleuchteter war. Nach seinem Tode änderte sich jedoch ganz natürlich der Sinn von Buddha, und der historische Buddha wurde zu dem Begriff Buddha. Während sich das buddhistische Denken und seine Lehre im Laufe seiner langen Geschichte über weite Gebiete ausbreitete, entstanden verschiedene religiöse, dogmatische oder philosophische Auffassungen über Buddha. Heute umfaßt die Bezeichnung »Buddha« so komplizierte und so zahlreiche Begriffe, daß es vielleicht sogar für Spezialisten auf diesem Gebiet schwierig ist, sie zusammenzufassen. Dieses Studium überlasse ich den Fachleuten und gehe hier nicht weiter darauf ein.

Obwohl der Buddha, über den der Mönch in diesem Koan die Frage stellt, natürlich in enger Beziehung zu den allgemeinen Buddha-Vorstellungen im weiteren Sinne steht, ist hier die Zen-Schau des Buddha gemeint, das heißt die Tatsache des Satori des Shakyamuni Buddha, das er unter einem Bodhi-Baum erlangte. Mit anderen Worten, Buddha im Zen ist einzigartig. Er steht nicht unbedingt in Zusammenhang mit verschiedenen Buddha-Vorstellungen in anderen buddhistischen Schulen. Im Zen muß Buddha von jedem einzelnen durch seine eigene Erkenntnis und Erfahrung verstanden werden.

Viele große Zen-Meister haben auf die Frage: »Was ist Buddha?« verschiedene Antworten gegeben. Wenn es auch oberflächlich betrachtet ganz verschiedene Antworten sein mögen, sind sie doch alle Ausdruck ihrer unmittelbaren Erkenntnis und Erfahrung. Bei ihrem Studium dürfen wir uns nicht nur allein auf sie beschränken, sondern wir müssen die Zen-Erfahrung, deren Ausdruck sie sind, unmittelbar begreifen. Wenn uns das nicht gelingt, dann ist der wirkliche Zen-Sinn des Koan für uns verloren. Leider wenden sich die meisten Menschen dem vordergründigen Sinn der Antworten zu und erfassen nicht das Wesentliche.

Der Mönch, der hier fragte: »Was ist Buddha?«, sucht natürlich Buddha als Tatsache der Zen-Erfahrung. Tozan, als der große Meister mit reicher, echter Erfahrung, antwortete sofort: »Drei Pfund Flachs!« Wie klar und unmittelbar ist sein Zen-Wirken. Diese Antwort muß man als einen freien Ausdruck des wirkenden Zen des Meisters Tozan zu würdigen wissen. Sie ist keine vage philosophische Feststellung, wie z. B.: »Der Buddha-Leib durchdringt das Universum und offenbart sich allen Lebewesen«, oder: »Jedes einzelne Ding ist nichts als Buddha.« Wenn sie nur eine philosophische Feststellung dieser Art bliebe, dann könnte sie niemals als ein besonders hervorragendes Mondo in Zen-Kreisen gepriesen werden. In dieser Antwort sehen wir die Wahrheit emsig am Werk. Sie durchdringt Raum und Zeit, Leben und Tod, Subjekt und Objekt und geht über jeden Verstand und jedes Urteilen hinaus. Wenn du das nicht verstehen kannst, dann hast du das Leben und den Geist des Meisters Tozan nicht begriffen.

Meister Toin sagte in seinem Teisho zu diesem Koan: »Nicht mehr als dieses ›drei Pfund Flachs‹. Nicht mehr als dieses lebendige ›drei Pfund‹, nur dieses tote ›drei Pfund‹, nicht mehr als dieses ungünstige ›drei Pfund‹, nur dieses günstige ›drei Pfund‹. Wo immer du auch hingehst, es ist die gleiche Menge. Wie unermeßlich ist dieses ›drei Pfund‹! Wie fern ist dieses ›drei Pfund‹. Sogar Buddha und die Patriarchen, von den Teufeln gar nicht zu reden, treten den Rückzug an.« Viele beklagen sich vielleicht, daß Meister Toin eine merkwürdige Ausdrucksweise hat und Worte zusammenstellt, die keinen Sinn ergeben. Ich sage dir, das stimmt nicht. Er drängt dich, mit diesem »drei Pfund« Leben und Tod, günstig und ungünstig, Raum und Zeit, Buddhas (Satori) und Teufel (Unwissenheit) zu überschreiten.

Im *Bannan-sho* heißt es: »Tozan sagte: ›Drei Pfund Flachs‹. Das ist ohne Zweifel ein solider Eisenkeil, der sich all unseren Versuchen und Annäherungen widersetzt. Du wirst vielleicht zehn Jahre lang, zwanzig Jahre lang im Abgrund der Dunkelheit kämpfen müssen. Lösche alles unterscheidende Bewußtsein aus und sei Nicht-Geist, sei Nicht-Selbst, sonst wirst du das Wesen dieses Koan nicht begreifen können.« Zen-Schüler müssen diesen wie auch den obigen Kommentar des Meisters Toin ernsthaft studieren.

Meister Tenkei verfaßte zu dem Koan *Drei Pfund Flachs* als Erklärung folgendes Waka:

> »Was ist Buddha?«
> Er antwortet: »Drei Pfund Flachs«.
> Es nimmt nicht zu, es nimmt nicht ab;
> Gerade so, wie es ist!

Die letzte Hälfte des Gedichts: »Es nimmt nicht zu, es nimmt nicht ab; gerade so, wie es ist!« bezieht sich auf die »drei Pfund Flachs«. Da es jedoch so leichthin gesagt wird, könnte der Leser es mißdeuten und sagen: »Drei Pfund Flachs ist nicht mehr als drei Pfund Flachs. Wenn drei Pfund Flachs, so wie es ist, ohne einen Gedanken der Unterscheidung akzeptiert wird, dann ist es Buddha.« Ich wiederhole nochmals, wenn du versuchst, den Sinn im Ausdruck selbst zu entdecken, dann hast du einen nicht wiedergutzumachenden Fehler begangen. Wenn du nicht unmittelbar in das Zen des Meisters Tozan hineinsiehst, aus dem die Antwort kam, dann wirst du nie den Sinn des Koan begreifen.

Es gibt noch eine andere Erklärung zu diesem Koan von einem alten Zen-Meister. Meister Dogen singt:

> Die Farbe des Berges und der Klang des Stromes,
> Jedes ist, so wie es ist, die Gestalt und die Stimme
> des Shakyamuni Buddha.

»Daher könnten einige sagen, drei Pfund Flachs ist Buddha. Was für ein barer Unsinn!« Wir sollten auf diese Bemerkung in Verbindung mit dem Gedicht des Meisters Tenkei genau hinhören.

Dieses Mondo hat noch eine Fortsetzung, die allerdings in der *Mumonkan*-Sammlung nicht enthalten ist. Der Mönch, dem Meister Tozan auf seine Frage antwortete: »Drei Pfund Flachs«, sprach später bei Meister Chimon vor und fragte: »Was ist der eigentliche Sinn der Antwort des Meisters Tozan: ›Drei Pfund Flachs‹?« Meister Chimon antwortete ihm darauf:

> Blumen in Fülle,
> Brokat im Glanz.

Dann fragte er den Mönch: »Verstehst du?« Als der Mönch bekannte, er verstünde nicht, fuhr Chimon fort:

> Bambusrohre im Süden,
> Bäume im Norden.

Bei seiner Rückkehr zum Kloster des Tozan berichtete der Mönch dem Meister, was Chimon gesagt hatte. Tozan begab sich an das Rednerpult und sagte: »Ich will hierüber nicht mit dir allein, sondern zu allen Mönchen reden.« Dann gab er die folgende liebenswürdige Unterweisung: »Es ist unmöglich, die Wirklichkeit der Dinge in Worten exakt zum Ausdruck zu bringen und richtig die Wahrheit der inneren Geistigkeit in die menschliche Sprache zu kleiden. Wenn ihr euch weiterhin an Worte klammert, werdet ihr das wahre Selbst verlieren. Wenn ihr euch an Worte und Schriftzeichen klammert und nicht über sie hinausgehen könnt, dann wird euer geistiges Auge nie geöffnet werden.«

Tozan versuchte zu erklären, daß Buddha, so wie ihn Zen versteht, nicht in Worten und Schriftzeichen zu finden ist, und daß Worte und Schriftzeichen überschritten werden müssen, wenn man Zen richtig studieren will.

Ein alter Zen-Meister kommentierte die Antwort des Tozan und, da er der gleichen Auffassung war, spendete er ihm höchstes Lob:

> Reines Gold!
> Solides Eisen!

Teisho zum Kommentar des Mumon

»Der alte Tozan studierte etwas Muschel-Zen, und als er die Muschel ein wenig öffnete, zeigte er seine Leber und seine Eingeweide. Obwohl das richtig sein mag, sage du mir einmal, wo du Tozan siehst?«

Mumon erklärt zu der Antwort des Tozan: »Drei Pfund Flachs«, daß Tozan etwas Muschel-Zen studiert zu haben scheint. Muscheln zeigen sogleich, wenn sie auch nur etwas geöffnet werden, ihr ganzes Innere. So wie eine offene Muschel enthüllte sich Meister Tozan in dieser kurzen Antwort. Wie immer hört sich Mumon auch hier so an, als ob er herausfordere – wie kann »Drei Pfund Flachs« so hervorragend sein, daß sie seine Leber und seine Eingeweide zeigen? Obwohl Mumon zynisch klingen mag, ist er ganz sicher zum Kern des Koan vorgestoßen. Darum fragt er im folgenden Satz seine Schüler mit Nachdruck: »Wo seht ihr Tozan?« Er drängt seine Schüler, das Zen des Tozan zu erfassen, das so bewunderungswürdig und vollendet in seiner

Antwort ist: »Drei Pfund Flachs«. Mumon ist in seinem Hinweis
auf den Kern des Koan so unmittelbar und deutlich, weil er selbst
ein fähiger Meister mit reicher Erfahrung ist.

Teisho zu dem Gedicht des Mumon

> »Drei Pfund Flachs« ist hingeworfen,
> Worte reden eine deutliche Sprache, jedoch mehr noch
> der Geist.
> Wer über Richtig und Falsch redet,
> Ist ein Mensch des Rechten und Falschen.

Mumon faßt das Koan in Form eines Gedichtes zusammen und
sagt zunächst: »Drei Pfund Flachs« ist hingeworfen. Diejenigen,
die Tozan verstehen können, werden in diesem »Drei Pfund
Flachs ist hingeworfen« sogleich »Es« sehen. Sie werden den
Wahren Buddha lebendig erfassen und das Zen des Meisters Tozan in dieser ersten Zeile am Werke sehen.

Die zweite Zeile sagt: »Worte reden eine deutliche Sprache, jedoch mehr noch der Geist.« Die Antwort selbst ist wunderbar,
aber der Geist der Antwort ist sogar noch schöner, ein Geist, der
die Leber und die Eingeweide des Tozan zeigt. Buddha, drei
Pfund Flachs und Tozan sind alle eins, und diese Einheit durchdringt das Universum. Mumon rühmt auf diese Weise die »Drei
Pfund Flachs« des Tozan. Wie kann man in dieser Antwort einen
so profunden Sinn entdecken? Wie das *Bannan-sho* sagt, wirst du
vielleicht zehn Jahre, zwanzig Jahre lang im Abgrund der Dunkelheit kämpfen müssen. Du mußt alles unterscheidende Bewußtsein ausrotten und mußt Nicht-Geist, Nicht-Selbst sein. Dann
kannst du es selbst, persönlich, erkennen. Wenn du versuchst,
dich Zen mit dem Verstand oder mit Begriffen zu nähern, wirst
du es niemals erfassen.

Mumon fährt in seinem liebenswürdigen Kommentar fort:
»Wer über Richtig und Falsch redet, ist ein Mensch des Rechten
und Falschen.« Meister Seccho kommentiert in dem folgenden
Gedicht auf die gleiche Art:

> Wenn du Tozan zu verstehen suchst,
> Dich an das Ereignis klammerst und dich an Ausdrücke
> hältst,

Dann bist du wie eine lahme Sumpfschildkröte oder wie eine blinde Taube,
Die sich in einem tiefen Tal bewegen.

Laß mich dich nochmals warnen. Diejenigen, die über dieses Koan verschiedene Argumente vorbringen und sich an Tozans Worte klammern, sind am Ende doch nur Menschen des Rechten und des Falschen (Dualismus). Sie sind nicht besser als eine lahme Sumpfschildkröte oder eine blinde Taube. Ich frage dich: »Was sind die Leber und die Eingeweide des Tozan?« In den drei Pfund Flachs erfasse seine eigentliche innere Erfahrung. Verstehe und würdige sie nicht als Tozans Erfahrung, sondern als deine eigene Erfahrung.

19 Tao ist alltäglicher Geist

Koan Joshu fragte einmal Nansen: »Was ist Tao?« Nansen antwortete: »Tao ist alltäglicher Geist.« Joshu fragte: »Sollten wir uns dann auf ihn richten oder nicht?« Nansen antwortete: »Wenn du versuchst, dich auf ihn zu richten, gehst du fort von ihm.« Joshu fuhr fort: »Wie können wir wissen, daß es Tao ist, wenn wir es nicht versuchen?« Nansen erwiderte: »Tao gehört nicht dem Wissen oder Nicht-Wissen an. Wissen ist Illusion; Nicht-Wissen ist öde Leere. Wenn du wirklich das Tao des Nicht-Zweifels erreichst, so ist dies wie die große Leere, so unermeßlich und grenzenlos. Wie kann es dann Recht und Unrecht im Tao geben?« Bei diesen Worten wurde Joshu plötzlich erleuchtet.

Kommentar des Mumon

Nansen zeigt sogleich bei der Frage des Joshu, daß der Ziegel sich löst, das Eis schmilzt und gar keine Kommunikation möglich ist. Wenn Joshu vielleicht auch erleuchtet ist, so wird er es doch erst nach weiteren dreißig Jahren Studiums wirklich verstehen.

Gedicht des Mumon

> Viele hundert Blumen im Frühling, der Mond im Herbst,
> Eine kühle Brise im Sommer und Schnee im Winter.
> Wenn in deinem Geist keine nichtige Wolke schwebt,
> Dann ist es für dich eine gute Jahreszeit.

Teisho zu dem Koan

Dieses Koan ist, wie das vierzehnte Koan, ein Mondo zwischen Meister Nansen und Meister Joshu. In diesem Koan ist Joshu ein sehr junger Mönch in der Ausbildung, der noch Junen heißt. Er ist wahrscheinlich etwas über zwanzig Jahre alt, während Nansen, sein Lehrer, etwa fünfzig Jahre alt sein muß. Der junge Sucher der Wahrheit, Junen, hatte seine scholastischen Studien des Buddhismus aufgegeben, hatte die lange Reise von seinem Heimatland in Nordchina bis nach Südchina gemacht und sich auf das Zen-Üben bei Meister Nansen konzentriert. Um diese Zeit ereignete sich das Geschehen dieses Koan. Es ist ein sehr wichtiges Mondo, das dem jungen Joshu ermöglichte, sein Zen-Auge zu öffnen. Meister Mumon stellt es als Koan dar, um seinen Schülern bei ihrer Übung zu helfen und sie anzuspornen.

»Tao«, nach dem im Mondo gefragt wird, ist ein Wort, das im asiatischen Denken eine wichtige Rolle spielt. Man kann seinen Sinn und seine Bedeutung in Worten nicht vollkommen erklären, und es kann auch nicht einfach durch andere Worte ersetzt werden. Es wurde bereits vor der Einführung des Buddhismus in China gebraucht. Etymologisch hat »Tao« den Sinn von »Weg« oder »Durchgang«, durch den man ein- und ausgeht. Es kann auch im Sinn des »rechten Weges«, den der Mensch nehmen soll, benutzt werden. So gesehen bezieht es sich auf den Moralkodex oder, im weiteren Sinn, auf das Grundprinzip und die Wirklichkeit des Universums. Im Taoismus ist es in diesem Sinne ein wesentlicher Begriff. Wie die etymologische Bedeutung – »ein Durchgang, durch den man ein- und ausgeht« – erkennen läßt, ist Tao im Grunde genommen ein sehr praktisches und realistisches Wort, das die pragmatischen und ethischen Merkmale der traditionellen chinesischen Kultur widerspiegelt. Im Gegensatz hierzu ist die indische Kultur viel philosophischer. Die Inder gebrauchen solche Worte wie Bodhi (Satori der wahren Weisheit), Nirvana (Satori des Nicht-Lebens, Nicht-Todes), Prajna oder Sunyata, Worte, die alle ausgesprochen metaphysisch und spekulativ sind. Als der Buddhismus mit seiner indischen Tradition in China eingeführt wurde, war es für die Chinesen äußerst schwierig, die indischen Begriffe des Buddhismus zu übersetzen, und sie verwandten schließlich Tao als chinesisches Äquivalent für Bodhi, Prajna und ähnliche Worte. Wenn auch die Grundbedeutung des ursprünglich chinesischen Wortes die gleiche wie die indischen

Äquivalente ist, so haben sie doch entsprechend der ihnen zugrunde liegenden Kultur verschiedene Nuancen. Tao kam nach und nach mit seinen chinesischen praktischen Lebensbedeutungen in Gebrauch.

Später, als sich das Zen der Bodhidharma-Richtung ausbreitete – das die Wichtigkeit der Erfahrung unterstreicht und unter allen buddhistischen Lehren den sachdienlichsten Charakter aufweist – und in China als neuer Typ einer Lehre aufblühte, begann man den alten traditionellen Begriff Tao mit seinen empirischen Nebenbedeutungen als Zen-Begriff zu verwenden, der auf die Zen-Wahrheit verweist. Im übrigen heißt es häufig Großes Tao, Letztes Tao oder Wahres Tao.

Eines Tages fragte Joshu, ein junger Mönch, der noch in der Ausbildung war, seinen Meister Nansen: »Was ist Tao?« Wie ich oben schon sagte, hat Tao charakteristisch chinesische Nebenbedeutungen. Hier kann man es jedoch als »Grundwahrheit im Zen« oder »das Wesen des Zen« im gleichen Sinne wie die Letzte Wahrheit oder das Große Tao verstehen.

Es muß dieses »Was ist Tao?« gewesen sein, das den jungen Joshu veranlaßte, seine buddhistischen Universitätsstudien aufzugeben und die große Reise von Nordchina bis zum Kloster des Nansen in Südchina zu machen. Die Aufgabe, die ihm am dringlichsten und wichtigsten erschien, war, »Was ist Tao?« in seiner persönlichen Erfahrung zu erkennen. Auf diese Frage Joshus antwortete Meister Nansen ganz schlicht und einfach: »Tao ist alltäglicher Geist.« Wörtlich bedeutet dies: »Der alltägliche Geist ist, so wie er ganz ohne Unterscheidung ist, Tao.« Nansen sagt, dieses Tao, das von alters her von vielen Heiligen und Weisen als ein Grundprinzip und eine Wirklichkeit betrachtet wird, ist nichts anderes als unser alltäglicher Geist, so wie er ist. Wer kann aber diese Unterweisung einfach und sogleich annehmen und sagen: »Ja, so ist es«? Wenn Tao buchstäblich unser alltäglicher Geist ist, so wie er ist, dann würden auch die Bauern und die Frauen der Fischer es kennen, und wir brauchten nicht auf Heilige und Weise zu warten, uns dies zu lehren und uns zu retten. Das bedeutet, daß wir über unseren alltäglichen Geist hinweg unseren wirklichen alltäglichen Geist erlangen müssen. Um wirklich unseren dualistischen, alltäglichen Geist zu übersteigen, sind ehrliches Suchen und harte Disziplin notwendig. Wenn wir die Schranke durchbrochen haben, an der unser alltäglicher Geist gar nicht alltäglicher Geist ist, dann kehren wir zum ersten Mal zu unserem –

wie Nansen es ausdrückt – ursprünglichen alltäglichen Geist zurück.

Ein alter Weiser sagte: »Tao ist ganz nahe, aber die Menschen suchen es in der Ferne.« Es wird auch gesagt: »Tao ist niemals auch nur einen Augenblick lang von uns entfernt. Ist es dies aber doch, dann ist es nicht Tao.« Nansen lehrt, daß für diejenigen, die noch nicht zur Erkenntnis dieses Faktums gelangt sind, der alltägliche Geist natürlich zu der unbekannten Welt jenseits der Schranke gehört, und sie können nicht anders, als in der Ferne nach ihm suchen. Es war ganz natürlich, daß der junge Joshu, der die Schranke noch nicht überwunden hatte, die Unterweisung des Nansen nicht einfach akzeptieren konnte, weil für Nansen das ganze Universum nur er selbst war und es für ihn kein von seinem alltäglichen Geist getrenntes Tao gab.

Joshu mußte Nansen fragen: »Sollten wir uns auf ihn richten oder nicht? In welcher Richtung sollen wir kämpfen und uns bemühen, um unser geistiges Auge für die Tatsache zu öffnen, daß der alltägliche Geist Tao ist?« Das ist eine natürliche und angemessene Frage für jemanden, der diese Geistigkeit noch nicht erreicht hat. Nur wenn er dieses ehrliche und ernsthafte Suchen fortsetzt, kann man wirklich von einem Üben sprechen.

Meister Nansen gab aus seinem absoluten Zen-Leben heraus eine scharfe Antwort: »Je mehr du versuchst, dich darauf zu richten, desto weiter entfernst du dich davon.« Dein Kämpfen und Versuchen an sich, es zu erlangen, sind schon Unterscheidung, und sie bringen es zuwege, dich dem Tao zu entfremden. Nansen weist liebenswürdigerweise darauf hin, daß man durch das Suchen und Forschen an sich dem Tao, in dem man selbst schon ist, gerade dadurch entfremdet wird.

Es gibt eine alte Anekdote über einen japanischen Dampfer, der den unteren Amazonas in Südamerika hinauffuhr. Der Fluß war über hundert Meilen breit, und die Besatzung glaubte, sie sei noch auf dem Ozean. Sie sah weit weg ein britisches Schiff und bat die Briten durch Signale, ihnen doch etwas Trinkwasser zu überlassen. Zu ihrer Überraschung blinkte das britische Schiff zurück: »Laßt eure Eimer ins Wasser hinunter!«

Du bist jetzt, in diesem Augenblick, mitten in »Es«. Wenn du versuchst, dich darauf zu richten, gehst du weg von »Es«! – Was ist das für eine liebenswürdige Unterweisung! Aber diejenigen, die ihr geistiges Auge noch nicht geöffnet haben, können eine so mitleidige Lehre des Nansen noch nicht akzeptieren.

Joshu fährt mit seinen hartnäckigen Fragen fort: »Wie können wir wissen, daß es Tao ist, wenn wir es nicht versuchen?« Wir sagen vielleicht, daß es von Joshu ganz vernünftig sei zu fragen: »Wie können wir zu der Überzeugung gelangen, daß alltäglicher Geist Tao ist, ohne darum zu kämpfen und ohne darüber nachzudenken?«

Es gibt viele, die aus diesen Fragen einfach schließen, daß Joshu ein philosophisch und logisch denkender junger Mann war. Verstehe indessen den jungen fragenden Joshu nicht in diesem Sinne! Er hat bereits das Studium der Religionsphilosophie aufgegeben und hat die ganze Reise von Nord- nach Südchina gemacht, um bei dem berühmten Zen-Meister Nansen zu studieren. Er ist hier ein ehrlicher Sucher der Wahrheit, der sich im Zen übt.

Aus den beharrlichen Fragen, die er an seinen Lehrer Nansen stellt: »Sollten wir uns dann auf ihn richten oder nicht?« und: »Wie können wir wissen, daß es Tao ist, wenn wir es nicht versuchen?«, ertönt der herzzerreißende Schrei eines Suchers der Wahrheit, der in eine verzweifelte Sackgasse getrieben worden ist. Das Suchen und Forschen seines Geistes drängt ihn, sogar um den Preis seines Lebens, zu einem Durchbruch, aber er findet keinen Zugang. Wenn ein Leser sich die innere Angst des Joshu nicht vorstellen kann und seine Frage nur wörtlich versteht, dann muß er jemand sein, der niemals wirklich die Wahrheit gesucht oder sich selbst in Zucht genommen hat. Jeder Zen-Anhänger ohne Ausnahme muß quälende innere Angst erfahren, ehe er schließlich Satori erlangt, das seine ganze Persönlichkeit grundlegend ändert. Satori im Zen ist daher etwas ganz anderes als intellektuelles Verstehen, das zum Bereich menschlichen Wissens und Denkens gehört. Die unwiderstehlichen Fragen des Joshu entsprangen seiner inneren Verzweiflung. Später wurde er ein großer Zen-Meister, der erklären konnte: »Du wirst von vierundzwanzig Stunden gebraucht, ich jedoch gebrauche die vierundzwanzig Stunden.« Jetzt war er aber noch ein junger Sucher der Wahrheit, der von den vierundzwanzig Stunden gebraucht wurde.

Die obige Unterweisung des Meisters Nansen ist äußerst liebenswürdig. Er sagt: »Tao gehört nicht dem Wissen oder dem Nicht-Wissen an. Wissen ist Illusion; Nicht-Wissen ist öde Leere. Wenn du wirklich das Tao des Nicht-Zweifels erreichst, so ist dies wie die große Leere, so unermeßlich und grenzenlos. Wie kann es dann Recht und Unrecht im Tao geben?«

Im Japanischen hat man für Tao das Wort *Michi*, das die Bedeutung von »im Überfluß vorhanden sein« hat. Wie kann man nach ihm suchen, wenn es überall im Überfluß vorhanden ist? Der forschende Geist selbst ist schon das gesuchte Tao. Wenn wir versuchen, es zu erkennen, dann erweist es sich als ein relativistisches Ziel und hört auf, die Wirklichkeit zu sein. Daher wird gesagt: »Tao gehört nicht zum Wissen oder Nicht-Wissen.« Was man erkennt, ist nur ein Schatten der Wirklichkeit. Wenn man es jedoch überhaupt nicht erkennt, dann ist es öde Leere. Rotte alles unterscheidende Bewußtsein aus und erlange das Tao des Nicht-Zweifels. Das wird dann wie die große Leere, so unermeßlich und so grenzenlos sein. Dort kann keine Unterscheidung eindringen. Nansen versucht sorgfältig und mitleidsvoll, Joshu zu erleuchten.

Meister Hakuin kritisiert Nansen und sagt: »Ich mag diese gütige Art und Weise einer Großmutter nicht. Er sollte Joshu, ohne ein Wort zu sagen, gründlich prügeln.« Die eindringliche Ermahnung des Nansen hat indessen die lebendige Kraft, die sich ganz natürlich aus seiner Erfahrung ergibt. Man kann nicht erwarten, daß Worte von bloßen Gelehrten und Philosophen diese Überzeugungskraft haben.

Das Koan sagt: »Bei diesen Worten wurde Joshu plötzlich erleuchtet.« Es kam für ihn der glückliche Augenblick. Sein Selbst und das ganze Universum fielen zusammen, und er wurde zum Tao des Nicht-Zweifels wiedergeboren. Wie glücklich er war! Dieses Glück kam aber nicht zufällig über ihn. Denkt daran, daß hinter dem einfachen Satz die harte Tatsache seiner langen und strengen Schulung und seines heftigen inneren Kampfes steht.

Ein Christ sagt: »Selig, die hungern und dürsten nach der Gerechtigkeit, denn sie werden gesättigt werden.« (Math. 5,6.) Die Ausdrucksweise mag verschieden sein, aber in jeder Religion muß man, wenn man wirklich die Wahrheit sucht, durch das Dunkel des Kampfes im Geiste gehen.

Der junge Joshu durchbrach die Sperre und erwachte in der großen Leere, die unermeßlich und grenzenlos ist. Mit anderen Worten, sein geistiges Auge wurde zum ersten Mal für das Zen des Nansen geöffnet, in dem der alltägliche Geist, so wie er ist, Tao ist. Der alltägliche Geist des Zen ist nicht unser dualistischer, alltäglicher Geist, sondern der alltägliche, durch Satori erlangte Geist.

Meister Keizan vom Soto-Zen in Japan wurde plötzlich erleuchtet, als er das Teisho seines Meisters Tettsu über *Alltäglicher*

Geist ist Tao hörte. Keizan sagte: »Ich habe es!«, worauf sein Lehrer erwiderte: »Wie hast du es bekommen?« »Eine pechschwarze Eisenkugel rast durch die dunkle Nacht!« Diese Antwort weist auf die absolute Einheit hin, in der alle Unterscheidungen überschritten sind. Es ist nichts anderes als die Erfahrung der großen, unermeßlichen und grenzenlosen Leere. Meister Tettsu ließ sich jedoch nicht so leicht zu einer Bestätigung herbei und verlangte: »Das ist nicht genug. Sprich weiter!« Keizan antwortete: »Wenn ich durstig bin, trinke ich, wenn ich hungrig bin, esse ich.« Nun war Meister Tettsu zufrieden und bestätigte das Satori des Keizan: »Du wirst das Soto-Zen ohne Zweifel fördern.«

»Eine pechschwarze Eisenkugel rast durch die dunkle Nacht« – durch die absolute Verneinung muß der alltägliche Geist ein für allemal hindurchgegangen sein, damit Teetrinken und Reisessen zum Tao und Zen für ihn wird. Das Tao dessen, der nicht selbst, persönlich, die unermeßliche und grenzenlose absolute Einheit erfahren hat und der nicht zu seinem alltäglichen Geist zurückgekehrt ist, ist kein wahres Tao, das er frei und schöpferisch verwenden und dessen er sich täglich erfreuen kann.

Teisho zum Kommentar des Mumon

»Nansen zeigt sogleich bei der Frage des Joshu, daß der Ziegel sich löst, das Eis schmilzt und gar keine Kommunikation möglich ist. Wenn Joshu vielleicht auch erleuchtet ist, so wird er es doch erst nach weiteren dreißig Jahren Studiums wirklich verstehen.«

Meister Mumon kommentiert zunächst die ernste Unterweisung des Meisters Nansen: »Als Nansen von dem jungen Joshu befragt wird, wird er sehr weitschweifig und stellt dieses und jenes fest. Wie ungeschickt! Es ist eine Antwort, die man gar nicht ertragen kann.« Wie immer klingt es so, als ob Mumon die Antwort Nansens mißbillige. Tatsächlich versucht er jedoch, mit seinen Schimpfworten die Sucher nach Wahrheit, die einer intellektuellen Deutung verfallen könnten, frühzeitig darauf aufmerksam zu machen, daß der wahre alltägliche Geist niemals in Worten – so wunderbar und schön die Erklärungen auch sein mögen – vollkommen ausgelegt und erklärt werden kann. Gleichzeitig bewundert er die hervorragende Leistung des Nansen.

Dann fährt Meister Mumon in seiner Erklärung fort und sagt,

daß Joshu – selbst wenn er erleuchtet sein mag – die Erleuchtung wirklich und wahrhaftig erst nach weiteren dreißig Jahren Selbsterziehung erlangt. Mumon verneint, daß Joshu erwacht ist. Warum? Weil Zen das Faktum der Persönlichkeit sein und tatsächlich in unserem alltäglichen Leben gelebt werden muß. Sonst bleibt es müßiges Gerede eines in Begriffen denkenden Philosophen. Mumon weist uns liebenswürdig darauf hin, daß »alltäglicher Geist« das Ziel unserer Übung während unseres ganzen Lebens sein soll. In unserem »Hinauf« oder im »Den Berg hinaufsteigenden Üben« wird die Zeit kommen, in der wir das Ziel vielleicht erreichen. Jedoch wird das »Hinunter« oder das »Den Berg hinabsteigende Üben« endlos sein, denn es ist die Übung des »alltäglichen Geistes«, und die Übung in Unterscheidung wird sich endlos entfalten. Die wahre Übung, oder das Zen-Leben, nimmt überhaupt kein Ende.

»Dreißig Jahre« bedeutet nicht eine bestimmte Zeitdauer von dreißig Jahren, sondern will besagen: unendlich oder ewig, immer.

Teisho zu dem Gedicht des Mumon

> Viele hundert Blumen im Frühling, der Mond im Herbst,
> Eine kühle Brise im Sommer und Schnee im Winter.
> Wenn in deinem Geist keine nichtige Wolke schwebt,
> Dann ist es für dich eine gute Jahreszeit.

Meister Mumon beschreibt die Schönheiten der vier Jahreszeiten und veranschaulicht damit, was der alltägliche Geist ist. Aber die Schönheit im Frühling mit vielen hundert Blumen ist begleitet von der Traurigkeit der fallenden Blüten. Der klare und heitere Mond im Herbst bringt zu unserem Leidwesen auch Wolken und Regen mit sich. Der kühlen Brise im Sommer folgt die unerfreuliche, intensive Hitze. Schnee im Winter hat die bittere Kälte im Gefolge. Tatsächlich befindet sich der alltägliche Geist in einem Strudel von Gut und Böse, Schön und Häßlich, Glücklich und Traurig, Freude und Schmerz.

In der dritten Zeile sagt Meister Mumon etwas Wichtiges: »Wenn in deinem Geist keine nichtige Wolke schwebt ...« »Nichtige Wolke« bedeutet ein törichtes und nutzloses Ding; konkreter: es ist unser unterscheidendes Wirken, ein nutzloses

Getue ohne eigentlichen Sinn und Zweck. Um die Persönlichkeit zu erlangen, die keine nichtige Wolke im Geist hat, muß man sich ein für allemal in die unermeßliche und grenzenlose große Leere versenken und erfahren, daß »eine pechschwarze Eisenkugel durch die dunkle Nacht rast«. Wer dies wirklich erfährt, der hat zum ersten Mal wirklichen Frieden und echte Freiheit. Für ihn ist dann Leben ein Aspekt seines alltäglichen Geistes, und Sterben ist ebenso ein Aspekt seines alltäglichen Geistes. Er lebt dann immer – wenn er krank ist, in seiner Krankheit, wenn er arm ist, in seiner Armut – in dem Glück seines edlen alltäglichen Geistes. Er wird niemals in der Entscheidung schwanken oder sich an Richtig und Falsch klammern, sondern in allen Lagen absolute Subjektivität sein.

Meister Unmon lehrte seine Schüler, daß »jeder Tag ein guter Tag« sei. Er lebte jeden Tag als einen guten Tag, ob er richtig oder falsch, gut oder schlecht war. Es war für ihn eine gute Zeit. Für niemanden ist es jedoch leicht, »alltäglicher Geist ist Tao« wirklich zu leben. Ganz ohne Zweifel muß man noch weitere dreißig Jahre studieren. Meister Bukkan sagte zu seinen Schülern: »Wenn ihr zum ›alltäglicher Geist ist Tao‹ gelangen wollt, dürft ihr es nicht dem Zufall überlassen. Wenn man ein Boot rudern will, muß man Ruder haben. Wenn ein Pferd bei einem Rennen laufen soll, dann muß man ihm die Peitsche geben.« Ich möchte, daß du diese Worte sorgfältig liest.

Meister Daito verfaßte im Anschluß an das Gedicht über die vier Jahreszeiten des Meisters Mumon die folgenden interessanten Verse. Das erste Gedicht heißt »Ein Gedicht wahrer Worte«:

> Weder Blumen im Frühling
> Noch eine kühle Brise im Sommer;
> Kein Mond im Herbst,
> Kein Schnee im Winter.

»Ein Gedicht falscher Worte« lautet:

> Blumen im Frühling,
> Eine kühle Brise im Sommer;
> Der Mond im Herbst
> Und Schnee im Winter.

Warum verfaßte er derartig widersprüchliche Verse? Fordert er uns nicht auf, die Wahrheit jenseits von Bejahung und Verneinung, diesem und jenem zu leben? Ein alter Zen-Meister sagte: »Tao mit Nicht-Geist steht im Einklang mit Tao.« Wie Meister Daito veranschaulicht auch er uns das Wunder: »Tao ist alltäglicher Geist.«

20 Ein Mann von großer Stärke

Koan Meister Shogen sagte: »Wie kommt es, daß ein Mann von großer Stärke sein Bein nicht heben kann?« Wiederum sagte er: »Nicht mit seiner Zunge spricht er.«

Kommentar des Mumon

Man muß von Shogen sagen, daß er seine Eingeweide leerte und seinen Bauch von innen nach außen wendete. Aber niemand versteht es. Und wenn es jemanden gäbe, der es sogleich verstünde und zu mir käme, dann würde ich ihn mit meinem Stock gründlich prügeln. Warum? Nii! Wenn du reines Gold erkennen willst, dann sieh es dir mitten im Feuer an.

Gedicht des Mumon

> Wenn er sein Bein hebt, dann wirbelt er den wohlriechenden Ozean auf.
> Wenn er seinen Kopf senkt, dann sieht er hinunter auf die Vier Dhyana-Himmel.
> Es gibt keinen Platz, auf den man seinen Riesenleib betten kann.
> Füge du nun bitte eine weitere Zeile hinzu.

Teisho zu dem Koan

Dieses Koan ist dem Teisho entnommen, das Meister Shogen seinen Schülern gegeben hat; es hat nicht die Form des Mondo.

  Meister Shogen Sugaku von Reiin, Koshofu, war ein rechtschaffener Mann – aufrichtig, genau und aufmerksam. Nach einigen Studienjahren als Laienschüler wurde er, als er in den dreißiger Jahren stand, geweiht. Er starb 1202 im einundsiebzigsten Lebensjahr. Zu jener Zeit war Meister Mumon ein zwanzigjähriger, junger Mönch. Obwohl zwischen ihnen ein Altersunterschied von einem halben Jahrhundert bestand, lebten diese beiden Meister zwanzig Jahre lang in der gleichen südlichen Sung-Dynastie und entwickelten – zu einer Zeit, als sich schon allmählich Verfallserscheinungen zeigten – in Zen-Kreisen echtes, dynamisches Zen-Leben. Geschichtlich gehört Meister Shogen von den Zen-Meistern, die in den achtundvierzig Koans des *Mumonkan* in Erscheinung treten, zur spätesten Periode.

Das Koan hat zwei Teile. Zunächst fragt Shogen: »Wie kommt es, daß ein Mann von großer Stärke sein Bein nicht heben kann?« »Ein Mann von großer Stärke« ist hier jemand, der sowohl geistig wie physisch außerordentlich stark ist. Selbstverständlich kann ein sehr starker Mann sein Bein frei und leicht bewegen. Shogen verneint dies ganz entschieden und fragt: »Warum kann er es nicht?« Das Wesentliche des Koan muß an diesem Punkt begriffen werden. Fordert er mit diesem verneinenden »Warum?« seine Schüler auf, ihre Beine zu vergessen und zum geheimnisvollen Wirken des Nicht-Beins zu erwachen? Oder sagt er mit dem verneinenden »Warum?«, daß der wahre starke Mann jemand ist, der jenseits der dualistischen Unterscheidung von Haben und Nicht-Haben ist? Mit diesem »Warum?« drängt er uns, uns selbst und das Universum vollständig auszulöschen. Wenn es kein Selbst mehr gibt, dann kann es nichts mehr geben, was das Selbst einschränkt. Im Gegenteil, die sogenannten freien Beine werden das Selbst zum Stolpern bringen.

Es gibt eine merkwürdige Geschichte: Einst fragte man einen Tausendfüßler, wie er seine zahlreichen Füße so geordnet, ohne daß sie jemals durcheinandergerieten, bewegen könne. Sonderbarerweise konnte sich der Tausendfüßler von jener Zeit an nicht mehr bewegen, und schließlich starb er.

Meister Shogen entzieht dir alles und erwartet, daß du als ein wahrhaft freier Mensch von großer Stärke auflebst und dein Leben als ein erleuchteter Mensch unbeengt entfaltest.

Ein alter Zen-Meister sagte: »Ein grüner Berg wandert immer!« Wer ein wirklich grüner Berg des Nicht-Geistes ist und mit Nicht-Geist wandert, ist wirklich ein Mann von großer Stärke, der diesen Namen verdient. Ich möchte nochmals betonen: Versenke dich in dieses »Warum?« und vernichte mit diesem »Warum?« nicht nur dein Bein, sondern dein eigenes Selbst.

Der zweite Teil des Koan sagt: »Nicht mit der Zunge spricht er.« Wörtlich heißt dies: »Er benutzt seine Zunge nicht, wenn er Worte spricht.« Um das Wesentliche des Koan zu unterstreichen, möchte ich diesen Satz in Form der ersten Frage stellen: »Wie kommt es, daß ein Mann von großer Stärke beim Sprechen seine Zunge nicht benutzt?«

Man braucht nicht zu sagen, daß der Mann von großer Stärke ein Erleuchteter ist, der sowohl sich selbst wie das Universum mit diesem verneinenden »Warum?« ausgelöscht hat. Wenn es wirklich kein Selbst gibt, was kann es dann noch geben, das Reden und Schweigen behindert? Er kann den ganzen Tag sprechen, aber er bewegt niemals seine Zunge. Meister Shogen fordert uns auf, nach diesem geheimnisvollen Wirken der Nicht-Zunge zu streben, es frei zu benutzen und uns seiner zu freuen.

Ich wage es, dir nochmals vorzuschlagen: Versenke dich in dieses »Warum?« und vernichte damit nicht nur deine Zunge, sondern dein eigenes Selbst.

Meister Dogen sagte: »Das Auslöschen von Denken und Tun ist nichts anderes als jede Form von Tun und Handeln. Der Verzicht auf Worte und Schriftzeichen ist nichts anderes als jedes Wort und jeder Satz.« Für Meister Dogen bedeutete das Auslöschen von Denken und Tun nicht, dadurch wie Holz oder Stein zu werden, sondern für ihn war es absolute Subjektivität und Freiheit in allem Tun und Handeln. Für Dogen bedeutete der Verzicht auf Worte und Schriftzeichen nicht, vollkommen stumm zu sein, ohne seine Zunge zu bewegen. Für ihn bedeutete dies, freier Herr von Rede und Schweigen zu sein. Aber er hinterläßt keine Spur irgendeines Tuns oder Redens. Das ist ganz sicherlich das wundervolle Leben des Menschen von großer Stärke.

Meister Shogen fordert seine Schüler in seinem Teisho auf, der Mann von großer Stärke zu sein und wirklich das freie Leben jenseits von Reden und Schweigen, Handeln und Ruhe zu leben. Er spornt seine Schüler zum wirklichen Üben an. Er spricht nicht über Reden und Schweigen, Handeln und Ruhe als solche. (Vgl. dazu das vierundzwanzigste Koan: *Laß ab von Worten und Reden.*)

Einige Zen-Bücher beziehen sich auf »Drei Schlüsselsätze« des Shogen, obwohl ihre Quelle nicht angegeben wird. Diese Werke enthalten außer den beiden in diesem Koan bereits erwähnten Sätzen noch einen Satz: »Wie kommt es, daß ein Mann des Satori den roten Faden unter seinen Füßen nicht abschneiden kann?«

»Ein Mann des Satori« ist jemand, dessen geistiges Auge klar geöffnet ist. Es bedeutet dasselbe wie »ein Mann von großer Stärke«, obwohl beide Termini einen verschiedenen Eindruck vermitteln. »Der rote Faden unter seinen Füßen« bezieht sich auf Illusionen und Unterscheidungen, den ein Mann des Satori natürlich schon abgeschnitten haben muß. Meister Shogen wagt es zu fragen, warum er den roten Faden unter seinem Fuß nicht abschneiden kann. Was meint er mit dem »roten Faden« des Erleuchteten? Wie schon mit den beiden ersten Sätzen versucht Meister Shogen auch mit dem dritten Satz, seine Schüler zu wirklicher Disziplin und Erfahrung aufzurütteln. Mit anderen Worten, mit dem negativen »Warum?« entzieht er ihnen Satori und Unwissenheit, Abschneiden und Nicht-Abschneiden, so daß sie als Menschen wirklicher Freiheit wiedergeboren werden können. Wenn man dies erkannt hat, dann wandelt sich der rote Faden unter seinen Füßen in einen Wirkaspekt der freien Subjektivität, und die Frage von Abschneiden und Nicht-Abschneiden ist längst überschritten.

Damit habe ich die traditionellen Zen-Haltungen zu den »Drei Schlüsselsätzen« des Shogen aufgezeigt. Wer sie aber wörtlich und vordergründig zu deuten versucht, kann sie nicht verstehen und würdigen.

Die meisten Kommentare erfassen nicht den eigentlichen Sinn des Teisho von Meister Shogen und interpretieren die »Drei Schlüsselsätze« als ethische Ermahnungen. Sie erklären sie wie folgt:

Erstens, sie sagen: »Warum kann der Mann von großer Stärke sein Bein nicht heben?« sei eine Warnung des Shogen an die Zen-Anhänger, die in ihrem statischen Zazen in Ruhe versinken. Er tadle sie und sage, sie sollten sich nicht damit zufriedengeben, in der Höhle des quietistischen Zazen zu verbleiben, nachdem sie durch jahrelanges fleißiges Üben die große Kraft des Satori erlangt hätten. Sie müßten jetzt in die Welt der Unterscheidung hinaustreten und dort wirken. – Das ist zwar eine sehr plausible Erklärung, aber derart quietistische Mönche konnten von Anfang an nicht Männer von großer Stärke genannt werden.

Zweitens zu dem Satz: »Nicht mit seiner Zunge spricht er« können sie sagen: »Meister Shogen erteilt den Mönchen einen scharfen Verweis. Sie führen großartige Streitgespräche über die Lehren Buddhas oder die Koans alter Meister, und dabei vernachlässigen sie ihr vorrangiges Ziel, nämlich ihr wahres Selbst zu

läutern. Er weist auf die Leichtfertigkeit dieser an Worte und
Schriftzeichen gebundenen Mönche hin.« – Auch dies scheint einleuchtend. Nur – um es gleich zu sagen – diese Mönche sind keine
wahren Zen-Anhänger.

Drittens zur Frage: »Wie kommt es, daß der Mann des Satori
den roten Faden unter seinen Füßen nicht abschneiden kann?«
mag ihre Interpretation wie folgt lauten: »Shogen ermahnt die
noch unreifen Mönche und sagt: ›Warum seid ihr mit eurer
Zen-Fähigkeit, die ihr nach Jahren harten Übens erlangt habt,
noch nicht in der Lage, eure Illusionen und Verhaftungen zu vernichten? Warum könnt ihr den Zen-Geruch, den Beigeschmack
von Satori nicht beseitigen?‹« – Das mag ein guter Vorschlag
sein, aber diese Mönche sind überhaupt keine Männer des Satori.

Natürlich enthalten diese Deutungen wichtige ethische Lehren,
die Zen-Anhänger keineswegs übersehen dürfen. Wenn aber die
»Drei Schlüsselsätze« des Shogen nichts anderes sind als ethische
Ermahnungen, dann hätte man ihnen im Zen nicht die einzigartige Rolle als Koan zuweisen müssen.

Wie ich bereits mehrfach betont habe, ist es die Aufgabe des
Koan, dem Schüler alle festen Vorstellungen und alles aufgehäufte Wissen zu nehmen, ihn bis zum äußersten und sogar darüber hinaus zu treiben. Dann wird er aus dem Abgrund des Großen Todes als neuer Mensch in der neuen Welt wiedererstehen.
Ihm eröffnet sich eine vollkommen neue Schau. Zen hat in dem
Bereich, in dem die Ethik noch nicht zu wirken begonnen hat, die
Tiefe und Transparenz, um den grundsätzlichen Wandel unserer
ganzen Persönlichkeit zustande zu bringen. Wenn dieser wesentliche Punkt nicht erfaßt wird, dann wird eine Koan-Sammlung zu
einem Buch reiner Spekulation oder bloßer Ethik und ist nicht
mehr authentische Zen-Literatur. Das bedeutet nicht, daß Ethik
und Moral im Zen unnötig sind; ganz im Gegenteil, Ethik muß
das natürliche Ergebnis des Zen-Lebens sein. Ethisches Handeln
ist automatisch die Folge des wirklich froh gelebten Zen-Lebens
des Nicht-Geistes.

Teisho zum Kommentar des Mumon

»Man muß von Shogen sagen, daß er seine Eingeweide leerte
und seinen Bauch von innen nach außen wendete. Aber niemand
versteht es. Und wenn es jemanden gäbe, der es sogleich ver-

stünde und zu mir käme, dann würde ich ihn mit meinem Stock gründlich prügeln. Warum? Nii! Wenn du reines Gold erkennen willst, dann sieh es dir mitten im Feuer an.«

Der Kommentar des Meisters Mumon ist streng und wie immer in seinem Lob und seinem Tadel ganz frei. Zunächst bewundert er Shogen und sagt: »Meister Shogen leerte seine Eingeweide und wendete seinen Bauch von innen nach außen, als er Teisho gab. Seine ganze Zen-Fähigkeit wirft er geradewegs vor die Schüler hin.« Mumon gibt seiner aufrichtigen Anerkennung vor dem energischen Zen-Wirken von Meister Shogen Ausdruck. Shogen bediente sich drastischer Mittel, um die absolute Freiheit des wahren Menschen von großer Stärke zu veranschaulichen. »Aber niemand versteht es.« Wie schade! Sie deuten es als ethische Ermahnung, und niemand scheint das, was Shogen wirklich meint, zu erfassen. Es gab weder, noch gibt es heute viele Menschen, deren Zen-Auge klar geöffnet ist.

Mumon fährt fort: »Und wenn es jemanden gäbe, der sogleich das Teisho des Shogen verstünde und zu mir käme, dann würde ich ihn mit meinem Stock gründlich prügeln. Ich werde ihn nicht so leicht bestätigen. Warum? Hast du irgendwelche Einwände?«

Warum diese Verneinung? Weil der wahre Mann von großer Stärke vollkommen frei ist und in einem Bereich wirkt, der von dem des Intellekts und der Argumentation radikal verschieden ist. Ein alter Zen-Meister rief aus: »Unter dem klaren, blauen Himmel bekommst du einen weiteren Schlag!« Er rät dir, Satori zu vernichten, wenn du jemals Satori erlangst.

Mumon beschließt seinen Kommentar mit einer liebenswürdigen Unterweisung: »Wenn du reines Gold erkennen willst, dann sieh es dir mitten im Feuer an.« Wenn Gold nicht gründlich in lodernden Flammen geprüft worden ist, können wir nicht mit Sicherheit sagen, ob es echtes oder unechtes Gold ist. Du kannst nicht ein Mann von großer Stärke genannt werden, wenn du nicht bei einem wirklich strengen Meister gelernt und ein für allemal seinen tödlichen Schlag in lodernden Flammen erfahren hast. Meister Mumon schärft uns ein, wahre Zen-Anhänger mit tatsächlicher Schulung und echter Erfahrung zu sein.

Teisho zu dem Gedicht des Mumon

> Wenn er sein Bein hebt, dann wirbelt er den wohl-
> riechenden Ozean auf.
> Wenn er seinen Kopf senkt, dann sieht er hinunter
> auf die Vier Dhyana-Himmel.
> Es gibt keinen Platz, auf den man seinen Riesenleib
> betten kann.
> Füge du nun bitte eine weitere Zeile hinzu.

In diesem Gedicht versucht Meister Mumon, das Wirken des Mannes von großer Stärke zu beschreiben. Bemerkenswert ist, daß er keine Moralpredigt hält. Er fordert uns auf, uns auf unser faktisches Üben zu konzentrieren.

Nach der Mythologie und den Erzählungen des Frühbuddhismus soll das Universum aus dem Berg Sumeru und dem wohlriechenden Ozean bestehen, der den Berg umgibt; darüber wölben sich die vier Dhyana-Himmel. Hier kann der wohlriechende Ozean als unendliche Weite und die vier Dhyana-Himmel als unendliche Höhe gedeutet werden.

Mumon beschreibt den Mann von großer Stärke und sagt: »Er hebt nur ein wenig sein Bein und wirbelt damit den wohlriechenden Ozean durcheinander. Er ist so groß, daß er seinen Kopf senkt und auf die tief unten befindlichen vier Dhyana-Himmel hinunterschaut.« Er ist ein außerordentlicher Riese, der das ganze Universum an seine Brust legen könnte. Wo könnte man so einen Riesenleib hinlegen? Einen solchen Platz gibt es nirgendwo.

Nichts kann mehr die Freiheit des Menschen behindern, der über die Zeitbegrenzung hinausgegangen ist, der die Enge des Raumes hinter sich gelassen hat und der nicht mehr in der dualistischen Welt von Groß und Klein lebt. Sei aber vorsichtig und begehe nicht den entscheidenden Fehler! Höre auf das, was der mitleidige Meister Mumon am Schluß zu sagen hat: »Füge du nun bitte deine entscheidenden Worte hinzu, um das Gedicht zu vervollständigen.«

Du hebst nun den Finger. Du sprichst jetzt ein Wort: Wenn du dein Auge abwendest und außen nach dem Mann von großer Stärke suchst, dann hast du »Es« vollkommen verfehlt. Das geheimnisvolle Wirken des Zen geschieht gleich hier und jetzt in all deinem Tun. Ein alter Zen-Meister war bestrebt, dies klar zum Ausdruck zu bringen: »Alle Dinge kehren zum Einen zurück;

wohin kehrt das Eine zurück?« Zen verneint vollständig die wirklichen Fakten und steht doch hinter keinem in der Bejahung wirklicher Fakten zurück.

21 Der Scheißstock des Unmon

Koan   Ein Mönch fragte Unmon: »Was ist Buddha?« Unmon antwortete: »Ein Scheißstock!« (Kan-shiketsu)

Kommentar des Mumon

Von Unmon muß man sagen, daß er ganz arm ist und nicht einmal ein einfaches Essen bereiten kann. Er ist so beschäftigt, daß er nicht richtig schreiben kann. Sehr wahrscheinlich bringen sie den Scheißstock hinaus, um das Tor zu stützen. Es liegt auf der Hand, wozu das führt.

Gedicht des Mumon

> Ein Blitz zuckt auf!
> Funken sprühen aus einem Feuerstein!
> Nur ein Wimperschlag,
> Und schon ist es dahin.

Teisho zu dem Koan

Da von Meister Unmon Bunen schon im fünfzehnten und sechzehnten Koan die Rede war, braucht er nicht weiter eingeführt zu werden. Ich möchte jedoch an dieser Stelle ein weiteres seiner charakteristischen Merkmale erwähnen. Er war bekannt für seine kurzen und bündigen, auf das Wesentliche abzielenden Antworten. Häufig gab er in einem einzigen Wort oder in einem Satz eine scharfe und treffende Antwort, die aus seiner spirituellen Kraft und Stärke hervorbrach, von dem wörtlichen Sinn, den die Erwiderung hatte, gar nicht zu reden:

Mönch: »Was ist das für eine Rede, die über Buddhas und Patriarchen hinausgeht?«
Unmon: »Kobyo!« (Reiskuchen)
Mönch: »Kein Gedanke regt sich. Liegt da ein Fehler vor oder nicht?«
Unmon: »Shumi-sen!« (Berg Sumeru)
Mönch: »Was ist das Auge des Satori?«
Unmon: »Fu!« (Durchdringend)
Mönch: »Wer seinen Vater und seine Mutter tötet, wird bei Buddha ein Bekenntnis ablegen. Wie kann man aber ein Bekenntnis ablegen, wenn man Buddhas und Patriarchen tötet?«
Unmon: »Ro!« (Durchdringend)

Das Mondo in diesem Koan (»Ein Mönch fragte Unmon: ›Was ist Buddha?‹, Unmon antwortete: ›Ken-shiketsu!‹«) ist auch ein Beispiel für seine kurze und knappe Art der Erwiderung. Im achtzehnten Koan, *Die drei Pfund Flachs des Tozan*, habe ich schon mein Teisho zu der Frage »Was ist Buddha?« gegeben; auf nähere Erklärungen brauche ich daher an dieser Stelle nicht einzugehen.

Selbstverständlich will der fragende Mönch keine Auskunft haben über Lehrmeinungen des Buddhismus oder über philosophische Buddha-Begriffe. Er fragt nach Buddha im Zen, das heißt nach Buddha als Faktum der eigenen Erkenntnis-Erfahrung. Darauf richtet sich seine Frage und sein Verlangen. Wie dem auch sei – Meister Mumon gab eine überraschende Antwort: »Ein Scheißstock!«

Nichts als ein Scheißstock. Für Meister Unmon war hier das ganze Universum ein Scheißstock. Er selbst war ein Scheißstock. Für eine müßige Unterscheidung, wie schmutzig und sauber, ist gar kein Raum.

Von alters her hat es verschiedene Deutungen des »Scheißstocks« gegeben, und es ist schwer zu sagen, welche die richtige ist. Einige sagen, es handele sich um ein Bambusrohr-Instrument, das man im alten China benutzte, um Exkremente von der Straße aufzusammeln. Anscheinend verrichtete man in jener Zeit auf dem Lande seine Bedürfnisse im Freien. Auf jeden Fall ist er das schmutzigste und geringste Ding auf Erden.

Die meisten Kommentare sagen zu dieser Antwort des Unmon: »Im *Kegon-Sutra* wird erklärt, daß ›Buddha das Universum durchdringt und vor allen Lebewesen offenbar wird‹. Nach dieser Buddha-Auffassung im Buddhismus gibt es nichts, was nicht Buddha ist. Ein Scheißstock ist keine Ausnahme; auch er ist eine Manifestation des Buddha.«

Wir müssen uns vor Augen halten, daß es eine Sache ist, die Wahrheit als eine Idee oder einen Begriff zu erkennen, und daß es etwas ganz anderes ist, die wirkliche Erfahrung der Wahrheit in einem selbst zu machen, so daß man erklärt: »Alles und jedes Ding ist Buddha.« Das ist ein himmelweiter Unterschied! Wenn man diese innere Erfahrung der Erkenntnis nicht hat, dann hat unser wunderbarer Gedanke keine Realität, er ist wie ein gemalter Löwe.

Zen betont nachdrücklich, daß diese erfahrene Erkenntnis wesentlich ist. Es ist nebensächlich, ob der Meister antwortet: »Drei Pfund Flachs« oder »Ein Scheißstock«! Das hängt von den äußeren Umständen ab. Der Zen-Meister versucht, mit seinem Mondo den Schüler zu seiner Erkenntnis-Erfahrung aufzuwecken und ihm zu einer neuen, kreativen Zen-Persönlichkeit zu verhelfen, damit er auf dieser Welt in Freiheit leben kann. Das ist das einzige Ziel der Koan-Studien.

Meister Daie lehrte einen seiner Laien-Schüler: »Was ist der Scheißstock? Es kann weder gefaßt noch geschmeckt werden. Wenn du einen heftigen inneren Kampf auszufechten hast, dann bist du in deiner Übung auf dem richtigen Weg.« Auch Daie versucht, auf das durch Erfahrung gemachte Faktum hinzuweisen, das allen Gedanken und Philosophien vorausgeht.

Der »Scheißstock« von Meister Unmon hat, abgesehen von der soeben erwähnten primären Bedeutung, noch eine andere Aufgabe. Seine Antwort will jegliche geistige Beschäftigung des Schülers mit Begriffen wie »tugendhafter Buddha, unverletzliche Heiligkeit« und Ähnliches ausrotten und will ihn unmittelbar zu absoluter, vollkommen klarer und transparenter Geistigkeit führen. Wir dürfen hier die gütige Absicht des Unmon nicht übersehen.

»Während seines ganzen Lebens zieht er Nägel und Keile für andere heraus« ist ein Ausspruch, der gut auf Meister Unmon paßt. Es ist eine gute Beschreibung seines Zen, denn seine Mondos zeigen, welche barmherzigen Mittel er verwendet, um seine Mönche in ihrer Übung anzuspornen.

Teisho zum Kommentar des Mumon

»Von Unmon muß man sagen, daß er ganz arm ist und nicht einmal ein einfaches Essen bereiten kann. Er ist so beschäftigt, daß er nicht richtig schreiben kann. Sehr wahrscheinlich bringen sie den Scheißstock hinaus, um das Tor zu stützen. Es liegt auf der Hand, wozu das führt.«

Wie immer bringt Meister Mumon seine Bewunderung für das Koan in einer strengen Rüge zum Ausdruck. Er kommentiert die Antwort des Unmon und sagt: »Die Art und Weise, wie du dem Mönch antwortest, läßt uns auf eine so große Armut schließen, daß du einem Besucher noch nicht einmal das einfachste Essen anbieten kannst, und du scheinst zu sehr beschäftigt zu sein, um sorgfältig schreiben zu können. Du mußt wohl aus dem Stegreif gesprochen und geschrieben haben.« Mumon lobt Unmon durch seine starke Kritik.

Mumon fährt in seinem Kommentar zu dem »Scheißstock« fort: »Übrigens könnten Zen-Schüler späterer Generationen sich an den Scheißstock halten und behaupten, sie würden Dharma damit unterstützen. Damit würden sie jedoch den Verfall des wahren buddhistischen Geistes vorhersagen.« Das ist die Ermahnung des Meisters Mumon an die Schüler späterer Generationen. Er sagt ihnen damit, wie überaus wichtig und ernst zu nehmen dieser Scheißstock ist; wie wesentlich es ist, daß jeder in sich selbst zu der Erkenntnis-Erfahrung gelangt, auf die sich diese Antwort gründet.

Teisho zu dem Gedicht des Mumon

> Ein Blitz zuckt auf!
> Funken sprühen aus einem Feuerstein!
> Nur ein Wimperschlag,
> Und schon ist es dahin.

Mit diesem sehr kurzen Gedicht beschreibt Mumon sehr schön den hohen Wert der Antwort des Meisters Unmon. Auf die Frage »Was ist Buddha?« zögerte er nicht zu antworten: »Kan-shi-ketsu!« Er ließ nicht nur keinen Raum für ein unterscheidendes Argument, sondern er entfernte auch jeglichen Beigeschmack von Buddha. Seine Fähigkeit und sein Takt sind außerordentlich und schnell wie das Aufzucken eines Blitzes oder das Funkensprühen eines Feuersteins, der mit Eisen geschlagen wird. Glücklich bist du, wenn du genügend Fähigkeit besitzt, um in das Herz des Unmon zu sehen. Wenn du noch einen Gedanken an Unterscheidung hegst, dann geht dir der wirkliche Sinn seines Scheißstocks für immer verloren. Mumon spendet Unmon höchstes Lob und ermahnt seine Schüler auf diese Weise zur Vorsicht.

22 Kasho und ein Fahnenmast

Koan Ananda sagte einmal zu Kasho: »Der von der Welt Geehrte übergab dir das Brokatgewand. Was hat er dir sonst noch übergeben?« Kasho rief aus: »Ananda!« Ananda antwortete: »Ja, Herr.« Kasho sagte: »Ziehe am Tor die Fahne ein.«

Kommentar des Mumon

Wenn du das richtige Schlüsselwort zu diesem Koan geben kannst, dann wirst du sehen, daß hier und jetzt wirklich die Begegnung am Berg Grdhrakuta stattfindet. Wenn nicht, dann wisse, daß Vipasyin Buddha die Wahrheit noch nicht erfassen kann, obwohl er sein Suchen in ferner Vorzeit begonnen hat.

Gedicht des Mumon

>Der Ausruf ist gut, aber besser noch ist die Antwort.
>Wie viele haben ihre wahren Augen geöffnet?
>Der ältere Bruder ruft, der jüngere antwortet,
>Die Familienschande kommt ans Licht.
>Dies ist der Frühling, der nicht von Yin und Yang abhängig ist.

Teisho zu dem Koan

Das sechste Koan des *Mumonkan* beschreibt die Wahrheit und Echtheit der Lehrer-Schüler-Übertragung des Dharma von Shakyamuni Buddha auf den ehrwürdigen Kasho. Dieses zweiundzwanzigste Koan zeigt die Lehrer-Schüler-Übertragung von dem ehrwürdigen Kasho auf den ehrwürdigen Ananda. Es ist daher ein Gegenstück zu dem sechsten Koan, *Shakyamuni zeigt eine Blume*.

Das wirkliche Zen-Leben und der echte Zen-Geist liegen in der von jedem einzelnen gemachten religiösen Erfahrung. Im Zen wird sie unmittelbar von Geist zu Geist und nicht durch Schriften oder Riten, Gebete oder Rezitation von Mantras und Sutras weitergegeben. Wenn auch die Zen-Tradition und die Weitergabe des Zen einzig und allein durch die religiöse Erfahrung eines jeden einzelnen aufrechterhalten werden, so muß doch auch die Echtheit der Schüler-Erfahrung mit der seines Lehrers identifiziert werden. Mit anderen Worten: Während Zen einerseits nachdrücklich betont, daß die religiöse Erfahrung des einzelnen grundsätzliches Erfordernis ist, besteht es gleichzeitig darauf, daß der Lehrer unbedingt den Nachweis der Echtheit über das von seinem Schüler Erreichte führen muß. Die Übertragung von Geist-zu-Geist im Zen muß also Lehrer-Schüler-Identifikation sein. Genau dies ist bei der Dharma-Weitergabe von Shakyamuni an Kasho und auch von Kasho an Ananda der Fall. Bitte, lies noch einmal das sechste Koan *Shakyamuni zeigt eine Blume*, zur besseren Orientierung.

Meister Mumon führt die Tatsache der Dharma-Übertragung von dem ehrwürdigen Kasho, dem Lehrer, an den ehrwürdigen Ananda, den Schüler, als Koan ein, um seine Mönche, die sich noch in der Ausbildung befinden, anzuregen.

Nach allgemeiner Ansicht der Gelehrten starb Shakyamuni Buddha 486 v. Chr. im Alter von achtzig Jahren. Obwohl der ehrwürdige Kasho Schüler des Shakyamuni war, war er gleichen Alters oder sogar etwas älter als sein Lehrer, und der ehrwürdige Ananda, der Nachfolger des Kasho, war ein Mönch mittleren Alters und sechsundvierzig Jahre alt.

Ananda war von seinem dreiundzwanzigsten Lebensjahre an über zwanzig Jahre Diener des Shakyamuni, bis dieser starb. Während seiner Jugend und seiner reiferen Mannesjahre war er ständig Shakyamunis Diener. Unter den Zehn Großen Schülern Buddhas ist er als derjenige berühmt, der »am besten hörte und am besten im Gedächtnis behielt«, und man sagt, er sei sehr aufrecht, ehrlich und hochbegabt gewesen.

Die Tatsache jedoch, daß er ein Mann war, der »am besten hörte und am besten im Gedächtnis behielt« und sehr viel Klugheit besaß, erwies sich als intellektuelles Hindernis, das sein Erwachen zum wahren Selbst jenseits aller Beengungen vereitelte.

Zur Zeit des Todes von Shakyamuni hatte er noch nicht die große Freude des Durchbruchs der Schranke erfahren. Er setzte natürlich sein Suchen nach dem wahren Selbst bei dem ehrwürdigen Kasho fort, und schließlich machte er die glückliche Erfahrung der Selbstverwirklichung. Das obige Koan besteht aus einem Mondo zwischen dem ehrwürdigen Kasho und dem ehrwürdigen Ananda, das die Realität der Lehrer-Schüler-Identifikation zum Ausdruck bringt.

Eines Tages fragte Ananda den ehrwürdigen Kasho: »Was hat dir der von der Welt Geehrte, abgesehen von dem Brokatkleid, gegeben?« Natürlich ist im Zen die Übergabe von irgend etwas in materieller oder ritueller Form nur ein Schatten der Übertragung des Nicht-Übertragbaren, das formlos und unsichtbar ist. Hier geht es um die wesentliche Frage, wie dieses unsichtbare Dharma übertragen werden solle und wie seine Überlieferung und Identifikation auf seine Richtigkeit geprüft werden könne. Ananda mit seiner großen Klugheit und seiner langen Schulung muß dies erkannt haben, aber er konnte nicht anders und mußte die Frage stellen. Wir sollten dabei das quälende, harte Suchen und Forschen des Ananda nicht übersehen. Er verging fast vor sehnsüchtigem Verlangen. Wie ist in einem so kritischen Augenblick eine Übermittlung möglich? Wie kann Identifikation erreicht werden? Das Mondo zwischen dem Meister und dem Schüler findet auf dieser Ebene statt. In dieser extremen Situation bringt der ehrwürdige Kasho nur ein Wort hervor: »Ananda!« Dies ist das Wirken des Nicht-Geistes, das Wirken des Nicht-Wirkens. Eine hervorragende und konkrete Unterweisung! Sie ist so unmittelbar und durchdringend, daß für Verstehen überhaupt kein Raum bleibt.

Ananda antwortet schlicht: »Ja, Herr.« Die Antwort ist so unmittelbar und durchdringend, daß für Begreifen überhaupt kein Raum bleibt. In diesem Augenblick ist die Lehrer-Schüler-Identifikation vollzogen worden. Ein alter Zen-Meister kommentierte diese Lehrer-Schüler-Identifikation in einem Gedicht:

> Zwei Spiegel spiegeln sich ineinander,
> Zwischen ihnen ist kein Bild!

Ich persönlich möchte mit großem Nachdruck noch hinzufügen: »Kasho ruft Kasho, Ananda antwortet Ananda. Das ganze Universum ist der Antwort gebende Ananda. Kasho ruft Ananda, und Ananda antwortet Kasho. Das Universum ruft, und das Universum antwortet.« Kann es ein intimeres Rufen und Antworten als dieses geben? Ich befürchte, ich habe zu viel gesagt. Wenn »Es« einmal in Worte gefaßt ist, dann ist »Es« schon vernichtet und nicht mehr die Wirklichkeit selbst. »Es« kann nur von einem selbst, persönlich, erfahren und erwiesen werden.

Der ehrwürdige Kasho erklärte sogleich: »Ziehe am Tor die Fahne ein!« Alles ist beendet, denn das ist die Bestätigung Kashos, daß Ananda sein Ziel erreicht hat.

Wenn ein Vortrag gehalten wird, hißt man die Fahne, um den Beginn anzuzeigen. Wenn man sie einzieht, dann heißt dies, daß Teisho und Mondo vorüber sind. Mit anderen Worten, hiermit erkennt Kasho Ananda an: »Du hast es!« Auf diese Weise wurde der Zweite Patriarch der Dharma-Überlieferung in Indien geboren. Diejenigen jedoch, die in diesem Rufen und Antworten des Lehrers und Schülers nicht die empirische Wahrheit der Dharma-Übertragung erkennen können, denken vielleicht, daß es nur ein sinnloser Wortwechsel zwischen ihnen ist.

Lassen wir das Mondo der Lehrer-Schüler-Identifikation für einen Augenblick beiseite. In der wirklichen Übung in einem Kloster ist es möglich, daß der Meister plötzlich ausruft: »Ich frage dich nicht nach Kashos ›Ziehe die Fahne ein‹! Du gehst augenblicklich hin und ziehst am Klostertor die Fahne ein.« Wenn du auch nur einen Augenblick zögerst, dann bringt dir das dreißig Stockschläge ein. Die Fahne einziehen heißt, mein Ich-Selbst vernichten. Mich selbst vernichten heißt, das Universum vernichten. Kannst du dieses Wunder hier und jetzt, ohne einen Finger zu rühren, vollbringen? Zen-Studien können niemals von meinem Ich-Selbst, hier und jetzt getrennt werden. Das Koan-Studium muß immer das Erfassen des lebendig und dynamisch wirkenden Zen sein. Anandas Antwort muß durch Ich-Selbst durch das Universum tönen. Zen ist etwas wesentlich anderes als intellektuelles Verstehen oder begriffliche Interpretation.

Teisho zum Kommentar des Mumon

»Wenn du das richtige Schlüsselwort zu diesem Koan geben kannst, dann wirst du sehen, daß hier und jetzt wirklich die Versammlung am Berg Grdhrakuta stattfindet. Wenn nicht, dann wisse, daß Vipasyin Buddha die Wahrheit noch nicht erfassen kann, obwohl er sein Suchen in grauer Vorzeit begonnen hat.«

Meister Mumon sagt zu seinen Schülern: »Wenn ihr klar die Worte der Wahrheit sagen könnt, die unmittelbar auf die Tatsache der Lehrer-Schüler-Identifikation zwischen Kasho und Ananda hinweisen, dann seid ihr im Dharma frei und wißt, daß die große Belehrung des von der Welt Geehrten am Berge Grdhrakuta ohne Zweifel heute noch im Gange ist. Mit anderen Worten, ihr könnt den von der Welt Geehrten und den ehrwürdigen Kasho hier und jetzt von Angesicht zu Angesicht sehen.« Mumon will damit sagen, daß das nicht mitteilbare wahre Dharma jetzt, in diesem Augenblick, über Zeit und Raum hinweg immer hell aufleuchtet und daß es hier und jetzt von einem jeden einzelnen erfahrungsmäßig erfaßt werden muß. Die Erfahrung im Zen geht über die Geschichte hinaus, aber sie wirkt immer als ein konkretes Faktum in der Geschichte. Sonst ist sie keine lebendige Wahrheit.

Mumon fährt in seinem Kommentar fort: »Wenn ihr in einer derartigen Geistigkeit nicht leben könnt, dann könnt ihr noch so lange üben, ihr werdet niemals zur Zen-Wahrheit gelangen.« Mit dieser Rüge versucht Mumon, seine Schüler zu ihrer Übung anzuspornen.

In der Dharma-Genealogie des Zen wird der ehrwürdige Maha-Kasho im allgemeinen als der Fünfte Patriarch der Dharma-Übertragung in Indien angesehen. Vor ihm – ganz zu Beginn der Dharma-Genealogie – gibt es »Sieben Buddhas der Vergangenheit«. Der siebente dieser »Buddhas der Vergangenheit« ist Shakyamuni, der eine geschichtliche Gestalt ist. Die übrigen sind mythologische Buddhas, die man Shakyamuni voraufgehen ließ, um die Dharma-Überlieferung und ihren Ursprung zu verherrlichen und zu preisen. Der erste Buddha ist Vipasyin. Mit anderen Worten, Vipasyin ist der mythologische Buddha einer Vergangenheit, die schon so weit zurückliegt, daß man sie gar nicht mehr restlegen kann. Der Hinweis auf Vipasyin Buddha an dieser Stelle soll daher »eine unendlich lange Zeit« bedeuten.

Der Ausspruch: »Vipasyin Buddha kann noch nicht die Wahrheit erfassen, obwohl er sein Suchen in grauer Vorzeit begonnen hat«, wird ursprünglich Meister Joshu zugeschrieben. Dieser Satz hat einen Zen-Sinn, der einer anderen Dimension angehört als der vordergründige Sinn, den ihm der gesunde Menschenverstand gibt. In der Schulung im Kloster wird er als selbständiges Koan studiert. Der wörtliche Sinn dieses Satzes besagt: »Vipasyin Buddha, der der Buddha seit unvordenklichen Zeiten ist, hat sich seit unendlich langer Zeit geübt und kann die Wahrheit nicht erfassen.« Der Meister gibt dies seinen Schülern als Koan und fragt: »Was für eine Wahrheit ist es, die nach langen Übungen nicht erfaßt werden kann? Zeige es mir hier und jetzt.«

Das ist das Wunder der Wirklichkeit, die in diesem absoluten Augenblick, hier und jetzt, über Zeit und Raum hinweg, aufleuchtet. Es ist das Geheimnis der Wahrheit bei der Versammlung am Berge Grdhrakuta, die immer, hier und jetzt, gegenwärtig ist. Wenn du dieses Wunder nicht erkennst, dann bedeutet dies, daß dein Zen-Auge noch nicht geöffnet ist und du noch keine Zen-Bücher lesen kannst. Auch wirst du den wirklichen Sinn von Kashos Anruf und Anandas Antwort nicht begreifen.

Teisho zu dem Gedicht des Mumon

> Der Anruf ist gut, aber besser noch ist die Antwort.
> Wie viele haben ihre wahren Augen geöffnet?
> Der ältere Bruder ruft, der jüngere antwortet,
> Die Familienschande kommt ans Licht.
> Dies ist der Frühling, der nicht von Yin und Yang abhängig ist.

»Der Anruf des ehrwürdigen Kasho ist ausgezeichnet, aber die Antwort des ehrwürdigen Ananda ist noch wunderbarer.« Von alters her ist dies ein lebendiges Mondo, in dem die Frage in der Antwort und die Antwort in der Frage liegt. Mumon bewundert indirekt die Lehrer-Schüler-Identifikation, die durch den Anruf Kashos und die Antwort Anandas demonstriert wird. In der zweiten Zeile weist Mumon auf die Vortrefflichkeit dieses Koan hin und sagt: »Wie viele hat es seit alters her gegeben und gibt es, deren Zen-Auge wirklich für das Wesen dieses Mondo geöffnet ist? Ich muß sagen, es gibt ihrer nur wenige.«

»Das wahre Auge öffnen« heißt, die Fähigkeit besitzen, die Wahrheit durchdringend zu erfassen. Mumon unterstreicht dies durch eine rhetorische Frage.

»Die verschwisterten Schüler Kasho und Ananda brachten durch Ruf und Antwort das Familiengeheimnis an die Öffentlichkeit.« In der dritten Zeile erzählt uns Meister Mumon mit einem sarkastischen Ausdruck, auf welch schöne Weise sich die Übertragung des Nicht-Übertragbaren vollzog. Ursprünglich bedeutete »die Familienschande« ein unehrenhaftes Geheimnis oder eine Privatangelegenheit der Familie, die man nicht an die Öffentlichkeit kommen ließ. Später wurde dieser Ausdruck als ein Zen-Begriff benutzt, der »das wichtige und unschätzbare Familiengeheimnis« bedeutet.

Die vierte Zeile sagt, daß diese »Familienschande« ewig blühender Frühling sei, der nicht vom Klima oder von der Jahreszeit abhänge. Mumon meint hier »Es«, das sich zu keiner Zeit und an keinem Ort wandelt. Er weist uns auch liebenswürdig darauf hin, daß wir hier und jetzt, Tag und Nacht, in diesem schönen Frühling sind. Er fragt: »Warum öffnet ihr nicht euer wahres Auge für die Schönheit des ewigen Frühlings?«

In China ist es überlieferter Glaube, daß sich die vier Jahreszeiten durch das Wirken von Yin und Yang wandeln und sich entfalten. Daher bedeutet »nicht von Yin und Yang abhängig sein« vom Wandel der Jahreszeiten unabhängig sein, das heißt, das Absolute – jenseits von Zeit und Raum – leben.

荣辱不惊自得

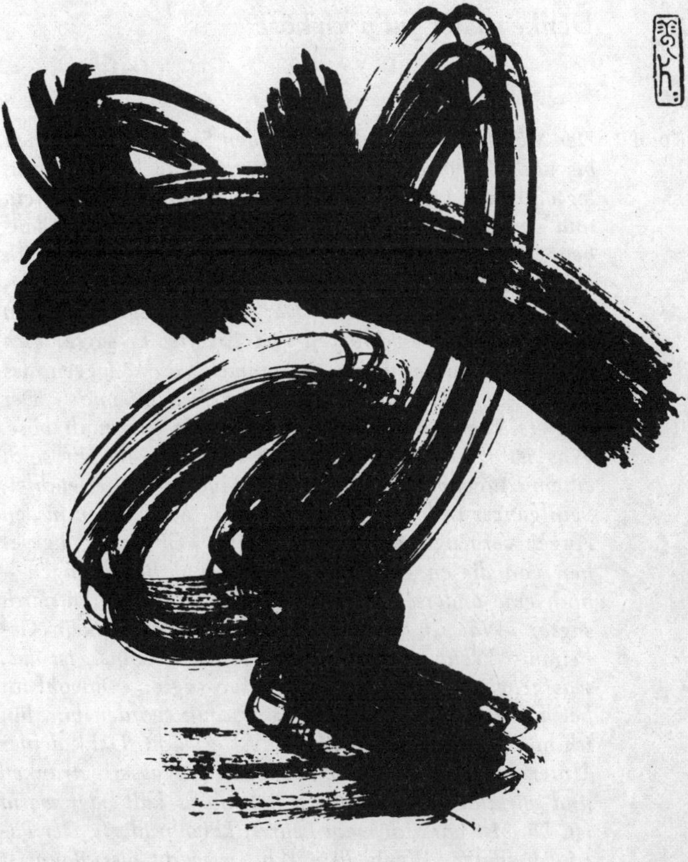

23 Denke weder gut noch böse

Koan Der Mönch Myo verfolgte einst den Sechsten Patriarchen bis nach Daiyurei. Als der Patriarch Myo kommen sah, legte er sein Gewand und seine Schale auf einen Stein und sagte: »Dieses Gewand ist das Symbol des Glaubens. Wie kann es mit Gewalt erkämpft werden? Ich überlasse es dir, es zu nehmen.« Myo versuchte, das Gewand aufzuheben, aber es war so unbeweglich wie ein Berg. Myo war erschrocken und zögerte. Er sagte: »Ich bin des Dharma wegen gekommen, nicht wegen des Kleides. Ich bitte dich, Laienbruder, belehre mich!« Der Sechste Patriarch sagte: »Denke weder gut noch böse. Was ist das wahre Selbst des Mönchs Myo in solch einem Augenblick?« Da wurde Myo sofort erleuchtet. Sein ganzer Leib tropfte von Schweiß. Mit Tränen in den Augen verbeugte er sich und fragte: »Gibt es – abgesehen von diesen geheimen Worten und Bedeutungen – noch eine andere Bedeutung oder nicht?« Der Patriarch sagte: »Was ich dir soeben gesagt habe, ist kein Geheimnis. Wenn du dein wahres Selbst erkennst, ist das, was geheim ist, in dir selbst.« Myo sagte: »Obwohl ich bei anderen Mönchen in Obai geschult worden bin, bin ich nicht zu meinem wahren Selbst erwacht. Dank deiner Unterweisung bin ich wie jemand, der Wasser getrunken und wirklich selbst erfahren hat, ob es kalt oder warm ist. Du bist wirklich mein Lehrer, Laienbruder!« Der Patriarch sagte: »Wenn du wirklich erwacht bist, dann ist Obai sowohl dein wie mein Lehrer. Sei vorsichtig und lebe gemäß dem, was du erlangt hast.«

Kommentar des Mumon

Man muß vom Sechsten Patriarchen sagen, daß er in einer Notlage Außerordentliches geleistet hat. Er ist so liebevoll wie eine Großmutter. Es ist so, als ob er eine frische Litchi-Frucht geschält, die Kerne entfernt und dann in deinen Mund gesteckt hätte, so daß du sie nur zu schlucken brauchst.

Gedicht des Mumon

> Du magst es beschreiben, es ist vergeblich.
> Du magst es schildern, es hat keinen Wert.
> Du kannst es niemals würdig preisen; gib dein Herumtasten und deine Manöver auf.
> Du kannst das wahre Selbst nirgendwo verbergen.
> Wenn die Welt auch zusammenstürzt, »Es« ist doch unzerstörbar.

Teisho zu dem Koan

Der Vorfall in dem Koan ist der Lebensbeschreibung des Sechsten Patriarchen, Eno, eines der größten Meister in der Zen-Geschichte, entnommen. Nach seiner Einführung in China entfaltete sich der Buddhismus zunächst in der Weise, daß er die Wichtigkeit der bibliographischen und philosophischen Studien betonte. Der Buddhismus, der die religiöse Erfahrung nachdrücklich ins Bewußtsein rief, kam nach Bodhidharma zur Blüte. Seine Lehren standen jedoch noch stark unter indischem Einfluß. Eno, dem Sechsten Patriarchen, war es vorbehalten, die noch vorhandenen indischen Merkmale fast vollständig zu beseitigen. Er legte den Grundstein für den neuen Buddhismus in China, der Zen genannt wird. Ehe wir uns nun mit dem obigen Koan beschäftigen, das Mumon seinen Schülern gab, ist es vielleicht eine Hilfe, wenn wir kurz das Leben des Eno skizzieren und erklären, wie der Vorfall des Koan zustande kam.

Meister Eno wurde 638 während der T'ang-Dynastie in einer armen Familie von Kanto-sho in Südchina geboren. Er verlor seinen Vater, als er noch sehr jung war, mußte dann seinen Lebensunterhalt durch Verkauf von Brennholz in der Stadt verdienen und seine Mutter unterstützen. Er muß von Geburt an große religiöse Gaben besessen haben. Mit ungefähr vierzig Jahren begann er in Hosshoji, Koshu, sein aktives Zen-Leben. Er starb 713 im sechsundsiebzigsten Lebensjahr.

Eines Tages, als Eno durch die Straßen ging und wie üblich Brennholz verkaufte, hörte er zufällig jemanden das *Kongo Hanya-kyo* (Diamant-Prajna Sutra) singen, und irgendwie gefiel es ihm. Während er auf den Gesang lauschte, hörte er die Stelle: »Kein Geist, keine Bleibe, und hier wirkt der Geist!« Das machte auf Eno einen großen Eindruck. Er konnte nicht fortgehen, ohne sich näher danach zu erkundigen, und fragte den Sänger, woher dieses wunderbare Sutra sei. Der Mann antwortete, daß er es von Meister Gunin vom Berge Obai von Kinshu in Nordchina bekommen habe, der die Lehre des Bodhidharma verbreite und als Fünfter Patriarch in hohem Ansehen stehe.

Von jenem Augenblick an wollte Eno Meister Gunin kennenlernen und suchte einen Weg, das zu verwirklichen. Nach einiger Zeit ergab es sich, daß ein Wohltäter ihm eine Summe Geldes schenkte. Er überließ das Geld seiner Mutter für ihren Lebensunterhalt und machte sich auf die lange Reise zum Norden, um Meister Gunin aufzusuchen.

Meister Gunin Daiman, der Fünfte Patriarch, lebte am Berge Obai in Kinshu. Er muß dem Vierten Patriarchen, Meister Doshin, begegnet sein, als Gunin ungefähr dreiundzwanzig Jahre alt war. Nach jahrelangem Studium beim Vierten Patriarchen wurde er schließlich dessen Nachfolger und wirkte bis zu seinem Tode im Jahre 675 am Berge Obai. Die beiden großen Meister Shinshu und Eno, die Gründer der nördlichen und der südlichen Zen-Schule, waren beide seine Schüler. Um diese Zeit begann die Blüteperiode des Zen, und Gunin hatte immer über siebenhundert Mönche in Obai, die bei ihm studierten.

Als Eno am Berge Obai ankam, war er vierundzwanzig Jahre alt – ein unbedeutender, armer, schäbig aussehender junger Mann. Obwohl er arm war, muß er schon eine Art spirituelle Einsicht gehabt haben, die ihn zu diesem großen und äußerst schwierigen Unternehmen antrieb und ihm den Mut dazu gab. Folgendes Mondo wechselte Eno mit dem Meister nach der langen und schwierigen Reise bei der ersten Begegnung:

Gunin: »Wo kommst du her?«
Eno: »Von Reinan, Herr.«

Gunin: »Was suchst du?«
Eno: »Ich möchte ein Buddha werden.«
Gunin: »Ihr Affen von Reinan habt nicht die Buddha-Natur. Wie kannst du hoffen, ein Buddha zu werden?«
Eno: »Für den Menschen gibt es einen Unterschied zwischen Süden und Norden. Wie kann es solch einen Unterschied für die Buddha-Natur geben?«

Aus diesem Mondo erkannte Meister Gunin das religiöse Genie des Eno. Er erlaubte ihm, im Kloster als Reiswäscher zu bleiben und sich zu üben. Acht Monate lang konzentrierte sich Eno, während er in der Kornmühle arbeitete, auf seine Übung.

Eines Tages kündigte Meister Gunin seinen über siebenhundert Schülern an: »Wenn ihr Dharma studiert, dürft ihr euch nicht damit zufriedengeben, nur meine Worte abzuschreiben. Jeder von euch soll ein Gedicht machen, um seine eigene Erkenntnis-Erfahrung unter Beweis zu stellen, seine Zen-Fähigkeit zu demonstrieren und zu zeigen, ob er würdig ist, Dharma-Nachfolger zu werden.

Da verfaßte der erste Mönch, Shinshu, der älteste und sehr geachtete der siebenhundert Mönche, das folgende Gedicht und schrieb es an die Klostermauer:

> Der Leib ist der Bodhi-Baum,
> Der Geist gleicht einem klaren Spiegel.
> Mühe dich Stund' um Stund', ihn zu fegen,
> Laß kein Staubkorn sich ansetzen!

Als Eno es sah, dachte er, es sei zwar ein gutes, schön formuliertes Gedicht, es sei jedoch noch nicht durchdringend genug. Er machte daher auch ein Gedicht, um seiner eigenen Geistigkeit Ausdruck zu geben, und schrieb es ebenso an die Wand. (Da Eno aus einer armen Familie kam, hatte er keine gute Erziehung gehabt und war Analphabet. Man erzählt, er habe einen jungen Diener gebeten, es für ihn aufzuschreiben.)

> Bodhi ist ursprünglich kein Baum.
> Der klare Spiegel steht auf keinem Stand.
> Anfänglich existiert kein Ding.
> Wo könnte sich ein Staubkorn ansetzen?

So ausgezeichnet das Gedicht des Mönchs Shinshu auch sein mag, geht es doch nicht über die Ethik und eine statische religiöse Schau hinaus. Bruder Enos Gedicht ist jedoch transzendental, durchdringend und spiegelt die dynamische religiöse Schau einer höheren Ordnung wider. In diesen beiden Gedichten zeigt sich deutlich, daß die Zen-Fähigkeit des Shinshu und des Eno sehr unterschiedlich war.

Meister Gunin erkannte die höhere Geistigkeit des Eno. Aber Eno war zu jener Zeit nur ein Laienbruder, der für das Kloster arbeitete, und kam für einige Mönche als Dharma-Nachfolger gar nicht in Frage. Gunin gab Eno in einer dunklen Nacht heimlich den Rat, den Berg Obai zu verlassen, und überreichte ihm sein Kleid und seine Schale als Beweis für die Dharma-Übertragung. Er riet Eno, sich so lange zu verbergen, bis sich die rechte Gelegenheit böte; bis dahin sollte er seine Geistigkeit weiter bilden und vertiefen. So tiefes Mitleid hatte der Lehrer mit diesem hoffnungsvollen Sproß, der sich später voll entfalten sollte.

Wie Gunin ihm geraten hatte, verließ Eno den Berg Obai. Die Mönche erfuhren jedoch, daß ein junger, bäuerlicher und namenloser Laienarbeiter das heilige Gewand und die Schale, die Symbole der Dharma-Übertragung, von Meister Gunin erhalten und das Kloster verlassen habe. Einige konnten das einfach nicht hinnehmen; sie waren unangenehm überrascht und empört. Sie beschlossen daher, Eno zu verfolgen und das heilige Gewand und die Schale zurückzuholen. In der Gruppe der Mönche, die Eno verfolgte, war Myo. Er war ein Mensch ohne Arg, mit einem impulsiven, heftigen Temperament. In seinen jüngeren Jahren – ehe er Mönch am Berge Obai wurde – war er General gewesen. Er holte Eno auf dem Kamm des Berges Daiyurei ein und verlangte von ihm das Gewand und die Schale zurück, die Meister Gunin ihm gegeben hatte. Diesen Vorfall hat Mumon als Koan für die Unterweisung seiner Mönche verwendet.

Bruder Eno näherte sich dem Kamm des Berges Daiyurei, als der ihn verfolgende Mönch Myo ihn schließlich einholte. Myo wollte Eno einschüchtern und sagte: »Wir können es uns nicht leisten, daß ein ungebildeter Bauer wie du mit der heiligen Schale und dem Gewand davongeht. Ich bin hierher gekommen, sie dir wegzunehmen. Mach keine Umstände und gib sie mir zurück.« Als Eno dies hörte, legte er ruhig Gewand und Schale auf einen in der Nähe befindlichen Stein und sagte zu Myo: »Diese Schale und dieses Gewand sind Symbole für den Glauben an die

Dharma-Übertragung. Man darf nicht eigensüchtig und mit Gewalt um sie kämpfen. Wenn du es wagst, sie mit Gewalt zu nehmen, dann tu's.«

Myo, so zurechtgewiesen, fand kein Wort der Erwiderung. Da er im Grunde ein ehrlicher und treuherziger Mensch und in seinem Handeln so geradeheraus war, daß er Eno bis auf den Berg Daiyurei verfolgte, muß er sogar große Reue empfunden haben. Die Worte des Eno: »Dieses Gewand und diese Schale sind Symbole für den Glauben, wie kann man mit Gewalt um sie kämpfen?« müssen in seinen Geist eingedrungen und ihn schließlich bis zum äußersten getrieben haben. Obwohl er das Gewand und die Schale, die auf dem Stein lagen, ergriff, konnte er sie in seiner Aufregung nicht aufheben. Nun stand er zögernd und zitternd und wie angewurzelt da. Dieser unerwartete spirituelle Impuls muß den ehrlichen und aufrechten Myo in den bodenlosen Abgrund des Großen Zweifels gestürzt haben. Sein egozentrisches und wütendes Selbst war sofort vollkommen vernichtet. Diese innere Umkehr, die die Persönlichkeit des Myo von Grund auf wandelte, war der wichtigste Augenblick in seinem ganzen Leben. Es gibt jedoch kaum Kommentatoren, die dies erwähnen. Der Grund dafür ist, daß sie selbst nicht wirklich gesucht und sich nicht tatsächlich geschult haben. In diesem Augenblick wandelte sich der wütende Myo in einen, der »nach Gerechtigkeit hungert und dürstet«.

Myo ändert nun völlig seine Haltung und fleht Bruder Eno geradezu an: »Ich suche wirklich das höchste Dharma! Etwas Sichtbares in Gestalt eines Gewandes oder einer Schale will ich nicht. Ich bitte dich sehr, Laienbruder, belehre mich.« So warf Myo dem Eno sein ganzes Sein zu Füßen und flehte ihn an.

Eno fragte schneidend: »Wenn du weder gut noch böse denkst, was ist dann das wahre Selbst des Mönchs Myo in diesem Augenblick?« Diese Frage im richtigen Augenblick, in genauer Übereinstimmung mit der Situation, bildet den Kern dieses Koan.

Wenn man sich jenseits aller dualistischen Gegensätze wie Gut und Böse, Richtig und Falsch, Liebe und Haß, Gewinn und Verlust und dergleichen befindet und im Bereich des Absoluten lebt, wo sich kein einziger Gedanke des Bewußtseins regt, wo ist dann Eno? Wo ist der Mönch Myo? Dort ist »die Wirklichkeit von Leib und Geist abgefallen«. Dies ist der Augenblick, in dem unser Suchen und Forschen für immer zur Ruhe kommt. Dann wird die Wirklichkeit des wahren Selbst lebendig und vollkommen offenbar. In diesem bis aufs äußerste gespannten Moment konnte der Mönch Myo glücklicherweise zu seinem wahren Selbst erweckt werden. Er konnte schließlich richtigen Frieden und wahre Freiheit finden. Ihm tropfte der Schweiß herunter, und er weinte vor Dankbarkeit. Myo verbeugte sich ehrfürchtig vor Eno und fragte: »Hast du, abgesehen von den geheimen Worten und Bedeutungen, von denen du gerade gesprochen hast, noch irgendeine andere Unterweisung?«

Die Erfahrung, die er persönlich erlangt hat, ist nun klar und deutlich zu erkennen. Da es so einfach und unmittelbar war, fühlte sich Myo etwas unsicher und hatte den Verdacht, daß es noch eine besondere Lehre geben könne, die heimlich mitgeteilt würde. Ein alter Zen-Meister sagte: »Wenn es eine geheime Lehre gibt, dann kann er überhaupt nicht gerettet werden.« Ein Großer ist ein großer Buddha; ein Kleiner ist ein kleiner Buddha. Diejenigen, die es wissen, werden »Es« sofort erkennen. Genauso ist es mit der Zen-Erfahrung.

Die Antwort Enos wird mit großer Autorität gegeben. Sie hat bereits die Würde des großen Zen-Meisters, zu dem Eno sich später entwickelte: »Was ich dir soeben gesagt habe, ist kein Geheimnis. Es ist ganz klar und transparent. Wenn du wirklich zu deinem wahren Selbst erwacht bist, dann ist alles, was du siehst, alles, was du hörst, nichts als ›Es‹. Was kann es sonst noch geben? Wenn du glaubst, es gäbe irgendein Geheimnis, dann hast du es selbst fabriziert.«

Dem Mönch Myo wurde noch deutlicher bewußt, wie sehr er geistig blind gewesen war. Er konnte nicht anders, als seine herzliche Dankbarkeit und Freude zum Ausdruck zu bringen, und sagte: »Jahrelang habe ich mit anderen Mönchen am Berg Obai geübt, aber bisher war ich nicht in der Lage, mein wahres Selbst zu erkennen. Nun habe ich ›Es‹ dank deiner Unterweisung zutiefst in mir selbst erfahren, gerade so wie jemand, der die Wärme oder die Kälte des Wassers dadurch erfährt, daß er es selbst trinkt. Du bist in der Tat mein Dharma-Lehrer.« Wir können uns gut vorstellen, wie der Mönch Myo sich fühlte. Das natürliche und schöne Ergebnis davon ist seine bescheidene und aufrichtige Haltung gegenüber Eno, in der herzlichster Dank und größte Bewunderung zum Ausdruck kommen. Wie schon erwähnt, geschieht im Zen die Dharma-Übertragung vom Lehrer auf seinen Schüler von Geist zu Geist und immer von Mensch zu Mensch.

Zu dieser Zeit war Eno noch ein junger Laienbruder und antwortete bescheiden: »Wenn du wirklich zu deinem wahren Selbst erwacht bist, dann sind wir beide, du und ich, Brüder und Schüler des Fünften Patriarchen. Meister Gunin ist unser Lehrer. Sei vorsichtig und lebe gemäß ›Es‹, das du nun selbst erlangt hast.« So gab Eno seinen aufrichtigen Segen und seine Ermutigung.

Nachdem Myo Eno verlassen hatte, lebte er eine Zeitlang allein auf dem Berg und ging später nach Mozan, Enshu, wo er sein Zen-Leben aktiv entfaltete.

Eno lebte nach diesem Vorfall mehr als zehn Jahre im verborgenen. Er war ungefähr vierzig Jahre alt, als er in Hosshoji in Koshu auftauchte. (Das neunundzwanzigste Koan berichtet von einem Ereignis, das sich zutrug, als er nach dieser langen Zeit sein Versteck aufgab.)

Teisho zum Kommentar des Mumon

»Man muß vom Sechsten Patriarchen sagen, daß er in einer Notlage Außerordentliches geleistet hat. Er ist so liebevoll wie eine Großmutter. Es ist so, als ob er eine frische Litchi-Frucht geschält, die Kerne entfernt und dann in deinen Mund gesteckt hätte, so daß du sie nur zu schlucken brauchst.«

Meister Mumon kommentiert nur die Haltung des Eno gegenüber dem Mönch Myo. Zu Myo gibt er keinen direkten Kommentar.

Eno, der durch die eifrige Verfolgung des Mönchs Myo in die Enge getrieben war, sprach vom äußersten Standpunkt aus, in unmittelbarer Übereinstimmung mit der tatsächlichen Situation, in der er sich befand: »Denke weder gut noch böse. Was ist das wahre Selbst des Mönchs Myo in solch einem Augenblick?« Meister Mumon kommentiert in sarkastischem Ton zu dieser Antwort des Eno: »Du bist in die Enge getrieben worden, Sechster Patriarch, und in der Verzweiflung gibst du eine absurde Antwort.« In Wirklichkeit aber bewundert Mumon die Fähigkeit des Eno, die zu einem unerwarteten Ergebnis führt. Es mag richtig sein, daß Eno diese Antwort unter Druck gab. Gleichwohl war es eine ausgezeichnete Antwort, die genau das Wesentliche traf und die seiner Erfahrung entsprang.

Mumon fährt fort: »Es mag sein, wie es will. Deine Erwiderung, die du in einer Notlage gegeben hast, ist so liebevoll wie die Antwort einer Großmutter. Es ist so, als ob du die Litchi-Frucht geschält und entkernt und sie ihm in den Mund gesteckt hättest, so daß er sie ohne Anstrengung hinunterschlucken kann.« Auch hier spricht Mumon wieder in dem bekannten sarkastischen und höhnenden Ton. Die Antwort des Eno in dem kritischen Augenblick: »Denke weder gut noch böse. Was ist das wahre Selbst des Mönchs Myo in solch einem Augenblick?« war sehr angemessen und hatte zur Folge, daß der Mönch Myo zu seinem wahren Selbst erwachte. In der ihm eigenen Weise spendet Meister Mumon sein Lob. Wir dürfen jedoch den Kommentar des Mumon nicht leichthin lesen, denn die Unterweisung des Eno ist weder leicht noch einfach, und sie ist genauso an uns heute wie an den Mönch Myo gerichtet.

Mit anderen Worten, seine Frage ist eine unnachgiebige Sperre zum Zen. Sie macht alle Findigkeit der Schüler zunichte. Meister Mumon hat seinen Schülern diesen Kommentar in der Hoffnung gegeben, daß sie ihre ganze Kraft aufwenden, um diese Schranke zu überwinden.

Teisho zu dem Gedicht des Mumon

> Du magst es beschreiben, aber es ist vergeblich,
> Du magst es schildern, es hat keinen Wert.
> Du kannst es niemals würdig preisen; gib dein Herumtasten und deine Manöver auf.
> Du kannst das wahre Selbst nirgendwo verbergen.
> Wenn die Welt auch zusammenstürzt, »Es« ist doch unzerstörbar.

Das Gedicht des Mumon bezieht sich nicht unmittelbar auf das Koan. Es besingt nur das wahre Selbst, das den Kern des Koan bildet.

Eno drängte den Mönch Myo: »Denke weder gut noch böse. Was ist das wahre Selbst des Mönchs Myo in solch einem Augenblick?« Glücklicherweise konnte Myo durch diese Worte erleuchtet werden. Jedoch ist dieses wahre Selbst, das er erkannte, völlig jenseits aller Beschreibung. Es kann in keiner Form kopiert oder beschrieben werden. Es kann niemals in Worten ausgedrückt oder in Gedichten besungen werden. Wenn man es dennoch gelegentlich wagt, dann kann es dazu führen, daß man einen leblosen

Schatten beschreibt. Deshalb fordert Mumon dringend auf, alles unterscheidende Wirken aufzugeben und sich von allen Verhaftungen zu lösen. Ein Schwert schneidet sich nicht selbst; Wasser durchnäßt Wasser nicht. Man muß »Es« so erkennen und würdigen, wie es ist, man selbst muß »Es« sein.

Daher sagt Mumon: »Man kann das wahre Selbst nirgendwo verbergen.« Wenn du siehst, dann ist alles, was du siehst, nichts als »Es«. Wenn du hörst, dann ist alles, was du hörst, nur »Es«. Wenn du es zudeckst und versuchst, »Es« zu verbergen, dann ist die Decke selbst nichts als »Es«.

Wenn daher »die Welt zusammenstürzt, ist ›Es‹ unzerstörbar«. In China und Japan schließt der Begriff »Welt« zwei Bedeutungen ein: das Bewegende und Wandelnde, das zeitlich ist, und die Richtung, die räumlich ist. So beinhaltet der Begriff schon Begrenzung, Wandel und Verfall. Das wahre Selbst, das als absolute Subjektivität frei über Raum und Zeit verfügt, kennt keine Zweiheit wie Verfall und Nicht-Verfall. Daher ist die Versammlung am Berg Grdhrakuta ganz gewiß hier gegenwärtig, und selbst wenn die Welt zusammenstürzt, ist das wahre Selbst ewig unzerstörbar.

Ich will dies nochmals unterstreichen: Das wahre Selbst ist unsere ursprüngliche Natur, in der kein einziger Gedanke an Unterscheidung am Werke ist. Es ist das wahre Selbst, das eins mit der Wirklichkeit ist. Von alters her trägt es verschiedene Namen wie zum Beispiel »das wahre Selbst«, »der wahre Mensch ohne Namen«, »das absolute Sein« oder »Es«. Letzten Endes kann aber das wahre Selbst niemals im Bereich des Intellekts oder des Wissens erfahren werden. Du kannst es durch keine andere Methode erlangen als dadurch, daß du deinen Intellekt und dein vernunftgemäßes Denken ausrottest und dich in die erfahrene Tatsache versenkst, von der es heißt: »Du magst es beschreiben, aber es ist vergeblich, du magst es schildern, es hat keinen Wert.« Darum ruft Meister Mumon aus: »Hör mit deinem Herumtasten und deinen Manövern auf!«

Meister Gudo nennt in seinem Gedicht dieses wahre Selbst »den Jüngling von natürlicher Schönheit«. (Vgl. das zwölfte Koan, *Zuigan ruft: »Meister!«*. Dort habe ich das Gedicht des Meisters Gudo mit meinem eigenen ausführlichen Kommentar wiedergegeben.)

Das wahre Selbst muß die erfahrene Tatsache sein, es ist keine abstrakte Wahrheit oder ein philosophisches Prinzip. Meister

Gudo vermied es, das wahre Selbst mit Begriffen zu beschreiben. Er nennt es sehr angemessen »den Jüngling von natürlicher Schönheit«. Er verglich es auch mit historischen Schönheiten, wie Seishi und Yoki, um die Absolutheit der Jugend natürlicher Schönheit zu veranschaulichen.

24 Laß ab von Worten und Reden

Koan Ein Mönch fragte einmal Meister Fuketsu: »Sowohl Reden wie Schweigen sind von der Ri-Bi-Relativität betroffen. Wie können wir frei und an nichts gebunden sein?« Fuketsu sagte:
»Wie gern erinnere ich mich an Konan im März!
Die Rebhühner rufen, und die Blumen duften!«

Kommentar des Mumon

Das Zen des Fuketsu wirkt wie ein Blitz. Er hat seinen Weg und geht ihn. Aber warum sagt er es mit den Worten des alten Dichters und macht sich nicht frei davon? Wenn du dies deutlich erkennst, dann erlangst du vielleicht absolute Freiheit. Laß ab von Worten und Reden, und sage ein Wort!

Gedicht des Mumon

> Er gebrauchte keine großen Worte.
> »Es« wird offenbar, ehe sich der Mund auftut.
> Wenn du noch weiter leichtfertig daherredest,
> Dann wisse, daß du »Es« niemals erlangen wirst.

Teisho zu dem Koan

Meister Fuketsu-Enso, der Held in diesem Koan, war vier Generationen nach Rinzai Zen-Meister. Er wurde 896 geboren und widmete sich in seiner Jugend dem konfuzianischen Studium. Als er jedoch das Examen für eine Staatsstellung nicht bestand, ließ er ab von seinem Wunsch, Staatsbeamter zu werden, und wurde

Mönch. Zunächst studierte er den Tendai-Buddhismus, wandte sich später aber dem Zen zu und begann im Alter von ungefähr fünfundzwanzig Jahren seine Schulung bei Meister Kyosho. Während Fuketsu bei Meister Kyosho studierte, war die Zeit noch nicht reif, daß sein geistiges Auge geöffnet wurde. Von Meister Kyosho ging er zu Meister Nanin, der als ein tüchtiger Meister bekannt war. Nach Jahren eifrigen Studiums bei Nanin wurde Fuketsu schließlich sein Nachfolger. Später eröffnete er wieder das Fuketsuji-Kloster, wo er viele Mönche leitete und das Rinzai-Zen sehr förderte. Er starb im Jahre 973.

Eines Tages richtete ein Mönch eine äußerst theoretische Frage an Meister Fuketsu: »Sowohl Reden wie Schweigen werden von der *Ri-Bi*-Relativität betroffen. Wie können wir frei und an nichts gebunden sein?« Dieser Mönch muß ein philosophisch ausgerichteter, gelehrter Mönch gewesen sein.

Die zitierten Worte: »Ri« und »Bi« sind dem von Sojo verfaßten *Hozo-ron* entnommen. Sojo war ein Mann mit außergewöhnlicher Begabung und einem religiösen Genie. Er wurde 414 im Alter von einunddreißig Jahren mit dem Tode bestraft. Er entstammte einer armen Familie, und seine Tätigkeit als Schreiber gestattete ihm, viele Bücher und Dokumente zu lesen. Von Natur aus neigte er zur Philosophie und interessierte sich sehr für metaphysische und religiöse Studien. Zunächst zog ihn das *Dotokukyo* (*Tao-te ching*) des Lao-tzu an. Als er jedoch später auf das *Vimalakirti Sutra* stieß, freute er sich so sehr, daß er sich entschloß, buddhistischer Mönch zu werden. Sojo studierte bei Kumarajiva und wurde als einer seiner besten Schüler angesehen und geachtet. Als er einunddreißig Jahre alt war, wurde er aus unbekannten Gründen zum Tode verurteilt. Man sagt, daß Sojo bat, die Exekution sieben Tage aufzuschieben, und daß er während dieser Zeit das *Hozo-ron* schrieb. Das Gedicht, das er bei seinem Tode verfaßte, ist sehr berühmt:

> Die vier Elemente haben im Grunde keinen Herrn,
> Die fünf Sinnesfunktionen sind grundsätzlich nichts.
> Auch wenn das nackte Schwert meinen Kopf abschlägt,
> Wird dies so sein, als ob man eine Frühlingsbrise durchschnitte.

Das *Hozo-ron* des Sojo hat ein Kapitel mit dem Titel »Ri-Bi Taijo-bon«, in dem er eine religiöse Ansicht erklärt und dabei die

Worte Ri und Bi verwendet. Die Wahrheit des Universums oder die Dharma-Wirklichkeit ist getrennt von allen Namen, Formen und Unterscheidungen. Da die Gleichheit oder Einheit grundsätzlich in der Wirklichkeit am Werke ist, kehrt alles zum Selbst oder zum Einen zurück. Dies wird Ri (Getrenntheit) genannt.

Dieses grundlegende Wirken der Gleichheit in der Wahrheit des Universums ist frei und entfaltet sich – in Übereinstimmung mit den verschiedenen Situationen und Umständen der Differenzierung – in unendlich vielen verschiedenen Weisen. Dieses kreative freie Wirken wird Bi (heimlich, geheimnisvoll) genannt. Obwohl es in unendlich vielen verschiedenen Situationen der Unterscheidung wirkt, ist es im Grunde rein und ungeteilt. Daher ist sein Wirken immer schöpferisch, sinnvoll, tief, geheimnisvoll und kennt keinen Widerspruch.

Sobald die Wahrheit des Universums oder die Dharma-Wirklichkeit in Worten ausgedrückt wird, wird sie Bi, das heißt die Phänomene. Wenn sie durch Schweigen ausgedrückt wird, gehört sie zu Ri, was grundsätzliche Gleichheit, Einigung ist. Mit anderen Worten, wenn du im »Schweigen« bist, dann bist du an Gleichheit, Harmonie gebunden. Wenn du sprichst, bist du der Differenzierung ausgeliefert. »Sowohl Reden wie Schweigen sind von der *Ri-Bi*-Relativität betroffen.«

Hier wagt der Mönch, Meister Fuketsu zu fragen: »Wie können wir ein wirklich freies Leben führen, das weder unter Unterscheidung noch unter Einheit fällt, das weder grundsätzlicher Gleichheit noch Phänomenen ausgeliefert ist, das weder vom Reden noch vom Schweigen betroffen ist?« Selbstverständlich will der fragende Mönch keine logische oder intellektuelle Erklärung, sondern er sucht die Zen-Lösung nach der von Fuketsu selbst als Zen-Meister gemachten Erfahrung. Hier liegt das Wesentliche dieses Koan.

Solange man auf der Ebene des gesunden Menschenverstandes bleibt, kann man niemals eine zufriedenstellende Antwort auf die Frage des Mönchs finden. Wenn man spricht, hat man es mit Bi zu tun und ist an relativistische Unterscheidung gebunden. Wenn man schweigt, ist man von Ri betroffen und an relativistische Gleichheit gebunden. Man kann diesen Widerspruch mit Hilfe des Intellekts nicht lösen.

| | Ri→ Schweigen→ Eintritt→ Verneinung→ Einheit→
Grosses | fundamentale Gleichheit (Getrenntheit)
Tao | Bi→ Sprechen→ In-Erscheinung-Treten→ Bejahung→
| Unterscheidung→ Phänomene (geheimnisvoll)

Das Große Tao oder die Wahrheit ist also ein absolut widerspruchsvolles Faktum. Zeitgenössische japanische Philosophen beschreiben dies etwa so: »Die Philosophie der Bejahung ist zugleich Verneinung« oder sie sprechen von »Selbst-Identität des absoluten Widerspruchs« oder »fernöstlichem Nichts«. Diese Begriffe bleiben jedoch abstrakt und metaphysisch und bleiben philosophische Interpretationen.

Meister Fuketsu war ohne Zweifel ein echter, tüchtiger Zen-Meister. Er zögerte nicht, auf die Frage des Mönchs mit einem schönen Gedicht zu antworten:

»Wie gern erinnere ich mich an Konan im März!
Die Rebhühner rufen, und die Blumen duften!«

Er sagt damit: »Sieh, wie frei und an nichts gebunden ich bin.« Fuketsu demonstriert vor dem Mönch sein wirkendes, nicht-gebundenes Zen. Aufgrund dieser Darstellung können fähige Schüler sogleich das Wunder des freien, nicht-gebundenen Zen des Fuketsu erfassen.

Das Gedicht stammt ursprünglich von Toho (712–770), einem berühmten chinesischen Dichter der T'ang-Dynastie. Toho besingt die malerische Frühlingslandschaft am Südufer des Yangtze, die bekanntlich mit zu den schönsten Gegenden Chinas gehört. Soweit das Gedicht des Toho. Wenden wir uns wieder dem Hauptthema zu.

Wenn man sich völlig in der Frühlingsschönheit vergißt, über das Selbst, die Welt und alles hinausgeht, kein Gedanke sich regt, gibt es dann eine Unterscheidung wie Reden und Schweigen, Ri und Bi? Es gibt nur die Schönheit des Frühlings durch und durch. Es gibt überhaupt keinen Raum für irgendeine Unterscheidung. Diese Schönheit ist, so wie sie ist, das ganze Leben des Meisters Fuketsu. Wir sollen in seiner klaren Rede, so wie sie ist, sein wunderbares Zen am Werke sehen, wie es die dualistische Unterscheidung von Gebundenheit und Nicht-Gebundenheit übersteigt und ungehindert Gebrauch macht von Reden und Schweigen, Ri und Bi.

Ich bin in meinem Teisho zu weit gegangen, und ich befürchte, daß ich das Zen des Meisters Fuketsu in eine philosophische Auslegung ohne Leben und dynamische Kraft verwandelt habe.

Es ist vielleicht im Sinne des Fuketsu, keine weiteren müßigen Erklärungen zu geben, sondern nur das Gedicht zu rezitieren:

> Wie gern erinnere ich mich an Konan im März!
> Die Rebhühner rufen, und die Blumen duften!

Einst ging ein berühmter japanischer Haiku-Dichter zur Kirschblüte zum Berg Yoshino. Er sang ganz schlicht und einfach:

> Wie wunderbar, wie wunderbar
> Diese Kirschen von Yoshino!

Der »Seher« ist selbst eine Blume. Die gesehenen Gegenstände sind Blumen. Gebundenheit oder Nicht-Gebundenheit steht nicht zur Debatte.

In einer wirklichen Übung in einem Kloster könnte der Meister dich plötzlich fragen: »Ist das nicht das Gedicht von Toho?« Wenn du versehentlich antwortest: »Jawohl!«, dann werden seine harten Stockschläge sogleich auf dich niederprasseln. Wenn du nicht sofort demonstrieren kannst, daß du die Ri-Bi-Relativität überschritten hast, dann ist dieses Mondo kein Zen-Koan mehr, sondern nur eine Erzählung ohne Sinn. (Vgl. das zwanzigste Koan, *Mit seiner Zunge spricht er nicht*.)

In diesem Zusammenhang möchte ich die folgende Geschichte erzählen: Meister Daito (1282–1337), der Gründer von Daitokuji in Kioto, wurde Myocho genannt. Als er noch jung war, lebte er unter Bettlern und verbarg sich vor der Gesellschaft, um seine Zen-Geistigkeit zu vertiefen und weiter zu bilden. Der Kaiser jener Zeit hörte, daß Myocho ein hervorragender Zen-Meister sei, und ließ ihn suchen, um ihn zu bitten, sein eigener Lehrer zu sein. Er befahl seinen Beamten, daß sie ihn auf irgendeine Weise unter den Bettlern herausfinden sollten.

Da man wußte, daß Myocho gern Moschusmelonen aß, wurde bekanntgegeben, daß jeder Bettler eine Melone erhalten würde. Man türmte eine Menge Moschusmelonen an einem bei den Bettlern beliebten Versammlungsort am Flußufer auf, und jedes Mal, wenn ein Bettler im Alter von Myocho vorbeikam, prüfte ihn der Beamte und sagte: »Nimm die Melone, ohne deine Hand zu benutzen.« Die Bettler wunderten sich über diese Worte und wußten nicht, was sie tun sollten, doch schließlich erhielt jeder von ihnen eine Melone. Endlich kam ein ziemlich verdächtig aussehender Bettler, und der Beamte sagte: »Nimm die Melone, ohne deine Hand zu benutzen.« Der Bettler erwiderte sogleich: »Gib mir die Melone, ohne deine Hand zu benutzen.« Durch diese unbedachte, spontane Antwort wurde Myocho entdeckt. So wurde er in die Welt zurückgeholt, und schließlich bat man ihn, Lehrer des Kaisers zu sein.

Das könnte sehr gut eine erfundene Geschichte ohne historischen Hintergrund sein. Aber der Austausch von Worten: »Nimm die Melone, ohne deine Hand zu benutzen« – »Gib mir die Melone, ohne deine Hand zu benutzen« ist nicht nur ein Wortspiel. Die Antwort des Myocho war das freie Wirken des Zen jenseits von Gebundenheit und Nicht-Gebundenheit.

Teisho zum Kommentar des Mumon

»Das Zen des Fuketsu wirkt wie ein Blitz. Er hat seinen Weg und geht ihn. Aber warum sagt er es mit den Worten des alten Dichters und macht sich nicht frei davon? Wenn du dies deutlich erkennst, dann erlangst du vielleicht absolute Freiheit. Laß ab von Worten und Reden, und sage ein Wort!«

Zunächst kritisiert Meister Mumon Fuketsu: »Das Zen des Meisters Fuketsu ist sehr streng, geradeheraus und so schnell und direkt wie ein Blitz. Er macht immer sehr schönen Gebrauch von seiner Zen-Fähigkeit und läßt niemals nach. Aber was ist hier mit ihm los? Er ist so ungeschickt, daß er sich auf ein altes Gedicht des Toho beruft.« Das ist der bekannte, herabsetzende Kommentar des Mumon. Seine wirkliche Absicht liegt jedoch nicht notwendigerweise in dem wörtlichen Sinn seiner Worte. Fuketsu scheint ein Meister mit tiefem, poetischem Empfinden gewesen zu sein. Er hat bei vielen Gelegenheiten freien Gebrauch von schönen Gedichten anderer Dichter gemacht, um seiner eigenen Zen-Geistigkeit Ausdruck zu geben.

Nicht nur Fuketsu sondern viele Zen-Meister haben Gedichte anderer Dichter als Mittel benutzt, um ihre eigene Zen-Fähigkeit darzustellen. Man betrachte in diesem Fall den Meister nicht als einen, der das Gedicht entlehnt hat, obwohl er sein eigenes Zen mit dem Gedicht eines anderen Dichters vorstellt. Die in der Literatur allgemein akzeptierte Bewertung oder Kritik läßt sich hier nicht anwenden, denn Gedichte werden nicht als literarische Werke, sondern als Ausdrucksmittel für die Zen-Erfahrung verwendet, die einer ganz anderen Ordnung angehört. Meister Mumon ist sich dessen wohl bewußt, und in seinem spöttischen Ton bringt er seine Bewunderung für Meister Fuketsu zum Ausdruck.

Mumon wendet sich dann direkt an seine Schüler und sagt: »Wenn ihr in diesem Mondo wirklich das wunderbare Wirken des Zen von Fuketsu erfassen könnt, dann könnt ihr euer eigenes Zen-Auge öffnen und die gleiche freie und schöpferische Zen-Wirkung erzielen wie der Meister Fuketsu.«

Mumon fordert damit seine Schüler nochmals nachdrücklich auf: »Seht einmal ab von dieser alten Geschichte. Jeder von euch sage hier und jetzt ein Wort. Laßt ab vom Samadhi-Reden. Sprecht ein Wort, ohne euren Mund zu gebrauchen! Kann einer von euch frei sein, jenseits von Gebundenheit und Nicht-Gebundenheit?«

»Samadhi reden« heißt, es selbst durch und durch sprechen und über die Unterscheidung von Reden und Schweigen hinausgehen. »Laßt ab vom Samadhi-Reden« heißt, sogar über dieses »Es-selbst-durch-und-durch-Sprechen« hinausgehen.

Der Meister wird seinen Stock (Nyoi), den er dir vorgehalten hat, hinwerfen und fragen: »Nenne ihn nicht Stock (Nyoi) oder Nicht-Stock. Wie nennst du ihn?« (Laß ab von Bejahung und Verneinung, und wie nennst du ihn?) Der Meister verlangt von dir, ihm das lebendige Faktum vor Augen zu führen, daß du über Reden und Schweigen, Ri-Bi-Relativität, hinausgegangen bist.

Teisho zu dem Gedicht des Mumon

> Er gebrauchte keine großen Worte.
> »Es« wird offenbar, ehe sich der Mund auftut.
> Wenn du noch weiter leichtfertig daherredest,
> Dann wisse, daß du »Es« niemals erlangen wirst.

Dieses Gedicht stammt nicht von Meister Mumon, sondern ist ein Teisho des Meisters Unmon. Mumon zitiert wörtlich das Teisho des Meisters Unmon und verwendet es als Kommentar-Gedicht zu dem Koan vom Reden und Schweigen, Ri-Bi-Relativität.

Die ersten beiden Zeilen beziehen sich auf die Antwort des

Meisters Fuketsu. »Große Worte« sind Worte mit Würde und Majestät, hier schlicht und einfach: hochtönende Worte, die mit Satori prahlen. Der Mönch stellte eine großartige und streitlustige Frage: »Sowohl Reden wie Schweigen werden von der Ri-Bi-Relativität betroffen. Wie können wir frei und an nichts gebunden sein?« Als Antwort darauf zitiert Fuketsu ganz naiv ein schönes Gedicht, das gar keinen Beigeschmack von Satori hat:

> »Wie gern erinnere ich mich an Konan im März!
> Die Rebhühner rufen, und die Blumen duften.«

Auf diese Weise zeigt er tatsächlich, wie frei und jenseits von Gebundenheit und Nicht-Gebundenheit er ist.

Nach der ersten Zeile wird in der zweiten gesagt: »›Es‹ wird offenbar, ehe sich der Mund auftut.« Die Zen-Wahrheit, die von der Ri-Bi-Relativität nicht betroffen ist, wird vor dir lebendig offenbar, so als ob Licht und Dunkel noch nicht voneinander getrennt wären. Ehe du daher auch nur den Mund öffnest, ist es schon klar und vollkommen, und alles ist da. Mit anderen Worten, Satori ist nicht etwas, was man in Zukunft erlangt. Es ist die Erkenntnis, daß man sich bereits im »Es« befindet und immer darin war. Daher erklärte ein alter Zen-Meister: »Übung und Erleuchtung sind eins.«

Die beiden letzten Zeilen sind eine Warnung an die Schüler: »Wenn du deine Augen nicht öffnest für ›Es‹, das schon offenbar ist, ehe du den Mund überhaupt auftust, und weiterhin leichtfertig daherplapperst, dann wisse, daß du ›Es‹ niemals erlangst.« Wenn du mit dem Verstand spielst, wo der Verstand nutzlos ist, und weiterhin Unsinn redest und disputierst, dann wird so ein Tunichtgut wie du schließlich die Richtung verlieren und zur Erkenntnis gelangen müssen, daß er das Wunder des freien Zen jenseits von Gebundenheit und Nicht-Gebundenheit niemals kennenlernen wird. Das ist natürlich eine ernste Warnung an jeden Schüler, der heute Zen studiert.

25 Rede des Mönchs vom dritten Sitz

Koan Meister Gyozan hatte einen Traum: Er ging dorthin, wo Maitreya wohnte, und man gab ihm den dritten Sitz. Ein ehrwürdiger Mönch schlug mit einem Hammer auf den Tisch und verkündete: »Heute wird der Mönch des dritten Sitzes die Rede halten.« Gyozan schlug mit dem Hammer auf den Tisch und sagte: »Das Dharma des Mahayana geht über die Vier Sätze hinaus und übersteigt die Einhundert Verneinungen. Hört genau zu!«

Kommentar des Mumon

Sage mir, hielt er eine Rede oder nicht? Wenn du deinen Mund aufmachst, wirst du »Es« verlieren. Wenn du deinen Mund schließt, wird »Es« dir auch entgehen. Selbst wenn du deinen Mund weder öffnest noch schließt, bist du hundertundachttausend Meilen davon entfernt.

Gedicht des Mumon

> Heller Tag unter dem blauen Himmel!
> In einem Traum spricht er von einem Traum.
> Nichts als Schwindel!
> Er hinterging alle Zuhörer.

Teisho zu dem Koan

Gyozan war ein großer Meister, der gegen Ende der T'ang-Dynastie in Zen-Kreisen eine wichtige Rolle spielte. Er studierte sehr fleißig bei Meister Isan, und sie erreichten schließlich eine vollkommene Lehrer-Schüler-Identifikation. Sie sind als Gründer einer Zen-Schule bekannt, die einzig in ihrer Art ist und die Igyo-shu genannt wird. Gyozan starb 890 im Alter von siebenundsiebzig Jahren.

In diesem Koan wird erzählt, Meister Gyozan habe geträumt, er habe sich dorthin begeben, wo Maitreya wohne, und dort eine Rede gehalten. Einige Kritiker sagen, es sei ganz sinnlos, eine Traum-Geschichte in ein ernsthaftes Zen-Buch aufzunehmen. Einige befassen sich auch ausführlich mit der Bedeutung, die die Vorstellung von der zukünftigen Ankunft des Maitreya-Buddha haben könnte. Das sind Fragen, die in der Religions-Philosophie diskutiert werden müssen, und ich überlasse das den Fachleuten auf diesem Gebiet. Für die wirkliche Zen-Übung sind sie ohne grundlegende Bedeutung, und sie berühren auch in keiner Weise den Kern des Koan.

Wie Meister Mumon in seinem Kommentar sagt, ist der Kern dieser Geschichte als Zen-Koan die Frage: »Hielt Meister Gyozan wirklich eine Rede oder nicht? Wenn ja, welche Art von Rede war es?« Die Schüler müssen sich ganz darauf konzentrieren und ihr Zen-Auge auf diesen Punkt richten. Das übrige – ob es ein Traum war oder nicht – ist der äußere Rahmen der Geschichte und nicht wichtig.

Wie das Koan berichtet, hatte Meister Gyozan einmal den folgenden Traum: Er ging zum Tosotsu-Himmel, wo Maitreya wohnte, und trat in den inneren Saal ein. Es saßen dort viele ehrwürdige Mönche. Nur der dritte obere Sitz war frei, und man gab Gyozan diesen Platz. Einer der ehrwürdigen Mönche im Saal stand auf, schlug den hölzernen Tisch mit einem Hammer – so wie man es in einem Kloster macht, wenn etwas verkündet wird – und sagte, die heutige Rede werde von dem Mönch des dritten Sitzes gehalten. Dann stand Meister Gyozan auf, schlug mit dem Hammer auf den hölzernen Tisch und sagte: »Das Dharma des Mahayana geht über die Vier Sätze hinaus und übersteigt die Einhundert Verneinungen. Hört genau zu!«

Dieses Koan ist nicht im *Keitoku-Dento-roku* enthalten, wohl aber im *Goto-Egen*. Im *Goto-Egen* werden noch einige Sätze hinzugefügt: »Alle Mönche zerstreuten sich. Als Gyozan aus dem Traum erwachte, erzählte er das, was sich im Traum ereignet hatte, Meister Isan, der antwortete: ›Du hast jetzt den heiligen Stand erlangt.‹ Da machte Gyozan eine Verbeugung.«

Es kann sein, daß Kritiker aufgrund dieser letzten Sätze sagen, es sei eine erfundene mythologische Geschichte und kein historisches Ereignis. Wie dem auch sei, Meister Mumon beschloß das Koan in seinem *Mumonkan* mit dem Satz: »Hört genau zu!« und ließ das übrige weg. Er muß der Meinung gewesen sein, daß die wenigen letzten Sätze als Koan in der tatsächlichen Übung der Mönche ohne wesentliche Bedeutung sind.

Die »Vier Sätze« und die »Einhundert Verneinungen« sind Begriffe, die in der frühen indischen Philosophie und Logik verwendet wurden. Die Vier Sätze sind die Grundbegriffe: Eins, Viele, Sein, Nicht-Sein. Zu den Einhundert Verneinungen gelangt man, indem man jedem der vier Grundbegriffe vier eigene Verneinungen zurechnet, was insgesamt 16 ausmacht. Wenn wir nun Vergangenheit, Gegenwart und Zukunft hinzunehmen, kommen wir auf 48. Diese werden verdoppelt, insofern als sie bereits entstanden sind oder im Entstehen begriffen sind, was 96 ausmacht. Wenn wir eine einfache Verneinung der ursprünglichen vier hinzufügen, haben wir einhundert Verneinungen.

»Über die Vier Sätze und die Einhundert Verneinungen hinausgehen« ist eine Vorstellung aus der Scholastik: Hier jedoch bedeuten sie nur schlicht und einfach: »Worte und Schriftzeichen können ›Es‹ nicht ausdrücken; Vorstellungen und Gedanken können ›Es‹ nicht erreichen.« Meister Gyozan erklärte: »Das Dharma des Mahayana geht über die Vier Sätze hinaus und übersteigt die Einhundert Verneinungen. Höre richtig zu, höre genau zu!« Welche Art von Rede hielt er hier? Du mußt es konkret und klar zeigen. Wenn du sagst, er hielt keine Rede, warum verlangte er von seinen Zuhörern: »Hört genau zu«? Hier liegt das Wesentliche des Koan, und die Schüler müssen sich darauf konzentrieren, diesen Punkt zu durchschauen. Konventionelle Deutungen, die über die Schlauheit des Meisters Gyozan oder seinen Glauben an die Wiedergeburt im Tosotsu-Himmel reden, sind vom Zen-Standpunkt aus alle sinnlos.

Teisho zum Kommentar des Mumon

»Sage mir, hielt er eine Rede oder nicht? Wenn du deinen Mund aufmachst, wirst du ›Es‹ verlieren. Wenn du deinen Mund schließt, wird ›Es‹ dir auch entgehen. Selbst wenn du deinen Mund weder öffnest noch schließt, bist du hundertundachttausend Meilen davon entfernt.«

Bei der Erklärung dieses Koan weist Meister Mumon unmittelbar auf seinen Kern hin und stellt an seine Mönche angelegentlich die Frage: »Sagt mir, hielt er eine Rede oder nicht?« »Über die Vier Sätze hinausgehen« und »die Einhundert Verneinungen übersteigen« sind für das Dharma des Mahayana charakteristische Ausdrucksweisen. Wie wird die Wirklichkeit des Dharma des Mahayana selbst demonstriert? Hat Meister Gyozan sie vollendet dargestellt, indem er mit dem Hammer auf den Tisch schlug? Meister Mumon drängt seine Mönche, ihm unmittelbar und konkret zu antworten.

Diejenigen, die Augen haben, müssen es gesehen haben. Diejenigen, die Ohren haben, müssen es gehört haben. Meister Mumon wiederholt die Worte des Gyozan »über die Vier Sätze hinausgehen und die Einhundert Verneinungen überschreiten« in einer anderen Formulierung und sagt: »Wenn du deinen Mund öffnest und redest, dann ist das Dharma des Mahayana verloren. Wenn du aber deinen Mund schließt und schweigst, geht die Wahrheit auch verloren. Ob du redest oder schweigst, du bist immer hundertundachttausend Meilen davon entfernt. Du bist vollkommen im Irrtum.«

Wie Meister Fuketsu im vierundzwanzigsten Koan sagte, werden ohne Zweifel »sowohl Reden wie Schweigen von der Ri-Bi-Relativität betroffen. Wie können wir frei und an nichts gebunden sein?«

Nun sage mir, inwiefern war Meister Gyozan, als er seine Rede hielt, frei und an nichts gebunden? Auch wir müssen eine klare und konkrete Antwort geben und dabei frei und an nichts gebunden sein. So können wir vielleicht der Barmherzigkeit des alten Meisters Rede stehen.

Teisho zu dem Gedicht des Mumon

> Heller Tag unter dem blauen Himmel!
> In einem Traum spricht er von einem Traum.
> Nichts als Schwindel!
> Er hinterging alle Zuhörer.

Meister Mumon faßt das Wesentliche des Koan in einem kurzen und knappen Gedicht zusammen. »Heller Tag unter dem blauen Himmel!« Diese klare Zeile stellt er gleich an den Anfang. Ein heller, sonniger Tag! Er ist so klar und frisch. Nichts ist verborgen oder verschwommen. Das Dharma des Mahayana steht lebendig vor dir. Mumon sagt, diejenigen, die Augen haben, sehen es, diejenigen, die einen Geist haben, erkennen und würdigen es. Kein unnützes Diskutieren darüber, ob eine Rede gehalten wird oder nicht. In dieser einen Zeile wird das Wesentliche dieses Koan ganz offenbar.

In der zweiten Zeile fragt Mumon: Wer wird dann auf eine Traumgeschichte in einem Traum hören, wenn es so vollkommen klar ist? Man sagt jedoch: »Eine Garnele mag springen, aber sie kommt aus dem Eimer nicht heraus.« Auch ein Traum ist »Es« und kann nicht anders sein.

Vor langer Zeit lebte in China ein Philosoph namens Soshu. In einem Traum wurde er ein Schmetterling, er flog und tanzte in der Luft. Als er erwachte, war er nicht sicher, ob er Soshu war, der ein Schmetterling wurde, oder ein Schmetterling, der Soshu wurde. Ist das nicht eine interessante Geschichte? Ist sie Traum oder Wirklichkeit? Das Wunder des Zen besteht darin, dies klar zu erkennen.

In der dritten und vierten Zeile scheint Mumon alles entschieden zu verneinen, was gesagt worden ist: »Nichts als Schwindel! Er hat alle fünfhundert ehrwürdigen Mönche in der Residenz des Maitreya wunderbar irregeführt.«

Nun sage mir, mit welcher Art von Rede hat Meister Gyozan alle ehrwürdigen Mönche getäuscht? Meister Mumon bediente sich der paradoxen Ausdrücke nur, um seine aufrichtige Anerkennung für Gyozan zu zeigen. Erlaube mir nochmals die Frage: Inwiefern war Meister Gyozan in der Rede über das Dharma des Mahayana, das über die Vier Sätze und die Einhundert Verneinungen hinausgeht, frei und nicht gebunden? Welche Art von Rede hielt er? Wenn du diese Rede wirklich verstehen und würdigen kannst, dann kannst du auch verstehen, warum Meister Mumon sagte, Gyozan habe alle Zuhörer hintergangen.

Wie ich schon vorhin sagte, folgt in anderen Zen-Texten dem »Hört genau zu!« dieser Satz: »Alle Mönche wurden zerstreut.« Im allgemeinen wird dieser Satz so ausgelegt, als ob alle Zuhörer erfreut gewesen wären über die Rede des Gyozan und fortgingen. Ein alter Zen-Meister nahm aus Barmherzigkeit diesen Satz auf, damit die Schüler ihn noch eifriger und intensiver studieren und die wahre Absicht des Meisters Gyozan klar begreifen sollten. Als Zen in der Sung-Dynastie noch in seiner Blüte stand, gab

Meister Ekaku von Roya seinen Schülern das folgende Teisho:
»Es wird gesagt, daß die fünfhundert ehrwürdigen Mönche alle
zerstreut wurden. Nun sagt mir, zollten sie Gyozan Anerkennung oder nicht? Wenn ihr sagt, sie stimmten ihm nicht zu, dann
ist es möglich, daß ihr in einem friedlichen Land Unruhe stiftet.
Ich, ein bescheidener Mönch, will es euch sehr gern erklären:
›Das Dharma des Mahayana geht über die Vier Sätze hinaus und
übersteigt die Einhundert Verneinungen.‹ Wenn ihr es so den
Leuten sagt und wenn sie es annehmen, werden sie bestimmt so
schnell wie ein von einem Bogen geschossener Pfeil in die Hölle
des Todes stürzen.«

Einfacher ausgedrückt, sagt Meister Ekaku: »Wenn du sagst,
daß alle Zuhörer in der Residenz des Maitreya der Rede von Meister Gyozan zustimmten, dann verstehst du seine wirkliche Absicht nicht. Wenn du aber sagst, daß sie seiner Rede nicht zustimmten, dann ist es so, als ob du Unruhe in einem ruhigen und
friedlichen Land stiften würdest. Gütig wie eine Großmutter will
ich dir nun den entscheidenden Punkt erklären. Es ist ein schrecklicher Fehler, wenn du blindlings glaubst, daß »das Dharma des
Mahayana über die Vier Sätze und die Einhundert Verneinungen
hinausgeht«, nur weil es so gesagt wird. Du wirst dann so
schnell wie ein von einem Bogen geschossener Pfeil in die Hölle
des Todes fallen.«

Täuscht Meister Ekaku nicht auch seine Mönche in diesem
Teisho? Schließlich und endlich gibt es für einen jeden von euch
keinen anderen Weg, als persönlich und im Innern die »Rede der
Nicht-Rede« des Meisters Gyozan zu schätzen und zu würdigen.

Da wir gerade von Traum reden: Es gibt eine interessante Geschichte, die ich dir gern erzählen möchte, obwohl sie mit diesem
Koan in keinem direkten Zusammenhang steht. Zu Beginn der
Tokugawa-Periode in Japan lebte in Daitokuji, Kioto, ein Meister
namens Takuan, der in den Zen-Kreisen jener Zeit sehr aktiv
war. Als er sich seinem Tode näherte, baten ihn seine Schüler,
einen Schwanengesang zu hinterlassen. Zunächst weigerte sich
Takuan und sagte: »Ich habe kein letztes Wort.« Als seine Schüler ihn wiederholt und dringend darum baten, nahm er schließlich
einen Pinsel und schrieb ein Zeichen: *Traum*, dann starb er. Als
Meister Takuan noch wirkte, pflegte er vom »Traum-Zen« zu reden und schrieb »Einhundert Traumgedichte«. Nachstehend ist
sein berühmtes Gedicht über *Traum*:

Sechsunddreißigtausend Tage in einhundert Jahren.
Sie reden von Maitreya und Avalokitesvara, von Richtig und Falsch.
Richtig ist ein Traum; Falsch ist auch ein Traum.
So lehrte es der Buddha.

Meister Takuan symbolisierte mit diesem einen Zeichen für *Traum* die Wirklichkeit des Dharma, das über die Vier Sätze hinausgeht und die Einhundert Verneinungen übersteigt. Dieses eine Zeichen *Traum* bewies, wie frei und ungebunden Takuan war. Wenn du diesen Traum richtig verstehst, dann bist du selbst und alles andere nichts als ein Traum, und es gibt nichts im Universum, was kein Traum wäre. Wenn du lebst, dann bist du einfach durch und durch lebendig, und alles ist lebendig. Wenn du stirbst, dann bist du ganz und gar tot. Ein alter Zen-Meister sagte: »Wenn ich lebe, dann lebe ich ganz und vollständig. Wenn ich sterbe, dann sterbe ich ganz und vollständig.« Daher kann er sagen, es gibt weder Leben noch Tod.

Meister Takuan sagt: »Richtig ist ein Traum; Falsch ist auch ein Traum.« Für ihn ist ohne Zweifel Leben ein Traum und Tod auch ein Traum. Himmel und Erde und alles unter der Sonne sind nichts als ein Traum. Daher kann man genauso sagen, es gibt überhaupt keinen Traum. Das »Traum-Zen« ist daher vollkommen transparent und durchdringend.

26 Zwei Mönche rollten die Bambus-Jalousien hoch

Koan Die Mönche versammelten sich in der Halle, um vor dem Mittagessen das Teisho des Großen Hogen von Seiryo zu hören. Hogen wies auf die Bambus-Jalousien. Da gingen zwei Mönche zu den Jalousien und rollten sie in gleicher Weise auf. Hogen sagte: »Der eine hat es, der andere nicht.«

Kommentar des Mumon

Sage mir, welcher hat es und welcher nicht? Wenn dein Zen-Auge in diesem Augenblick geöffnet ist, dann wirst du erkennen, wie Meister Seiryo versagt hat. Wie dem auch sei, ich warne dich sehr, über »haben« und »nicht haben« zu diskutieren.

Gedicht des Mumon

> Wenn sie aufgerollt sind, ist die große Leere hell und klar.
> Die große Leere entspricht noch nicht unserer Lehre.
> Warum trennst du dich nicht von Leere und allem, was es gibt?
> Dann ist es so klar und vollkommen, daß sogar der Wind nicht hindurchweht.

Teisho zu dem Koan

Der in dem Koan erwähnte Große Hogen von Seiryo ist allgemein als Meister Hogen Buneki, Abt von Seiryo-in in Kinryo. bekannt. Er war von Natur aus sehr begabt und begann schon früh, den Buddhismus zu studieren. Er verfügte insbesondere über ein profundes Wissen der Vijnaptimatrata-Philosophie und der Kegon-Philosophie. Erstere lehrt, daß alle drei Welten aufgrund des Geistes und jedes Phänomen aufgrund der Erkenntnis existieren. Letztere lehrt dagegen, daß Prinzip und Phänomene einander durchdringen und grenzenlos sind. Das sind sicherlich ausgezeichnete buddhistische Ideen, und Hogen konnte später die Zen-Erfahrung machen, die diese Philosophien von innen wirklich belebt. Schließlich entwickelte er sein eigenes, einmaliges Zen, das man die Hogen-Schule nennt. Er wurde gegen Ende der T'ang-Dynastie als einer der führenden Männer in Zen-Kreisen angesehen und geachtet. Er starb 958 im Alter von vierundsiebzig Jahren.

Die Biographie des Meisters Hogen enthält folgende interessante Geschichte. Als er noch ein junger Mönch war, der sich in der Ausbildung befand und Buneki genannt wurde, ging er mit einigen befreundeten Mönchen auf eine Schulungsreise. Unterwegs wurde ihre Pilgerreise durch starke Regenfälle behindert, und sie waren gezwungen, in einem Tempel, Jizo-in genannt, zu verweilen. Als nach einigen Tagen die Flut vorüber war, wollten sie gehen und verabschiedeten sich beim Abt des Jizo-in, Meister Keishin. Der Meister wies auf einen großen Stein vor dem Eingangstor des Tempels und fragte Buneki: »Ehrwürdiger Mönch, ›Alle drei Welten bestehen aufgrund des Geistes, und jedes Phänomen existiert aufgrund der Erkenntnis‹ – das ist deine übliche Erklärung. Nun sage mir, ist dieser Stein außerhalb des Geistes oder im Geist?« Sogleich antwortete Buneki: »Er ist im Geist.« Darauf fragte Meister Keishin: »Warum trägst du, reisender Mönch, einen so schweren Stein in deinem Geist herum?« Buneki konnte darauf nichts erwidern. Schließlich beschloß er, seine Pilgerreise aufzugeben und in diesem Tempel zu bleiben, um bei Meister Keishin zu studieren.

Von jener Zeit an trug Buneki Meister Keishin alle seine Schlußfolgerungen, eine nach der anderen, vor, zu denen er nach seinem eingehenden Philosophiestudium gelangt war. Meister Keishin pflegte die Schlußfolgerung lächelnd hinwegzufegen und zu sagen: »Das ist überhaupt kein wirklicher lebendiger Buddhismus!« Buneki studierte noch eifriger, um seine Probleme zu lösen, und vergaß beinahe, zu essen und zu schlafen. Aber je eifriger er forschte, desto verzweifelter wurde er.

Eines Tages, als er am Ende seiner Kräfte war, bekannte er seinem Lehrer: »Ich habe kein Wort zu sagen und keinen Gedanken vorzubringen.« Er war bis zum äußersten getrieben. Meister Keishin sagte ruhig: »Wenn Buddhismus zu zeigen ist, ist er vollkommen und offenbar.« Bei diesen Worten erwachte Buneki sofort zur Wahrheit des Zen und war hinfort immer frei im Dharma. Er wurde schließlich Nachfolger von Meister Keishin.

Wie bereits erwähnt, war Meister Hogen in buddhistischer Philosophie sehr bewandert. Es war natürlich, daß er – gestützt auf die Kegon-Philosophie – die Einheit von Zen und Gelehrsamkeit lehren würde. Er sagte: »Buddhismus besteht sozusagen aus höchster Wahrheit und Phänomenen. Höchste Wahrheit gründet sich auf Phänomene, und Phänomene gründen sich auf höchste Wahrheit. Sie durchdringen einander, sie sind wie Augen und Füße. Wenn es nur Phänomene und keine universale Wahrheit gäbe, würden die Dinge stillstehen und nicht weitergehen. Wenn es nur das Reich des Prinzips und keine Phänomene gäbe, dann würden die Dinge sich verlieren und nicht zu ihrem Ursprung zurückkehren.« Er sagte auch: »Was den Standpunkt der Dharma-Welt angeht, so sind universale Wahrheit und Phänomene vollkommen klar, und Form und Leere des Selbst werden transzendiert. Der grenzenlose Ozean wird von einem einzigen Haar umfangen, und der Berg Sumeru, der höchste der Berge, ist in einem einzigen Mohnsamen. Solches sind keine besonders heiligen und geheimnisvollen Werke, sondern natürliche Vorkommnisse, so wie sie sein sollen. Es gibt kein Prinzip, das sich nicht als Phänomen offenbart, und es gibt keine Phänomene, die nicht in den Bereich aller Elemente zurückkehren. Die universale Wahrheit und die Phänomene sind nicht zwei, und »Es« ist weder ein Phänomen noch eine universale Wahrheit.«

Dies sind ausgezeichnete Vorträge, die wir in seiner Philosophie von »Zen und Gelehrsamkeit sind eins« nachlesen können. Sie zeigen uns jedoch nicht das wahre Bild des fähigen Zen-Meisters Hogen mit seiner großen und klaren Zen-Erfahrung. Das Zen des Hogen wird in dem Ausspruch beschrieben: »Ein Nachtwächter begeht ein Verbrechen bei Nacht.« Mit seiner scharfsinnigen, klugen und klaren Art des Vorgehens entzieht er dem Schüler alles, woran er sich klammert. Die folgenden Mondos sind gute Beispiele für seine Geschicklichkeit:

Einmal fragte ein Mönch Hogen: »Was ist der eine Tropfen Wasser von Sogen?« Hogen erwiderte: »Es ist der eine Tropfen Wasser von Sogen.« (Sogen ist der Name des Ortes, an dem der

Sechste Patriarch lebte. »Gen« in »Sogen« bedeutet »die Gründung«. Die Frage des Mönchs: »Was ist der eine Tropfen Wasser von Sogen?« ist gleichbedeutend mit der Frage: »Was ist das Wesen des Zen?«)

Einmal fragte ein Mönch Hogen: »Was ist die höchste Wahrheit?« Der Meister antwortete: »Erstens bete ich, daß du sie lebst. Zweitens bete ich, daß du sie lebst.«

Im *Keitoku Dento-roku* wird die Zen-Fähigkeit des Hogen mit den folgenden Sätzen gerühmt: »Er bringt den Stillstand in Bewegung und klärt die Verwirrung. Wenn man ernsthaft um seine Unterweisung bittet, dann gibt er für jede Krankheit eine geeignete Arznei.«

Diese Beschreibungen zeigen, welche Art von Zen-Meister Hogen war. Sie werden uns beim Studium des Koan *Zwei Mönche rollten die Bambus-Jalousien hoch* behilflich sein.

Nun zurück zu dem Koan. Eines Tages versammelten sich einige Mönche in der Halle, um vor dem Mittagessen das Teisho des Meisters Hogen zu hören. Ohne ein Wort zu sagen, hob Hogen die Hand und zeigte auf die Bambus-Jalousien, die heruntergelassen waren. Da erhoben sich gleichzeitig zwei Mönche und rollten sie in gleicher Weise auf. Der Meister sah ihnen zu und sagte: »Der eine hat es, der andere nicht.«

Die Kernfrage dieses Koan ist offenbar: Warum erklärte Hogen, der eine Mönch habe seine Absicht verstanden und der andere nicht, während doch beide zur gleichen Zeit genau dasselbe taten? Wenn es in der gleichen Handlung keinen Unterschied zwischen Richtig (»hat«) und Falsch (»hat nicht«) gibt, warum sagt dann Meister Hogen: »Der eine hat es, der andere nicht«? Wenn es in der gleichen Handlung einen Unterschied zwischen Richtig und Falsch gibt, welche Art von »Richtig und Falsch« erblickte Hogen dann darin? Das Ziel dieses Koan ist, das Zen-Auge des Schülers zu öffnen, damit er dieses Dilemma durchschauen kann. (Den Lesern wird geraten, das elfte Koan nochmals durchzugehen, in dem Meister Joshu die Überlegenheit und die Unterlegenheit der beiden Eremiten, die beide ihre Faust zeigten, feststellte. Welche Absicht hatte er in Wirklichkeit?)

Ein alter Zen-Meister gab zu diesem Koan den folgenden Kommentar: »Dieses Koan will den Großen Zweifel im Geist der Schüler wecken. Wenn sie versuchen würden, den Sinn von ›einer hat es, der andere nicht‹ mit ihrem Intellekt zu erfassen, dann wäre das so, als wollten sie Hörner bei Kaninchen und Pferden suchen.« Die eigentliche Absicht, die Meister Hogen mit seinem Zen hier verfolgt, ist, in jedem Schüler den Großen religiösen Zweifel zu erwecken, so daß der Schüler sogleich das dualistische Dilemma von Gewinn und Verlust, Richtig und Falsch, ausschaltet. Wenn die Schüler versuchen würden, die Frage von Gewinn (»hat«) und Verlust (»hat nicht«) logisch oder verstandesmäßig zu lösen, dann würden sie das Unmögliche versuchen – sie würden Hörner auf den Köpfen von Kaninchen und Pferden suchen.

Ein anderer Zen-Meister sagte: »Warum sah Hogen in dem gleichen Akt des Aufrollens der Bambus-Jalousien den Unterschied zwischen Richtig und Falsch? In Gleichheit gibt es Unterscheidung; in Unterscheidung gibt es Gleichheit. Wenn man Schnee in eine Silberschale legt, oder ein Silberreiher steht unter Schilfrohrblüten, dann ist alles weiß, und es scheint keinen Unterschied zu geben. Aber eine Silberschale ist eine Silberschale, Schnee ist Schnee, ein Silberreiher ist ein Silberreiher und Schilfrohrblüten sind Schilfrohrblüten. Sie unterscheiden sich selbstverständlich voneinander. Wenn du aber den trügerischen Schluß ziehen solltest, daß Meister Hogen die beiden Mönche von einem unterscheidenden Standpunkt aus sah, dann kannst du dich noch nicht einmal neben die beiden Mönche stellen.«

Die Zen-Meister drängen uns, den Gegensatz von Richtig und Falsch zu überschreiten. Aber welchen Grund haben sie eigentlich? Einige könnten sagen: »Die beiden Mönche gingen zusammen hin und rollten die Jalousien in gleicher Weise auf – das ist das Symbol für Gleichheit und Einheit, und das ist die universale Wahrheit. Meister Hogen sagte: ›Der eine hat es, der andere nicht.‹ Das verweist auf Unterscheidung und zwei; beide sind Phänomene. Er fordert uns auf, das Wunder der Einheit von universaler Wahrheit und Phänomenen zu sehen, daß in der universalen Wahrheit Phänomene eingeschlossen sind und in den Phänomenen die Wahrheit ist.« Das ist ohne Zweifel eine schöne Erklärung. Aber wenn sie auch wunderbar ausgedrückt sein mag, so ist sie schließlich doch eine intellektuelle Deutung und kein unmittelbares, lebendiges Zen. Zen erklärt nicht die Wahrheit der »Einheit von Wahrheit und Phänomenen«, sondern es lebt tatsächlich Tag und Nacht »die Einheit von universaler Wahrheit und Phänomenen«. Jede Bewegung der Hand und des Fußes muß dafür der lebendige Beweis in jedem Augenblick sein. Hier möchte ich dich nochmals fragen: »Was ist die Wahrheit der Einheit von universalem Prinzip und Phänomenen?« Wenn du mir nicht das lebendige Faktum als deine Antwort zeigen kannst, kann es kein Zen sein. Es wird dann nur eine Idee und philosophische Spekulation sein.

Teisho zum Kommentar des Mumon

»Sage mir, welcher hat es und welcher nicht? Wenn dein Zen-Auge in diesem Augenblick geöffnet ist, dann wirst du erkennen, wie Meister Seiryo versagt hat. Wie dem auch sei, ich warne dich sehr, über ›haben‹ und ›nicht haben‹ zu diskutieren.«

Meister Mumon kommentiert dieses Koan und sagt zu seinen Schülern: »Meister Hogen sagte über die beiden Mönche, die hingingen und in gleicher Weise die Jalousien aufrollten: ›Der eine hat es, der andere nicht.‹ Nun sagt mir, welcher hatte es, und welcher nicht? Wenn euer Zen-Auge so klar geöffnet ist, um in diesem Augenblick die höchste Wahrheit zu durchschauen, dann werdet ihr ohne Zweifel die wirkliche Absicht von Meister Hogen erkennen.« (»Zen-Auge« bedeutet die Zen-Fähigkeit, freien Gebrauch von Gewinn und Verlust, Richtig und Falsch zu machen.)

Mumon sagte, daß Meister Seiryo »versagte«. Im allgemeinen bedeutet der Begriff »versagen«, daß einer einen Fehler oder Schnitzer gemacht hat. Hier jedoch besagt er genau das Gegenteil und wird mit großer Bewunderung verwendet. Zen-Anhänger benutzen diesen Ausdruck manchmal im Sinne von »wirkliche Absicht«, »Wesen« oder »wesentlicher Punkt«. Meister Mumon greift hier den Hauptgedanken dieses Koan auf und wiederholt die Frage: »Was meint Meister Hogen in Wirklichkeit, wenn er sagt: ›Der eine hat es, der andere nicht‹ – wenn doch beide Mönche genau dasselbe taten, als sie die Jalousien aufrollten?«

Er ist so liebenswürdig, am Schluß seine Schüler mit den Worten zu warnen: »Wie dem auch sei, macht niemals einen so absurden Fehler, zwischen Richtig und Falsch zu unterscheiden.« Gestatte mir nun noch die Frage: Wie wirst du über »haben« und »nicht haben« hinausgehen, wenn Meister Hogen erklärt, daß der eine es hat, der andere nicht? Erfasse hier die Wahrheit des Aufrollens der Jalousien!

Es gibt ein bekanntes Buch, in dem der Autor sehr stolz seiner Meinung Ausdruck gibt: »Da Gewinn und Verlust als das gleiche betrachtet werden, ist das Ergebnis – wenn man zur gleichen Tat einen Gewinn hinzufügt und einen Verlust abzieht – offenkundig. Es ist genau das gleiche, als ob man eins hinzufügt und eins abzieht; daher gibt es schließlich weder Gewinn noch Verlust.« Er ist einer von denen, die mit ihrer Spitzfindigkeit über »haben« und »nicht haben« diskutieren. Es erübrigt sich zu sagen, daß dies gar kein Zen ist.

Es gibt ein Koan, das heute in japanischen Klöstern benutzt wird, dessen Autor ich jedoch nicht kenne:

>Zwei gehen dahin,
>Einer wird nicht naß.
>Dieser Herbstregen!

Einige sehen dies als eine komische Geschichte und ein Wortspiel an und sagen: »Wenn zwei Menschen miteinander gehen, dann werden beide naß und nicht nur einer.« Sie sehen keinen Widerspruch oder keine Schwierigkeit darin, das Problem zu lösen. So gehen sie lachend darüber hinweg. Auch sie diskutieren über »haben« und »nicht haben« und wissen nicht, was ein Zen-Koan ist. Ihre Deutung hat mit Zen nichts zu tun. Sie können sich nicht einmal vorstellen, daß es eine lebendige, neue Zen-Schau gibt, die jenseits von allem Dualismus ist, wie zwei und eins, naß werden oder nicht. Ein Zen-Anhänger lebt dieses Faktum tatsächlich.

Meister Tendo schrieb ein berühmtes Gedicht zu diesem Koan:

>Eine Pinie ist gerade, und ein Dornbusch ist krumm.
>Ein Kranich ist groß, und eine Ente ist klein.
>Die Menschen unter der Regierung von Kaiser Gi
>vergessen sowohl Frieden wie Krieg.
>Ihre Ruhe liegt bei einem Drachen in der Tiefe.
>Ihre Freude fliegt mit einem Phönix frei von Fesseln.
>Die Lehre des Ersten Patriarchen enthält nichts.
>Richtig und Falsch sind genau gleich, was sie auch seien.
>Beifuß tanzt mit dem Wind in der Luft.
>Ein Boot überquert den Fluß und erreicht das Ufer.
>Darin, du Mönch der Erkenntnis,
>Durchschaue das Wirken des Seiryo!

»Eine Pinie ist gerade und ein Dornbusch ist krumm. Ein Kranich ist groß und eine Ente ist klein.« – Gibt es hier eine Unterscheidung zwischen Richtig und Falsch oder nicht? »Beifuß tanzt mit dem Wind in der Luft. Ein Boot überquert den Fluß und erreicht das Ufer.« – Ist hier eine Unterscheidung zwischen Gewinn und Verlust oder nicht? Meister Tendo sagt: »Richtig und Falsch sind genau gleich, was sie auch seien.« Ein Zen-Anhänger muß sein Zen-Auge aufgrund seiner tatsächlichen Erfahrung geöffnet haben, so daß er seine eigene Arbeit entfalten kann.

Teisho zu dem Gedicht des Mumon

> Wenn sie aufgerollt sind, ist die große Leere hell
> und klar.
> Die große Leere entspricht noch nicht unserer Lehre.
> Warum trennst du dich nicht von Leere und allem, was
> es gibt?
> Dann ist es so klar und vollkommen, daß sogar der
> Wind nicht hindurchweht.

Meister Mumon veranschaulicht das Wesen des Koan in den vier Zeilen seines Gedichts. Zunächst sagt er über die beiden Mönche, die die Jalousien in gleicher Weise aufrollten: »Wenn sie aufgerollt sind, ist die große Leere hell und klar.« Jalousien trennen innen von außen. Wenn diese Unterscheidung ausgeschaltet ist, dann ist die Leere ganz gleichmäßig, es gibt keinen Unterschied mehr. Sie ist hell und klar, und nichts behindert mehr die Sicht. Es ist die durchdringende Klarheit der universalen Wahrheit. In der zweiten Zeile verneint Meister Mumon jedoch die erste Zeile und sagt: »›Die große Leere entspricht noch nicht unserer Lehre.‹ Sogar diese reinste Geistigkeit entspricht nicht meinem grundsätzlichen wahren Standpunkt, gemäß dem ich die Einheit von universaler Wahrheit und Phänomenen lebe.« (»Unsere Lehre« bezeichnet Buddhismus im weiten Sinne, insbesondere jedoch Zen.)

In der dritten Zeile sagt er nachdrücklich: »Warum trennst du dich nicht von Leere und allem, was es gibt?« Zen-Anhänger sagen häufig: »Nicht-Geist ist noch weit weg hinter tausend Schranken.« Große Leere, Nicht-Geist, Gleichheit und ähnliches lassen die religiöse Erfahrung absoluter Verneinung erkennen, und sie sind ohne Zweifel eine reine und geistliche Geistigkeit. Wenn man jedoch bei dieser Geistigkeit stehen bleibt, dann erweist sie sich als eine einseitige relativistische Leere, und dies bedeutet, daß man die Wahrheit verfehlt hat. Meister Mumon fordert seine Schüler nachdrücklich auf, sich von ihrer Verhaftung an eine derartige Geistigkeit zu trennen, und gibt ihnen den Rat, das wunderbar freie Zen-Leben ohne Falsch zu leben, in dem die universale Wahrheit und die Phänomene eins sind. Wenn man dieses freie Zen-Leben führt, dann wird es »so klar und vollkommen sein, daß nicht einmal der Wind hindurchweht.«

Hier öffnet sich dem Schüler die neue, wunderbare Schau, die sowohl Bejahung wie Verneinung übersteigt. Das ist die echte Geistigkeit, das wirkliche Zen-Leben, in dem es weder Richtig noch Falsch und nicht einmal Einheit gibt. Meister Tendo besingt diese Geistigkeit und sagt: »Die Menschen unter der Regierung von Kaiser Gi vergessen sowohl Frieden wie Krieg.« Das ist das wirklich freie und grenzenlose Zen-Leben jenseits von universaler Wahrheit und Phänomenen.

Gestatte mir, dich nochmals zu fragen, warum sagte Hogan: »Der eine hat es, der andere nicht«? Deine Antwort muß unmittelbar das tatsächliche, lebendige Überschreiten von Richtig und Falsch beweisen. Sonst bist du einer von denen, die in der Welt von Richtig und Falsch umherirren.

Ich mache dich auf ein weiteres Gedicht zu diesem Koan aufmerksam:

> Freue dich nicht übermäßig über das Richtige,
> Sei nicht traurig über das Falsche.
> Für die alten Meister sind die Dinge wie Blumen
> und Blüten.
> Pfirsichblüten sind rot, Pflaumenblüten sind weiß,
> und Rosen sind rosa.
> Ich frage den Frühlingswind, warum das so ist,
> aber er weiß nichts davon.

Die Schüler von heute müssen sich nach dieser Unterweisung richten und ihr Zen-Auge öffnen, um zu erkennen, wo Meister Hogen versagte.

27 Weder Geist noch Buddha

Koan   *Ein Mönch fragte einst Meister Nansen: »Gibt es irgendein Dharma, das das Volk noch nicht gelehrt worden ist?« Nansen antwortete: »Jawohl.« Der Mönch fragte: »Welches Dharma ist das Volk noch nicht gelehrt worden?« Nansen sagte: »Es ist weder Geist noch Buddha, noch Wesen.«*

Kommentar des Mumon

Als die Frage an Nansen gestellt wurde, mußte er gleich alles, was er besaß, auf einmal verausgaben. Wie schwach und ungeschickt!

Gedicht des Mumon

> Zu große Höflichkeit schmälert dein Verdienst.
> Schweigen ist ohne Zweifel wirksam.
> So mag es sein. Auch wenn der blaue Ozean sich wandelt,
> Wird »Es« dir niemals mitgeteilt werden.

Teisho zu dem Koan

Meister Nansen wurde bereits im vierzehnten Koan vorgestellt. Biographische Einzelheiten erübrigen sich daher an dieser Stelle.

Hekigan-roku, ein anderer berühmter Zen-Text, führt im achtundzwanzigsten Koan ein ähnliches Mondo an: Nansen hatte mit Meister Nehan von Hyakujo ein Gespräch. Hyakujo fragte: »Gibt es irgendein Dharma, das alle Patriarchen das Volk in der

Vergangenheit noch nicht gelehrt haben?« Nansen antwortete: »Jawohl«. Hyakujo fragte: »Welches Dharma ist das Volk noch nicht gelehrt worden?« Nansen sagte: »Es ist weder Geist noch Buddha, noch Wesen.« Hyakujo fragte: »Bist du mit deiner Rede zu Ende?« Nansen antwortete: »Ich bin nun einmal so. Wie steht es mit dir, Meister?« Hyakujo antwortete: »Ich bin kein großer gelehrter Meister. Was weißt du über Reden und Nicht-Reden, Lehren und Nicht-Lehren?« Nansen sagte: »Ich verstehe nicht.« Hyakujo erwiderte: »Ich habe es dir gründlich erklärt.«

In diesem Mondo des *Hekigan-roku* spielt Meister Hyakujo Nehan die Haupt- und Nansen die untergeordnete Rolle. In der *Mumonkan*-Sammlung ist Meister Nansen die Hauptfigur, und ein namenloser Mönch ist der Fragesteller. Der *Mumonkan* enthält auch nur die erste Hälfte des Mondo als kurzes und knappes Koan, das natürlich einen anderen Sinn als das Koan des *Hekigan-roku* hat, obwohl beide Koans vielleich gleich aussehen. Wahrscheinlich entnahm Meister Mumon dieses Koan dem Mondo in dem *Hekigan-roku* und gab ihm für seine Schüler eine knappe Form. Es muß unabhängig von dem *Hekigan-roku* studiert werden.

Eines Tages fragte ein Mönch Meister Nansen: »Gibt es irgendein Dharma, das das Volk noch nicht gelehrt worden ist?« Um den Sinn dieser Frage richtig zu verstehen, darf man nicht die Worte »noch nicht« übersehen. Dieses »noch nicht« hat eine konjunktive Bedeutung und besagt etwa folgendes: »Viele Patriarchen müssen aus Mitleiden bisher das Wesentliche des Buddhismus für uns alltägliche Wesen auf verschiedene Art und Weise gelehrt haben. Gibt es aber nicht doch noch irgendein besonderes Dharma, das das Volk noch nicht gelehrt worden ist?«

Dem Ton des fragenden Mönchs können wir entnehmen, daß er von Meister Nansen wahrscheinlich zu hören erwartete: »Nein, es gibt keines.« Das ist eine Antwort, die dem gesunden Menschenverstand entspricht, und in gewissem Sinne ist es auch eine korrekte Anwort.

Meister Nansen war jedoch ein außergewöhnlich fähiger Meister mit einem prächtigen Zen-Standpunkt; über die Deutung des gesunden Menschenverstandes war er hinaus. Er muß mit diesem Zen-Standpunkt die Absicht des Mönchs erkannt haben. Wider Erwarten antwortete Nansen mit Nachdruck: »Jawohl«. Man spürt seine Absicht, ihn herauszulocken und ihm dann einen Zen-Schlag zu versetzen.

Der Mönch fiel natürlich darauf herein und stellte die nächste Frage: »Was für ein Dharma ist das Volk noch nicht gelehrt worden?« Das war die Frage, die Nansen vorausgesehen hatte. Das Dharma, das nicht gelehrt worden ist, ist das Dharma, das nicht gelehrt werden kann. Ein wahrer Zen-Anhänger hat immer den Standpunkt jenseits von Reden und Nicht-Reden, Lehren und Nicht-Lehren und lebt faktisch die Wahrheit, die tatsächlich das Dharma ist, das nicht gelehrt wird. Die alten Zen-Meister betonten die »Weitergabe außerhalb der Schriften« und »unabhängig von Worten und Schriftzeichen«, und sie sagten auch: »Nicht einmal ein Wort ist gelehrt worden.« Sie bestätigten alle »das Dharma, das das Volk nicht gelehrt worden ist«. Hier liegt das eigentliche Problem. Wie lebst du tatsächlich das Wesen des Zen, das behauptet, das Volk sei das Dharma nicht gelehrt worden? Deine Antwort muß eine Erfahrungstatsache sein. Meister Nansen sagte vertrauensvoll: »Es ist weder Geist noch Buddha noch Wesen.«

Im *Lotus-Sutra (Hoke-kyo)* gibt es eine berühmte Stelle: »Geist, Buddha und gewöhnliche Wesen – diese drei unterscheiden sich nicht voneinander.« Der Lehrer des Nansen, Meister Baso Doitsu, hatte auch ein Mondo, das dem im obigen Koan ähnlich ist. Die Antwort von Meister Nansen geht nicht notwendigerweise auf ihn selbst zurück. Nichtsdestoweniger ändert sich nicht der tiefe Sinn seiner Antwort, denn sie schaltet allen Dualismus aus und konfrontiert die Schüler unmittelbar mit dem Wesen des Zen, das sich jenseits von Reden und Nicht-Reden, Lehren und Nicht-Lehren befindet. Hier liegt der Schlüssel zu diesem Koan, und Meister Mumon fordert uns auf, ihn zu ergreifen.

Da dies der Kern des Koan ist, pflegte mein Lehrer, Meister Bukai, bei der Unterweisung den Schülern sehr zuzusetzen und sie zu fragen: »Welches ist das Dharma, das das Volk noch nicht gelehrt worden ist?« Dann fragte er weiter: »Hier, was ist das vor dir? Was ist das unter deinen Füßen?« Sagte er nicht damit seinen Schülern, daß jede Bewegung ihrer Hand und ihrer Füße, ob sie schwiegen oder sprachen, aktiv oder in Ruhe waren – daß dies alles nichts als ein Dharma war, das man das Volk noch nicht gelehrt hatte? Er versuchte damit, die Schüler zu dieser klaren und offenkundigen Tatsache aufzuwecken.

Meister Nansen war ein außergewöhnlich großer Meister von großer Barmherzigkeit. Er verwendete bei der Anleitung der Mönche seine bewährten Methoden und antwortete zunächst:

»Jawohl«. So lockte er den Schüler an. Dann schleuderte er ihm das lebendige Dharma, das das Volk nicht gelehrt worden ist, das »weder Geist noch Buddha noch Wesen« ist, entgegen. Wenn du dich an die Terminologie des Meisters Nansen klammerst und dem wörtlichen Sinn seiner Worte folgst, dann wirst du seinen lebendigen Zen-Geist niemals begreifen.

Wenn es dir nicht gelingt, die Wirklichkeit zu erfassen, die sich hier und jetzt vor deinen Augen befindet, dann wirst du schließlich den Sinn dieses Koan nicht verstehen. Meister Hakuin sagte zu diesem Koan: »Wenn ich gefragt würde, wäre meine Antwort: Avatamsaka, Agama, Vaipulya, Prajna, Saddharma-pundarika und Nirvana!« Er nannte absichtlich die Namen der Sutren, die Shakyamuni zu seinen Lebzeiten das Volk lehrte. Auch hier darfst du dich von der Terminologie des Meisters Hakuin nicht täuschen lassen. Für jemanden, der sein Zen-Auge geöffnet hat, ist alles, was er sieht, was er hört, das Dharma, das das Volk nicht gelehrt worden ist. Alles ist »Es«, das sich jenseits von Reden und Nicht-Reden, Lehren und Nicht-Lehren befindet und anders nicht sein kann. Die Erklärung des Meisters Hakuin ist wirklich wunderbar.

Zen-Meister können ihre Zen-Erfahrung durch Reden, Schreiben, Malen, durch einen plötzlichen Schlag oder auf mannigfaltige andere Weise zum Ausdruck bringen. Im Zen ist es eine eiserne Regel, diese Lehre, ganz gleich in welcher Form sie gegeben wird, von innen her, aufgrund der tatsächlichen Erfahrung zu lehren und niemals zu versuchen, diese dadurch zu erreichen, daß man einer bestimmten Ausdrucksweise folgt.

Teisho zum Kommentar des Mumon

»Als die Frage an Nansen gestellt wurde, mußte er gleich alles, was er besaß, auf einmal verausgaben. Wie schwach und ungeschickt!«

Der Kommentar des Meisters Mumon zu diesem Koan ist prägnant: »Lieber Meister Nansen, auf die Frage eines Mönchs: ›Welches Dharma ist das Volk nicht gelehrt worden?‹ antwortest du sogleich: ›Es ist weder Geist noch Buddha, noch Wesen.‹ Von meinem Standpunkt aus hat es den Anschein, als ob du deinen ganzen Besitz hergegeben hättest. Wie schändlich! Wie ungeschickt! Ich kann es nicht mit ansehen!« Es hört sich so an, als ob

Mumon Meister Nansen verhöhne. Wie wir jedoch gesehen haben, ist eine derartige Rüge in Zen-Kreisen ein beliebtes Mittel, die Fähigkeit eines anderen Meisters zu kommentieren. Mit extremen Schimpfworten bringt man größte Bewunderung zum Ausdruck, die eine übliche Lobrede in dieser Intensität nicht vermitteln könnte. Mumon meint in Wirklichkeit: »Lieber Meister Nansen, auf die Frage des Mönchs hin warfst du ihm das Dharma, das das Volk nicht gelehrt worden ist, vor die Füße und hast ihm eine schöne Antwort gegeben. Wie wunderbar! Wie prächtig!«

Erlaube mir die Frage: Meister Mumon sagt, daß Meister Nansen seinen ganzen Besitz verausgabte. Was ist das für ein Besitz, den er verausgabte?

Teisho zu dem Gedicht des Mumon

> Zu große Höflichkeit schmälert dein Verdienst.
> Schweigen ist ohne Zweifel wirksam.
> So mag es sein. Auch wenn der blaue Ozean sich wandelt,
> Wird »Es« dir niemals mitgeteilt werden.

Die ersten beiden Zeilen des Gedichtes von Meister Mumon kommentieren die Antwort des Meisters Nansen: »Meister Nansen, deine Haltung ist so liebenswürdig und so höflich, daß es gegen die Ehre eines großen Meisters ist. Zu viel ist genauso schlecht wie zu wenig. Es wäre besser, über das Dharma, das das Volk nicht gelehrt worden ist, nichts zu sagen. Wenn du nicht darüber redest, ist seine Größe um so strahlender.« Auch hier bedient sich Mumon seiner alten paradoxen Methode, seine Bewunderung für Nansen dadurch zum Ausdruck zu bringen, daß er schlecht über ihn redet.

»Zu große Höflichkeit schmälert dein Verdienst« verweist auf eine mythologische Fabel in China. Es war einmal ein König namens Kondon, der die sechs Sinnesorgane, Augen, Nase etc., nicht besaß. Das Land wurde aber von diesem König gut regiert. Dumme Minister glaubten, daß im Lande noch größerer Friede herrschen würde, wenn man dem König seine sechs Sinne erschließen würde, und daher versuchten sie, König Kondon mit Gewalt die sechs Sinne zu geben. Der König starb daran, und das

Land geriet in Aufruhr. Mit dem Hinweis auf diese alte Erzählung verspottet Mumon die Antwort des Meisters Nansen.

In den beiden letzten Zeilen verweist Meister Mumon nachdrücklich darauf, wie absolut das Wesen des Zen ist. Wenn die Welt auch zusammenbricht und der große blaue Ozean sich in ein grünes Feld verwandelt, wird dennoch das Dharma, das das Volk nicht gelehrt worden ist, niemals durch irgendwelche Methoden oder Logik mitgeteilt werden, weil es von jedem einzelnen persönlich als sein eigenes lebendiges Faktum erfahren und erwiesen werden muß.

Es ist bekannt, daß Meister Tozan sagte: »Ich bin immer ganz ehrlich da, wo ich gerade bin.« Dieses Dharma ist für einen Zen-Anhänger eine Tatsache seines täglichen Lebens. Wenn er gehen will, dann geht er, wenn er sitzen will, dann sitzt er. Über Mitteilen und Nicht-Mitteilen wird gar nicht diskutiert. Was, in aller Welt, willst du schließlich mitteilen?

Es gibt Leute, die die beiden letzten Zeilen anders auslegen: »Wenn auch der große Wandel auf der Erde kommen und sich der große blaue Ozean in ein grünes Feld verwandeln mag, so wird doch der fragende Mönch den wirklichen Sinn von Meister Nansens Antwort niemals verstehen.« Sie sagen, daß diese beiden Zeilen die Unfähigkeit des fragenden Mönchs kritisieren. Ich persönlich bin mit dieser Deutung jedoch nicht einverstanden.

28 Der wohlbekannte Ryutan

Koan Tokusan sprach einmal bei Ryutan vor, bat um Unterweisung und blieb bis zum Einbruch der Nacht. Ryutan sagte: »Es wird spät; es ist besser, du gehst jetzt.« Schließlich verabschiedete sich Tokusan, hob den Türvorhang hoch und ging hinaus. Als er bemerkte, daß es dunkel war, kehrte er um und sagte: »Draußen ist es dunkel.« Ryutan zündete daraufhin die Kerze an und gab sie ihm. Tokusan wollte sie nehmen, als Ryutan sie ausblies. Da wurde Tokusan plötzlich erleuchtet. Er machte eine Verbeugung. Ryutan fragte: »Welche Erkenntnis hast du?« Tokusan antwortete: »Von jetzt an werde ich die Aussprüche keiner der großen Zen-Meister in der Welt mehr in Zweifel ziehen.«
Am nächsten Tage stieg Ryutan auf das Rednerpult und erklärte: »Unter den Mönchen hier ist einer, dessen Fänge wie Schwerter sind und dessen Mund wie eine Schale von Blut ist. Man mag ihn mit einem Stock schlagen, er wird noch nicht einmal den Kopf wenden. Später wird er auf steiler und großer Höhe seinen Weg machen.«
Dann nahm Tokusan seine Notizen und Kommentare zu dem Diamant-Sutra heraus, hielt vor der Klosterhalle eine brennende Fackel hoch und sagte: »Auch wenn man verschiedene profunde philosophische Gedankengänge beherrscht, so ist das doch nicht mehr, als wenn man eine einzige Haarsträhne am weiten Himmel anbringen würde; und wenn man alles wesentliche Wissen der Welt erlangen würde, so ist das doch nur ein Tropfen Wasser, den man in einen tiefen Abgrund spritzt.« Er nahm alle seine Notizen und Kommentare und verbrannte sie. Dann ging er dankbar fort.

Kommentar des Mumon

Als Tokusan seine Heimat noch nicht verlassen hatte, war sein Geist empört und seine Zunge scharf. Er kam zuversichtlich in den Süden, um die »besondere Übertragung außerhalb der Schriften« auszurotten. Er erreichte die Straße nach Reishu und sprach mit einer alten Frau, die Tenjin (Imbiß) verkaufte. Die alte Frau sagte: »Ehrwürdiger Mönch, was für Bücher hast du in deinem Paket?« Tokusan sagte: »Es sind Notizen und Kommentare zum *Diamant-Sutra*.« Die alte Frau sagte: »Im Sutra wird gesagt: ›Der vergangene Geist ist unerreichbar, der gegenwärtige Geist ist unerreichbar, der zukünftige Geist ist unerreichbar.‹ Welchen Geist wirst du, ehrwürdiger Mönch, jetzt aufleuchten lassen?« Tokusan konnte auf diese Frage nicht antworten und mußte seinen Mund fest schließen. Trotzdem konnte er bei den Worten der alten Frau nicht den Großen Tod sterben und fragte schließlich: »Gibt es in der Nähe einen Zen-Meister?« Die alte Frau antwortete: »Meister Ryutan wohnt fünf Meilen von hier entfernt.« Als er im Kloster des Ryutan ankam, war er vollkommen besiegt. Man muß sagen, daß das, was er zuerst sagte, mit dem, was er später sagte, nicht übereinstimmt. Ryutan ist wie eine Mutter, die ihr Kind zu sehr liebt und nicht merkt, wie aufdringlich sie ist. Er entdeckte ein kleines Stück glühender Kohle in Tokusan und goß schnell Schlammwasser über ihn. Wenn man die Geschichte ruhig betrachtet, würde ich sagen, daß sie nur eine Farce ist.

Gedicht des Mumon

> Es ist viel besser, das Gesicht zu sehen, als
> den Namen zu hören.
> Es ist viel besser, den Namen zu hören, als
> das Gesicht zu sehen.
> Wenn er auch seine Nase rettete,
> So hat er doch leider seine Augen verloren!

Teisho zu dem Koan

Die Hauptfigur in diesem Koan ist Tokusan Senkan, der Tokusan des dreizehnten Koan. Während jenes Koan, *Tokusan trägt seine Schalen*, ein Ereignis erzählt, das gegen Ende seines Lebens stattfand, ist Tokusan in diesem achtundzwanzigsten Koan noch jung. Das Koan erzählt, wie er als Sutra-Gelehrter Meister Ryutan begegnete und zum Satori gelangte, das später dazu führte, daß er ein großer Zen-Meister wurde. Ich glaube, eine bessere Überschrift für dieses Koan wäre gewesen: *Ryutan bläst die Kerze aus* als *Der wohlbekannte Ryutan*.

Das Koan berichtet, wie Tokusan nach dem Besuch bei Meister Ryutan Satori erlangte. Die Geschichte, wie es dazu kam, daß er den Meister aufsuchte, ist auch interessant. Meister Mumon weist in seinem Kommentar darauf hin. Es ist vielleicht angebracht, sie an dieser Stelle wiederzugeben.

Meister Tokusan Senkan gehörte der Shu-Familie an und wurde in Kennan in Shisen-sho, einem entlegenen Teil Chinas, geboren. Er war noch sehr jung, als er zum buddhistischen Mönch geweiht wurde. Danach begab er sich in die Provinzhauptstadt und studierte die Vorschriften (Vinaya), verschiedene Sutren und heilige Schriften. Er besaß ein besonders profundes Wissen über das *Diamant-Prajna-Sutra* und hielt gute Vorlesungen darüber. Die Leute gaben ihm den Beinamen »Diamant-Shu« und achteten ihn als einen Mönchsgelehrten.

In jener Zeit stand im Gebiet von Kosei und Konan, im Süden Chinas, das Zen in Blüte. Tokusan hörte, man verbreite die Lehre, die Nachdruck lege auf die »besondere Überlieferung außerhalb der Schriften« oder auf die »Unabhängigkeit von Worten und Schriftzeichen«. Sie betone, »dieser Geist ist so, wie er ist, Buddha«. Er war empört über eine derartige Lehre, die sich anhörte, als ob sie die Sutren und die heiligen Schriften ignoriere. Er entschloß sich, derart häretische Buddhisten auszurotten, und verließ wohlgemut mit seinen Notizen und Kommentaren zu den Sutren und zu den heiligen Schriften seine Heimat. Er machte eine lange Reise von seiner entlegenen Heimat den Yangtse entlang bis nach Reishu, in die Nähe des Dotei-Sees, wo das Zen blühte. Eines Tages hielt er, weil er hungrig war, Rast in einem kleinen Teehaus an der Straße und bat um einen Imbiß (Tenjin). Die alte Frau des Teehauses sah einen stolz aussehenden, jungen Mönch mit einem großen Paket auf seinen Schultern eintreten und fragte ihn: »Ehrwürdiger Mönch, was für Bücher hast du in deinem großen Paket?« Diamant-Shu antwortete stolz: »Ich habe Notizen und Kommentare zum *Diamant-Sutra* darin.« Da wandelte sich die Haltung der Frau ein wenig, und sie sagte mit einem ziemlich strengen Blick: »Ehrwürdiger Mönch, wenn du meine Frage beantworten kannst, dann will ich dich mit einem Imbiß bewirten. Wenn du sie nicht beantworten kannst, dann kannst du hier kein Tenjin bekommen.« Natürlich sagte Diamant-Shu: »Du kannst mich alles fragen!« Die alte Frau sagte: »Im *Diamant-Sutra* steht geschrieben: ›Der vergangene Geist ist unerreichbar, der gegenwärtige Geist ist unerreichbar, der zukünftige Geist ist unerreichbar.‹ Du hast gerade gesagt, du würdest deinen Geist aufleuchten lassen. Welchen Geist wirst du jetzt aufleuchten lassen?« (Die chinesischen Zeichen für »Tenjin« haben auch die Bedeutung von »den Geist aufleuchten lassen«.) Diamant-Shu, der sich in das Studium der Religionsphilosophie vertieft hatte, konnte auf diese scharfe Frage, die sich aus der tatsächlichen Erfahrung ergab, nicht antworten. Ein alter Zen-Meister sagte zu dieser Begegnung: »Wie schade! Hier hatte Diamant-Shu Gelegenheit aufzuwachen.« Wahrscheinlich war es noch nicht an der Zeit.

Diamant-Shu muß jedoch tief in seinem Geist etwas gespürt haben. Ruhig fragte er die alte Frau: »Gibt es hier in der Nähe einen großen Zen-Meister?« Sie sagte: »Meister Ryutan lebt ungefähr fünf Meilen entfernt von hier.« Diamant-Shu verlor keine Zeit und suchte Meister Ryutan auf.

Als er im Kloster des Ryutan ankam, rief er aus: »Ich habe von dem wohlbekannten Ryutan schon lange gehört. Nun, da ich hier bin, sehe ich weder einen Drachen noch einen See!« (Das chinesische Zeichen für »Ryu« bedeutet Drache und »Tan« bedeutet See). Das war ohne Zweifel die bestmögliche Bemerkung, die Diamant-Shu machen konnte, da er sich auf die Prajna-Philosophie der Leere (Sunyata) stützte. Meister Ryutan antwortete: »Du bist bei Ryutan in Person angekommen.« Die unvergleichliche Geistigkeit des Ryutan kommt in dem Wort »in Person« voll zur Geltung. Kein Drache, kein See, dies ist der wahre Ryutan. Leider konnte Diamant-Shu, der sich auf Philosophie stützte, sogar bei dieser scharfen Antwort des Ryutan die Schranke nicht durchbrechen. Das Auslöschen der Kerze, die in diesem Koan erwähnt wird, fand einige Zeit nach dieser ersten Begegnung mit Ryutan statt.

Tokusan oder Diamant-Shu suchte Meister Ryutan wieder auf, bat um seine persönliche Unterweisung und tauschte mit ihm bis spät in die Nacht hinein Mondos aus. Wir können ihm nachfühlen, wie eifrig, ja, wie verzweifelt er war. Man kann Zen jedoch nicht mit Logik oder Beweisgründen erreichen. Nach einer Krise der Verzweiflung muß man einen Sprung in eine andere Dimension machen. Dann tut sich eine neue Schau auf.

Schließlich sagte ihm Meister Ryutan: »Die Nacht ist schon weit vorgeschritten. Am besten verabschiedest du dich jetzt.« Tokusan sagte seinem Lehrer gute Nacht, hob den Bambusvorhang und ging hinaus. Da es draußen dunkel war, drehte er sich um und sagte: »Draußen ist es vollkommen dunkel.« Nicht nur draußen, sondern auch in seinem Geist muß es dunkel wie in einem schwarzen Abgrund gewesen sein. Psychologisch stand er an einer kritischen Schwelle. Meister Ryutan zündete ruhig eine Kerze an und gab sie ihm. In dem Augenblick, als Tokusan sie nehmen wollte, blies er sie mit einem Atemzug aus. Welch eine herrliche Tat! Welch eine ausgezeichnete Unterweisung! In einem Augenblick war das ganze Universum wieder pure Dunkelheit, und in diesem Augenblick fiel plötzlich das relativistische Selbst des Tokusan wie ein Faß ohne Reifen auseinander. Das ist die große innere Umkehr, die im Zen mit den Worten beschrieben wird: »Die Welt ist eingestürzt und der Eisenberg zerbröckelt.«

Tokusan warf sich dem Meister Ryutan in Verehrung zu Füßen. Der Meister, der erkannte, was Tokusan geschehen war, fragte ihn zur Probe: »Welche Erkenntnis hast du?« Tokusan, der jetzt gründlich erleuchtet war, hatte keine Wolke mehr in seinem Geist. Er antwortete einfach: »Von jetzt an werde ich die Aussprüche keines der großen Zen-Meister in der Welt mehr in Zweifel ziehen.« Er hatte »Es«, das sich nicht auf Worte und Schriftzeichen stützt, schließlich begriffen.

Wie groß war die Freude des Meisters Ryutan, seines Lehrers! Am nächsten Tage versammelte er alle Mönche des Klosters, bestieg das Rednerpult und erklärte: »Unter den Mönchen hier ist ein außerordentlicher junger Mann. Seine Fänge sind so scharf wie Schwerter, und sein großer Mund ist blutrot. Ihr könnt ihn prügeln oder ihm Schläge versetzen, er krümmt noch nicht einmal ein Haar, so ein fester und zuverlässiger Mann ist er. Später wird er ganz bestimmt ein großer Führer sein und seine strenge und hohe Lehre entfalten.« Das war die große Hoffnung des Meisters Ryutan und sein Segen für die Zukunft des Tokusan.

Es ist überflüssig zu sagen, daß nach dem Satori ein noch härteres und aufmerksameres Üben erforderlich ist, um die Persönlichkeit für jede Seite des täglichen Lebens noch weiter zu bilden. Daher sagte Meister Ryutan »später« und erwartete die Entfaltung der großen Taten Tokusans als Zen-Meister in der Zukunft.

Auch Tokusan war von unbändiger Freude und Dankbarkeit erfüllt, nahm alle Notizen und Berichte, die er über das *Diamant-Sutra* gemacht und die er über alles geschätzt hatte, und verbrannte sie vor dem Kloster. Er sagte: »Wie sehr man auch Philosophie studiert und wie weit man sie auch beherrschen mag, verglichen mit der Tiefe der erfahrenen Wahrheit, ist es, als ob man eine einzige Haarsträhne am weiten Himmel anbringen würde. Wenn man auch noch so gründlich und erschöpfend die wissenschaftlichen Thesen in der Welt studiert, verglichen mit der Absolutheit der nicht-mitteilbaren Wirklichkeit ist dies so, als ob du einen Tropfen Wasser in einen tiefen Abgrund spritzen würdest. Zwischen ihnen besteht ein himmelweiter Unterschied.« Tokusan verbrannte seine Notizen und Kommentare und verließ Meister Ryutan in tiefer Dankbarkeit. Er war jetzt ein vollständig neuer Mensch, mit einer klaren und erfrischenden Geistigkeit.

Diamant-Shu entsprach ohne Zweifel den Erwartungen, die Meister Ryutan in ihn setzte. Nach einigen Jahrzehnten weiterer Schulung entfaltete er seine Tätigkeit im Tokusan-Kloster in Konan-sho und spielte als einer der größten Meister in Zen-Kreisen der T'ang-Dynastie eine wichtige Rolle.

Wir können jetzt die Gefühle des Tokusan oder Diamant-Shu, der lange ein Sklave der Philosophie und der Sutra-Studien gewesen war, verstehen, als er seine Notizen und Kommentare verbrannte. Ich möchte an dieser Stelle jedoch bemerken, daß er tatsächlich keine Sutren oder Kommentare zu verbrennen brauchte. Zen gründet sich auf den ursprünglichen Buddha-Geist. Sutren sind die Aussprüche des Buddha, und die Vorschriften sind das Tun des Buddha. Ein Zen-Anhänger sollte in der Lage sein, frei über sie als seine eigenen zu verfügen. Meister Rinzai sagte: »Es gibt nichts, was ich nicht mag.«

Teisho zum Kommentar des Mumon

»Als Tokusan seine Heimat noch nicht verlassen hatte, war sein Geist empört und seine Zunge scharf. Er kam zuversichtlich in den Süden, um die ›besondere Übertragung außerhalb der Schriften‹ auszurotten. Er erreichte die Straße nach Reishu und sprach mit einer alten Frau, die Tenjin (Imbiß) verkaufte. Die alte Frau sagte: ›Ehrwürdiger Mönch, was für Bücher hast du in deinem Paket?‹ Tokusan sagte: ›Es sind Notizen und Kommentare zum *Diamant-Sutra*.‹ Die alte Frau sagte: ›Im Sutra wird gesagt: ›Der vergangene Geist ist unerreichbar, der gegenwärtige Geist ist unerreichbar, der zukünftige Geist ist unerreichbar.‹ Welchen Geist wirst du, ehrwürdiger Mönch, jetzt aufleuchten lassen?‹ Tokusan konnte auf diese Frage nicht antworten und mußte seinen Mund fest schließen. Trotzdem konnte er bei den Worten der alten Frau nicht den Großen Tod sterben und fragte schließlich: ›Gibt es in der Nähe einen Zen-Meister?‹ Die alte Frau antwortete: ›Meister Ryutan wohnt fünf Meilen von hier entfernt.‹ Als er im Kloster des Ryutan ankam, war er vollkommen besiegt. Man muß sagen, daß das, was er zuerst sagte, mit dem, was er später sagte, nicht übereinstimmt. Ryutan ist wie eine Mutter, die ihr Kind zu sehr liebt und nicht merkt, wie aufdringlich sie selbst ist. Er entdeckte ein kleines Stück glühender Kohle in Tokusan und goß schnell Schlammwasser über ihn. Wenn man die Geschichte ruhig betrachtet, würde ich sagen, daß sie nur eine Farce ist.«

Der junge Tokusan mit seinem empörten Geist verließ hochgemut seine Heimat, um sich in den Süden zu begeben. Eine alte Frau in einem Teehaus an der Straße fragte ihn: »Ehrwürdiger Mönch, welchen Geist wirst du jetzt aufleuchten lassen?« Meister Mumon sagt zu diesem Kommentar zunächst: »Tokusan konnte auf diese Frage nicht antworten. Immerhin ist es bedauerlich, daß er auf diese scharfe Frage der alten Frau nicht den Großen Tod sterben konnte, der begriffliche Komplikationen hätte beseitigen und sein Zen-Auge hätte öffnen können.« Das ist ein sehr guter Kommentar.

Im Kloster wird der Meister den in der Ausbildung befindlichen Mönch auffordern: »Statt Tokusan wirst du der alten Frau antworten!« Das ist die Schranke beim Studium dieses Koan.

Tokusan war eine Persönlichkeit, und mit seinem Scharfblick muß er erkannt haben, daß die Frage der alten Frau eine Tiefe enthielt. Er mußte klein beigeben und fragte sie: »Gibt es hier in der Nähe einen großen Zen-Meister?« »Meister Ryutan wohnt fünf Meilen von hier entfernt«, erwiderte ihm die alte Frau. Tokusan verlor keine Zeit, bei Meister Ryutan vorzusprechen.

In dem Koan wurde schon erklärt, wie Tokusan Satori erlangen konnte. Über dieses gute Ergebnis sagt Mumon: »Als Tokusan zu dem Kloster von Meister Ryutan kam, machte er einen Fehler. Er erlitt einen elenden Schiffbruch, der vollkommen im Gegensatz steht zu den hochtrabenden Worten, die er beim Verlassen seiner Heimat gemacht hat.« Tokusan, der sich gebrüstet hatte, daß er die Zen-Teufel des Südens schlagen würde, wurde plötzlich durch die lebendige Unterweisung des Meisters Ryutan erleuchtet und erklärte dann: »Von jetzt an werde ich die Aussprüche keines der großen Zen-Meister in der Welt mehr in Zweifel ziehen.« In seiner üblichen paradoxen Ausdrucksweise rühmt Meister Mumon das plötzliche Erwachen Tokusans zur Zen-Wahrheit.

In seinem Kommentar zu dem Verhalten des Meisters Ryutan fährt Meister Mumon in seiner schneidenden, paradoxen Ausdrucksweise fort: »Lieber Meister Ryutan, du bist vernarrt in dein Kind und scheinst nicht zu merken, wie du dich ihm aufdrängst. Du hast nur ein klein wenig Hoffnung (eine glühende Kohle) in Tokusan entdeckt, und schon gießt du rücksichtslos Schlammwasser direkt über seinen Kopf.« Hier spricht er von den lobenden Worten des Ryutan über Tokusan: »Später wird er auf steiler und großer Höhe seinen Weg machen.«

Schließlich kommentiert Mumon auch noch in seiner paradoxen Ausdrucksweise die Geschichte als ganzes und sagt: »Wenn ich die ganze Angelegenheit ruhig überlege, ist sie schließlich nur eine Farce.« Mumon spricht augenscheinlich vom absoluten Zen-Standpunkt her, der jenseits von Satori und Unwissenheit ist. Gleichzeitig ermahnt er die Meister in Zen-Kreisen, in ihrem Verhalten ihren Schülern gegenüber immer streng und hart zu sein: Die Zen-Schüler spornt er an, sich mit einem noch größeren Eifer als ihre Lehrer dem Studium zu widmen.

Teisho zu dem Gedicht des Mumon

> Es ist viel besser, das Gesicht zu sehen, als den
> Namen zu hören.
> Es ist viel besser, den Namen zu hören, als das
> Gesicht zu sehen.
> Wenn er auch seine Nase rettete,
> So hat er doch leider seine Augen verloren!

In den beiden ersten Zeilen des Gedichtes wird »den Namen zu hören« wiederholt. Wessen Name ist es? Je nachdem, wie man diese Zeilen versteht, wird ihr Sinn verschieden ausgelegt.

Wenn wir das Gedicht als Kommentar-Gedicht zu der Überschrift des Koan *Der wohlbekannte Ryutan* verstehen, dann ist der Name natürlich Ryutan. »Den Namen des großen Meisters Ryutan kenne ich schon lange. Aber es ist weit besser, ihn persönlich von Angesicht zu Angesicht zu sehen. Wenn ich ihm einmal persönlich begegnet bin und ein Mondo mit ihm gewechselt habe, gibt es kein besonderes Geheimnis mehr. Ich habe nur das wahre Selbst erfaßt oder bin zur ursprünglichen Buddha-Natur erwacht. Darin liegt nichts Besonderes.«

Wenn wir aber den Namen als das Wesen des Zen verstehen, dann hat die erste Hälfte des Gedichtes natürlich einen anderen Sinn. Du darfst dich nicht wie Diamant-Shu damit zufriedengeben, nur von Zen zu hören und es als »die besondere Überlieferung außerhalb der Schriften« verstehen, als die Lehre: »Dieser Geist ist so, wie er ist, Buddha.« Mit anderen Worten, wenn du nicht die persönliche Erfahrung machst, dann ist deine Rede sinnlos. Wenn du aber einmal Satori erlangt und ihm genau ins Angesicht gesehen hast, dann ist »die besondere Überlieferung außerhalb der Schriften« oder der Satz: »Dieser Geist ist so, wie er ist, Buddha« nur das, was du jetzt und hier vor dir siehst. »Unser alltäglicher Geist ist Tao«, und das ist nichts Besonderes.

Die dritte Zeile besagt: »Wie dem auch sei, glücklicherweise rettete Tokusan seine Nase.« Mumon beglückwünscht Tokusan zu dem Satori, das er durch die großartige Unterweisung des Ryutan erlangt hat, und drückt dies aus, indem er sagt: »Er rettete seine Nase.«

»Aber wie schade, daß er seine kostbaren Augen verloren zu haben scheint!« Dieser Kommentar in der vierten Zeile verweist auf das Verbrennen der Notizen und Sutra-Kommentare vor dem

Kloster. Er besagt, daß er einseitiger Gleichheit verfallen zu sein scheint, wenn er glaubte, die Schriften verbrennen zu müssen. Mit anderen Worten, obwohl er die Wahrheit erkennen konnte (seine Nase rettete), verlor er das freie Wirken in Unterscheidung (er verlor seine Augen).

Im *Shodoka* heißt es: »Sei frei in der universalen Wahrheit, und sei frei, sie zu erklären. So sind Wahrheit und ihr Wirken vollkommen voneinander durchdrungen und fallen nie in tote Leere.« Meister Mumon betont nachdrücklich, daß ein wahrer Zen-Anhänger mit seinem hell geöffneten geistigen Auge frei im Bereich der Wahrheit und auch des Wirkens sein sollte.

29 Weder der Wind noch die Fahne

Koan   Eine Tempelfahne flatterte im Wind. Zwei Mönche diskutierten darüber. Der eine sagte, die Fahne bewege sich; der andere meinte, der Wind wehe. Sie diskutierten hin und her und konnten sich nicht einigen. Der Sechste Patriarch sagte: »Weder der Wind noch die Fahne bewegt sich. Es ist euer Geist, der sich bewegt.« Die beiden Mönche waren von Ehrfurcht ergriffen.

Kommentar des Mumon

Weder der Wind noch die Fahne noch der Geist bewegt sich. Wo erkennst du das Herz des Patriarchen? Wenn du klar sehen kannst, dann wirst du wissen, daß die beiden Mönche Eisen kaufen wollten und Gold erhielten. Du wirst auch wissen, daß der Patriarch sein Mitleid nicht unterdrücken konnte und eine peinliche Szene machte.

Gedicht des Mumon

> Der Wind weht, die Fahne flattert, der Geist bewegt sich:
> Alle verfehlten sie es.
> Obwohl er es versteht, seinen Mund zu öffnen,
> begreift er nicht, daß er durch Worte eingefangen wurde.

Teisho zu dem Koan

Die Hauptfigur in diesem Koan ist Meister Eno, der Sechste Patriarch, von dem bereits im dreiundzwanzigsten Koan, *Denke weder gut noch böse*, die Rede war. Das dreiundzwanzigste Koan berichtet über ein Vorkommnis, das sich ereignete, als Meister Eno, damals noch Laienbruder, Dharma-Nachfolger wurde, das Gewand und die Schale des Fünften Patriarchen erhielt und Obai verließ, um sich im Süden zu verbergen.

Fast fünfzehn Jahre nach den Ereignissen im dreiundzwanzigsten Koan tauchte Eno, noch immer ein Laie, in Hosshoji, in Koshu, auf. Das vorliegende Koan erzählt nun, wie Eno nach den vielen Jahren, die er im Versteck verbracht hat, dem Unterricht des ehrwürdigen Inju über das *Nirvana-Sutra* in Hosshoji beiwohnte. Eines Tages hörte Eno zufällig, wie zwei Mönche diskutierten und auf die im Wind flatternde Fahne zeigten. Der eine sagte, daß die Fahne sich bewege; der andere meinte, daß der Wind wehe. Wenn eine Fahne sich bewegt, dann sehen unsere Augen, daß sie sich wirklich bewegt. Wenn es jedoch windstill ist, bewegt sich die Fahne nicht. Es spricht einiges für die Feststellung, daß der Wind die Fahne bewegt; daher bewegt der Wind die Fahne und nicht die Fahne den Wind. Andererseits ist der Wind unsichtbar, und wir können mit unserem Sehvermögen gar nicht feststellen, daß der Wind selbst sich bewegt. Daher hat die Feststellung, daß die Fahne sich bewegt, auch etwas für sich. Ein Maler wurde einmal gebeten, ein Bild des Windes zu malen. Er malte eine Weide, deren Zweige sich im Winde bewegten.

Eno, der diesem naiven Gespräch zuhörte, das zu keinem Resultat zu führen schien, trat zu ihnen und sagte: »Weder der Wind noch die Fahne bewegen sich. Was sich bewegt, ist euer Geist.« Diese direkte Lösung vom subjektiven Standpunkt machte der endlosen dualistischen Diskussion ein Ende. Die beiden Mönche waren tief beeindruckt, und Ehrfurcht ergriff sie.

Da sie buddhistische Mönche waren, die sich in der Ausbildung befanden, müssen sie die grundlegenden buddhistischen Lehren wie »Jedes Phänomen besteht nur aufgrund des Geistes« oder »Außerhalb des Geistes existiert nichts« gekannt haben. Die Feststellung von Bruder Eno, »Euer Geist bewegt sich«, entsprach unmittelbar der erfahrenen Tatsache und hat mit intellektueller Deutung nichts zu tun. Mit anderen Worten, es war das natürliche Wirken von Enos Zen. Die beiden Mönche erkannten es intuitiv, daher waren sie so beeindruckt und sogar von Ehrfurcht ergriffen.

Die wirkliche Absicht des Meisters Mumon bei der Einführung dieses Koan muß auch in der Feststellung gesehen werden: »Euer Geist bewegt sich.« Er wollte, daß seine Schüler ihr Zen-Auge für die erfahrene Wahrheit jenseits des intellektuellen Begreifens öffnen.

Wenn wir von dieser alten Geschichte absehen, wie sollen wir, hier und jetzt, das Wort: »Es ist euer Geist, der sich bewegt« als lebendige Tatsache in unserem Leben begreifen?

Im *Keitoku Dento-roku* (»Die Übertragung der Lampe«) hat dieses Koan noch einen weiteren Abschnitt: »Der ehrwürdige Inju erfuhr von den beiden Mönchen vom Mondo eines Laien-Buddhisten und war von Ehrfurcht und Bewunderung ergriffen. Am nächsten Tag bat er ihn in sein Zimmer und befragte ihn über das Gespräch über den Wind und die Fahne. Der Laienbuddhist gab eine klare Antwort. Spontan stand der ehrwürdige Inju auf und sagte: ›Laienbruder, du bist ganz bestimmt kein gewöhnlicher Mensch. Wer, in aller Welt, bist du?‹ Bruder Eno erzählte ihm offen, ohne etwas zu verbergen, wie er vor Jahren in Obai die Dharma-Bestätigung erhalten habe. Als er das hörte, betrachtete der ehrwürdige Inju Bruder Eno als seinen Lehrer und bat ihn, ihr Zen-Meister zu sein. Inju verkündete: ›Obwohl ich nur ein alltägliches, mit einem Gewand bekleidetes Wesen bin, bin ich jetzt einem lebenden Bodhisattva begegnet.‹«

Bruder Eno erhielt dann von dem ehrwürdigen Chiko die offizielle Weihe und wurde buddhistischer Mönch. Damit beginnt sein Leben als Sechster Patriarch Eno, und von da an entwickelte er seine Tätigkeit als großer Zen-Meister.

Teisho zum Kommentar des Mumon

»Weder der Wind noch die Fahne, noch der Geist bewegt sich. Wo erkennst du das Herz des Patriarchen? Wenn du klar sehen kannst, dann wirst du wissen, daß die beiden Mönche Eisen kaufen wollten und Gold erhielten. Du wirst auch wissen, daß der Patriarch sein Mitleid nicht unterdrücken konnte und eine peinliche Szene machte.«

Der Kommentar des Meisters Mumon zu dem Koan *Weder der Wind noch die Fahne* besteht aus zwei Teilen. Im ersten Teil sagt er: »Weder der Wind noch die Fahne, noch der Geist bewegt sich. Wo erkennst du das Herz des Patriarchen?« Der Kommentar weist direkt auf den Kern des Koan hin. Während Meister Eno in dem Koan behauptet: »Euer Geist bewegt sich«, streitet Meister Mumon dies entschieden ab und sagt: »Es ist nicht euer Geist, der sich bewegt.« Nach dieser entschiedenen Verneinung stellt Meister Mumon an uns die schneidende Frage: »Wo seht ihr das Herz des Patriarchen?« Mit diesem Kommentar fordert er von uns, die wirkliche Absicht des Meisters Eno zu begreifen.

Es bewegt sich, aber da ist keine Bewegung. Es steht still, aber da ist kein Stillstand. Trotz alledem ist Bewegung recht und Stillstand ist recht. Das ist die Freiheit des Zen, die über Subjekt und Objekt, Bewegung und Nicht-Bewegung hinausgeht, und wirklichen Frieden erlangt man nur, wenn man mit dieser Freiheit lebt. Es gibt von einem unbekannten Autor ein altes Haiku:

Dieser Spitzenvorhang
Weht nur leise
Im kühlen Wind!

Studieren wir, was das Gedicht eigentlich aussagen will.

Vor langer Zeit lebte in China eine Nonne namens Myoshin, eine Schülerin von Meister Gyozan Ejaku. Sie leitete außerhalb des Tempels ein Gästehaus. Eines Tages kamen aus dem fernen Land Shoku siebzehn Mönche, um Meister Gyozan aufzusuchen, und sie wohnten im Gästehaus der Myoshin. Am Abend versammelten sie sich um das Kaminfeuer und begannen, über das Koan *Weder der Wind noch die Fahne* zu diskutieren. Die Nonne Myoshin, die ihrem Gespräch zuhörte, stimmte keinem von ihnen zu und sagte: »Ihr siebzehn Esel seid dem Buddhismus noch nicht einmal im Traum begegnet. Was für ein Jammer!« Auf die Bitte der Mönche um Unterweisung erklärte sie: »Weder der Wind noch die Fahne, noch der Geist bewegt sich.« Ihre klare Stimme drang geradewegs in ihre Herzen ein, und die siebzehn Mönche wurden alle erleuchtet. Sie dankten ihr von Herzen und kehrten nach Shoku zurück, ohne Meister Gyozan gesehen zu haben.

In seinem Kommentar zitiert Meister Mumon die Antwort der Nonne Myoshin wörtlich aus der Geschichte und fragt dann eindringlich: »Wo erkennst du das Herz des Patriarchen?« Wird dieser Satz wirklich gesagt und richtig gehört, dann ist das Erwachen hier, an dieser Stelle.

Im zweiten Teil seines Kommentars sagt Meister Mumon: »Wenn du direkt und klar das Koan *Weder der Wind noch die Fahne, noch der Geist bewegt sich* durchschauen kannst, dann wirst du erkennen, daß die beiden Mönche, die in einem törichten Gespräch vertieft waren, einen unerwartet hohen Gewinn bekamen. Es ist, als ob sie Gold erhielten, während sie für Eisen bezahlten. Meister Eno konnte in seinem Mitleid nicht anders, als einzugreifen und ihnen zu sagen: ›Euer Geist bewegt sich.‹ Ihr seht, wie unsinnig er sich einmischt.« Auch das ist wieder die übliche paradoxe Art des Mumon, seine Bewunderung zum Ausdruck zu bringen.

Meister Seppo sagte zu diesen Worten von Meister Eno: »Obwohl Meister Eno ein großer Meister ist, hat er doch eine ungeschickte Bemerkung gemacht, als er sagte: ›Euer Geist bewegt sich.‹ Wenn ich dabei gewesen wäre, hätte ich den Mönchen, ohne ein Wort zu sagen, dreißig Stockschläge gegeben.« Warum übte Meister Seppo so scharfe Kritik? Jeder sollte sie sich zu Herzen nehmen.

Teisho zu dem Gedicht des Mumon

> Der Wind weht, die Fahne flattert, der Geist bewegt sich:
> Alle verfehlten sie es.
> Obwohl er versteht, seinen Mund zu öffnen,
> begreift er nicht, daß er durch Worte eingefangen wurde.

Das Gedicht von Meister Mumon zu diesem Koan ist kurz und bündig. »Der Wind weht, die Fahne flattert, der Geist bewegt sich.« Er wiederholt nur die Argumente der beiden Mönche mit der Erläuterung des Meisters Eno. In der zweiten Zeile lehnt er sie alle ab und sagt: »Von meinem Standpunkt aus sind sowohl die beiden Mönche wie der Sechste Patriarch auf der falschen Fährte.« Das Gedicht sagt, sie haben alle unrecht.

Dann fährt er fort und sagt in der dritten und vierten Zeile: »Obwohl er versteht, seinen Mund zu öffnen, begreift er nicht, daß er durch Worte eingefangen wurde.« Sobald du deinen Mund öffnest und sagst: »Dein Geist bewegt sich«, bist du schon durch Worte gefangen und hast die Wahrheit endgültig verloren. Mumon warnt: »Sobald du deinen Mund öffnest, ist die Wahrheit fort. Sei vorsichtig!«

Der wirkliche Zen-Anhänger muß jedoch freien Gebrauch von Reden wie von Schweigen machen können, und die Wahrheit des Satzes: »Der Wind weht, die Fahne flattert, und der Geist bewegt sich« liegt in dieser Freiheit.

Das *Goto-Egen* enthält die folgende Erzählung: Einst, als Meister Zensei von Sodo bei Meister Soshin von Oryo studierte, wurde ihm das Koan *Weder der Wind noch die Fahne* gegeben. Lange Zeit studierte er dieses Koan mit großem Eifer, erreichte aber nichts. Eines Tages sagte Meister Soshin während des Teisho zu seinen Schülern: »Wenn eine Katze eine Ratte fangen will, dann konzentriert sie alle ihre Energie und ihre ganze Aufmerksamkeit unmittelbar auf dieses eine Ziel.« Als Zensei das hörte, schloß er sich in einem Zimmer ein, arbeitete zielbewußt an dem Koan und erreichte schließlich den Durchbruch. Bei dieser Gelegenheit machte er das folgende Gedicht:

> Zui, zui, zui, zui; shaku, shaku!
> Zui, zui, zui, und niemand weiß, was ist was.
> Nachts geht der helle Mond über dem Berge auf.
> Wahrlich, es ist nur »Es«.

Das ist eine klare und wunderbare Geistigkeit.

Du mußt schließlich durch und durch »Es« sein, »Es« unmittelbar und aufrichtig leben und dich daran freuen, genau wie die Katze, die eine Ratte zu fangen sucht. Der tiefste Sinn dieses Koan muß hier, in deinem tatsächlichen »Es«-Leben, verstanden werden.

30 Geist ist Buddha

Koan Taibai fragte einmal Baso: »Was ist Buddha?« Baso antwortete: »Geist ist Buddha.«

Kommentar des Mumon

Wenn du »Es« sofort erfassen kannst, dann trägst du Buddha-Kleider, ißt Buddha-Nahrung, sprichst Buddha-Worte und lebst ein Buddha-Leben; du bist selbst ein Buddha. Obwohl das richtig sein mag, hat Taibai viele Menschen irregeführt und ist schuld daran, daß sie sich auf eine Waage verließen, deren Zeiger festsitzt. Weißt du nicht, daß man seinen Mund drei Tage lang ausspülen muß, wenn man das Wort »Buddha« ausgesprochen hat? Wenn er ein wirklicher Zen-Anhänger ist, dann wird er seine Ohren zuhalten und weglaufen, wenn er hört: »Geist ist Buddha.«

Gedicht des Mumon

> Ein schöner Tag unter dem blauen Himmel!
> Blicke nicht töricht hierhin und dorthin.
> Wenn du noch fragst: »Was ist Buddha?«,
> Dann ist das so, als würdest du deine Unschuld
> beteuern, während du das Gestohlene fest umklammerst.

Teisho zu dem Koan

Dieses Koan besteht aus einem Mondo zwischen Meister Baso Doitsu und seinem Schüler Taibai Hojo.

Meister Baso Doitsu war ein großer Zen-Meister in der

T'ang-Dynastie, und die besonderen Merkmale seines Zen waren schon zu seinen Lebzeiten gut bekannt. Er erzog viele seiner Schüler zu berühmten Meistern und wurde in der chinesischen Zen-Geschichte als eine der größten Gestalten betrachtet.

Doitsu gehörte zur Ba-Familie, daher sein Name Baso, was wörtlich heißt: Patriarch Ba. Doitsu ist sein persönlicher Name. Er wurde Nachfolger des Meisters Nangaku Ejo, der beim Sechsten Patriarchen studierte. Eine berühmte Geschichte berichtet, wie Baso zum ersten Mal Meister Nangaku begegnete und sein Schüler wurde. Als Meister Nangaku in Hannyaji in Kozan war, befand sich Baso auf dem gleichen Berge im Denpo-in und übte Tag und Nacht nichts anderes als Zazen. Eines Tages fragte Meister Nangaku Baso: »Ehrwürdiger Herr, was tust du hier?« Baso erwiderte: »Ich übe Zazen.« Nangaku fragte: »Was erreichst du dadurch, daß du Zazen übst?« Baso antwortete: »Ich versuche nur, ein Buddha zu sein.«

Als Nangaku dies hörte, ging er, ohne ein Wort zu sagen, hinweg, hob ein Stück Ziegel im Garten auf und begann, es vor seiner Hütte mit einem Schleifstein zu polieren. Baso fragte verwundert: »Was willst du mit dem Polieren des Ziegelsteins erreichen?« Nangaku antwortete: »Ich versuche, aus diesem Ziegelstein durch Polieren einen Spiegel zu machen.« »Kann man aus einem Stück Ziegel durch Polieren einen Spiegel machen?« Nangaku erwiderte: »Kann man durch Zazen-Üben ein Buddha werden?« Baso fragte weiter: »Was soll ich dann tun?« Nangaku antwortete: »Es ist so, als ob man einen Ochsen vor einen Karren spannen würde. Schlägt man, wenn der Karren sich nicht bewegt, besser den Karren oder den Ochsen?« Baso konnte darauf nichts erwidern. Dann erklärte Nangaku ihm liebenswürdig: »Du übst Zazen und versuchst durch Sitzen ein Buddha zu werden. Wenn du lernen willst, wie man Zazen übt, dann wisse, daß Zen nicht Sitzen oder Liegen ist. Wenn du ein Buddha durch Sitzen werden willst, dann wisse, daß Buddha keine feste Form hat. Mache niemals Unterscheidungen, wenn du im Dharma der Nicht-Verhaftung lebst. Wenn du versuchst, durch Sitzen ein Buddha zu werden, dann tötest du Buddha. Wenn du dich an die Form des Sitzens klammerst, kannst du niemals die Buddhaschaft erlangen.«

Baso entschloß sich, von nun an bei Meister Nangaku zu studieren, und unterzog sich einer sehr intensiven Ausbildung. Schließlich wurde er ein außergewöhnlich fähiger Zen-Mönch. Er wurde zum Nachfolger von Nangaku gewählt. Später ging er nach Kosei, wo er viele gute Schüler anleitete und schulte, und wurde als »Ba, der Große Meister« sehr geehrt. Er starb 788 an die achtzig Jahre alt. Sein genaues Alter ist jedoch nicht bekannt.

Meister Taibai Hojo von Joyo war einer der älteren Schüler des Baso. Nach der Dharma-Bestätigung, die Baso ihm gegeben hatte, lebte er in einer bescheidenen Hütte auf einem abgelegenen Berg, weit weg vom Lärm der Welt, und widmete sich der Vertiefung seiner Geistigkeit. Einmal kam ein Besucher in seine Hütte und bat ihn, Abt eines großen Tempels zu werden. Taibai antwortete mit dem folgenden Gedicht:

> Ein toter alter Baum soll umgefällt im fernen Walde bleiben.
> Oft kam der Frühling wieder, doch mein Sinn ist unverwandt.
> Holzfäller kamen, doch sie wollten mich nicht.
> Besucher mühten sich nie, mich zu finden.
> Als Kleidung genügen mir immer die Blätter,
> Der Samen der Tannen ist reichliche Nahrung für mich.
> Da die Menschen jetzt meinen Wohnort entdeckten,
> Verlege ich meine Klause weiter in das Innere der Berge.

Dann ging er weiter hinauf in die Berge. Trotzdem folgten ihm jedoch viele Mönche, um bei ihm zu studieren, und schließlich wurde das Taibai-Kloster an einer einsam gelegenen Stelle auf dem Berg gebaut. Meister Taibai starb 839 im Alter von achtundachtzig Jahren.

Geist ist Buddha geht nicht unbedingt auf Meister Baso zurück. Das *Shinno-mei*, das von Fu-daishi wahrscheinlich vor der Ankunft des Bodhidharma in China verfaßt wurde, enthält folgende Stelle: »Wenn du den Ursprung erkennst, wirst du Buddha sehen. Geist ist Buddha, Buddha ist Geist.« Es steht dort auch: »Ihr Sucher der Wahrheit, blickt in euren eigenen Geist. Wenn ihr erkennt, daß Buddha in euch selbst ist, werdet ihr ihn nicht draußen suchen. Geist ist Buddha, Buddha ist Geist. Wenn dein Geist klar ist, wirst du Buddha erkennen.« Es ist sicher, daß der Satz »Geist ist Buddha« schon vor der Zeit des Baso verwandt wurde.

»Geist ist Buddha« ist ein sehr wichtiger philosophischer Ausspruch, der kurz und bündig das Wesen des Zen beschreibt. Mit anderen Worten, die Zen-Lehre besagt, daß »Geist Buddha ist«, und die Zen-Übung hat das Ziel, die persönliche Erfahrung dieses

Faktums zu ermöglichen. »Geist ist Buddha« war schon immer eine wichtige Zen-Theorie, aber Meister Baso war es vorbehalten, diese Aussage mit besonderem Nachdruck zu betonen. Das *Keitoku Dento-roku* enthält das folgende Teisho von Baso. Der Meister hielt eines Tages den Mönchen einen Vortrag: »Meine Schüler, ich sage euch, daß euer Geist Buddha ist. Dieser selbe Geist ist, so wie er ist, Buddha-Geist. Der große Meister Bodhidharma kam nach China, um die große Lehre von dem Einen Geist zu überbringen, und er führte euch zur Erleuchtung. Er zitierte auch das *Lankavatara-Sutra*, um den Geist der Menschen aufzuhellen, denn ihr seid wahrscheinlich verwirrt und nicht überzeugt. Dieser Dharma-Geist ist in einem jeden von euch. Daher wird im *Lankavatara-Sutra* gesagt: ›Der Buddha-Geist ist die Grundlage, und torlos ist das Dharma-Tor.‹ Und wiederum: ›Wer nach dem Dharma sucht, wird ganz bestimmt nichts erreichen. Außerhalb des Geistes gibt es keinen Buddha, außerhalb Buddhas gibt es keinen Geist.‹«

Auch Meister Sekito gab eines Tages das folgende Teisho: »Dieses Dharma, das von den Buddhas überliefert worden ist, lehrt nicht Dhyana und Zucht. Wer das Buddha-Auge öffnet, dessen Geist ist sogleich Buddha.«

Desgleichen schreibt Meister Obaku in seinem Denshin Hoyo: »Ein Mönch fragte: Von alters her sagen alle: ›Geist ist Buddha.‹ Ich frage mich, welcher Geist könnte Buddha sein?« Obaku sagte: »Wie viele Geister hast du? Wenn sich ein Gedanke an Bewußtsein regt, dann hast du sogleich unrecht. Seit undenklichen Zeiten bis heute ist ›Geist ist Buddha‹ nie geändert worden. Es gibt kein anderes Dharma. Daher wird es die Erlangung des wahren Satori genannt.«

Unter den Aussprüchen des Meisters Daito ist noch folgender verzeichnet: »In seine Natur sehen (Satori erlangen) heißt, zum Buddha-Geist erweckt werden. Lösche alle Gedanken und dein ganzes Bewußtsein aus und siehe, daß Geist Buddha ist. . . . Wer sich vergegenwärtigt, daß sein wahrer Geist Buddha ist, ist der Mensch, der die Buddhaschaft erlangt hat. Er übt weder Gutes, noch begeht er Böses, er klammert sich nicht an seinen Geist. Seine Augen sehen Dinge, aber er hängt sich nicht daran. Seine Zunge schmeckt Dinge, aber er ist ihnen nicht verhaftet. Sein Geist klammert sich an gar nichts, und alles ist Buddha-Geist. Daher sagte Meister Baso: ›Geist ist Buddha.‹«

Dies alles sind philosophische oder theoretische Erklärungen von »Geist ist Buddha«. Hier soll jedoch die Antwort des Meisters Baso »Geist ist Buddha« auf die Frage des Taibai: »Was ist Buddha?« als Zen-Koan behandelt werden. Die Frage: »Was ist Buddha?« habe ich bereits in meinem Teisho über das achtzehnte Koan, *Die drei Pfund Flachs des Tozan*, beantwortet, und ich wiederhole es daher an dieser Stelle nicht mehr. Natürlich steht der Buddha, nach dem hier gefragt wird, im Zusammenhang mit dem Buddha-Begriff im weiten Sinne des Buddhismus. Die Frage des Taibai zielt jedoch auf Buddha als Faktum der Erkenntnis-Erfahrung im Zen, und sie braucht sich nicht notwendigerweise auf philosophische Interpretationen des Buddha zu beziehen. Viele Zen-Meister haben die Frage verschieden beantwortet, alle Antworten sind jedoch unmittelbare Darstellungen ihrer Erkenntnis-Erfahrungen. Wenn du aus diesen verschiedenen Antworten die Zen-Erfahrung selbst nicht erfaßt, dann sind sie kein lebendiges Zen-Koan mehr. Die Antwort von Meister Baso bildet in dieser Hinsicht keine Ausnahme. Wenn man sie studiert, muß man darin seine Zen-Erfahrung lesen.

Was ist »Geist ist Buddha«? Versenke dich ganz in »Geist ist Buddha«. Philosophische Deutungen müssen vollkommen ausgeschaltet werden, wenn du diesen Ausspruch für die tatsächliche Übung nimmst. In diesem Falle mußt du ganz besonders vorsichtig sein, denn »Geist ist Buddha« ist eine Antwort, die – verglichen mit *Drei Pfund Flachs des Tozan* oder *Scheißstock*, die die gleiche Frage beantworten – starke philosophische Implikationen hat.

Ich erlaube mir, dich nochmals zu fragen: Was ist »Geist ist Buddha«? Fange nicht mit Beweisführungen an oder mache Unterscheidungen, sondern erfasse es unmittelbar, sonst bist du viele tausend Meilen davon entfernt.

Ein alter Zen-Meister verfaßte das folgende Gedicht als Antwort auf »Geist ist Buddha«:

> Im Winter sehne ich mich nach Wärme,
> Im Regen halte ich Ausschau nach einem schönen Tag.
> Der Frühling entzückt die Menschen mit seinem schönen Mondlicht.
> Sie ruft mehrmals: »O Shogyoku!«
> Sie tut es nur,
> Damit ihr Geliebter ihre Stimme erkenne.

Diejenigen, deren geistiges Auge hell geöffnet ist, werden sogleich das innerste Wesen der liebenswürdigen Antwort von Meister Baso: »Geist ist Buddha« in den ersten beiden Zeilen des Gedichtes erfassen: »Im Winter sehne ich mich nach Wärme. Im Regen halte ich Ausschau nach einem schönen Tag.« In den beiden letzten Zeilen erklärt er »Geist ist Buddha« mit einer Metapher: Eine Dame ruft mehrere Male ihre Dienerin: »Shogyoku! Shogyoku!« und gibt eine Anweisung nach der anderen. In Wirklichkeit sind es jedoch gar nicht die Anweisungen, die sie beschäftigen, sondern sie will, daß ihr Geliebter, der zufällig in der Nähe ist, sich ihrer Nähe bewußt wird. Mit anderen Worten, wenn die Meister sagen: »Geist ist Buddha«, »Geist ist nicht Buddha« oder »Nicht Geist, nicht Buddha«, dann liegt ihre eigentliche Absicht nicht in diesen Worten. Sie wollen uns nur durch verschiedene Worte den »Wahren Buddha«, der in Wirklichkeit in den Worten nicht ist, vergegenwärtigen.

Meister Taibai konnte glücklicherweise Satori erlangen, als er die Unterweisung des Baso: »Geist ist Buddha« erhielt. Er verzichtete auf Ruhm und Reichtum und zog sich auf den entfernt gelegenen Berg Taibai zurück, um seine Geistigkeit zu vertiefen und weiterzubilden.

Später sandte Meister Baso einen Mönch zum Berge Taibai, um heimlich herauszufinden, wie es Taibai ging. Das folgende Mondo wurde zwischen Meister Taibai und dem Boten gewechselt. Der Mönch fragte Taibai: »Ehrwürdiger Herr, ich sehe, du lebst in dieser Weise hier auf dem Berg. Was erhieltest du von Baso, als du ihn sahst?« Taibai antwortete: »Baso sagte mir: ›Geist ist Buddha.‹ Dadurch wurde ich erleuchtet, und so lebe ich hier.« Der Mönch sagte: »Neuerdings lehrt Baso etwas anderes.« Taibai fragte: »Was lehrt er anderes?« Der Mönch erwiderte: »Neuerdings sagt er: ›Nicht Geist, nicht Buddha.‹« Darauf sagte Taibai: »Dieser alte Mönch bringt weiterhin Verwirrung unter die Menschen. Mag er ruhig sagen: ›Nicht Buddha, nicht Geist.‹ Ich jedoch bleibe endgültig bei: ›Geist ist Buddha!‹« Nach seiner Rückkehr berichtete der Mönch Meister Baso über die Unterhaltung. Dieser spendete der unerschütterlichen Zen-Fähigkeit des Meisters Taibai höchstes Lob und sagte: »O Mönche, die Pflaume ist wirklich reif!« (Das Zeichen »bai« in »Taibai« bedeutet »Pflaume«, während »tai« »groß« bedeutet.)

Das *Nanbanji Kohai-ki* (Die Geschichte von Nanbanji) enthält im Zusammenhang mit dem Thema »Geist ist Buddha« die folgende interessante Geschichte: Vor ungefähr vierhundert Jahren fand im Nanbanji zwischen den Buddhisten und einem portugiesischen katholischen Priester, der von Oda Nobunaga, einem einflußreichen Feudalherrn jener Zeit, sehr gefördert wurde, ein religiöses Streitgespräch statt. Der portugiesische Priester war ohne Zweifel sehr belesen und gelehrt und war mit den buddhistischen Sutren durchaus vertraut. Vertreter der verschiedenen buddhistischen Schulen wurden alle durch seine Beredsamkeit geschlagen. Schließlich wählte man Meister In vom Nanzenji in Kioto zum letzten Gesprächspartner. Der portugiesische Priester fragte: »Was ist Buddha?« Meister In antwortete: »Geist ist Buddha.« Der Portugiese nahm nun einen Dolch aus der Scheide, hielt ihn Meister In auf die Brust und fragte: »Was ist ›Geist ist Buddha‹?« Meister In stieß, nicht im geringsten verwirrt, einen lauten KWATZ-Schrei aus. Der Portugiese wurde von einer Ohnmacht übermannt, und die Zuhörer, einschließlich des Oda Nobunaga, erblaßten.

Teisho zum Kommentar des Mumon

»Wenn du ›Es‹ sofort erfassen kannst, dann trägst du Buddha-Kleider, ißt Buddha-Nahrung, sprichst Buddha-Worte und lebst ein Buddha-Leben; du bist selbst ein Buddha. Obwohl das richtig sein mag, hat Taibai viele Menschen irregeführt und ist schuld daran, daß sie sich auf eine Waage verließen, deren Zeiger festsitzt. Weißt du nicht, daß man seinen Mund drei Tage lang ausspülen muß, wenn man das Wort ›Buddha‹ ausgesprochen hat? Wenn er ein wirklicher Zen-Anhänger ist, dann wird er seine Ohren zuhalten und weglaufen, wenn er hört: ›Geist ist Buddha‹.«

Zu Beginn seines Kommentars sagt Meister Mumon: »Wenn du ›Es‹ sogleich erfassen kannst, dann trägst du Buddha-Kleider, ißt Buddha-Nahrung, sprichst Buddha-Worte und lebst ein Buddha-Leben; du bist selbst ein Buddha.« »›Es‹ sofort erfassen« heißt, »Es« sein in jedem Augenblick, an jedem Ort, ohne daß sich das Verstehen oder das Bewußtsein einschaltet. Das ist die grundlegende Zen-Haltung, und zwar nicht notwendigerweise allein im Falle von »Geist ist Buddha«. Ein alter Meister sagte: »Zen ist ein Name für Geist; Geist ist die Grundlage des Zen.« Im Zen wirst du zum absoluten Geist erweckt, der vor dem menschlichen Verstehen oder dem unterscheidenden Bewußtsein war.

Wenn du diesen absoluten Geist tatsächlich als Faktum deiner eigenen Erfahrung erlangst, dann lebst du das Buddha-Leben, trägst Buddha-Kleider, ißt Buddha-Nahrung und sprichst Buddha-Worte. Dein ganzes Leben ist, so wie es ist, Buddha-Leben. Du kannst mit Meister Nansen sagen: »Der alltägliche Geist ist, so wie er ist, Tao.«

»So wie er ist« ist aber ein sehr irreführender Ausdruck. Im *Zazen-Wasan-Lied* sagt Meister Hakuin: »Dein Gehen-und-Zurückkehren findet nur dort statt, wo du bist«, und: »Dein Singen und Tanzen ist nichts anderes als die Dharma-Stimme.« Diese große Behauptung hat jedoch eine Vorbedingung: »Wenn du die Wahrheit der Selbst-Natur erweist – die Selbst-Natur, die Nicht-Natur ist.« »Nicht-Natur« ist das gleiche wie »Nicht-Geist«, doch ohne die nihilistische Bedeutung von Nichtsein.

Um zu vermeiden, daß »so wie er ist« möglicherweise mißverstanden wird, bedient sich ein Zen-Anhänger häufig einer paradoxen Ausdrucksweise und sagt: »Ich trage Kleider, aber ich habe überhaupt keinen Leib. Ich esse, aber ich habe keinen Mund, ich gehe, aber ich habe keine Füße.« Dir muß klar sein, daß dies eine tatsächliche Erfahrung des wahren Selbst ist. Wenn du dich jedoch an Worte klammerst, dann entgeht dir die Wahrheit in beiden Ausdrucksweisen, und du wirst »Geist ist Buddha« niemals erfassen. Für einen Zen-Anhänger ist das Faktum seines täglichen Lebens, jede Bewegung seiner Hände und Füße der lebendige Beweis seines wahren Selbst des Nicht-Geistes. Für ihn ist jede Bewegung die Bewegung der Schöpfung. »Alltäglicher Geist« und »So wie er ist« weist in Wirklichkeit auf diese Geistigkeit hin.

Meister Mumon fährt in seinem Kommentar fort: »Obwohl das richtig sein mag, hat Taibai viele Menschen irregeführt und ist schuld daran, daß sie sich auf eine Waage verließen, deren Zeiger festsitzt.« Der Zeiger einer Waage muß sich frei bewegen können, damit er das richtige Gewicht dessen anzeigen kann, was zu wiegen ist. Wenn er festsitzt, dient er nicht dem Zweck, den die Waage zu erfüllen hat. Das will besagen: So schön die Erleuchtung, »Geist ist Buddha«, auch sein mag, wenn sie ein lebloser Leichnam ist, dann ist sie nutzlos. Meister Mumon sagt zu Meister Taibai: »Lieber Taibai, du sagst, du hättest die Erleuchtung gehabt, daß ›Geist Buddha ist‹. Weil du das gesagt hast, haben sich viele Menschen daran geklammert und die wirkliche Freiheit verloren.« Meister Taibai ist jedoch nicht schuld, daß sie sich an die Waage mit dem festsitzenden Zeiger klammerten. Es ist die Schuld derer, die das eigentliche Wesen von »Geist ist Buddha« als ihre eigene Erfahrung nicht begriffen haben. Die Kritik Meister Mumons ist auch für uns heute eine Mahnung.

»Weißt du nicht, daß man seinen Mund drei Tage lang ausspülen muß, wenn man das Wort ›Buddha‹ ausgesprochen hat?« Meister Mumon fragt eindringlich weiter: »Meister Taibai, hast du niemals von dem alten Meister gehört, der seinen Mund drei Tage lang ausspülte, wenn er das Wort ›Buddha‹ ausgesprochen hatte, und sagte, sein Mund sei verunreinigt?«

Wenn du von Buddha sprichst, dann hat Buddha schon einen üblen dualistischen Beigeschmack. Für den, der wirklich den wahren Buddha der Nicht-Form, Nicht-Gestalt erlangt hat, ist der Name schon ein Hindernis und eine Verunreinigung. Wenn du ein wirklicher Zen-Anhänger wärst, dann würdest du bei dem bloßen Aussprechen des Wortes »Buddha« schon von Scham überwältigt werden. Ein Zen-Anhänger von Geist, dessen Zen-Auge klar geöffnet und der gründlich erleuchtet ist, wird sich, wenn er »Geist ist Buddha« hört, die Ohren zuhalten und weglaufen. »Meister Taibai, du bist – was ich nicht erwartet habe – ein Snob, der Wert auf Namen legt, nicht wahr?« Meister Mumon erteilt Taibai eine scharfe Rüge. Hier können wir sehen, daß Mumon eine außerordentlich durchdringende Zen-Fähigkeit besitzt. Wir sehen darin seine mitleidsvolle Mahnung an diejenigen, die sich an Worte und vordergründige Deutungen von »Geist ist Buddha« klammern.

Teisho zum Gedicht des Mumon

> Ein schöner Tag unter dem blauen Himmel!
> Blicke nicht töricht hierin und dorthin.
> Wenn du noch fragst: »Was ist Buddha?«,
> Dann ist das so, als würdest du deine Unschuld beteuern,
> Während du das Gestohlene fest umklammerst.

Während Meister Mumons Kommentar zu dem Koan liebenswürdig und eingehend ist, zeichnet sich das dazugehörige Gedicht durch Kürze und Unmittelbarkeit aus. »Ein schöner Tag unter dem blauen Himmel! Blicke nicht töricht hierhin und dorthin!« Wenn du wirklich »Geist ist Buddha« erfaßt hast, dann gibt es nichts Verborgenes oder Verschwommenes mehr, alles ist so klar und wolkenlos wie der Himmel. Wenn du genau an dem Ort stehst, wo du stehst, dann wird »Geist ist Buddha« vollkommen offenbar. Wenn du sitzt, dann wird es ganz an dem Platz offenbar, wo du sitzt. Jede Bewegung deiner Hand und deines Fußes ist nichts als »Es«. Du brauchst »Es« nicht hier und dort zu suchen. Auf diese Weise stellt Mumon das Wesen von »Geist ist Buddha« unmittelbar dar. Wer sein geistiges Auge geöffnet hat, wird dies sogleich in diesen beiden ersten Zeilen sehen und würdigen.

Meister Mumon ist so liebenswürdig, dies noch weiter zu erklären: »Wenn aber noch jemand fragt, was mit ›Geist ist Buddha‹ gemeint ist, dann gleicht er jemandem, der seine Unschuld beteuert, während er das Gestohlene fest umklammert.« Wenn du wirklich das Leben des Nicht-Geistes lebst, dann ist die Wirklichkeit ganz in deiner Hand. Wenn du dein ursprüngliches wahres Selbst des »Geist ist Buddha« einmal verfehlt hast und beginnst, Buddha außerhalb von dir zu suchen, dann wirst du gleich zu einem Menschen der Unwissenheit, und damit bist du viele tausend Meilen von Buddha entfernt. Du bist dann so dumm und einfältig, als ob du deine Unschuld beteuern würdest, während du das Gestohlene in der Hand hast.

Meister Daichi hat zu »Geist ist Buddha« ein Gedicht geschrieben:

> Die Wahrheit wird über alle Beweisführung hinaus vollkommen offenbar.
> Zweifellos ist grüner Enzian bitter und Eis kalt.
> Da er gemäß »Geist ist Buddha« lebt,
> Strahlt seine Stirn Tag und Nacht ein Licht aus.

Meister Daichi erklärt in der ersten Zeile: »Geist ist Buddha«, und die Wahrheit ist so deutlich und klar, hier und jetzt, offenbar geworden, daß es töricht wäre, jetzt noch über dieses und jenes zu streiten. Dann spricht er über »Geist ist Buddha« in konkreten Tatsachen: »Grüner Enzian ist bitter; Eis ist kalt.« Sieh, es ist wirklich nichts mehr verborgen. Diese zweite Zeile ist wirklich eine ausgezeichnete Erklärung, die das Wesen von »Geist ist

Buddha« ganz enthüllt. In der dritten und vierten Zeile beschreibt Meister Daichi das Leben eines Zen-Anhängers, der sein tägliches Leben gemäß »Geist ist Buddha« lebt und das Buddha-Leben in Übereinstimmung mit der wirklichen Situation Tag und Nacht frei lebt und entfaltet.

Meister Yoka sagt in seinem *Shodoka*: »›Es‹ ist immer, hier und jetzt, gegenwärtig. Wenn du außerhalb von dir danach suchst, dann wisse, daß du ›Es‹ niemals erlangen kannst.« Er warnt uns und sagt, daß wir die Wahrheit für immer verlieren, sobald wir anfangen, außerhalb von uns selbst nach ihr zu suchen.

31 Joshu durchschaute die alte Frau

Koan Ein Mönch fragte eine alte Frau: »Welchen Weg muß ich zum Berg Gotai nehmen?« Die alte Frau sagte: »Geh geradeaus weiter!« Als der Mönch wenige Schritte gemacht hatte, sagte sie: »Er mag wohl wie ein feiner Mönch aussehen, aber auch er geht so davon!« Später erzählte dies ein Mönch dem alten Joshu. Joshu sagte: »Warte. Ich will hingehen und für euch diese alte Frau durchschauen.« Am nächsten freien Tag ging er und stellte die gleiche Frage an sie. Die alte Frau gab auch ihm die gleiche Antwort. Als Joshu zurückkehrte, verkündete er den Mönchen: »Ich habe die alte Frau vom Berg Gotai für euch durchschaut.«

Kommentar des Mumon

Die alte Frau wußte, welche Strategie sie anwenden mußte, und siegte, während sie selbst in ihrem Zelt saß. Aber sie hat nicht den Banditen bemerkt, der sich in das Zelt hineingestohlen hat. Der alte Joshu ist geschickt genug, in das Lager des Feindes zu schleichen und seine Festung zu bedrohen. Aber er sieht nicht wie ein Erwachsener aus. Bei näherer Prüfung begehen beide einen Fehler. Nun sage mir, wie durchschaute Joshu die alte Frau?

Gedicht des Mumon

> Die Frage ist jedesmal die gleiche,
> Auch die Antwort ist die gleiche.
> Im Reis ist Sand,
> Dornen sind im Schlamm.

Teisho zu dem Koan

Die Hauptfigur dieses Koan ist wieder der berühmte Meister Joshu, dem wir schon mehrere Male in vorhergehenden Koans begegnet sind; daher ist an dieser Stelle keine Einführung mehr notwendig. Eine andere wichtige Gestalt ist eine alte Frau, die historisch nicht nachzuweisen ist. Es ist jedoch sehr wahrscheinlich, daß es damals – als Zen in China seine größte Blütezeit erlebte – einige alte Frauen gegeben hat, die das ganze Zen-Studium absolviert hatten (wie zum Beispiel die alte Frau des Teehauses, die, wie das achtundzwanzigste Koan erzählt, mit Meister Tokusan ein Mondo wechselte).

Der hier erwähnte Berg Gotai ist ein heiliger Berg im nordöstlichen Teil des heutigen Sansei-sho in China: Es ist ein heiliger Berg, weil er als der Wohnort des Manjusri betrachtet wird. Von alters her leben auf diesem Berg berühmte Mönche und Buddhisten aller Richtungen. Auch Mönche, die sich in der Ausbildung befinden, sind dorthin gepilgert.

Eine alte Frau lebte in der Nähe des Berges Gotai; wahrscheinlich betrieb sie ein kleines Teehaus an der Straße. Immer, wenn ein reisender Mönch sie fragte: »Welchen Weg muß ich nehmen, um zum Berge Gotai zu gelangen?«, antwortete sie: »Geh geradeaus!« Sie sagte ihm niemals, daß er nach Osten oder Westen gehen sollte. Wenn der Mönch sich einige Schritte entfernt hatte, pflegte sie über ihn zu spotten und zu sagen: »Auch dieser Mönch! Er mag wie ein feiner Mönch aussehen, aber was macht er für eine komische Figur!«

Wo könnte der Weg zum Berg Gotai für einen ehrlichen Sucher der Wahrheit sein? Der Weg zum Berg Gotai ist der Weg zum Zen. Es ist der Weg zu grundsätzlicher Wahrheit, und es muß der Weg zu einem selbst, zum wahren Selbst sein. Was nützt es, außerhalb vom eigenen Selbst, hier und jetzt, nach ihm zu suchen? Es gibt ein altes Sprichwort, wonach alle Wege nach Rom und auch »der Große Weg nach Ch'ang-an führt«. Ost und West, rechts oder links, Zeit oder Raum stehen nicht zur Diskussion, denn es ist der Eine Wahre Weg. »Geh geradeaus!« Was könnte man sonst über diesen absoluten Weg sagen? Shakyamuni lehrte Ananda: »Die Wahrheit liegt in allen zehn Richtungen; der Weg nach Nirvana ist gerade.«

Der reisende Mönch irrt von diesem inneren Weg, der tief in ihm selbst liegt, ab. Er folgt dem vordergründigen Sinn, den die

Worte der alten Frau haben, und beginnt, blind daherzuwandern. Die alte Frau konnte nur traurig über ihn spotten.

Da sich dieses Mondo zwischen der alten Frau und einem Mönch mehrmals wiederholte, verbreitete sich die Kunde davon, und eines Tages hörte Meister Joshu die Geschichte von einem Mönch. Joshu sagte: »Warte. Ich will hingehen und für euch diese alte Frau durchschauen.« Am nächsten Tag rüstete er sich für eine Reise aus und machte sich entschlossen auf den Weg, um sie zu durchschauen.

Er erreichte bald den Ort, wo sie wohnte, und stellte an sie die gleiche Frage wie übrigen Mönche: »Welchen Weg muß ich nehmen, um zum Berg Gotai zu gelangen?« Die alte Frau antwortete auch in der gleichen Weise: »Geh geradeaus!« Während Meister Joshu einige Schritte machte, sagte die alte Frau wie gewohnt: »Er mag wohl wie ein feiner Mönch aussehen, aber auch er geht so davon!« Mit anderen Worten, zwischen den beiden wurde das gleiche Mondo wie bei allen vorherigen Mönchen gewechselt.

Nach seiner Rückkehr zum Kloster versammelte Meister Joshu alle seine Schüler und verkündete zuversichtlich: »Ich habe diese alte Frau auf der Straße zum Berg Gotai für euch klar durchschaut.« Er erklärte seinen Schülern, daß er die alte Frau durchschaut habe, sagte aber nicht, wie er es getan hatte. Er erzählte keine Einzelheiten – was natürlich Anlaß zu verschiedenen Schlußfolgerungen und Spekulationen gibt.

Obwohl Meister Joshu selbst die alte Frau auf dem Wege zum Berg Gotai aufsuchte und persönlich ein Mondo mit ihr wechselte, sprach und handelte er genau so, wie es die übrigen Mönche getan hatten. Die alte Frau sprach und handelte auch genau so, wie sie es vorher getan hatte. Es gab überhaupt keinen Unterschied oder etwas Besonderes. Nichtsdestoweniger erklärt Meister Joshu nach seiner Rückkehr zum Kloster: »Ich habe die alte Frau vom Berg Gotai für euch durchschaut!«

Hat er sie wirklich durchschaut oder nicht? Wenn er es getan hat, wie durchschaute er sie? Über welche Art von Faktum sprichst du, wenn du sagst, daß Joshu sie durchschaute? Wenn du dein Zen-Auge über diesen letzten Punkt nicht öffnest, dann kannst du nicht neben Joshu gehen und kannst auch nicht den wirklichen Sinn des Koan erfassen.

Meister Bokitsu von Isan sagte zur Erklärung dieses Koan: »Alle Mönche der Welt verstanden es nur, die Frage nach dem Weg zum Berg Gotai zu stellen, und erkannten nicht den wesentlichen Sinn, den diese Frage beinhaltet. Nur vom alten Joshu konnte man einen so großen Erfolg erwarten.«

Alle Mönche fragen die alte Frau nach dem Weg und sind eifrig damit beschäftigt, ihn außerhalb von sich selbst zu suchen. Sie werden nicht gewahr, daß das wirkliche Problem in ihnen selbst liegt. Es muß schon ein echter und fähiger Zen-Mensch wie der alte Joshu sein, um so ausgezeichnet abzuschneiden. Meister Bokitsu zollt Meister Joshu auf diese Weise höchstes Lob, aber er sagt nicht, wie Joshu »die alte Frau durchschaute«. Jetzt frage ich dich, meinen Schüler: »Was ist ›die alte Frau‹? Was meint er, wenn er sagt: ›sie durchschauen‹?« Ein alter Zen-Meister fragte: »Wie kann Wasser Wasser durchnässen? Wie kann Gold in Gold verwandelt werden?« Sei durch und durch Wasser! Sei durch und durch Gold! Wie kann in dem alles durchdringenden »Durchschauen« Joshu oder die alte Frau sein? Das ganze Universum ist so durchschaut worden.

Teisho zum Kommentar des Mumon

»Die alte Frau wußte, welche Strategie sie anwenden mußte, und siegte, während sie selbst in ihrem Zelt saß. Aber sie hat nicht den Banditen bemerkt, der sich in das Zelt hineingestohlen hat. Der alte Joshu ist geschickt genug, in das Lager des Feindes zu schleichen und seine Festung zu bedrohen. Aber er sieht nicht wie ein Erwachsener aus. Bei näherer Prüfung begehen beide einen Fehler. Nun sage mir, wie durchschaute Joshu die alte Frau?«

Meister Mumon zitiert in seiner Erklärung zu der alten Frau ein chinesisches Sprichwort: »In seinem Zelt entwirft er einen Angriffsplan und siegt auf dem tausend Meilen entfernten Schlachtfeld.« So kämpft ein großer General. Meister Mumon sagt, auch diese alte Frau besaß die wunderbare Fähigkeit eines Generals, der an seiner weit entfernten Front siegt, während er selbst im Zelt sitzt und an seinem Tisch die Strategie ausarbeitet. Obwohl sie so fähig ist, scheint sie nicht zu wissen, daß sich ein Dieb geradewegs in ihr Zimmer geschlichen hat. Mit anderen Worten, Mumon kritisiert die alte Frau: »Liebe alte Frau, du magst wohl ganz gewiegte Bemerkungen machen, wie: ›Geh geradeaus weiter‹ oder: ›Er mag wohl wie ein feiner Mönch aussehen, aber auch er geht so davon‹, aber ich kenne dein ganzes geheimes Argument!«

Warum kritisiert Meister Mumon die alte Frau auf diese Weise, da sie doch Joshu genau so behandelte wie die anderen Mönche?

Berühmt ist die Erklärung, die Meister Hakuin zu diesem Koan gegeben hat: »Ihr versteht alle, daß Joshu die alte Frau durchschaut hat, aber ihr seht nicht, daß die alte Frau Joshu durchschaut hat. Sagt mir, wie durchschaute sie Joshu?« Ich frage dich: »Wie durchschaute die alte Frau Joshu?« Wenn du mir auf diese Frage keine klare und konkrete Antwort geben kannst, dann verstehst du den Kommentar des Meisters Mumon und das Wesen dieses Koan nicht.

Meister Mumon bemerkt dann zu Meister Joshu: »Der alte Joshu besitzt soviel Gewandtheit und Geschicklichkeit, daß er das Hauptquartier des Feindes einnimmt und die Festung bedroht. In meinen Augen ist er jedoch noch nicht erwachsen.« Ich frage dich: Warum kritisiert Meister Mumon auf diese Weise Meister Joshu, obwohl er doch genau so wie die anderen Mönche geredet und gehandelt hat? Wenn du mir auf diese Frage eine klare und konkrete Antwort geben kannst, dann verstehst du den Kommentar des Meisters Mumon und das Wesen dieses Koan nicht.

Mumon sagt weiter: »Bei näherer Prüfung begehen beide, Joshu und die alte Frau, einen Fehler.« Was meint er mit »Fehler«, den beide begangen haben? Am Schluß fragt Mumon seine Schüler: »Nun sagt mir, wie durchschaute Joshu die alte Frau?« Wenn du erkennst, wie Meister Joshu die alte Frau durchschaute, wirst du selbstverständlich auch erkennen, wie die alte Frau Meister Joshu durchschaute. Genau hier liegt der Schlüssel zu dem Koan.

Wie Meister Hakuin sagt, ist dies ein sehr kompliziertes, typisches Nanto-Koan, und sein wirklicher Sinn ist nicht leicht zu erfassen. Ein bekannter Autor sagt dazu: »Meister Joshu und die alte Frau sind gute Freunde mit gleich großer Fähigkeit, und ihre Begegnung endet mit einem ›Unentschieden‹.« Er sagt auch: »Es ist eine Mahnung an die Mönche, unter ihre Füße zu sehen und wie Meister Joshu das geistige Auge zu öffnen.« Diese Interpretationen verfehlen das Wesen des Koan; sie begreifen noch nicht einmal, was ein Koan ist.

Teisho zu dem Gedicht des Mumon

> Die Frage ist jedesmal die gleiche.
> Auch die Antwort ist die gleiche.
> Im Reis ist Sand,
> Dornen sind im Schlamm.

Die erste Zeile sagt schlicht: »Die Frage ist die gleiche.« Das ist eine Erklärung zu Joshu, der sich hochgemut auf den Weg machte und erklärte: »Warte. Ich will hingehen und für euch diese alte Frau durchschauen.« Er bediente sich jedoch keiner besonderen Mittel, er stellte wie die übrigen einfachen Mönche die gleiche Frage: »Welchen Weg muß ich zum Berg Gotai nehmen?« Die zweite Zeile: »Auch die Antwort ist die gleiche« ist ein Kommentar zu der alten Frau, die Joshu die stereotype Antwort gab: »Geh geradeaus!« und: »Er mag wohl wie ein feiner Mönch aussehen, aber auch er geht so davon.«

Die dritte und vierte Zeile verweisen auf die Haltung sowohl des Meisters Joshu wie der alten Frau. »Im Reis ist Sand, Dornen sind im Schlamm.« Sand im Reis und Dornen im Schlamm sind gefährliche Dinge, wenn sie in etwas Weichem verborgen sind. Man kann sich leicht daran verletzen. Mumon warnt uns: Nehmt euch also in acht.

Was meint er wirklich – von dem vordergründigen Sinn abgesehen – mit »Sand im Reis und Dornen im Schlamm«, vor denen wir uns in acht nehmen sollen? Darin liegt der eigentliche Sinn der Antwort der alten Frau: »Geh geradeaus« und der Behauptung des Meisters Joshu: »Ich habe sie durchschaut!« Hörst du nicht, wie Meister Mumon sagt: »Joshu hat das ganze Universum durchschaut, von der alten Frau gar nicht zu reden?« Wenn du das hier nicht begreifst, dann erweist sich das Koan nur als sinnlose Farce.

Meister Enan von Oryo machte zu diesem Koan das folgende Gedicht:

> Joshu steht in der Zen-Welt an hervorragender Stelle.
> Es gibt guten Grund dafür, daß er die alte Frau durchschaut hat.
> Seit jener Zeit sind die vier Meere ruhig wie ein Spiegel.
> Reisende brauchen sich um die Fahrt nicht mehr zu sorgen.

Meister Enan sagt damit: »Meister Joshu ist ohne Zweifel ein hervorragend großer Meister in Zen-Kreisen. Es gibt einen guten und ausreichenden Grund, daß er die alte Frau an der Straße, die zum Berg Gotai führt, durchschaut hat. Dem alten Joshu verdanken wir es, daß die Welt nunmehr ruhig und friedlich wie ein Spiegel ist. Du Schüler, gehe in Frieden und mit Vertrauen geradeaus auf dem Weg zum Berg Gotai.«

Trotz der Zusicherung, die Meister Enan gibt, ist der Weg für diejenigen, die nicht selbst und unmittelbar zu dem eigentlichen Sinn von »Ich habe sie durchschaut« des Joshu aufgewacht sind, sehr steil und schwierig.

32   Ein Nicht-Buddhist befragt den Buddha

Koan   Ein Nicht-Buddhist fragte einmal den von der Welt Geehrten: »Ich bitte nicht um Worte, noch bitte ich um Nicht-Worte.« Der von der Welt Geehrte blieb sitzen. Der Nicht-Buddhist pries ihn und sagte: »Die große Barmherzigkeit des von der Welt Geehrten hat die Wolken meiner Unwissenheit vertrieben und mir ermöglicht, Erleuchtung zu erlangen.« Er machte voller Dankbarkeit eine Verbeugung und ging. Dann fragte Ananda Buddha: »Zu welcher Erkenntnis ist der Nicht-Buddhist gelangt, daß er dich auf diese Weise rühmt?« Der von der Welt Geehrte antwortete: »Er ist wie ein feuriges Pferd, das schon beim Schatten einer Peitsche davongaloppiert.«

Kommentar des Mumon

Ananda ist der Schüler Buddhas, aber er versteht viel weniger als der Nicht-Buddhist. Nun sage mir, wie verschieden sind sie, der Schüler des Buddha und der Nicht-Buddhist?

Gedicht des Mumon

> Er geht entlang der Schneide des Schwertes
> Und läuft über scharfe Kanten eines schwimmenden Eisfeldes.
> Du brauchst keine Schritte zu tun,
> Laß die Klippe los!

Teisho zu dem Koan

Die drei Gestalten, mit denen wir es in diesem Koan zu tun haben, sind Shakyamuni Buddha (Der von der Welt Geehrte), Gründer des Buddhismus, sein Schüler, der ehrwürdige Ananda, der Shakyamuni über fünfundzwanzig Jahre lang treu diente und der als der Schüler bekannt ist, der am besten hörte und am besten im Gedächtnis behielt, und ein Nicht-Buddhist ohne Namen. Buddhisten nennen alle, die zu einer anderen als der buddhistischen Religion gehören, Nicht-Buddhisten. In diesem Falle ist es wahrscheinlich ein brahmanischer Philosoph, denn die vedische Tradition erlebte damals in Indien ihre größte Blütezeit. Obwohl es zu jener Zeit in Indien viele philosophische Schulen gab, hatten sie entweder die Tendenz zum Materialismus, wobei sie Phänomene und Sinneswahrnehmungen betonten, oder sie neigten zu einem extremen Idealismus, der die Unterscheidung der Phänomene leugnete. Der Mahayana Buddhismus andererseits lehrt den »Mittelweg«. Er geht über verneinende und bejahende Anschauungen, Subjektivismus und Objektivismus hinaus und gründet sich auf die Wirklichkeit selbst, die weder dualistisch noch monistisch ist. Das ist die wesentliche Lehre von Mahayana.

Eines Tages suchte ein brahmanischer Philosoph Shakyamuni Buddha auf und fragte: »Bitte, zeige mir unmittelbar die Wahrheit, die weder an einen bejahenden Standpunkt mit Worten noch an einen negativen Standpunkt ohne Worte gebunden ist.« (Vgl. dies mit dem vierundzwanzigsten Koan: *Laß ab von Worten und Reden.*)

Wenn du sprichst, bist du vom Prinzip abgewichen. Wenn du nicht sprichst, dann stehst du nicht im Einklang mit den Erscheinungstatsachen. Der Fragesteller fragt eindringlich nach der Wahrheit, die über dieses grundlegende Dilemma hinausgeht. Shakyamuni beantwortete die Frage des Nicht-Buddhisten und zeigte »Es«, indem er auf seinem Sitz verharrte. Er griff weder zu Worten noch zu Nicht-Worten, sondern blieb einfach sitzen. Ein alter Zen-Meister sagte zur Erläuterung dieser Antwort: »Eine eiserne Wand, eine Festung, die nicht einzunehmen ist!« Ein anderer sagte: »Nach der Vernichtung aller Widerstände ist Erleuchtung das eine Schwert, das das Universum durchdringt!« So blieb Shakyamuni sitzen. Sein Verharren auf seinem Sitz ist absolut, unvergleichlich war sein Wirken. Bewundern wir es und begreifen wir sein innerstes Wesen.

Wenn einmal ein Wort der Erklärung ausgesprochen ist, wird es schon von Worten eingeengt. Natürlich war das Verharren Shakyamunis auf seinem Sitz nicht bloßes Schweigen. Meister Tenne Gie gab daher folgende Erklärung:

> Vimalakirti schwieg weder, noch saß er nur.
> Es ist schon falsch, über sein Sitzenbleiben zu diskutieren.
> Die Klinge des besten Schwertes ist scharf und kalt.
> Alle Nicht-Buddhisten und Teufel werden die Arme kreuzen.

Meister Tenne vergleicht das Verharren Shakyamunis auf seinem Sitz mit dem »Sitzen in Schweigen« von Vimalakirti und warnt uns vor dem wesentlichen Fehler, dies als bloßes Sitzen zu verstehen. Er verweist uns nachdrücklich darauf, die lebendige Wahrheit jenseits von Bejahung und Verneinung, Sprechen und Schweigen in diesem Sitzen des Shakyamuni zu erfassen. Er vergleicht es mit der scharfen Klinge des besten Schwertes und sagt, daß sogar Teufel und Nicht-Buddhisten sich mit gekreuzten Armen zurückziehen müßten.

Der Nicht-Buddhist, der die unvergleichliche Unterweisung des Shakyamuni erhielt, muß eine selten tiefe Einsicht besessen haben und den geistigen Kampf, das relativistische Dilemma von Worten und Nicht-Worten, schon durchgestanden haben. Er muß sich in tiefster Verzweiflung befunden haben, und die Zeit muß für eine Explosion reif gewesen sein. Als er bei Shakyamuni erschien, war er in seinem geistigen Suchen und Forschen an der äußersten Grenze angelangt. Sein innerer Kampf war durch die unmittelbare Unterweisung Shakyamunis sogleich beendet, und er konnte zur Wahrheit jenseits von Verneinung und Bejahung erwachen. Der Nicht-Buddhist konnte nicht anders, als sich in aufrichtiger Dankbarkeit zu verneigen; er pries Shakyamuni und sagte: »Die große Barmherzigkeit des von der Welt Geehrten hat die Wolken meiner Unwissenheit vertrieben und mir ermöglicht, Erleuchtung zu erlangen.«

Meister Engo ist ein wahrhaft großer Meister. Er bezieht sich auf dieses Lob des Nicht-Buddhisten und fragt: »Nun sage mir, worin besteht die große Barmherzigkeit des von der Welt Geehrten?« Das ist eine Frage, die Schüler in der wirklichen Übung nicht leicht übergehen können. Ich bitte dich, meinen Schüler, mir

hier und jetzt deine Antwort zu geben – eine Antwort, die weder mit Worten noch mit Nicht-Worten etwas zu tun hat.
Der Nicht-Buddhist sagte: »Du hast mir ermöglicht, Erleuchtung zu erlangen.« Grundsätzlich kann jedoch die Wahrheit, die jenseits von Bejahung und Verneinung ist, weder erlangt werden noch verlorengehen. Tatsächlich wurde er zu der Wahrheit erweckt, die er von Anfang an hatte. Das ist nichts Ungewöhnliches – er erkannte nur, daß er schon ursprünglich mit »Es« geboren wurde. Das ist die neue Schau, in der der von der Welt Geehrte und der Nicht-Buddhist nicht zwei sind. »Er blieb sitzen« – die nackte Wahrheit wurde vollkommen offenbar: Wie kann sie für verschiedene Menschen verschieden sein?
Meister Sesso schrieb ein Gedicht:

> Die Augen des Shakyamuni durchdringen die drei Welten.
> Das Auge des Nicht-Buddhisten reicht bis zu den fünf Himmeln.
> Das Herz der Blume ist zart; die Pfirsichblüten lächeln.
> Das Frühlingslicht ruht nicht nur auf den Weidenblättern.

Die Augen des sitzenden Shakyamuni sind hell und erleuchten die drei Welten der Vergangenheit, Gegenwart und Zukunft. Die Augen des erleuchteten Nicht-Buddhisten erleuchten die fünf Himmel (das ganze Universum). Die Ausdrucksweisen mögen verschieden sein, aber die Wahrheit jenseits von Bejahung und Verneinung kann niemals unterschiedlich sein. Sie ist die Schönheit einer Frühlingsszene, in der das Herz der Blume zart ist und die Pfirsichblüten lächeln. Der Friede und die Schönheit des Frühlings (der Symbol für die Wahrheit ist, die darin liegt, daß Shakyamuni auf seinem Sitz verharrte) verbreitet sich nicht nur auf die Weidenblätter, sondern auch über die Pfirsichblüten. Er ist nicht nur mit Shakyamuni, sondern auch mit dem Nicht-Buddhisten.

Nun geht das Koan zum zweiten Teil über, in dem Shakyamuni und Ananda ein Mondo wechseln. Der ehrwürdige Ananda, der Shakyamuni immer treu diente und als Schüler bekannt war, »der am besten hörte und am besten im Gedächtnis behielt«, war zu jener Zeit noch ein Mönch, der nur »am besten hörte und am besten im Gedächtnis behielt«; sein geistiges Auge war noch nicht geöffnet. Ananda, der Zeuge von diesem ungewöhnlichen Gespräch zwischen Shakyamuni und dem Nicht-Buddhisten vor ihm war, fragte Shakyamuni: »Zu welcher Art von Erleuchtung ist der Nicht-Buddhist gelangt, daß er dich auf diese Weise gerühmt hat?« Shakyamuni sagte ruhig: »Er ist wirklich sehr erleuchtet; man kann ihn mit einem feurigen Pferd vergleichen, das schon beim Schatten einer Peitsche davongaloppiert.«

Im *Shamyuktagama* gibt es ein Gleichnis, das die verschiedenen Eigenschaften buddhistischer Mönche erklärt: »Bhikkhus können mit vier verschiedenen Arten von Pferden verglichen werden. Das erste fühlt den Schatten einer Peitsche und fügt sich dem Willen des Reiters. Das zweite reagiert, wenn seine Haare berührt werden. Das dritte rennt, wenn sein Fleisch berührt wird, und das vierte, wenn seine Knochen durcheinandergerüttelt werden.« Unter den buddhistischen Schülern gibt es kluge und solche, die schwer von Begriff sind. Der hier auftretende Nicht-Buddhist muß einer der brillantesten und fähigsten Männer gewesen sein. Er ist genau wie das feurige Pferd, das schon beim Schatten einer Peitsche davongaloppiert. Als er sah, daß Shakyamuni auf seinem Sitz verharrte, gelangte er sogleich zur Wahrheit. Daher pries Shakyamuni seine Klugheit.

Ein alter Zen-Meister kommentierte die Antwort Shakyamunis an Ananda wie folgt: »Du bist zu mild und zu nachgiebig, von der Welt Geehrter. Wenn ich dabei gewesen wäre, hätte ich Ananda, ohne ein Wort zu sagen, geohrfeigt. Dann wäre Ananda vielleicht mit noch größerer Kraft als der Nicht-Buddhist neubelebt worden.« Das ist für einen Zen-Meister ein Kommentar, der nur zu natürlich ist.

Wie dem auch sei, in der tatsächlichen Übung schafft man es niemals nur mit großer Klugheit. Dem Satori geht immer ein hartes und ehrliches Suchen und Üben voraus.

Teisho zum Kommentar des Mumon

»Ananda ist der Schüler Buddhas, aber er versteht viel weniger als der Nicht-Buddhist. Nun sage mir, wie verschieden sind sie, der Schüler des Buddha und der Nicht-Buddhist?«

Der Kommentar des Meisters Mumon zu diesem Koan ist sehr interessant, denn er verweist in prägnanten Worten direkt auf das Wesentliche. Zunächst kommentiert er den ehrwürdigen

Ananda, der einer von den Zehn Großen Schülern des Shakyamuni war und für sein »bestes Hören« bekannt ist. »Obwohl Ananda der Schüler Buddhas ist, konnte er die wirkliche Absicht, die Shakyamuni hatte, als er auf seinem Sitz verharrte, nicht erfassen und würdigen. Was sein Verstehen angeht, kann er sich mit dem Nicht-Buddhisten in keiner Weise vergleichen.« Das ist ohne Zweifel eine gute Kritik. Wie Meister Sesso sagt: »Das Frühlingslicht ruht nicht nur auf den Weidenblättern.« Die Wahrheit des »Auf-dem-Sitz-Verharrens« kann für Menschen und Orte nicht verschieden sein.

Meister Hakuin bezieht sich auf dieses »Auf-dem-Sitz-Verharren« und sagt: »*Daigaku* (»Die Große Belehrung«) ist ein konfuzianisches klassisches Werk, in dem geschrieben steht: ›Halte an im äußersten Guten. Wenn du einmal angehalten hast, dann ist dort Dhyana.‹ Erkennt, meine Schüler, daß dieses Dhyana und das Verharren des Shakyamuni auf seinem Sitz sich in keiner Weise unterscheiden.« Meister Bukai, mein Lehrer, pflegte zu sagen: »In der Bibel steht geschrieben: ›Selig sind die Armen im Geiste, denn ihrer ist das Himmelreich.‹ Das ist genau dasselbe wie die wesentliche Lehre des Buddhismus.«

Die grundlegende Wahrheit jenseits von Subjekt und Objekt, Bejahung und Verneinung – das heißt, das Faktum der religiösen Erfahrung – kann sich nie durch den Unterschied der Religion wandeln. Die schulmäßigen Unterschiede sind für diejenigen, die die Grundwahrheit glauben und sie leben, von zweitrangiger Bedeutung.

Schließlich sieht Meister Mumon seine Schüler in der Halle an und fragt so, als ob er dieses Koan beenden wolle: »Nun sagt mir, wie verschieden sind sie, der Buddha-Schüler und der Nicht-Buddhist?« Diese Frage ist ein Beweis für das große Mitleid des Meisters Mumon mit seinen Schülern.

Selbstverständlich sind solche Erklärungen wie: »Wenn er versteht, ist er ein Buddha-Schüler; wenn er nicht versteht, ist er ein Nicht-Buddhist« vollkommen verfehlt. Es ist eine Frage, deren Grundlage die Eine Wahrheit ist. Sie wird vom absoluten Zen-Standpunkt aus, der sich auf die tatsächliche Erfahrung gründet, gestellt. Es ist eine Frage, die aus großem Mitleiden gestellt wird; die versucht, alles dualistische Verstehen auszulöschen. Der Meister wird fragen: »Was ist der Unterschied zwischen einem Mast und einer Lampe? Was ist der Unterschied zwischen einem Pult und einem Stuhl?«

Teisho zu dem Gedicht des Mumon

> Er geht entlang der Schneide des Schwertes
> Und läuft über scharfe Kanten eines schwimmenden Eisfeldes.
> Du brauchst keine Schritte zu tun.
> Laß die Klippe los!

Die ersten beiden Zeilen beschreiben einen Menschen, der die größte Gefahr durchlebt und unter Lebensgefahr die Krise übersteht. Es ist gewiß keine leichte Aufgabe, und nur ein Mensch von ungewöhnlicher Fähigkeit kann sie lösen. Meister Mumon vergleicht den Nicht-Buddhisten mit solch einem Menschen. Mit anderen Worten, Meister Mumon zollt dem Nicht-Buddhisten höchstes Lob, der beim Anblick von Shakyamuni, der auf seinem Sitz geblieben war, sogleich zur Wahrheit erwachte.

Ein Zen-Spruch lautet: »Ein Sprung, und du bist mitten im Satori.« Bei diesem »Sprung« gibt es keine Unterschiede wie zum Beispiel Buddha-Schüler und Nicht-Buddhisten, Mann und Frau, Weiser und alltäglicher Mensch. Geh geradeaus! »Du brauchst keine Schritte zu tun.«

Mumon versäumt nicht, seine Schüler zu einem furchtlosen Geist anzuspornen und bereit zu sein, »die Klippe loszulassen, die tausend Fuß hoch ist«.

Bei Meister Hakuin gibt es dazu ein Gedicht:

> Junger Mann,
> Wenn du nicht sterben willst,
> Stirb jetzt.
> Wenn du einmal tot bist, brauchst du nicht zweimal zu sterben.

Es gibt noch ein anderes bekanntes Haiku:

> Aus dem Sterben eines Todes
> Geht ein Mensch
> Frei und gelassen hervor.

Gibt es hier einen Unterschied zwischen dem Buddha-Schüler und dem Nicht-Buddhisten?

33 Nicht Geist, nicht Buddha

Koan Ein Mönch fragte einst Baso: »Was ist Buddha?« Baso erwiderte: »Nicht Geist, nicht Buddha.«

Kommentar des Mumon

Wenn du es hier durchschauen kannst, dann ist dein Zen-Studium vollendet.

Gedicht des Mumon

> Wenn du einem Fechter auf der Straße begegnest, gib ihm ein Schwert.
> Biete niemandem ein Gedicht an, es sei denn einem Dichter.
> Wenn du mit den Menschen sprichst, dann erzähle ihnen nur Dreiviertel.
> Gib niemals den anderen Teil preis.

Teisho zu dem Koan

Auf die Frage des Taibai im dreißigsten Koan: »Was ist Buddha?«, antwortete Meister Baso: »Geist ist Buddha.« In diesem Koan antwortet Baso auf die Frage eines Mönchs ohne Namen: »Was ist Buddha?« »Nicht Geist, nicht Buddha.« Baso hat also auf genau die gleiche Frage zwei verschiedene Antworten gegeben; außerdem hört sich »Geist ist Buddha« so an, als ob es das gerade Gegenteil von »Nicht Geist, nicht Buddha« wäre.

Welchen Grund könnte Baso gehabt haben, derartig sich

widersprechende Antworten zu geben? Es muß seine barmherzige und schöpferische Methode sein, alle Verhaftung seiner Schüler zu vernichten und sie endgültig zur Wirklichkeit aufzuwecken. Taibai war vor einiger Zeit zu Meister Baso gekommen und hatte Buddha außerhalb von sich selbst gesucht. Um ihm diese Illusion zu nehmen, hatte Baso ihm gesagt: »Geist ist Buddha.« Jetzt, da Baso sieht, daß viele Schüler sich an »Geist ist Buddha« geklammert haben, sagt er: »Nicht Geist, nicht Buddha«, um ihre Verhaftung an »Geist ist Buddha« zu vernichten.

Meister Jizai, Nachfolger von Meister Baso, erklärte: »›Geist ist Buddha‹ ist ein Satz für jemanden, der ein Medikament haben will, der aber nicht krank ist. ›Nicht Geist, nicht Buddha‹ ist ein Satz für jemanden, der von dem Heilmittel nicht lassen kann, der aber von seiner Krankheit schon geheilt ist.« Menschen, die glauben, sie seien krank, die in Wirklichkeit aber gar nicht krank sind und dennoch ein Heilmittel suchen, wird – um sie zu retten – »Geist ist Buddha« gegeben. Denjenigen, die von ihrer Krankheit geheilt sind, die sich aber noch an die Arznei klammern, soll »Nicht Geist, nicht Buddha« gegeben werden. So sollen sie erkennen, daß ein wirklich gesunder Mensch weder Krankheit noch Heilmittel kennt.

Es wird erzählt, daß zwischen Meister Baso und einem Mönch das folgende Mondo gewechselt wurde. Ein Mönch fragte Baso: »Warum lehrst du ›Geist ist Buddha‹?« Baso antwortete: »Um das Weinen eines kleinen Kindes zu stillen.« Der Mönch fragte: »Wie ist es, wenn ein kleines Kind aufhört zu weinen?« Baso antwortete: »Nicht Geist, nicht Buddha.«

Dieses Mondo hilft dir vielleicht, das Wort des Baso »Nicht Geist, nicht Buddha« zu durchschauen.

Das *Sugyo-roku* gibt die folgenden theoretischen Erklärungen. Zunächst wird die Frage erhoben: »Indische und chinesische Patriarchen und Meister haben gesagt, daß ›Geist Buddha ist‹; das Prinzip ist so klar, und die Lehre ist so direkt, daß sie wie aus einem Munde sprechen. Warum sagt dann Baso: ›Nicht Geist, nicht Buddha‹?« Darauf wird die folgende philosophische Antwort gegeben: »›Geist ist Buddha‹ ist eine bejahende Feststellung. Durch die schlichte Feststellung dieser Tatsache wird es dem Schüler ermöglicht, sich seines eigenen Geistes bewußt zu werden und Satori zu erlangen. ›Nicht Geist, nicht Buddha‹ ist eine Negation. Sie schützt gegen Fehler, schließt Fehltritte aus, vernichtet Verhaftungen und löscht somit alles unterscheidende Bewußtsein aus. Baso sagt zu denen, die sich auf intellektuelle Interpretation verlassen und sich daran hängen: »Nicht Geist, nicht Buddha«, um sie von ihren Verhaftungen zu lösen.

Das ist eine gute philosophische Erklärung. Jedoch muß die Antwort von Meister Baso: »Nicht Geist, nicht Buddha«, die er auf die Frage: »Was ist Buddha?« gibt, als ein Zen-Koan angesehen werden. (Hinsichtlich der Frage: »Was ist Buddha?« vgl. mein Teisho im achtzehnten Koan: *Die drei Pfund Flachs des Tozan.*) Der Buddha, nach dem hier gefragt wird, ist Buddha als Tatsache unserer religiösen Zen-Erfahrung, und dies hat mit seinem philosophischen Sinn oder theoretischer Deutung nichts zu tun. Natürlich ist »Nicht Geist, nicht Buddha«, ein unmittelbarer Ausdruck der religiösen Erfahrung des Baso, und wenn man seine Antwort nicht in diesem Sinne begreift, dann verliert sie ihre belebende Kraft und ihren wirklichen Sinn als Zen-Koan. Man muß selbst in seiner eigenen Übung mit »Nicht Geist, nicht Buddha« arbeiten und selbst »Nicht Geist, nicht Buddha« sein. Von den Schülern in der Ausbildung wird hier das gleiche verlangt, wie bei dem Koan *Geist ist Buddha.*

Ich frage dich, meinen Schüler: »Was ist: ›Nicht Geist, nicht Buddha‹?« Lösche alles intellektuelle Verstehen aus und versenke dich darin mit deinem ganzen Sein. Wenn du seine Wahrheit nicht als Faktum deiner eigenen Erfahrung erfaßt, kannst du niemals richtig würdigen, was Zen ist.

Meister Hakuin sagte: »›Geist ist Buddha‹ ist wie ein Drache ohne Hörner, während ›Nicht Geist, nicht Buddha‹ wie eine Schlange mit Hörnern ist.« Von welchem Standpunkt aus kommentiert er in dieser Weise?

Ein Zen-Meister fragte: »Wer hat den Schuldschein?« Wenn du ihn nicht fest in der Hand hältst, kannst du betrogen, getäuscht werden. Das heißt, wenn du dein Zen-Auge aufgrund tatsächlicher Übung nicht wirklich geöffnet hast, kannst du durch »Nicht Geist, nicht Buddha« irregeführt werden. Nun sage mir, was ist der Schuldschein, der niemals in Verzug geraten kann? Was ist das helle Zen-Auge, das in der Übung erlangt wird und sich niemals verdunkelt?

Teisho zum Kommentar des Mumon

Meister Mumon gibt zu diesem Koan einen äußerst kurzen Kommentar: »Wenn du es hier durchschauen kannst, dann ist dein Zen-Studium vollendet.« »Es« verweist hier auf die wirkliche Absicht des Baso, als er sagte: »Nicht Geist, nicht Buddha.« Diese Antwort klingt wie das gerade Gegenteil von seiner vorherigen Antwort: »Geist ist Buddha.« Wenn wir die wirkliche Absicht des Baso klar sehen und tatsächlich das Zen-Leben von »Nicht Geist, nicht Buddha« leben, dann ist das Ziel unserer Zen-Übung vollkommen erreicht.

Solange man sich an Geist klammert und an Buddha gebunden ist, kann man den wahren Buddha niemals erlangen. Das Ziel der Zen-Übung kann nur erreicht sein, wenn man sich vom Namen und von der Form des Geistes und Buddhas gelöst hat, das heißt, wenn man frei von Verhaftung an Geist und Buddha ist.

Dies zeigt die große Anerkennung, die Meister Mumon der Geistigkeit des Baso zollte, wie sie in diesem Koan: »Nicht Geist, nicht Buddha« in Erscheinung tritt. Meister Daichi machte dazu folgendes Gedicht:

> »Nicht Geist, nicht Buddha!« – Es ist eine andere Rede.
> Die Zen-Schüler im ganzen Land sehen es nur mit Mühe.
> Wenn du vom Einleger der Dreschmaschine springen kannst,
> Dann bist du frei und kannst barfuß über den Berg von Schwertern laufen.

Meister Baso sagte zuerst: »Geist ist Buddha.« Und jetzt antwortet er: »Nicht Geist, nicht Buddha.« Seine Rede ist inkonsequent, und seine Antworten sind voller Widerspruch. Eine Dreschmaschine ist ein landwirtschaftliches Gerät, das den Reis durch Dreschen reinigt. Da Meister Baso einer Familie entstammte, die Dreschmaschinen herstellte, wird die Dreschmaschine als Symbol für Baso selbst angewandt. »Der Einleger« der Dreschmaschine bedeutet hier die Worte des Meisters Baso. Wenn er auch zunächst sagte: »Geist ist Buddha« und dann: »Nicht Geist, nicht Buddha«, so laß dich von seinen Worten nicht hin- und herzerren. Springe heraus aus dieser Ausdrucksweise! Dann wirst du zum ersten Mal ein wahrhaft freier Mensch sein. Du brauchst keine eisernen Sandalen, sondern mit bloßen Füßen wirst du fröhlich über den Berg von Schwertern schlendern und auf ihm spielen können. Unser tägliches Leben ist angefüllt mit Schmerzen und Leiden, einem Gemisch von Zorn, Liebe, Vergnügen. Obwohl es einem Spaziergang über einem Berg von Schwertern gleicht, kannst du es froh und in Freiheit genießen. Jeder deiner Schritte wird eine erfrischende Brise schaffen, und in deinem Geist wird es keine Wolke geben. Es wird ganz gewiß ein Leben höchster Geistigkeit sein, in dem alles Kämpfen und Ringen ein Ende gefunden hat.

Teisho zu dem Gedicht des Mumon

> Wenn du einem Fechter auf der Straße begegnest, gib ihm ein Schwert.
> Biete niemandem ein Gedicht an, es sei denn einem Dichter.
> Wenn du mit den Menschen sprichst, dann erzähle ihnen nur Dreiviertel.
> Gib niemals den anderen Teil preis.

Mit einem Gedicht kommentiert Meister Mumon das unbegrenzte Mitleiden des Meisters Baso, der zunächst sagte: »Geist ist Buddha.« Dann konnte er jedoch nicht an sich halten und sagte: »Nicht Geist, nicht Buddha!« Die beiden ersten Zeilen sind aus einem alten Gedicht zitiert. Sie besagen: Es ist zwecklos, jemandem ein Schwert zu geben, der nicht ein wirklicher Fechter ist; und wenn du jemandem, der kein Dichter ist, ein Gedicht anbietest, kann es sein, daß er es nicht schätzt und würdigt.

So ausgezeichnet die Antwort – »Geist ist Buddha« oder »Nicht Geist, nicht Buddha« – auch ist, sie ist ganz zwecklos und vergeudet, wenn sie einem unfähigen Menschen gegeben wird. Sie muß an die gerichtet werden, die in der Lage sind, ihr innerstes Wesen zu erfassen. Meister Mumon veranschaulicht unter Hinweis auf einen Fechter und einen Dichter, wie hervorragend die Antworten des Meisters Baso sind.

Die beiden letzten Zeilen sind einem alten Sprichwort der militärischen Taktik entnommen. Wahrscheinlich war das Wort »Schwert«, das in der ersten Zeile benutzt wird, ein rhetorischer Hinweis auf diese Taktik. In der Strategie ist es eine alte Maxime, daß nur Dreiviertel eines Planes erklärt wird, da die Geheimhaltung nicht gefährdet werden darf; das letzte Viertel darf nicht einmal guten Freunden verraten werden. (Einige deuten »den anderen Teil« in der letzten Zeile von Mumons Gedicht als das Ganze und nicht als ein Viertel von vier Vierteln. In diesem Falle wäre der Sinn der beiden letzten Zeilen des Gedichtes: »Du kannst anderen drei Viertel erklären, aber erzähle ihnen niemals alles.« Es ist jedoch richtiger, »den anderen Teil« im Sinne des letzten Viertels zu nehmen, da dies eher dem ursprünglichen Sprichwort der Taktik gemäß ist.)

Meister Mumon sagt damit: »Lieber Meister Baso, du gibst eine ausgezeichnete Antwort – wie zum Beispiel ›Geist ist Buddha‹ oder ›Nicht Geist, nicht Buddha‹ – an jedweden Menschen, ohne Rücksicht darauf, ob er es schätzen und würdigen kann oder nicht. Du bist wirklich zu liebenswürdig und erklärst viel zuviel. Ein guter Lehrer sollte das letzte Viertel unausgesprochen lassen, so daß jeder Schüler selbst hart daran arbeitet und persönlich dazu erweckt wird.« Tatsächlich bewundert Mumon durch seine Kritik an Meister Baso seine einmalig großartigen Antworten.

Ich frage dich nun: Wie und warum geht die Erklärung: »Nicht Geist, nicht Buddha« zu weit?

34 Weisheit ist nicht Tao

Koan   Nansen sagte: »*Geist ist nicht Buddha; Weisheit ist nicht Tao!*«

Kommentar des Mumon:

Von Nansen muß man sagen, daß er, als er alt wurde, der Schande preisgegeben war. Wenn er auch nur ein wenig seinen stinkenden Mund öffnet, verrät er die Schande seiner Familie. Jedoch gibt es nur sehr wenige, die dankbar dafür sind.

Gedicht des Mumon

> Der Himmel ist klar, und die Sonne geht auf;
> Regen fällt und feuchtet die Erde.
> Ohne Rückhalt hat er alles erklärt,
> Aber wie wenige gibt es, die es fassen können!

Teisho zu dem Koan

Meister Nansen brauchen wir nicht vorzustellen, da er uns schon mehrmals in vorhergehenden Koans begegnet ist. Meister Mumon muß eine besondere Vorliebe für ihn gehabt haben, denn der *Mumonkan* enthält vier Koans über ihn.

Das Koan lautet: »Nansen sagte: ›Geist ist nicht Buddha; Weisheit ist nicht Tao!‹«, und es hört sich so an, als ob es ein Ausspruch des Meisters Nansen wäre. Dieser Satz ist jedoch weder in dem Kapitel über Meister Nansen im *Keitoku Dentoroku* noch in dem entsprechenden Kapitel des *Goto Egen* enthalten. Andererseits kann man in dem Kapitel über Meister Nyoe von

Toji im *Goto Egen* lesen: »Der Meister sagte: ›Geist ist nicht Buddha; Weisheit ist nicht Tao.‹ Das Schiff fährt weiter; wenn du ein Schwert ins Wasser geworfen hast, markierst du seine Lage auf dem Oberdeck. Wie töricht!« Der Ausspruch in diesem Koan stammt daher wahrscheinlich nicht von Nansen. Da Meister Nyoe von Toji und Meister Nansen gleichzeitig Schüler von Baso waren, ist es wahrscheinlich, daß dieser Ausspruch damals in Zen-Kreisen gängig war und von Zen-Meistern häufig verwendet wurde. Manchmal wird er auch Nansen zugesprochen.

Ob der Ausspruch ursprünglich auf Meister Nansen oder auf Meister Nyoe zurückgeht, ist ein bibliographisches Problem, aber keine wesentliche Frage in der tatsächlichen Zen-Übung. Die Hauptrolle des Koan in der Zen-Übung besteht darin, die Geistigkeit des Zen-Ausspruches im Schüler selbst, hier und jetzt, wirksam zu machen.

Das Koan ist sehr kurz und schlicht: »Geist ist nicht Buddha; Weisheit ist nicht Tao.« Von welchem Aspekt her befaßt sich Meister Nansen hier mit der Zen-Wahrheit? Die Grundbegriffe, die in diesem kurzen Ausspruch verwendet werden, »Geist«, »Buddha«, »Weisheit« und »Tao«, haben ihren eigenen, je verschiedenen Begriffsinhalt. Vom Standpunkt der Zen-Erfahrung aus gesehen sind sie alle wesentliche Worte, die in ihrer entsprechenden Nuancierung die grundlegende Zen-Wahrheit zum Ausdruck bringen.

Die alten Zen-Meister stellten nachdrücklich fest: »Du vergegenwärtigst dir nicht, daß dein eigener Geist Buddha ist, und du suchst außerhalb von dir selbst nach ihm!« Oder: »Erkenne deinen eigenen Geist. Außerhalb deines Geistes gibt es keinen Buddha.« Auch im *Mumonkan* gibt es mehrere Koans, die sich zumindest begrifflich mehr oder weniger gleich anhören wie zum Beispiel das neunzehnte Koan: *Tao ist alltäglicher Geist*, das siebenundzwanzigste Koan: *Weder Geist noch Buddha*, das dreißigste Koan: *Geist ist Buddha* und das dreiunddreißigste Koan: *Nicht Geist, nicht Buddha*.

Obwohl dies sehr wichtige Begriffe sind, um die grundlegende Zen-Wahrheit zum Ausdruck zu bringen, sind Worte wie »Geist«, »Buddha«, »Weisheit« und »Tao« nur Namen, die man dem »ewig unnennbaren ›Es‹« provisorisch gegeben hat. Daher warnt uns ein alter Zen-Meister und sagt: »Überzeuge dich, daß du dich von allen Verhaftungen löst. Überzeuge dich, daß du dich auch nicht an Nicht-Verhaftungen klammerst.«

Unglücklicherweise klammert sich aber der Mensch an traditionelle Etikette. Meister Nansen vernichtete diese tief verwurzelte Verhaftung des Menschen an gegebene Namen mit seinem einzigen »Nicht«. In seinem Mitleiden will er wirklich die Menschen von all ihren Täuschungen und Verhaftungen befreien und sie zu wahren Menschen des Friedens und der Freiheit erwecken. Namen und Worte sind nur das Ergebnis des unterscheidenden menschlichen Begriffsvermögens. Wenn wir unsere Anhänglichkeit oder unsere Verhaftung an derartige Etikette aufgeben, dann leben wir die Eine Wahrheit, die hier, so wie sie ist, vor uns steht.

Die Wahrheit wurde uns ganz in ihrer »So-wie-sie-ist-heit« in der Vergangenheit geoffenbart, und sie wird uns heute in ihrer »So-wie-sie-ist-heit« enthüllt. In deinem Gehen und deinem Sitzen, in der roten Farbe der Blumen und dem Grün der Weiden lebe die Wahrheit, so wie sie ist. Wenn du das tust, dann wirkt dein wahres Selbst ganz frei. Es sind der Friede und die Freiheit des Menschen, der jenseits der Unterscheidung von Subjekt und Objekt, Ja und Nein angelangt ist.

Für den, der das nicht-verhaftete Leben des wahren Selbst lebt, ist ohne Zweifel Geist nicht Buddha. Die Sonne geht jeden Morgen im Osten auf, und der Mond geht abends im Westen unter. Für ihn ist »Weisheit nicht Tao. Eine Melone ist rund und weich; eine Kürbisflasche ist gebogen und krumm.« Wie klar und deutlich das ist! Wie durchsichtig und scharfsinnig! Ein alter Zen-Meister sagte mit Recht: »Was für eine Schande, auch nur das Wort ›Buddha‹ auszusprechen!« Als Meister Dogen nach langem Studium in China und einer schwierigen Reise über den Ozean nach Japan zurückkehrte, fragte man ihn: »Welche Art von Dharma hast du im Ausland erhalten?« Er antwortet: »Ich bin mit leeren Händen nach Hause zurückgekehrt. Ich habe nur gesehen, daß die Augen horizontal und die Nase vertikal sind.« Seine klare Geistigkeit ist wirklich wunderbar.

»Geist ist nicht Buddha; Weisheit ist nicht Tao« ist die Feststellung, die Meister Nansen aus seinem großen Mitleiden heraus trifft. Wir sollten das Wesentliche seiner barmherzigen Unterweisung erfassen und hochschätzen.

Ein alter Kommentar lautet: »Was Geist oder Weisheit genannt wird, ist der absolute Geist und die absolute Weisheit, womit jedes Wesen ursprünglich geboren wird. Geist ist die Grundlage und Weisheit ist sein Wirken. Das Wirken der Weisheit, das diesen Geist in jedem Phänomen offenbart, wird Tao genannt. Der Geist und die Weisheit des Nansen, die jenseits jeglicher Ausdrucksweise sind, sind nichts anderes als das Große Tao des ursprünglichen Buddha. Wenn man es jedoch auf diese Weise erklärt, dann klammern sich die Menschen an diese Erklärung und bleiben dabei. Daher löste sie Nansen von dieser Verhaftung und sagte: ›Geist ist nicht Buddha; Weisheit ist nicht Tao.‹« Obwohl diese Erklärung ohne Zweifel korrekt ist, kommt sie Meister Nansen nicht aus dem Herzen. Ich will nicht, daß du dich in deiner Übung mit derartig philosophischen Erklärungen abgibst, die so nutzlos sind, wie wenn du einen weiteren Hut aufsetzen würdest, obwohl du bereits einen auf dem Kopfe hast, und dabei den lebendigen Geist dieses Koan nicht erfaßt. Zen hat seine eigene, einmalige Schau, die immer neu, frisch und lebendig ist.

Teisho zum Kommentar des Mumon

»Von Nansen muß man sagen, daß er, als er alt wurde, der Schande preisgegeben war. Wenn er auch nur ein wenig seinen stinkenden Mund öffnet, verrät er die Schande seiner Familie. Jedoch gibt es nur sehr wenige, die dankbar dafür sind.«

Meister Mumon bringt seine größte Bewunderung für die klare und scharfsinnige Geistigkeit Nansens und sein Mitleid für seine Schüler wie üblich durch scharfe Kritik und Schimpfworte zum Ausdruck.

»Du hast mit gemeinen Worten die Schande der Familie der Öffentlichkeit preisgegeben. Was für ein schamloser alter Narr du bist!« Mumon macht ihm schwere Vorwürfe. Wie ich bereits im zweiundzwanzigsten Koan erklärt habe, bedeutete »die Familienschande« ursprünglich die Schande der Familie und Dienerschaft, die verborgen und geheimgehalten werden mußte. Dieser Sinn hat sich jedoch gewandelt in »das kostbarste und wichtigste Geheimnis der Familie«.

In Wirklichkeit will Meister Mumon in seinem Kommentar sagen: »Lieber Meister Nansen, wie außerordentlich liebenswürdig und gutmütig bist du, daß du das wichtige Familiengeheimnis: ›Geist ist nicht Buddha; Weisheit ist nicht Tao‹ preisgibst!«

Mumon fährt fort: »Jedoch gibt es sehr wenige, die wirklich das Herz des Meisters Nansen kennen und schätzen und die auf sein großes Mitleiden eingehen. Wie bedauerlich!« Auf diese Weise bewundert Meister Mumon das große Zen-Wirken des Nansen und bringt seine Anerkennung zum Ausdruck. Gleichzeitig ermahnt er seine Schüler und regt sie zu aufrichtiger Übung an.

Teisho zu dem Gedicht des Mumon

>   Der Himmel ist klar, und die Sonne geht auf;
>   Regen fällt und feuchtet die Erde.
>   Ohne Rückhalt hat er alles erklärt,
>   Aber wie wenige gibt es, die es fassen können!

»Der Himmel ist klar, und die Sonne geht auf; Regen fällt und feuchtet die Erde« singt Meister Mumon und stellt damit in konkreten Fakten ohne Unterscheidung den Kern des Teisho Nansens dar: »Geist ist nicht Buddha, Weisheit ist nicht Tao.« Mumon ist ein großer Meister, der selbst durch harte und echte Übung gegangen war. Diese beiden Zeilen sind ein Beweis für seine hohe und klare Geistigkeit. Sicherlich sind sie auch die Worte eines Menschen, der »dankbar ist«. Wie der Ausspruch von Meister Dogen: »Die Augen sind horizontal; die Nase ist vertikal« ist dies eine lebendige und weise Aussage. Ihre Wahrheit bleibt unverändert durch alle Zeiten.

»Ohne Rückhalt hat er alles erklärt; aber wie wenige gibt es, die es fassen können!« In diesen zwei Zeilen wiederholt Meister Mumon sein Bedauern, das er schon im Kommentar zum Ausdruck brachte: »Nur sehr wenige sind dafür dankbar.«

So enthüllte Meister Nansen aus seinem unwiderstehlichen Mitleiden heraus mit allen Kräften das letzte Geheimnis, aber die auf diese Weise dargestellte Wahrheit wird selten von den Menschen eingesehen und gewürdigt werden. Gibt es überhaupt jemanden, der ihm für seine Unterweisung dankt?

Indirekt sagt Mumon, wie unvergleichlich groß die Geistigkeit des Meisters Nansen, so wie sie in diesem Koan offenbar wird, sich uns zeigt.

35 Sen-jo und ihre Seele sind getrennt

Koan   Goso fragte einen Mönch: »Sen-jo und ihre Seele sind getrennt; welches ist nun die wahre Sen-jo?«

Kommentar des Mumon

Wenn du in der Wahrheit dieses Koan erleuchtet bist, dann wirst du wissen, daß das Ausschlüpfen aus einer Hülle und das Hineinschlüpfen in eine andere dem Absteigen eines Reisenden in Hotels gleicht. Wenn du noch nicht erleuchtet bist, dann jage nicht blind umher. Wenn sich plötzlich Erde, Wasser, Feuer und Luft zersetzen, wirst du wie ein Krebs sein, der in kochendes Wasser gefallen ist und nun mit seinen sieben Armen und acht Beinen kämpft. Sage dann nicht, ich hätte dich nicht gewarnt.

Gedicht des Mumon

> Der Mond in den Wolken ist immer der gleiche.
> Berg und Tal unterscheiden sich voneinander.
> Wie wunderbar! Wie herrlich!
> Ist dies eines oder zwei?

Teisho zu dem Koan

Dieses Koan besteht aus einer Frage des Meisters Goso an seinen Schüler: »Sen-jo und ihre Seele sind getrennt; welches ist nun die wahre?« (Das »jo« von Sen-jo bedeutet, »Mädchen«, während »Sen« ein Eigenname ist.) Auf den ersten Blick hält man das Koan für sehr einfach, es wird aber schon von alters her von Zen-Schülern als eines der Nanto-Koans studiert.

Meister Hoen, allgemein als Meister Goso bekannt, weil er auf dem Berg Goso lebte, wurde in Shisen-sho geboren und, als er fünfunddreißig Jahre alt war, zum buddhistischen Mönch geweiht. Er begann seine buddhistischen akademischen Studien in Seito, der Provinzhauptstadt, und war als guter und gelehrter Mönch bekannt. Eines Tages las Hoen jedoch die folgenden Sätze: »Im Buddhismus sagt man, daß – wenn ein Bodhisattva mit seinem Satori-Auge sieht – Wirken und Prinzip verschmelzen, Umstände und Wesen eins werden und Subjektivität und Objektivität nicht getrennt sind. Ein nicht-buddhistischer Gelehrter bestritt dies und sagte: ›Wenn Subjektivität und Objektivität nicht getrennt sind, wie kann dann dieses Faktum selbst bewiesen werden?‹ Niemand konnte antworten, aber der ehrwürdige Genjo sagte laut: ›Es ist dasselbe, wie wenn man persönlich gewahr wird, wie warm oder kalt das Wasser ist, indem man es selbst trinkt.‹«

Hoen sagte zu sich selbst: »Ich kenne ›kalt‹ und ›warm‹, aber was heißt: ›persönlich gewahr werden‹?« Hoen legte diese Frage seinem Lehrer vor, sein Lehrer konnte sie ihm indessen nicht beantworten und sagte: »Wenn du dieses Problem lösen willst, dann geh in den Süden und frage einen Zen-Meister.« Fest entschlossen verließ Hoen seine Heimat, um Zen-Meister an verschiedenen Orten aufzusuchen. Während er bei Meister Hakuun Shutan studierte, hörte er eines Tages, wie ein Mönch eine Frage an den Meister richtete und von diesem streng gerügt wurde. Dieser Vorfall regte Hoen, der zufällig Zeuge des Gesprächs war, geistig an. Später hörte Hoen das folgende Teisho des Meisters Shutan: »Es gibt mehrere Zen-Mönche vom Berg Ro, die alle Satori erlangt haben. Wenn du sie reden läßt, dann können sie wunderbare Reden halten. Wenn du sie hinsichtlich verschiedener Koans befragst, können sie klare Antworten geben. Wenn du sie bittest, einen prägnanten Kommentar zu schreiben, dann machen sie das sehr gut. Aber sie haben ›Es‹ nicht erlangt.« Dieses Teisho erweckte in Hoen den Großen Zweifel. Er arbeitete einige Tage eifrig und hart mit diesem Koan und wurde schließlich ganz erleuchtet. Außerdem beseitigte diese Erkenntnis-Erfahrung den Zen-Beigeschmack, den seine früheren Erfahrungen hatten. Allmählich wurde er danach in Zen-Kreisen als großer Zen-Meister bekannt.

Vierzig Jahre lang unterwies Hoen seine Schüler mit großem Eifer. Eines Tages stieg er auf das Rednerpult, erklärte, daß er zurücktrete, kehrte in sein Zimmer zurück, nahm ein Bad und schor seinen Kopf. Am nächsten Tage starb er in Frieden. Das war im Jahre 1104, und Hoen war wahrscheinlich über achtzig Jahre alt. Meister Engo, der berühmt ist, weil er das *Hekigan-roku* (»Die Berichte des Blauen Felsens«) zusammengestellt hat, war ein Schüler von Meister Goso Hoen.

Die Erzählung *Sen-jo und ihre Seele sind getrennt* ist einer Legende der T'ang-Dynastie entnommen. Während dieser Dynastie lebte in Koshu, China, ein Mann namens Chokan. Er hatte zwei Töchter; da die ältere jedoch schon in jungen Jahren starb, liebte er die jüngere Tochter, Sen-jo, um so mehr und machte viel Aufhebens von ihr. Sie war ein ungewöhnlich schönes Mädchen, und viele junge Männer wollten sie heiraten. Der Vater der Sen wählte aus den vielen Bewerbern einen braven jungen Mann namens Hinryo und beschloß, ihm Sen-jo zu geben. Sen-jo hatte jedoch einen heimlichen Geliebten, Ochu, einen Neffen des Chokan. Als Ochu noch ein Kind war, hatte der Vater der Sen-jo im Scherz gesagt: »Ochu und Sen-jo werden ein schönes Paar abgeben. Ihr beide solltet heiraten, wenn ihr erwachsen seid.« Aufgrund dieser Bemerkung glaubten sie, sie seien verlobt, und im Laufe der Zeit entdeckten sie, daß sie einander liebten.

Sen-jo, der plötzlich von ihrem Vater eröffnet wurde, Hinryo zu heiraten, war sehr niedergeschlagen. Als Ochu davon hörte, war er so traurig, daß er beschloß, das Dorf zu verlassen, denn er konnte es nicht ertragen, irgendwo in ihrer Nähe zu leben. Er verließ eines Abends heimlich mit einem Boot seine Heimat, ohne Sen-jo auch nur ein Wort zu sagen. Um Mitternacht bemerkte er eine undeutliche Gestalt, die am Ufer entlang lief, so als ob sie dem Boot folgte. Er hielt an, um zu sehen, wer es sei, und zu seiner großen Überraschung und Freude entdeckte er, daß es seine Geliebte war. Er war hingerissen vor Freude über die Wahrhaftigkeit ihres Herzens, und sie umarmten einander unter Tränen. Da sie es jetzt nicht wagen konnten, zum Vater der Sen-jo zurückzukehren, reisten sie in das weit entfernte Land Shoku und heirateten dort.

Fünf Jahre, nachdem sie die Heimat verlassen hatten, waren vergangen. Sen-jo, die nunmehr Mutter von zwei Kindern war, konnte ihr Heimatland nicht vergessen, und ihre Sehnsucht nach ihren Eltern und ihrer Heimat wuchs von Tag zu Tag. Eines Tages bekannte sie Ochu unter Tränen ihr Heimweh: »Ich liebe dich und bin dir gefolgt, aber ich habe meine Heimat ohne Erlaubnis verlassen und bin mit dir in diesem weit entfernten Land geblieben. Ich möchte gern wissen, wie es meinen Eltern geht. Eine undankbare Tochter, die wie ich das elterliche Haus gegen den Willen der Eltern verlassen hat, kann vielleicht gar nicht mehr nach Hause zurückkehren!« Ochu, der sich in Wirklichkeit auch nach seiner Heimat sehnte, beruhigte sie und sagte: »Gehen wir also nach Koshu zurück und bitten deine Eltern um Verzeihung.« Sie mieteten ein Schiff und kehrten nach Koshu, ihrer lieben alten Heimat, zurück.

Ochu ließ Sen-jo im Hafen und ging zunächst allein zum Hause des Chokan, entschuldigte sich für ihr undankbares Verhalten und erzählte ihm die ganze Geschichte. Chokan war erstaunt und fragte Ochu: »Von welchem Mädchen redest du?« Ochu antwortete: »Von deiner Tochter Sen-jo, Vater.« Chokan sagte: »Meine Tochter Sen? Von der Zeit an, als du Koshu verließest, ist sie bettlägerig und kann nicht mehr sprechen.« Ochu war bestürzt und versuchte zu erklären: »Sen-jo ist mir ganz bestimmt gefolgt, und wir haben im Lande Shoku miteinander gelebt. Sie hat zwei Kinder geboren und ist ganz gesund. Wenn du nicht glaubst, was ich sage, dann komme mit mir zum Hafen, denn sie wartet dort im Schiff auf mich.«

Chokan sandte verwirrt und bestürzt einen alten Diener zum Schiff, um dies nachzuprüfen. Der Diener kehrte zurück und berichtete, daß es unverkennbar Sen-jo sei. Da begab sich Chokan in das Zimmer Sen-jos in seinem Haus, und dort lag auch seine Tochter noch krank in ihrem Bett. Verwirrt erzählte Chokan der kranken Sen-jo die ganze Geschichte, worauf sie sich hocherfreut, aber noch ohne ein Wort zu sagen, aus ihrem Bett erhob. In der Zwischenzeit war die Sen-jo, die an Land gekommen war, mit einem Wagen vor dem Haus des Chokan angekommen. Die kranke Sen-jo ging hinaus, sie zu begrüßen, und in dem Augenblick, in dem die Sen-jo aus dem Schiff vom Wagen stieg, wurden die beiden Sen-jos eine einzige Sen-jo.

Vater Chokan sagte zu Sen-jo: »Seitdem Ochu dieses Dorf verlassen hat, hast du kein Wort gesagt, und du warst immer geistesabwesend, so als ob du betrunken gewesen wärest. Nun sehe ich, daß deine Seele deinen Körper verlassen hatte und bei Ochu war.« Darauf antwortete Sen-jo: »Ich wußte überhaupt nicht, daß ich zu Hause krank im Bett lag. Als ich erfuhr, daß Ochu traurig dieses Dorf verlassen hatte, folgte ich in jener Nacht seinem Boot, und ich hatte das Gefühl, als ob es ein Traum wäre. Ich selbst bin nicht sicher, welches mein wirkliches Ich war – das, welches bei dir zu Hause krank im Bett lag, oder das, welches bei Ochu als seine Frau lebte.«

Das ist die kurze Zusammenfassung eines Romans mit dem Titel *Rikon-ki* (»Die Geschichte einer getrennten Seele«).

Meister Goso Hoen hat diese bekannte Geschichte erzählt und fragt: »Welches ist die wahre?« Selbstverständlich richtet er keine gewöhnliche Frage an dich und will nicht wissen, welches die wahre Sen-jo in dieser Erzählung, die man etwa als Geistergeschichte bezeichnen kann, ist. Er bedient sich der Geschichte der Sen-jo, die mit ihrem einen Leib zwei Wesen war, um seine Mönche zu schulen, so daß sie ihr Zen-Auge öffnen.

Auch Meister Mumon hat die gleiche Absicht wie Meister Hoen und fragt seine Schüler: »Welche von ihnen ist die wahre?« Er fordert von ihnen eine scharfsinnige, klare Zen-Geistigkeit, die dies durchschauen kann. Ich erinnere dich daran, daß diese Frage auch an dich heute gerichtet ist.

Wenn wir über uns selbst nachdenken, sehen wir dann nicht, daß wir uns alle in einer ähnlichen Lage befinden wie Sen-jo mit ihrer getrennten Seele? Da ist das »Ich«, das immer so will, wie es dem »Ich« gefällt, das versucht, »meine« Wünsche zu befriedigen, und das Leben so viel wie möglich genießen will. Da ist auch das andere »Ich«, das sich in einem derartig vergnügungssüchtigen Leben einsam fühlt und es sogar abscheulich findet. Welches ist das wahre »Ich«?

Der heilige Shinran, der als Gründer der Jodo Shinshu-Schule (Die wahre Reine-Land-Schule des Buddhismus) in Japan verehrt wird, ist berühmt wegen seiner Wehklage: »Meine Sünden sind tief und schwer, meine Leidenschaften sind zügellos. Ich bin sicher für die Hölle bestimmt!« Shinran, der so strenge Kritik an sich selbst übt und kämpft, um gerettet zu werden, kann von dem hoffnungslos sündigen Shinran nicht verschieden sein. »Welches ist der wahre?« Das ist die Frage, die an einen jeden von uns in unserem Leben gerichtet wird.

Kehren wir nun zum Thema zurück: Ist die mit ihrem Leib im Bett liegende kranke Sen-jo nur die wahre Sen-jo, oder ist die Sen-jo, deren Seele sich vom Leib getrennt hat, nur die wahre Sen-jo? Wenn wir den Leib als die wahre Sen-jo bezeichnen, dann erweist sich die Seele als falsch. Wenn wir in der Seele die wahre Sen-jo erkennen, dann muß der Leib falsch sein. In Wirklichkeit gibt es jedoch kein menschliches Wesen, das nur eine

Seele hat und keinen Leib oder nur einen Leib und keine Seele. Ein lebendiger Mensch kann nicht als Seele oder Leib definiert werden. Er ist die Wirklichkeit, die weder eine noch zwei ist. Es gibt kein törichtes Argument, das eins vom anderen als wahr oder falsch unterscheiden kann. Mit anderen Worten, was existiert, ist die Wirklichkeit des Menschen, die weder eine noch zwei ist, und diese Wirklichkeit entfaltet natürlich ihr Wirken in zweifacher Hinsicht: als Leib und Seele.

Die buddhistische Philosophie erklärt das obige Problem wie folgt: Wir sollen die dualistischen Gegensätze von Wahr und Falsch überschreiten und unseren Grund finden in der absoluten Einheit. Von diesem Standpunkt aus eröffnet sich uns eine neue Schau, in der wir froh in wahrer Freiheit leben und mit ihrer Hilfe uns der dualistischen Phänomene in der Welt bedienen können. Für diese absolute Subjektivität oder Einheit, die jenseits von Wahr und Falsch ist, hat die Unterscheidung von Wahr und Falsch keine Bedeutung. Daher sagt Meister Yoka in seinem *Schodoka*:

> Irrtümer brauchen nicht ausgeräumt zu werden;
> Wahrheit braucht nicht gesucht zu werden.
> Die Wirklichkeit der Unwissenheit ist zugleich
> die Buddha-Natur;
> Die illusorische Form ist zugleich Dharma-Leib.

Derartige buddhistische Spekulationen der Philosophie mögen sehr wohl zu einer vernünftigen intellektuellen Deutung führen, aber sie können keine Zen-Antwort sein. Zen besteht darauf, daß jeder von uns die absolute Subjektivität als ein Faktum seiner eigenen Erfahrung wirklich leben muß. Das war der eigentliche Grund, warum Meister Mumon uns die Erzählung von Sen-jo als Zen-Koan gibt.

Das *Shoto-roku* enthält das folgende Gedicht, das von einem Mönch namens Fuyu Chizo geschrieben wurde, nachdem er mit dem Koan *Sen-jo und ihre Seele sind getrennt* bei Meister Hoen eifrig studiert und schließlich Satori erlangt hatte. Das Gedicht trägt vielleicht dazu bei, daß du einen Eindruck von dem wirklichen Sinn des Koan bekommst:

> Die beiden Mädchen wurden zu einer jungen Frau vereinigt.

Das Wirken ist zu Ende, kein gegenseitiges Durchdringen mehr.
Gehen und Kommen hinterlassen überhaupt keine Spuren.
Wanderer, fragt mich bitte nicht nach dem Weg, den ich einmal ging.

Der Sinn des Gedichtes ist: »Die beiden Sen-jos kamen zusammen und wurden eine junge Frau. Die Wirklichkeit dieser einen, absoluten Subjektivität kann niemals durch Worte und Schriftzeichen erklärt werden. Dies ist nichts als die Wirklichkeit – hier gibt es keinen Raum für Verstand und Vernunft. Jetzt, da ich durch und durch eine absolute Subjektivität geworden bin, gibt es tatsächlich kein Kommen und Gehen, Subjekt oder Objekt mehr. Bitte, fragt mich nicht, meine lieben Mitmenschen, welchen Weg ich einst gegangen bin. Wie sollte ich mich an eine so alte Geschichte noch erinnern?«

Es gibt noch ein anderes Gedicht von einem alten Zen-Meister, der es als Antwort auf dieses Koan geschrieben hat:

Der Mond liegt auf den Wellen,
Einmal zerteilt, dann wieder ist er ganz!

Teisho zum Kommentar des Mumon

»Wenn du in der Wahrheit dieses Koan erleuchtet bist, dann wirst du wissen, daß das Ausschlüpfen aus einer Hülle und das Hineinschlüpfen in eine andere dem Absteigen eines Reisenden in Hotels gleicht. Wenn du noch nicht erleuchtet bist, dann jage nicht blind umher. Wenn sich plötzlich Erde, Wasser, Feuer und Luft zersetzen, wirst du wie ein Krebs sein, der in kochendes Wasser gefallen ist und nun mit seinen sieben Armen und acht Beinen kämpft. Sage dann nicht, ich hätte dich nicht gewarnt.«

Zunächst weist Meister Mumon in seinem Kommentar auf das Wesentliche hin: »Wenn du in der Wahrheit dieses Koan erleuchtet bist, dann wirst du wissen, daß das Ausschlüpfen aus einer Hülle und das Hineinschlüpfen in eine andere dem Absteigen eines Reisenden in Hotels gleicht.« Wenn du durch das Koan *Sen-jo und ihre Seele sind getrennt* in der Zen-Wahrheit erleuchtet werden kannst (selbstverständlich ist die Zen-Wahrheit die Wahrheit des Ich-Selbst), dann bist du in allen Lagen und unter allen Umständen ein wahrhaft freier Mensch. Jenseits von allen Widersprüchen und Begrenzungen entfaltest du, wo du auch bist, das dynamische Wirken deines freien Lebens als absolute Subjektivität. Es ist völlig gleichgültig, welche äußere Erscheinung du auch annehmen magst, die absolute Subjektivität – oder das wahre Selbst – bleibt dieselbe. Sie wird nur zu dieser oder jener Zeit in Übereinstimmung mit der jeweiligen Situation diese oder jene Gestalt annehmen. Man kann dies mit einem Einsiedlerkrebs vergleichen, der eine Hülle oder Schale verläßt und in die nächste geht, oder mit einem Reisenden, der von einem Hotel in ein anderes zieht. Mit anderen Worten, für denjenigen, der seine absolute Subjektivität lebt, sind die äußere und die innere Sen-jo weder eine noch zwei; für ihn gibt es nur die wahre Sen-jo.

Zwei Ausdrücke im ersten Satz, »das Ausschlüpfen aus einer Hülle und das Hineinschlüpfen in eine andere« und »das Absteigen eines Reisenden in Hotels«, scheinen auf unseren Lebensweg, insbesondere auf unseren Weg vom Leben zum Tod, also auf das Grundproblem des Menschen zu verweisen. Die Lösung dieses Problems von Leben und Tod wird die grundlegende Lösung in einem Menschenleben sein.

Wenn du persönlich zur Wahrheit dieses Koan gelangen kannst, dann wirst du erklären können, daß Leben die eine Form deines wahren Selbst zu einer bestimmten Zeit und an einem bestimmten Ort ist und daß auch Sterben eine Form deines wahren Selbst zu einer bestimmten Zeit und an einem bestimmten Ort ist. Leben und Tod sind nicht zwei verschiedene Dinge.

Man kann dies vielleicht mit kleinen und großen Wellen auf dem Ozean vergleichen. »Die Wahre« oder die Wahrheit kann mit dem Wasser selbst verglichen werden, die Hüllen und Hotels mit den zahlreichen kleinen Wellen. Das Wasser kann in den Wellen verschiedene Formen annehmen – einmal die Form einer Woge, ein andermal die Form kleiner, sich kräuselnder Wellen. Vom Wasser her gesehen hat jede Welle ihre bestimmte Form zu einer bestimmten Zeit und an einem bestimmten Ort. Aber die Tatsache, daß alle Wellen Wasser sind, ändert sich nicht. Daher lehrte uns Meister Dogen: »Wenn Buddha in Leben-und-Tod ist, gibt es kein Leben-und-Tod.« »Buddha« ist hier ein anderer Name für »der Wahre«, der immer unwandelbar ist.

Meister Mumon fährt in seinem Kommentar fort: »Wenn du

noch nicht erleuchtet bist, dann jage nicht blind umher.« Damit will er sagen: »Wenn du trotz meiner obigen Belehrung »die Wahre« nicht erfassen kannst, dann mache nicht mehr viel Aufhebens davon und suche nicht nach dieser oder jener Philosophie, dieser oder jener Lehre. Mache endgültig Schluß mit all diesen Manövern und forsche einzig und allein: Was ist ›die Wahre‹? Versenke dich ganz da hinein!« Dann fährt er fort: »Wenn sich plötzlich Erde, Wasser, Feuer und Luft zersetzen, wirst du wie ein Krebs sein, der in kochendes Wasser gefallen ist und nun mit seinen sieben Armen und acht Beinen kämpft.«

In alten Zeiten glaubten die Menschen, daß der menschliche Leib sich aus den vier Grundelementen: Erde, Wasser, Feuer und Luft zusammensetze. »Wenn sich plötzlich Erde, Wasser, Feuer und Luft zersetzen« bezieht sich daher auf den Tod. Meister Mumon warnt die Mönche eindringlich: »Diejenigen von euch, die noch nicht zur ›Wahren‹ erwacht sind, die noch nicht den grundsätzlichen Frieden des Geistes erlangt haben, werden nicht in Frieden sterben können, wenn plötzlich die Zeit für sie da ist; sie werden einen schweren Todeskampf haben wie ein Krebs, der in kochendes Wasser gefallen ist und mit seinen Armen und Beinen kämpft.« Meister Mumon beschließt seinen Kommentar mit den Worten: »Sage dann nicht, ich hätte dich nicht gewarnt.« Er vergaß nicht, seine barmherzige Warnung hinzuzufügen: »Du wirst vielleicht auf dem Sterbebett bedauern, daß du ›die Wahre‹ nicht erlangt hast, aber dann ist es zu spät.« Das ist ein liebenswürdiger und wichtiger Ratschlag auch für uns heute.

Teisho zu dem Gedicht des Mumon

> Der Mond in den Wolken ist immer der gleiche.
> Berg und Tal unterscheiden sich voneinander.
> Wie wunderbar! Wie herrlich!
> Ist dies eines oder zwei?

Mumon vergleicht »die Wahre« mit dem Mond in den Wolken und die Illusorische mit Berg und Tal und singt: »Der Mond in den Wolken ist immer der gleiche. Berg und Tal unterscheiden sich voneinander.« Der Mond in den Wolken ist immer, wo du ihn auch siehst, unverändert. Der Anblick der Erde ändert sich von diesem Tal bis zu jenem Berg. Wenn du dir einmal vergegenwärtigst, daß die Wahrheit des schönen Talblicks nur auf den Mond zurückzuführen ist, dann wirst du wissen, wie töricht es ist, über Gleichheit und Unterschiedenheit, die Wahre und die Illusorische, die äußere Sen-jo und die innere Sen-jo zu debattieren. Was immer du siehst, was immer du hörst, ist so, wie es ist, in seiner »So-wie-es-ist-heit« zu aller Zeit gesegnet. Es ist weder eins noch zwei. Dieses unser alltägliches Leben ist, so wie es ist, das gesegnete Leben, in dem wir, Hand in Hand mit allen Patriarchen, wirken und dessen wir uns erfreuen. Kann es etwas Wunderbareres, etwas Größeres geben?

Meister Kido schrieb zu diesem Koan das folgende Gedicht:

> Vorauf Pfirsichzweige und Ried,
> Papiergeld nach dem Beerdigungswagen.
> O ihr Schüler des alten Fremden,
> Ihr werdet nicht in das Totenreich eingehen.

Die ersten beiden Zeilen beschreiben die Beerdigungsbräuche in China. Diejenigen, die das Beerdigungsgeleit anführen, tragen Pfirsichzweige oder Besen aus Ried in ihren Händen, um Teufel fernzuhalten. Dem Sarg folgen diejenigen, die Papiergeld tragen, das verbrannt wird, um die Teufel zu besänftigen. Diese Zeilen beziehen sich auf den Beerdigungsritus. Was für ein peinliches Bild bietet ihr, wenn von Einheit von Leben und Tod die Rede ist! Wie könnten euch die Teufel angreifen?

In der dritten Zeile spricht Meister Kido zu den »Schülern unter Bodhidharma« oder dem »Zen-Anhänger, der dieses Namens würdig ist«. »Der alte Fremde« bezieht sich auf Bodhidharma. In der vierten Zeile erklärt Kido: »Diese Zen-Anhänger werden niemals in das Reich des Todes eingehen.« Was bedeutet das Reich des Todes?

Meister Hoen fragt dich zunächst eindringlich: »Sen-jo und ihre Seele sind getrennt. Welches ist ›die Wahre‹?« Aus Mitleiden konnte er es nicht lassen, uns zu warnen, ›die Wahre‹ nicht als einseitige Gleichheit oder leeres Nichts zu verstehen. Daher singt Meister Mumon mit Meister Hoen einstimmig: »Wie wunderbar! Wie herrlich! Ist dies eines oder zwei?«

Für den, der sein Zen-Auge geöffnet hat, ist alles, so wie es ist, »Es«. Wenn er steht, ist der nämliche Ort, an dem er steht, »Es«. Wenn er sitzt, ist derselbe Platz, auf dem er sitzt, zugleich »der Wahre«. Der Platz ist, so wie er ist, das ganze Universum.

36 Begegnung auf dem Wege mit einem Mann des Tao

Koan   Goso sagte: »Wenn du einem Mann des Tao auf dem Wege begegnest, dann grüße ihn weder mit Worten noch mit Schweigen. Nun sage mir, wie wirst du ihn grüßen?«

Kommentar des Mumon

Wenn du eine gute Antwort auf die Frage geben kannst, dann kann man dir sicherlich gratulieren. Wenn du das nicht kannst, dann sei in jeder Lebenslage wachsam.

Gedicht des Mumon

> Wenn du einem Mann des Tao auf dem Wege begegnest,
> Grüße ihn weder mit Worten noch mit Schweigen.
> Ich werde ihm mit meiner Faust den härtesten Schlag versetzen, zu dem ich fähig bin.
> Erfasse es sofort, erfasse es sogleich!

Teisho zu dem Koan

Da wir Meister Goso Hoen bereits im fünfunddreißigsten Koan: *Sen-jo und ihre Seele sind getrennt* kennengelernt haben, brauchen die Einzelheiten seines Lebens nicht mehr wiederholt zu werden.

Meister Hoen stellte eines Tages an seine Schüler die Frage: »Wenn du einem Mann begegnest, der Tao erreicht hat, dann ist es ganz und gar nicht angebracht, ihn mit Worten zu begrüßen, und es ist vollkommen unmöglich, ihn mit Schweigen zu grüßen. Wie wirst du ihn unter solchen Umständen grüßen?«

Obwohl die Frage hier als ein Ausspruch von Meister Hoen dargestellt wird, soll es Meister Kyogen Chikan gewesen sein, dem wir im fünften Koan: *Der Mann des Kyogen oben auf einem Baum* begegneten, der ursprünglich diese Frage gestellt hat. Im *Keitoku Dento-roku*, Band 29, steht unter einer Reihe von anderen Gedichten des Meisters Kyogen das folgende Gedicht mit der Überschrift »Reden über Tao«:

> Klar, deutlich und überhaupt kein Hindernis;
> Du stehst ganz aus eigener Kraft, du stützt dich auf nichts.
> Wenn du auf dem Weg einem Mann des Tao begegnest,
> Grüße ihn weder mit Worten noch mit Schweigen.

Ob der Ausspruch in dem Koan von Meister Kyogen Chikan oder von Meister Goso Hoen stammt, ist von literarischem Interesse und hat selbstverständlich mit seinem Wert als Zen-Koan nichts zu tun. Meister Hoen war wahrscheinlich an dem Zen-Sinn des Ausspruchs interessiert und zitierte ihn hier als ein Koan, um das Zen-Können seiner Mönche weiterzubilden.

Ein »Mann des Tao« ist jemand, der den Zen-Geist oder die Wahrheit erlangt hat. Er hat natürlich den dualistischen Gegensatz von Worten und Schweigen überschritten. »Wenn du solch einem Menschen begegnest, einem der nicht in dem dualistischen Bereich von Worten und Schweigen lebt, wie willst du ihn grüßen?« Meister Hoen setzt seine Schüler mit dieser Frage unter Druck und treibt sie zum äußersten des absoluten Widerspruchs. Er hofft, daß sie als Menschen wirklicher Freiheit daraus hervorgehen.

Wie schon im vierundzwanzigsten Koan: *Gib Worte und Reden auf* erklärt wurde, ist die Wahrheit des Universums oder das Wesen des Zen wirklich getrennt von allen Namen, Formen und relativistischen Unterscheidungen. Mit Schweigen oder Nicht-Worten kann nur Gleichheit, die nur die Hälfte der Wirklichkeit ist, ausgedrückt werden, während mit Reden oder Worten – nur Unterscheidung, die andere Hälfte der Wirklichkeit, ausgedrückt werden kann. Ein Zen-Anhänger sollte in absoluter Wirklichkeit, jenseits von Gleichheit und Unterscheidung seinen festen Grund haben. Wenn er nicht in der Lage ist, freien Gebrauch von Reden und Schweigen zu machen, dann bindet er sich an Gleichheit oder Unterscheidung und ist nicht würdig, ein Zen-Anhänger genannt zu werden.

Dies alles hat Meister Hoen im Auge, wenn er seine Schüler herausfordert: »Nun sagt mir, wie werdet ihr ihn grüßen?« Einige erklären vielleicht voreilig und kühn: »Das ist einfach. Ich kann ihn leicht, ohne jede Schwierigkeit, grüßen.« Ihr Grüßen muß jedoch die Klarheit und Durchsichtigkeit haben, die bis auf den Grund ihrer Persönlichkeit leuchtet und die über dualistische Unterscheidungen von Raum und Zeit hinausgeht. Niemand kann diesem Verlangen leicht nachkommen.

Da Worte keine feste Form und keine bindenden Bedeutungen haben, spricht ein Zen-Anhänger ohne eine Zunge. Da Schweigen keine feste Form oder Bedeutung hat, entwickelt sich im Schweigen eines Zen-Anhängers, wenn er schweigt, Leben. Auf diese Weise wirkt ein wahrer Mann des Tao. Ein Zen-Meister gab das folgende, sehr bezeichnende und interessante Teisho: »Wenn du nicht ausprichst, was in deinem Geist ist, dann wird es dir schwer im Magen liegen. Wenn du aber sprichst, dann kann deine Zunge dir die Kehle durchschneiden. Sprich nur so, wie du sollst, und sprich nicht, wie du nicht sollst.« Das ist tatsächlich ein ausgezeichnetes Teisho. Da jedoch seine Unterweisung: »Sprich nur so, wie du sollst, und sprich nicht, wie du nicht sollst« sehr nach einer ethischen Mahnung klingt, möchte ich die Schüler warnen, dies nicht vordergründig nur im ethischen Sinne zu deuten und dabei den Zen-Sinn, der darin liegt, nicht zu erfassen.

Im *Vimalakirti-Sutra* wird das Problem »Reden und Schweigen« in einem Mondo zwischen Vimalakirti und Manjusri, dem Bodhisattva der Prajna-Weisheit, behandelt. Im Buddhismus ist dies eine sehr berühmte Erzählung: Bodhisattva Manjusri besuchte mit vielen anderen Bodhisattvas den Vimalakirti, um sich nach seiner Krankheit zu erkundigen. Vimalakirti fragte Manjusri: »Wie erlangt ein Bodhisattva das Dharma der Nicht-Zweiheit?« Manjusri antwortete: »Meines Erachtens besteht das Dharma der Nicht-Zweiheit aus Nicht-Wort, Nicht-Reden, Nicht-Darstellung, Nicht-Realisierung und ist getrennt von allen Arten von Mondos. Dieses Dharma der Nicht-Zweiheit erlangt ein Bodhisattva.«

Nachdem Manjusri dies geantwortet hatte, drängte er Vimalakirti, die gleiche Frage zu beantworten: »Wir haben alle unsere

Ansicht gesagt. Wie lautet deine Antwort?« Da »schwieg« Vimalakirti – er sagte nicht ein Wort. Als Manjusri dies sah, lobte und pries er ihn begeistert: »Wie wunderbar! Wie wunderbar! Wie kann es überhaupt Worte und Schriftzeichen geben? Er hat wirklich das Dharma der Nicht-Zweiheit erlangt.«

Wenn das Dharma der Nicht-Zweiheit mit Worten wie »Nicht-Wort, Nicht-Reden, Nicht-Darstellung, Nicht-Realisierung« erklärt wird, dann ist es schon an Worte und Reden gebunden. Wenn man von ihm schon sagt, daß es »getrennt von allen Arten von Mondos« sei, dann ist es schon durch Worte und Reden festgelegt. Und wenn man sagen würde, daß das »Schweigen« des Vimalakirti die große Antwort sei, dann ist sein Schweigen schon vernichtet.

Ein Zen-Meister versucht, die Ursache menschlicher Unwissenheit durch eine überraschende Forderung auszurotten: »Grüße ihn weder mit Worten noch mit Schweigen!«

Bei Meister Soen, dem Zen-Lehrer von Dr. D. T. Suzuki, gibt es über das »Schweigen des Vimalakirti« ein Gedicht:

> Lange erklang die alte Weise vergeblich durch Viya.
> Nach dreitausend Jahren erscheint jemand, der sie vernimmt.
> Gewandt ist seine Rede in Wort und Schrift.
> Das ist die Wahrheit vom Schweigen des Vimalakirti.

»Die alte Weise« bezieht sich auf das Dharma der Nicht-Zweiheit, das heißt auf die Wahrheit jenseits von Reden und Schweigen. Vimalakirti spielt die Melodie des Dharma der Nicht-Zweiheit in der Stadt Viya; aber es gibt dort niemanden, der sie wirklich zu schätzen weiß. Dreitausend Jahre später erscheint jemand, der sogleich den Kern der alten Weise erfaßt hat. Dieser Mann ist gewandt im Reden und im Schweigen. Mit seiner Feder und mit seiner Zunge entfaltet er frei sein Wirken. Auf diese Weise lebt er die Wahrheit des Schweigens des Vimalakirti.

Meister Soen schreibt frei und spricht beredt, und für ihn ist dieser reine Akt an sich, so wie er ist, nichts als die Wahrheit des Schweigens von Vimalakirti. Nur wenn ein Mensch den Dualismus von Reden und Schweigen überschritten hat, kann er wirkliche Freiheit erlangen und wirkliches schöpferisches Tun entfalten.

Es gibt noch ähnliche Mondos von anderen Meistern, zum Beispiel im *Keitoku Dento-roku*, Band 13, in dem Kapitel über Meister Shuzan Shonen: »Ein Mönch stellt die folgende Frage: ›Man sagt, wenn man einem Mann des Tao auf dem Wege begegnet, solle man ihn weder mit Worten noch mit Schweigen grüßen. Ich möchte gern wissen, wie man ihn grüßen soll.‹ Der Meister sagt: ›Ich habe die dreitausend Welten (das ganze Universum) durchschaut!‹«

Im *Goto Egen*, Band 7, steht im Kapitel über Meister Seppo Gison: »Ein Mönch stellte die Frage: ›Ein alter Zen-Meister sagte, daß man einen Mann des Tao weder mit Worten noch mit Schweigen grüßen dürfe, wenn man ihm auf dem Weg begegnet. Ich möchte gern wissen, wie man ihn grüßen soll!‹ Der Meister sagte: ›Bitte, nimm eine Tasse Tee!‹«

Meister Shuzan sagte: »Ich habe die dreitausend Welten durchschaut!« und Meister Seppo sagt: »Bitte, nimm eine Tasse Tee!« Wie und warum können dies Antworten sein, die nicht an Worte und Schweigen gebunden sind? Wenn du nicht eine klare und konkrete Antwort auf diese Frage geben kannst, gehörst du noch zu denen, die an Worte und Schweigen gebunden sind.

Teisho zu dem Kommentar des Mumon

»Wenn du eine gute Antwort auf die Frage geben kannst, dann kann man dir sicherlich gratulieren. Wenn du das nicht kannst, dann sei in jeder Lebenslage wachsam.«

Meister Hoen zitiert den Ausspruch eines alten Zen-Meisters: »Wenn du einem Mann des Tao auf dem Wege begegnest, dann grüße ihn weder mit Worten noch mit Schweigen«, und fragt seine Schüler eindringlich: »Nun sage mir, wie wirst du ihn grüßen?«

Meister Mumon sagt in dem Kommentar zu diesem Koan, wenn du eine Antwort geben kannst, dann bist du zu beglückwünschen. Meister Mumon, der das Können eines so fähigen Zen-Anhängers bewundert, deutet an, daß es nicht viele dieser Art gibt, und er versucht, seine Schüler dazu anzuspornen.

Mumon fährt fort und sagt: »Wenn du nicht in der Lage bist, ihn angemessen zu grüßen und auf die Frage des Meisters Hoen nicht die passende Antwort gibst, dann ist dein Üben noch sehr unzulänglich. Du solltest eifrig sein in deiner Schulung und wachsam in jeder Lebenslage.« »Jede Lebenslage« bedeutet: »bei allem, was du in jedem Augenblick deines Lebens tust«. Eine wirklich liebenswürdige, sorgfältige Unterweisung! Meister Mumon drängt uns, eifrig nach der lebendigen Wahrheit jenseits von Worten und Schweigen, in unserem Gehen und Niederlegen, das heißt in jedem Augenblick unseres alltäglichen Lebens, zu streben und sie festzuhalten.

Was ist es, das sieht? Was ist es, das hört? Was ist es, das denkt? Forsche danach, was es ist, durch und durch, bis niemand mehr da ist, der sieht, hört oder denkt. Wenn du so über die äußerste Grenze von Sehen und Hören hinausgelangt bist, dann wird sich dir die neue Schau eröffnen.

Meister Hakuin schrieb häufig auf das Bild des weiblichen Bodhisattva Kwannon dieses Gedicht als Kommentar:

> Mit ihren Augen hört sie den Frühlingsgesang.
> Mit ihren Ohren sieht sie die Färbung der Berge.

Sagt er uns damit, daß ein wirklicher Zen-Anhänger in seinem eigenen Hören und Sehen das Hören und Sehen überschreiten muß? Wir müssen sicherlich in jeder Lebenslage achtsam sein. Wenn du weiterhin fleißig, ehrlich und hingebungsvoll arbeitest, dann wird der Tag ganz bestimmt kommen, an dem sich dein Auge für die Zen-Wahrheit jenseits von Worten und Schweigen öffnet.

Teisho zu dem Gedicht des Mumon

> Wenn du einem Mann des Tao auf dem Wege begegnest,
> Grüße ihn weder mit Worten noch mit Schweigen.
> Ich werde ihm mit meiner Faust den härtesten Schlag versetzen, zu dem ich fähig bin.
> Erfasse es sofort, erfasse es sogleich!

Meister Mumon wiederholt in diesem Kommentar-Gedicht das Koan, so wie es ist, und singt: »Wenn du einem Mann des Tao auf dem Wege begegnest, grüße ihn weder mit Worten noch mit Schweigen.« Es gibt ein altes Sprichwort: »Jedes Mal, wenn es vorgeführt wird, ist es wieder neu.« Wer in diesen beiden Zeilen das frei wirkende Zen des Hoen, das über Worte und Schweigen hinausgeht, nicht erkennt und würdigt, verdient nicht, ein Zen-Anhänger genannt zu werden. Die beiden letzten Zeilen sind offenbar unnötige Zusätze.

Hier ist Meister Mumon äußerst liebenswürdig und fügt noch eine seltsame Bemerkung hinzu: »Wenn ich solch einem Mann begegnete, würde ich ihm mit meiner Faust den härtesten Schlag versetzen, zu dem ich fähig bin.« Das ist ein roher, ungehobelter Gruß, nicht wahr? Er scheint eine feste, gerade, offene Haltung anzunehmen und sagt: »Was für einen Unsinn du noch redest!« Dann fährt er fort: »Erfasse es sofort, erfasse es sogleich!«

Im Grunde genommen gibt es im Zen nicht so etwas wie »erfassen« oder »nicht erfassen«. Mit deiner Faust gehe über die Faust hinaus; in deinem Schmerz gehe über den Schmerz hinaus. Dann öffne die Augen und sieh, die Wahrheit ist daselbst.

Meister Hakuin kritisiert Mumon und sagt: »Ich mag diese beiden letzten Zeilen nicht. Meister Mumon beging einen Fehler.« Ich aber würde eher sagen, daß Meister Mumon hier unnötig grob ist, als daß er einen Fehler macht; er prahlt hier mit seinem mönchischen Zen. Ein Zen-Anhänger muß in der Lage sein, in der Entfaltung seines Zen-Könnens dezenter und friedlicher zu sein.

Wenn *du* nun auf dem Wege einem Mann des Tao begegnest, dann grüße ihn weder mit Worten noch mit Schweigen. Wie grüßt du ihn? Ich wünsche eine unmittelbare Antwort von dir.

37   Die Eiche im Vorgarten

Koan   Ein Mönch fragte einmal den Joshu: »Welchen Sinn hat es, daß der Patriarch aus dem Westen kommt?« Joshu antwortete: »Die Eiche im Vorgarten.«

Kommentar des Mumon

Für den, der den Kern der Antwort Joshus wirklich begreift, gibt es keinen Shakyamuni in der Vergangenheit und keinen Maitreya in der Zukunft.

Gedicht des Mumon

> Worte geben keine Wirklichkeiten wieder;
> Schriftzeichen enthalten nicht den Geist des Inneren.
> Wer sich an Worte klammert, ist verloren;
> Wer an Schriftzeichen festhält, wird in Unwissenheit verbleiben.

Teisho zu dem Koan

Meister Joshu hat viele Koans hinterlassen, und dies ist eines seiner berühmtesten; ein anderes ist: »Joshu sagt ›Mu‹.« Da ich Joshu in diesem ersten Koan bereits vorgestellt habe, brauche ich es an dieser Stelle nicht zu tun.

»Ein Mönch fragte einmal den Joshu: ›Welchen Sinn hat es, daß der Patriarch aus dem Westen kommt?‹, und Meister Joshu antwortete: ›Die Eiche im Vorgarten.‹« Das ist ein kurzes und bündiges Koan.

Zur Frage nach dem »Sinn, daß der Patriarch aus dem Westen

kommt«, sind vielleicht einige Erklärungen notwendig. Hier ist der Patriarch Bodhidharma gemeint, der als der Erste Zen-Patriarch in China angesehen wird. Bodhidharma machte die weite Schiffsreise von Indien, im Westen, nach Kanto-sho, in Südchina, und ging dann nach Suzan in Nordchina, wo er neun Jahre blieb. Er lehnte für das Studium des Buddhismus alle scholastischen Methoden ab, bestand auf der vorrangigen Bedeutung der Erkenntnis-Erfahrung im Buddhismus und legte den Grund für Zen in China. »Der Sinn, daß der Patriarch aus dem Westen kommt« spielt auf das an, was Bodhidharma mit seinem Kommen nach China wirklich beabsichtigte.

Als das Zen in China als eine neue buddhistische Richtung aufblühte, wurde die Wendung: »der Sinn, daß der Patriarch aus dem Westen kommt« in Zen-Kreisen allmählich zu einem traditionellen Sprichwort, das besagte: »die Zen-Wahrheit« oder »das Wesen des Zen«.

Du wirst häufig in Schriften nach der T'ang-Dynastie auf die Frage stoßen: »Was ist der Sinn, daß der Patriarch aus dem Westen kommt?« Von nur wenigen Ausnahmen abgesehen, kann man dies in dem Sinne verstehen: »Was ist die Zen-Wahrheit?« Es ist eine einzigartige Zen-Frage, die unmittelbar nach dem Wesen des Zen fragt.

Die Antworten verschiedener Meister auf diese Frage, die die Zen-Literatur verzeichnet, belaufen sich vielleicht auf mehrere Hunderte, und sie sind so verschieden voneinander, daß sie überhaupt keine innere Gemeinsamkeit zu haben scheinen. Für die meisten Leser ist es ganz unmöglich, zu einer logischen Schlußfolgerung zu kommen. Außerdem sind diese Antworten frei und unerwartet. Den Anzeichen nach scheinen sie in gar keiner Beziehung zum Ersten Patriarchen oder zu den Zen-Lehrern zu stehen. Diejenigen, deren Zen-Auge noch nicht geöffnet ist, werden überhaupt nicht wissen, wie sie sie verstehen sollen. Ich möchte jedoch daran erinnern, daß das freie Zen-Wirken der alten Meister in diesen unlogischen und merkwürdigen Antworten außerordentlich lebendig ist.

Nun zurück zu dem Koan: Auf die Frage des Mönchs: »Welchen Sinn hat es, daß der Patriarch aus dem Westen kommt?« antwortete Meister Joshu: »Die Eiche im Vorgarten.« Wie und warum liegt das Wesen des Zen in der »Eiche im Vorgarten«? Wie und warum kann die Eiche das Zen des Joshu sein? Das ist der Kern dieses Koan.

Nach den »Aussprüchen des Joshu« entwickelte sich das Mondo wie folgt:

Ein Mönch fragte:	»Welchen Sinn hat es, daß der Patriarch aus dem Westen kommt?«
Meister:	»Die Eiche im Vorgarten.«
Mönch:	»Bitte, Meister, lehre uns nicht, uns auf Objektivität zu beziehen.«
Meister:	»Ich lehre euch nicht, euch auf Objektivität zu beziehen.«
Mönch:	»Welchen Sinn hat es, daß der Patriarch aus dem Westen kommt?«
Meister:	»Die Eiche im Vorgarten.«

Eichen sind groß, und in Nord-China gibt es ihrer eine ganze Menge. Das Kloster, in dem Joshu gelebt hat, muß von vielen Eichen umgeben gewesen sein.

Wie wir aus diesem Mondo ersehen, setzte der fragende Mönch anscheinend voraus, daß eine heilige, grundlegende Wahrheit wie »der Sinn, daß der Patriarch aus dem Westen kommt« eine sehr geistige, große und tiefe Bedeutung haben müsse. Meister Joshu durchschaute den Sinn des Mönchs und versuchte, sein Vorurteil zu vernichten. Im allgemeinen denken die Menschen an Buddha-Geist im Gegensatz zum unwissenden Geist. Sie deuten Objektivität so, als ob sie im Gegensatz zur Subjektivität stünde, und sie verstehen die Eiche als etwas Sichtbares, das sich vor ihnen befindet. Das ist die tatsächliche Situation von Menschen, die innerhalb der dualistischen Situation des menschlichen Lebens leben. Zen fordert, daß wir diese festen Begrenzungen und Einengungen durchbrechen und in der neuen Welt einer ganz anderen Dimension wiedergeboren werden.

Meister Mumon entnahm den Aussprüchen des Joshu nur die erste Hälfte des Mondo, nämlich: »Welchen Sinn hat es, daß der Patriarch aus dem Westen kommt?« Joshu antwortete: »Die Eiche im Vorgarten«, und gab dies seinen Mönchen als ein Koan auf. »Die Eiche« ist ohne Zweifel eine uneinnehmbare Festung. Die Antwort: »Die Eiche« muß sein barmherziges Mittel gewesen sein, seinen Schülern alles Wissen und Verstehen zu nehmen, so daß sie sich von allen dualistischen Unterscheidungen wie Subjekt und Objekt, Ich und Du endgültig trennten. Er wollte sie auf irgendeine Weise zu der absolut freien und immer neuen Zen-Geistigkeit aufwecken. Ein alter Zen-Meister gab dazu den Kommentar: Die Antwort »die Eiche« ist wie ein eiserner Keil, an dem alle Interpretationen scheitern und der alles Begreifen vereitelt. Man kann sie weder mit der Zunge noch mit Worten berühren. Erwecke in dir den Großen Zweifel und arbeite aufrichtig und mit deinem ganzen Herzen daran.

Als Meister Rinzai von seinem Schüler gefragt wurde: »Welchen Sinn hat es, daß der Patriarch aus dem Westen kommt?«, sagte er: »Wenn es überhaupt einen Sinn hat, kannst du dich niemals retten.« Hat es keinen Sinn? O weh! Du hast es vollkommen verfehlt. Wenn du sagst, das Kommen des Patriarchen aus dem Westen hätte keine Bedeutung, dann hast du die Wahrheit bestimmt übersehen, und der Meister muß dich gründlich prügeln. Meister Joshu erklärt, daß es nur »die Eiche im Vorgarten« sei. Wenn das ganze Universum die Eiche ist, dann gibt es nichts, was nicht die Eiche ist – oder es gibt noch nicht einmal Ich-Selbst. Wie kann es dann Raum für die Subjekt-Objekt-Unterscheidung geben? Wie kann es dann irgendwelche Namen und Formen geben, an die man sich klammert? In demselben Augenblick, in dem du auf diese Weise als dein wahres Selbst, das Nicht-Selbst ist, wiedergeboren wirst, erfaßt du die Wirklichkeit der Eiche und des Meisters Joshu, der so quicklebendig ist.

Bedenke, daß Zen keine begriffliche Schlußfolgerung ohne Leben sein kann. Wenn du in einer wirklichen Übung zu einem Meister sagen würdest: »Es ist nur die Eiche im Vorgarten«, könnte es sein, daß er sogleich erwiderte: »Zeige mir die Farbe dieser Eiche! Wie tief geht ihre Wurzel?« Wenn du auch nur für einen Augenblick zögerst, wird der Meister sogleich über dich herfallen und sagen: »Nein, das ist ein toter Mönch!« und dich aus seinem Sanzen-Zimmer jagen.

Von einem alten Zen-Meister gibt es ein berühmtes Waka:

> Die Färbung der Berge und die Gesänge des Stroms –
> Alle sind sie die Stimme und Gesichtszüge unseres lieben Shakyamuni!

Wenn es auch ein wunderbares Gedicht ist, so ziehe daraus doch nicht einfach die bequeme Schlußfolgerung und sage: »Da die Buddha-Natur das ganze Universum durchdringt, ist jedes Phänomen in Unterscheidung nichts als die Manifestation der ursprünglichen Buddha-Natur. Die Eiche im Vorgarten ist daher auch die Buddha-Natur selbst.« Wenn du derartig müßigen Gedankengängen nachgehst, dann kannst du nicht erwarten, daß du auch nur einen Schimmer von der wunderbaren Geistigkeit des Meisters Joshu bekommst.

Aus diesem Koan hat sich noch ein weiteres berühmtes Mondo entwickelt. Nach dem Tode von Meister Joshu fragte Meister Hogen den Kakutesshi, der lange Zeit bei Meister Joshu studiert hatte: »Ich habe gehört, daß dein Lehrer, Meister Joshu, das Koan von der Eiche hatte. Ist das wahr oder nicht?«

Kakutesshi antwortete: »Mein verstorbener Meister hatte kein derartiges Koan. Ich hoffe, ehrwürdiger Herr, Sie wollen meinen Lehrer nicht verleumden.« Kakutesshi war ein guter Schüler des Meisters Joshu und hatte aufmerksam seine Belehrungen angehört. Es war nicht möglich, daß er das berühmte Koan seines Lehrers *Die Eiche* nicht kannte. Von welchem Standpunkt aus behauptete er: »Mein verstorbener Lehrer hatte kein derartiges Koan«? Und warum ist es eine Verleumdung des Meisters Joshu, wenn gesagt wird, er habe das Koan von der Eiche gehabt? Die Antwort des Kakutesshi ist ein ausgezeichnetes Koan, das nicht einmal dem Koan *Die Eiche* nachsteht.

Ein alter Zen-Meister sagte unter Hinweis auf Kakutesshi: »Ein guter Sohn liegt dem Vater nicht auf der Tasche.« Von alters her haben die Meister die Zen-Fähigkeit des Kakutesshi sehr gelobt. In seiner Antwort zeigt sich, daß sie sogar das Können seines Lehrers übertrifft. Warum? Nichts als: »Die Eiche im Vorgarten!« Diejenigen, die wissen, verstehen es. Diejenigen, die fragen, verstehen es nicht.

Ein Zen-Meister machte als Kommentar das folgende Waka:

> Es gibt überhaupt nichts zu sagen:
> Dieses Singen der Fichten
> Gibt Antwort, ohne gefragt zu sein.

Sei durch und durch Nicht-Geist. Was du auch tust, ist dann gut.

Es gibt noch ein anderes berühmtes Koan, das mit dem Koan *Die Eiche* eng verbunden ist. Meister Egen, der Gründer von Myoshinji in Kioto, war ein großer Zen-Meister und wurde Lehrer des Kaisers. Obwohl er sehr berühmt ist, sind von ihm keine Reden überliefert. Nur ein Satz wird von ihm berichtet: »Das Koan *Die Eiche* hat die Wirkung eines Banditen – so klug und erschreckend; es nimmt uns alles weg.« Als Meister Ingen, der während der Tokugawa-Periode von Japan nach China kam, Myoshinji besuchte, war er sehr enttäuscht zu hören, daß von dem Gründer, Meister Egen, keine Reden überliefert waren. Er war jedoch von Ehrfurcht erfüllt, als er auf den einzigen, eben zitierten Ausspruch stieß. Ingen sagte: »Dieser einzige Ausspruch ist mehr wert als hundert Bände mit Reden«, und er warf sich in glühender Bewunderung vor der Halle des Gründers zu Boden.

Was ist »die Wirkung eines Banditen« in dem Koan *Die Eiche*? Erfasse es unmittelbar und benutze es als dein eigenes. Sonst bleibt das Koan ein Theoretisieren über Begriffe. Ich befürchte, ich habe wieder zu viel gesagt.

Teisho zu dem Kommentar des Mumon

»Für den, der den Kern der Antwort Joshus wirklich begreift, gibt es keinen Shakyamuni in der Vergangenheit und keinen Maitreya in der Zukunft.«

Meister Mumon kommentiert die Erwiderung des Meisters Joshu und fordert uns auf, »den Kern der Antwort fest zu erfassen«. »Den Kern wirklich begreifen«, heißt, sich unmittelbar in die Eiche versenken und durch und durch Eiche zu sein. Wenn ich ganz »Es« bin und mich selbst ganz vernichtet habe, dann ist alles Ich-Selbst. Zeit ist Ich-Selbst, Raum ist Ich-Selbst, alles und jedes Ding ist Ich-Selbst – von der Eiche gar nicht zu reden.

Bei Meister Joshu gibt es noch ein weiteres Mondo über die Eiche. Ein Mönch fragte: »Hat die Eiche die Buddha-Natur oder nicht?« Meister Joshu antwortete: »Jawohl.« Der Mönch fragte: »Wann erlangt die Eiche die Buddhaschaft?« Der Meister sagte: »Warte, bis das große Universum zusammenstürzt.« Da fragte der Mönch: »Wann stürzt das große Universum zusammen?« Und der Meister antwortete: »Warte, bis die Eiche die Buddhaschaft erlangt.«

Dieses Mondo ist zusammen mit dem Kommentar des Meisters Mumon, »den Kern der Antwort Joshus wirklich begreifen«, sehr interessant. Meister Mumon sagt: »Wie dem auch sei, wenn du den Kern wirklich begreifst, dann gibt es für dich keinen Shakyamuni in der Vergangenheit und keinen Maitreya in der Zukunft.« Die Ankunft des Shakyamuni ist nichts anderes als die Eiche, das Kommen von Maitreya ist nichts anderes als die Eiche – was kann es anders sein? Wenn du aus eigener Kraft ganz allein da stehst, dann ist dein Singen und Tanzen nichts als die Eiche. Der Kommentar des Meisters Mumon ist voller Kraft und Autorität.

Teisho zu dem Gedicht des Mumon

> Worte geben keine Wirklichkeiten wieder;
> Schriftzeichen enthalten nicht den Geist des Inneren.
> Wer sich an Worte klammert, ist verloren;
> Wer an Schriftzeichen festhält, wird in Unwissenheit verbleiben.

Du kannst das Wort »Feuer« aussprechen, aber dein Mund wird nicht verbrannt; du kannst »Wasser« sagen, aber deine Kehle wird davon nicht feucht. Worte stellen keine Fakten dar. Die Wahrheit hat die schöpferische Kraft, sich in Worten ausdrücken zu können. Der verbale Ausdruck dagegen gibt, einmal geschaffen, lediglich eine Beschreibung der Wahrheit. Worte wirken innerhalb ihrer Grenzen und können die Wahrheit nicht hervorbringen.

»Schriftzeichen enthalten nicht den Geist des Inneren.« So schön die Ausdrucksweise auch sein mag, sie bleibt nur Begriff und Gedanke, wenn nicht der transzendentale Sprung in eine ganz andere Dimension hinein gemacht und die Wahrheit erfaßt worden ist. Bloße Begriffe ohne Erfahrung können mit dem lebendigen Wirken des Geistes nicht in Einklang stehen.

»Wer sich an Worte klammert, ist verloren.« Wer sich an Erklärungen klammert, die nur aus Worten bestehen, und nicht die Fähigkeit besitzt, das Wesen zu erfassen, das über sie hinausgeht, der wird die Wahrheit auf ewig verfehlen.

»Wer an Schriftzeichen festhält, wird in Unwissenheit verbleiben.« Wer sich an den vordergründigen Sinn der Aussprüche hält und nicht über die durch Worte bedingten Grenzen hinausgehen kann, der wird die Wahrheit übersehen und immer in Unwissenheit leben.

Das Reden von »der Eiche im Vorgarten« darf niemals nur Reden bleiben. Es ist der lebendige Joshu, der hier und jetzt, von Angesicht zu Angesicht, mit dir wirkt. Es ist die Wahrheit, die mich selbst und die Welt durchdringt. Meister Mumon drängt uns: Wacht auf zu der Einen Wahrheit.

Übrigens wurde dieses Gedicht ursprünglich von Meister Tozan Shusho geschrieben, und Meister Mumon zitierte es unverändert als sein Kommentar-Gedicht zu diesem Koan. Es ist überflüssig, darauf hinzuweisen, daß die Frage, wer der ursprüngliche Autor war, und die Frage, wie der andere Meister dieses Gedicht verwendete, um sein Zen zu unterstützen, zwei verschiedene Probleme sind, die man nicht verwechseln darf.

38 Ein Büffel geht durch ein Fenster

Koan Goso sagte: »Um ein Beispiel zu geben: Es ist wie ein Büffel, der durch ein Fenster geht. Sein Kopf, seine Hörner, seine vier Beine sind alle durchgegangen. Wie kommt es, daß sein Schwanz nicht hindurchgeht?«

Kommentar des Mumon

Wenn du zu der Kernfrage dieses Koan vordringen, dein Zen-Auge darauf richten und ein Schlüsselwort dazu sagen kannst, dann wirst du die Vier Verpflichtungen oben zurückzahlen und den Drei Daseinsweisen unten helfen können. Wenn du es noch nicht kannst, dann arbeite mit ganzem Herzen an dem Schwanz, bis du ihn wirklich als deinen eigenen erfassen kannst.

Gedicht des Mumon

> Wenn er hindurchgeht, fällt er in einen Graben.
> Wenn er sich zurückwendet, ist er zerstört.
> Dieser kleine Schwanz,
> Höchst wunderbar!

Teisho zu dem Koan

Dieses Koan ist als ein typisches Nanto-Koan in Zen-Kreisen bekannt. Ein Zen-Meister sagte zu Beginn seines Teisho zu diesem Koan: »Der Schlüssel zu einem Koan liegt darin, daß man sich selbst vollkommen vernichtet und zur Geistigkeit absoluter Freiheit in jeder Unterscheidung erwacht. Das Koan ist eines von den *Acht Nanto-Koans des Hakuin*. Ob es ›Mu‹ oder ›Das Geräusch einer klatschenden Hand‹ ist, wer einmal wirklich die Schranke (des Koan) durchbrochen hat, muß in der Lage sein, jegliches Koan zu überwinden. Im Dharma gibt es nicht den Unterschied von leicht und schwierig. Die Menschen sagen: ›Ein Schnitt und alles ist durchgeschnitten.‹ Ich sage: ›Ein Schnitt und Nicht-Schnitt!‹ Dharma ist etwas, das niemals, wie sehr du dich auch anstrengen magst, durchschnitten werden kann. Wenn dein erster Durchbruch nicht gründlich ist, wird dein Studium immer nur auf halbem Wege und lau bleiben.« Das ist eine treffende Bemerkung, die der übende Schüler sich zu Herzen nehmen sollte.

Der Goso in dem Koan ist Meister Hoen vom Berg Goso, dem wir schon mehrmals begegneten. Den Ausspruch: »Um ein Beispiel zu geben: Es ist wie ein Büffel, der durch ein Fenster geht. Sein Kopf, seine Hörner, seine vier Beine sind alle durchgegangen. Wie kommt es, daß sein Schwanz nicht hindurchgeht?« hat Meister Mumon einem Teisho des Meisters Hoen entnommen und ihn seinen Mönchen als Koan gegeben, um ihre Geistigkeit weiter zu vervollkommnen.

Dem Koan wird die Form eines Gleichnisses gegeben, was gleich zu Beginn deutlich wird: »Um ein Beispiel zu geben ...« Von alters her haben Literaturwissenschaftler für diese Erzählung, die verschiedene ethische und philosophische Deutungen erfahren hat, mehrere mögliche Quellen namhaft gemacht. Dieses Problem will ich den Fachgelehrten überlassen, denn es hat, wenn die Erzählung als ein Zen-Koan aufgefaßt wird, keine große Bedeutung. Wichtig bei einem Koan ist nur, wie unmittelbar es auf das Wesen des Zen verweist und in welchem Maße es geeignet ist, die Übung der Schüler anzuspornen.

Nun zurück zu dem Koan. Meister Hoen sagt: »Um ein Beispiel zu geben: Es ist wie ein Büffel, der durch ein Fenster geht. Sein Kopf, seine Hörner, seine vier Beine sind alle durchgegangen.« »Es« ist seinem Wesen nach namenlos, formlos. Wofür, in aller Welt, ist der Büffel ein Symbol? Was wird provisorisch »Büffel« genannt? Die erste Schranke dieses Koan besteht darin, ob dein Zen-Auge geöffnet ist, um dies zu durchschauen oder nicht.

Ein alter Zen-Meister machte ein nobles, anmutiges Gedicht über: »Sein Kopf, seine Hörner und seine vier Beine sind alle durchgegangen«:

不要雖松自秘令松也

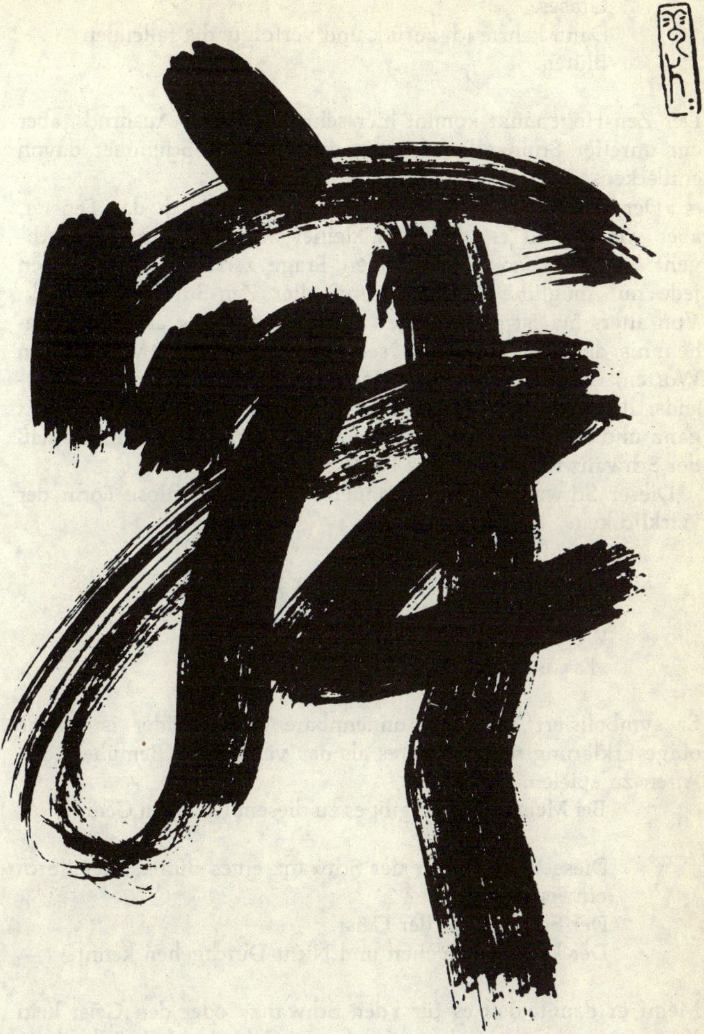

> Zunächst ging ich hinaus wegen des frischen grünen Grases.
> Dann kehrte ich zurück und verfolgte die fallenden Blüten.

Der Zen-Höhepunkt kommt hier sehr schön zum Ausdruck, aber ein unreifer Schüler kann nicht einmal einen Schimmer davon entdecken.

»Der große zahme Büffel ging gemütlich durch das Fenster, aber wie kommt es, daß sein kleiner Schwanz nicht hindurchgeht?« Mit dieser merkwürdigen Frage zerstört Meister Hoen jede nur mögliche Beweisführung aller Zen-Schüler der Welt. Von alters her ist diese Frage: »Wie kommt es?« als letztes Geheimnis des Zen von Hoen sehr verehrt worden. Mit anderen Worten, es ist der aus dem Herzen kommende Schrei des Mitleids, der versucht, die Ursache der menschlichen Unwissenheit ganz und sofort auszurotten. Nun sage mir, wie kommt es, daß der Schwanz nicht durch das Fenster geht?

Dieser Schwanz ist nichts anderes als die formlose Form der Wirklichkeit.

> Du magst es beschreiben, aber vergeblich.
> Male es, es hat keinen Wert.
> Wenn die Welt zusammenstürzt,
> »Es« ist unzerstörbar.

Er symbolisiert das ewig unnennbare »Es«. Leider ist meine obige Erklärung nichts anderes als das vergebliche Bemühen, den Affen zu spielen.

Bei Meister Dogen gibt es zu diesem Koan ein Gedicht:

> Diese Welt ist nur der Schwanz eines Büffels, der durch ein Fenster geht.
> Der Schwanz ist der Geist,
> Der kein Durchgehen und Nicht-Durchgehen kennt.

Meint er damit, daß es für »den Schwanz« oder den Geist kein Kommen und Gehen gibt und daß sein Gehen und Zurückkehren nur dort stattfindet, wo du bist?

Höre, was Meister Eisei sagt, der als erster das Zen von China aus nach Japan brachte und der vom »Wahren Geist, der keine

Form hat«, spricht: »Es ist unmöglich zu messen, wie hoch der Himmel ist, der Geist indessen schwingt sich darüber empor. Es ist unmöglich zu ergründen, wie tief die Erde ist, aber der Geist versenkt sich in noch größere Tiefe. Es ist unmöglich, das Licht der Sonne oder des Mondes zu übertreffen, aber der Geist geht darüber hinaus. Wie grenzenlos ist dieser Geist!«

Spricht Eisei auch von dem Schwanz, der nicht hindurchgeht? Der Kommentar des Meisters Daito zu diesem Koan ist sehr kurz und bündig: »Wie kann es irgendein öffentliches Amt geben, das kein Geheimnis hat? Wie kann es irgendein Wasser ohne Fisch geben?« Es gibt keinen Ort, wo dieser Schwanz nicht ist. Welch ein Unsinn, darüber zu diskutieren, ob er hindurchgeht oder nicht hindurchgeht!

Meister Hakuin hinterließ ein berühmtes Gedicht über diesen Schwanz als Kommentar:

> Der Mond vor dem Fenster ist immer der gleiche.
> Wenn jedoch nur ein Pflaumenzweig da ist,
> Ist er nicht mehr der gleiche.

Wenn diesem Schwanz auch nur ein unendlich Kleines hinzugefügt wird, dann geht seine wahre Form der Nicht-Form für immer verloren.

Auch Meister Hakuin gibt einen Kommentar zu dem Koan: »Goso liebt den Schwanz, der nicht hindurchgeht. Ich bevorzuge den Schwanz, der hindurchgeht.« Haben Hakuin und Hoen den gleichen Standpunkt, oder ist er verschieden? Die alten Zen-Meister haben nie versäumt, selbst ihre Geistigkeit mit irgendeinem Koan zu vertiefen und weiter zu bilden. Ich erinnere dich daran:

> Wer sich an Worte klammert, ist verloren.
> Wer an Schriftzeichen festhält, wird unwissend bleiben.

Sieh einmal von philosophischen Interpretationen ab und sage mir: »Was ist der Schwanz, der nicht durch das Fenster geht?« Du mußt die Antwort durch deine eigene Seele und deinen Leib erfahren und finden.

In einer wirklichen Übung könnte der Meister dich plötzlich fragen: »Ist der Büffel männlich oder weiblich? Ist er rot oder weiß? Wovon lebt er? Wo lebt er jetzt?« – und so weiter und so weiter. Obwohl diese Fragen vielleicht absurd und exzentrisch klingen, mußt du zeigen können, daß dein Zen frei bei jeder Frage am Werke ist, sonst ist dein ganzes Studium ein vergebliches und sinnloses Getue. Zen sollte niemals ein leeres Diskutieren, getrennt von diesem Ich-Selbst, hier und jetzt, sein.

Teisho zum Kommentar des Mumon

»Wenn du zu der Kernfrage dieses Koan vordringen, dein Zen-Auge darauf richten und ein Schlüsselwort dazu sagen kannst, dann wirst du die Vier Verpflichtungen oben zurückzahlen und den Drei Daseinsweisen unten helfen können. Wenn du es noch nicht kannst, dann arbeite mit ganzem Herzen an dem Schwanz, bis du ihn wirklich als deinen eigenen erfassen kannst.«

Meister Mumon fordert dich auf, dein Zen-Auge sogar noch heller sein zu lassen als das Auge deines Lehrers, um das Wesen dieses Koan zu durchschauen und ein Schlüsselwort zu geben. Mit anderen Worten, für einen Zen-Schüler ist es absolut erforderlich, daß sein Zen-Auge hell geöffnet ist und er die Zen-Fähigkeit besitzt, die sogar dem Können seines Lehrers in nichts nachsteht. Mumon sagt, wenn diese Bedingung erfüllt ist, dann wird er zum ersten Mal in der Lage sein, die Vier Verpflichtungen oben zurückzuzahlen und den Drei Daseinsweisen unten zu helfen, das heißt, er ist zur wahren religiösen Handlung fähig.

»Die Vier Verpflichtungen oben zurückzahlen und den Drei Daseinsweisen unten helfen« bezieht sich auf dieses Zen-Leben der Dankbarkeit und des Mitleidens. Die Vier Verpflichtungen sind: die Verpflichtung gegenüber unseren Eltern, gegenüber dem Staatsoberhaupt, gegenüber dem Volk im allgemeinen und gegenüber den drei buddhistischen Kostbarkeiten: Buddha, Dharma und Sangha. Die Drei Daseinsweisen beziehen sich auf die drei Bereiche des alten traditionellen Glaubens der Inder: Verlangen, Gestalt und Nicht-Gestalt, die die Wesen, entsprechend ihrem Karma, durchwandern müssen. Konkreter gesagt, sie stellen für diejenigen, die noch nicht von Unwissenheit befreit sind, drei Aspekte des menschlichen Lebens dar.

Bei der Zen-Übung liegt die Betonung immer auf der Verneinung unseres gegenwärtigen Lebens, weil Zen uns von den Widersprüchen und Einengungen unseres relativistischen Lebens zu befreien sucht, so daß wir vollendetes religiöses Wirken in Dankbarkeit und Mitleiden entfalten können.

Meister Mumon betont am Schluß seines Kommentars: »Wenn du es noch nicht kannst, dann arbeite mit ganzem Herzen an dem Schwanz, bis du ihn wirklich als deinen eigenen erfassen kannst.« Der Schwanz ist nicht schlicht und einfach eine alte Erzählung des Meisters Hoen, sondern dein eigenes Problem, zu dem du die grundsätzliche Lösung finden mußt.

Teisho zu dem Gedicht von Mumon

> Wenn er hindurchgeht, fällt er in einen Graben.
> Wenn er sich zurückwendet, ist er zerstört.
> Dieser kleine Schwanz,
> Höchst wunderbar!

Meister Mumon beschreibt den Schwanz und sagt: »Wenn er hindurchgeht, fällt er in einen Graben, wenn er sich zurückwendet, ist er zerstört.« Jeder von uns ist von diesem Schwanz begleitet. Er geht oben durch den Himmel und dringt unten in die Erde ein. Es gibt für ihn weder ein Durchkommen noch eine Rückkehr.

Er beschließt sein Gedicht mit: »Dieser kleine Schwanz, höchst wunderbar!« Dieser Schwanz ist weder klein noch groß, ist weder gereinigt noch besudelt. Er nimmt weder zu noch ab. Er hat keinen Namen und keine Gestalt. Höchst sonderbar! So drängt er es dir geradezu auf.

Meister Hakuin jedoch verneint das, was Meister Mumon mit liebenswürdiger Ermahnung in seinem Gedicht sagt: »Auf diese Weise werdet ihr niemals das Wesentliche des Koan erfassen können. O meine Schüler, war ihr erlangt, müßt ihr wirklich schon beim ersten Schritt mit großer Freude erlangen. Sonst wird euer Zen für immer halb gar bleiben.«

Ein alter Zen-Meister hinterließ zu diesem Koan ein Gedicht:

> Die Menschen können den Gipfel des Tozan schwer erreichen.
> Wer ihn erreicht, muß seinen Weg im Nebel durch Wolken ertasten.
> Die Nacht kommt, und man sieht den Halbmond durch die Kiefern.
> Das Dorf zum Süden ist dunkel, das Dorf zum Norden in Nebel gehüllt.

Tozan ist hier ein anderer Name für Berg Goso und bezieht sich auf Meister Hoen. Wenn man den Gipfel des Tozan, das heißt das Wesen dieses Koan erreichen will, dann muß man hart und fleißig arbeiten und seinen Weg durch Wolken ertasten, wobei man sich im Nebel verliert. Man kann nicht erwarten, daß es leicht ist, diese Geistigkeit zu erlangen.

»Die Nacht kommt, und man sieht den Halbmond durch die Kiefern. Das Dorf zum Süden ist dunkel, und das Dorf zum Norden in Nebel gehüllt.« Licht wie Dunkel, das südliche Dorf und das nördliche Dorf, sind alle ganz vom Mondlicht des Schwanzes erfaßt, nicht wahr?

39 Unmon sagt: »Du hast es verfehlt!«

Koan Ein Mönch wollte einmal an Unmon eine Frage stellen und begann: »Das Licht leuchtet hell durch das ganze Universum.« Ehe er noch die erste Zeile beendet hatte, unterbrach Unmon ihn plötzlich und sagte: »Ist das nicht das Gedicht von Chosetsu Shusai?« Der Mönch antwortete: »Jawohl«. Unmon sagte: »Du hast es verfehlt.« Später nahm Meister Shishin dieses Koan auf und sagte: »Nun sage mir, warum hat der Mönch es verfehlt?«

Kommentar des Mumon

Wenn du in diesem Koan erfassen kannst, wie groß und unvergleichlich das Zen-Wirken des Unmon ist und warum der Mönch es verfehlte, dann kannst du im Himmel und auf Erden ein Lehrer sein. Wenn es dir aber noch nicht klar ist, dann wirst du dich nicht retten können.

Gedicht des Mumon

> Eine Angel wird in einen schnell dahineilenden Fluß geworfen.
> Da er gierig nach dem Köder ist, wird er gefangen.
> Wenn du deinen Mund nur ein wenig öffnest,
> Dann ist dein Leben verloren.

Teisho zu dem Koan

Dieses Mondo unterscheidet sich von der Mehrheit anderer Koans in dem Sinne, daß es das feine, kluge und meisterliche Können eines fähigen Meisters beweist, der die Wurzel des menschlichen Leidens (Unwissenheit), das in Wirklichkeit gar kein Leiden ist, auszurotten versucht.

Die Lebensbeschreibung von Meister Unmon, der in diesem Koan die Hauptrolle spielt, enthält bereits das fünfzehnte Koan *Tozan bekommt sechzig Stockschläge*.

Chosetsu Shusai war ein hoher Regierungsbeamter, der bei Meister Sekiso Keisho studierte und sein Zen-Auge öffnete. Cho ist sein Familienname. Setsu, wörtlich »Ungeschick«, ist sein Vorname. »Shusai« war ein Ehrentitel, der den Beamten verliehen wurde, die in der T'ang-Dynastie die Verwaltungsdienstprüfung bestanden. Als Chosetsu eines Tages Meister Keisho aufsuchte, fragte der Meister: »Shusai, wie heißt du?« Chosetsu antwortete: »Mein Familienname ist Cho, und mein Vorname ist Setsu.« Der Meister verlor keine Zeit und fragte weiter: »Geschicklichkeit kann man nicht durch Suchen und Forschen erlangen. Woher kommt Setsu (Ungeschick)?« Da erwachte Chosetsu zu seinem wahren Selbst – oder Nicht-Selbst – und machte das folgende Gedicht:

> Das Licht leuchtet hell durch das ganze Universum.
> Unwissende, weise und lebendige Wesen – sie sind alle in meiner Wohnung.
> Wenn kein Gedanke aufkommt, wird das Ganze völlig enthüllt.
> Wenn die sechs Sinne sich auch nur etwas rühren, wird es durch Wolken behindert.
> Wenn du deine Unwissenheit auslöschst, dann wird dein Leiden sich steigern.
> Wenn du die Wahrheit suchst, hast du auch unrecht.
> Wenn du im Einklang mit weltlichen Dingen lebst, wirst du keine Hindernisse finden.
> Nirvana und Leben-und-Tod sind wie Farben in einem Traum.

Ein Mönch kam einmal zu Meister Unmon. Er versuchte, eine Frage zu stellen, und begann: »Das Licht leuchtet hell durch das ganze Universum.« Ehe er noch die erste Zeile beendet hatte, fragte Meister Unmon ihn schneidend: »Ist das nicht das Gedicht von Chosetsu Shusai?« Was für ein überraschend großer Meister Unmon ist! Die Wendung: »Ehe er noch die erste Zeile beendet hatte« zeigt anschaulich sein unvergleichliches Können. Dadurch wird das Koan zu einem prächtigen Koan, und wer dies nicht versteht, verfehlt nicht nur den eigentlichen Wert des Koan, sondern er würdigt auch nicht die wunderbar drastischen Mittel, die Meister Unmon aus überströmendem Mitleiden anwendet. Meister Hakuin sagt voll Bewunderung in seinem Kommentar: »So eine Klugheit! So ein Scharfsinn! Wer nicht über das wunderbare Können des Unmon staunt, ist kein wahrer Zen-Anhänger.« Der fragende Mönch antwortet naiv: »Ja, es ist ein Gedicht von Chosetsu Shusai.« Wie bedauerlich! Warum konnte er nicht wenigstens sagen: »Ich weiß es nicht«? Als Zen-Mönch sollte er in der Lage sein, seine eigenständige, lebendige Zen-Antwort zu geben.

Sogleich wurde er natürlich von Unmon gerügt: »Du hast es verfehlt!« Ein alter Meister sagte zu der Bemerkung des Unmon: »Du bist zu sanft. Bei einer so guten Gelegenheit hättest du den Mönch, ohne ein Wort zu sagen, gründlich verprügeln müssen. Das wäre vielleicht für ihn eine Chance gewesen zu erwachen!« Warum mußte der Mönch so zurechtgewiesen werden?

»Das Licht leuchtet hell durch das ganze Universum.« Ist das nicht genau das richtige Bild aller Wesen, so wie sie im Grunde sind? Meister Hakuin erklärt zu Beginn seines *Zazen Wasan:*

> Alle Wesen sind im Grunde Buddhas.
> So wie es bei Wasser und Eis
> Keine Trennung von Eis und Wasser gibt,
> So gibt es getrennt von den Wesen keine Buddhas.
> Da die Wesen nicht wissen, wie nahe ihnen die Wahrheit ist,
> Suchen sie sie in weiter Ferne – wie schade!

Während der ganze Leib dieses Mönchs sich mitten im Licht befindet, ist er so töricht, es außerhalb von sich zu suchen. Wie töricht ist es, von der fixen Idee besessen zu sein, in einem fremden Haus zu wohnen und Miete zu zahlen, während man doch im eigenen Hause wohnt. Das ist die Unwissenheit, die mit den Worten beschrieben wird, »sich ohne ein Seil binden«.

»Das Licht leuchtet hell durch das ganze Universum« – vor

Chosetsu Shusai, vor der Ankunft des Shakyamuni. Genauer gesagt, es gibt weder vorher noch nachher, denn es ist die Ur-Wahrheit des Universums. Daher hat er sie schon verfehlt, sobald er auch nur seine Zunge bewegt. Eine Frage stellen heißt natürlich, sie für immer verfehlen. Mit einer Antwort verfehlt man sie selbstverständlich ganz und gar. Ein Zen-Anhänger hat keine Zeit für eine so absurde Geistigkeit.

Wer sich an einen alten Ausspruch klammert und damit herumgeht, kommt gar nicht in Frage. Man muß sogar die Torheit des fragenden Mönchs bemitleiden. Ein wie großes Mitleiden beweist andererseits Meister Unmon mit seinem scharfen Schlag, der genau den springenden Punkt trifft.

In einer wirklichen Übung beginnst du vielleicht zu rezitieren: »Das Licht leuchtet hell durch das ganze Universum«, und wenn dich dann der Meister fragt: »Ist das nicht ein Gedicht von Chosetsu Shusai?«, wie kannst du dann vermeiden, daß du versagst? Wir müssen uns in unserer Übung noch stärker in Zucht nehmen, um unsere Geistigkeit zu vertiefen, unser Können zu erweitern und unser Zen-Wirken noch echter zu vollziehen. Jeder Schüler muß dies selbst mit Sorgfalt und Redlichkeit tun.

Von Meister Houn stammt das folgende Teisho: »Wenn jemand mich fragt: ›Was hat es für einen Sinn, daß der Patriarch aus dem Westen kommt?‹, dann werde ich ihm sagen: ›Du hast es verfehlt!‹« Meister Houn sagt, daß er, noch ehe er eine Antwort gegeben hat, erwidern wird: »Du hast es verfehlt!« Warum und wie ist es verfehlt? Studiere dies sorgfältig zusammen mit der Antwort, die Meister Unmon gegeben hat.

Das Koan tritt hier in sein zweites Entwicklungsstadium. Meister Shishin von Oryo trug später das Koan seinen Mönchen vor und fragte sie: »Nun sagt mir, warum hat dieser Mönch es verfehlt?« So wies Meister Shishin seinen Schülern die Richtung und zeigte ihnen, wie sie in ihrer Übung fortfahren müßten.

Meister Shishin von Oryo war ein Nachfolger von Meister Maido Soshin, er wurde ungefähr hundertsiebzig Jahre nach dem Tode von Meister Unmon geboren. Als Shishin zum ersten Mal Meister Maido aufsuchte, hielt letzterer die Faust hoch und fragte: »Wenn du das eine Faust nennst, dann bist du an den Namen gebunden. Wenn du es nicht eine Faust nennst, dann leugnest du das Faktum. Wie nennst du es?« Shishin wußte überhaupt nicht, was er antworten sollte. Von dieser Zeit an arbeitete Shishin zwei Jahre lang mit diesem Koan von der Faust und wurde schließlich erleuchtet. Das Datum seines Todes ist unbekannt, aber sein letztes Gedicht ist berühmt:

> Wenn du redest, ist es in sieben und acht zerbröckelt.
> Wenn du schweigst, zerfällt es in zwei und drei.
> So rate ich euch, Zen-Anhänger im Land,
> Der Satori-Geist ist immer frei; hört auf mit allem Planen.

Meister Shishin verweist auf das Koan und fragt: »Nun sage mir, warum hat dieser Mönch es verfehlt?« Wenn du ein Wort sagst, dann hast du es verfehlt; wenn du kein Wort sagst, dann hast du es trotzdem verfehlt. Zweifellos »ist es in sieben oder acht zerbröckelt, wenn du redest; und wenn du schweigst, zerfällt es in zwei und drei«. Wie kannst du frei und an nichts gebunden sein, so daß dein Satori-Geist ganz, absolut frei in seinem Wirken ist? Wenn du mir keine Antwort geben kannst, die sich auf deine Übung und deine Erfahrung stützt, dann wirst du immer ein Fremder für Zen bleiben.

»Das Licht leuchtet hell durch das ganze Universum!« So ist es, immer klar und wahr. Wie kann es so eitles Gerede über jetzt und dann, verfehlen und nicht-verfehlen geben? Laß dich aber warnen: »Sei nicht unbedacht und schlucke nicht ohne weiteres alles hinunter.«

Teisho zum Kommentar des Mumon

»Wenn du in diesem Koan erfassen kannst, wie groß und unvergleichlich das Zen-Wirken des Unmon ist und warum der Mönch es verfehlte, dann kannst du im Himmel und auf Erden ein Lehrer sein. Wenn es dir aber noch nicht klar ist, dann wirst du dich nicht retten können.«

Beim Studium dieses Koan mußt du vor allem die furchtbare Kraft der scharfen und schneidenden Erwiderung des Meisters Unmon sehen und würdigen können: »Ist das nicht ein Gedicht von Chosetsu Shusai?« Sie platzte heraus, noch ehe der Mönch die zweite Zeile zitiert hatte. Du mußt klar erkennen können, woher dieses außerordentliche, herrliche und scharfe Zen-Wirken herkommt und welchen Sinn es hat. Auch mußt du zeigen können, wo und warum der fragende Mönch es verfehlte. Meister

Mumon sagt, daß solch ein fähiger Zen-Anhänger würdig ist, Lehrer im Himmel und auf Erden zu sein.

Die Anspielung »im Himmel und auf Erden« geht auf die alte traditionelle Auffassung zurück, die die Inder von der Welt haben. Nach indischem Glauben besteht die Welt der lebenden Wesen aus sechs Bereichen: dem Bereich der Hölle, der hungrigen Geister, der Tiere, der kämpfenden Wesen, der Menschen und der himmlischen Wesen. »Himmel und Erde« bezieht sich hier auf die beiden letzteren Bereiche, die den anderen vier übergeordnet sind. Um ein Lehrer der Menschen und himmlischen Wesen zu sein, ihnen den Weg zu zeigen, die sechs Bereiche zu übersteigen, und sie davor zu bewahren, daß sie sie durchwandern müssen, muß man ein erleuchteter Buddhist sein, der es in sich selbst zur höchsten Erleuchtung gebracht hat und fähig ist, für andere zu wirken und ihnen zu helfen. Mit anderen Worten, nur wer das Wesen dieses Koan durchschaut hat, kann als ein wahrhaft erleuchteter Lehrer menschliche und himmlische Wesen führen und leiten. Das ist tatsächlich die hohe Anerkennung, die Meister Mumon dem großen Zen-Können des Meisters Unmon zollt. Gleichzeitig warnt er indirekt diejenigen, die sich an den vordergründigen Sinn der Aussprüche alter Meister klammern und eifrig ihre philosophischen und begrifflichen Interpretationen studieren, ohne daß sie selbst zu einer eigenen wahren Erkenntnis-Erfahrung gelangt sind.

Meister Mumon gibt seinen Mönchen noch eine weitere Warnung: »Wenn es dir aber noch nicht klar ist, dann wirst du dich nicht retten können.« Wenn du aufgrund deiner eigenen Erfahrung das hohe und unvergleichliche Zen-Können des Meisters Unmon nicht fassen kannst und auch nicht siehst, warum der Mönch es verfehlte, dann bist du ein dummer Esel, nicht fähig, dich zu retten, von der Rettung anderer gar nicht zu reden. Er gießt dem Mönch eine ganze Flut eiskalten Wassers von Ermahnungen über den Kopf.

Ein Zen-Meister kommentiert mit Nachdruck: »Was immer du auch sagen magst, du verfehlst es, wenn du es jemals sagst. Shakyamuni verfehlte es; Bodhidharma verfehlte es. Wir können es uns nicht leisten, es nur Meister Unmon zu überlassen. Jeder von uns muß so stolz wie ein König sein.«

Erlaube mir an dieser Stelle einen Hinweis: Wenn du es wirklich erfaßt hast, dann kannst du »Es« – was immer und wie immer du es auch sagst – niemals verfehlen. Wenn du nicht zu dieser absoluten Freiheit erwacht bist, dann ist dein Zen ein lebloser Begriff. Ich sage dir, es ist nicht einfach!

Teisho zu dem Gedicht des Mumon

> Eine Angel wird in einen schnell dahineilenden
> Fluß geworfen.
> Da er gierig nach dem Köder ist, wird er gefangen.
> Wenn du deinen Mund nur ein wenig öffnest,
> Dann ist dein Leben verloren.

»Eine Angel wird in einen schnell dahineilenden Fluß geworfen.« Damit kommentiert Meister Mumon bildhaft die unvergleichliche Kraft der scharfen Erwiderung des Meisters Unmon: »Ist das nicht das Gedicht von Chosetsu Shusai?«, die ihm, ehe noch der Mönch die erste Zeile beenden konnte, herausfuhr. Der fragende Mönch, der sich der einfachen Tatsache nicht bewußt war, daß er selbst und das ganze Universum sich in dieser Angel befanden, verriet seine Torheit, als er antwortete: »Ja, es ist sein Gedicht.« Seine Unwissenheit kommentiert Meister Mumon bildhaft mit den Worten: »Da er gierig nach dem Köder ist, wird er gefangen.«

Auf Meister Sosho, den Lehrer von Meister Mumon, geht das folgende Mondo zurück, und wahrscheinlich stützt sich die erste Hälfte des Gedichtes von Meister Mumon auf dieses Mondo: Eines Tages zitierte ein Mönch das Koan *Unmon sagt: Du hast es verfehlt!* und fragte Meister Sosho: »Ich möchte gern wissen, warum dieser Mönch es verfehlte?« Meister Sosho erwiderte darauf: »Ein süßer Fisch ist ins Netz gegangen!«

Wenn du nicht gefangen werden willst, dann mußt du dich in Zucht nehmen und in dir die Zen-Fähigkeit haben, es nicht zu verfehlen.

Meister Mumon beschließt sein Gedicht mit den Worten: »Wenn du deinen Mund nur ein wenig öffnest, dann ist dein Leben verloren.« Du würdest es verfehlen, wenn du überhaupt etwas sagen würdest. Und wenn du schweigend sitzen bleiben würdest, dann hast du es trotzdem schon verfehlt. Ein wahrer Zen-Anhänger sollte seinen eigenen schöpferischen Ausweg haben, so daß Meister Unmon sich ganz ergeben muß. Nun sage mir, welches ist dein schöpferischer Ausweg, daß du es nie verfehlst?

40 Er stieß den Krug um

Koan Als Meister Isan bei Hyakujo studierte, arbeitete er im Kloster als Tenzo. Hyakujo wollte einen Abt für das Daii-Kloster wählen. Er wies den Senior der Mönche und alle seine Schüler an, ihr Zen-Können zu zeigen; den fähigsten würde er dann zur Gründung des Klosters hinausschicken. Dann nahm Hyakujo einen irdenen Krug, stellte ihn auf die Erde und fragte: »Dies darf nicht Krug genannt werden. Wie nennt ihr es?« Der Senior der Mönche sagte: »Es kann nicht eine hölzerne Sandale genannt werden.« Darauf fragte Hyakujo den Isan. Isan kam heran, stieß den Krug mit dem Fuße um und ging fort. Hyakujo sagte: »Der Senior der Mönche ist von Isan besiegt worden.« So erhielt Isan den Befehl, das Kloster zu gründen.

Kommentar des Mumon

Obwohl Isan außerordentlich tapfer ist, konnte er doch nicht aus der Falle des Hyakujo entkommen. Nach sorgfältiger Prüfung befolgte er das, was schwierig ist, und lehnte das Leichte ab. Warum? Nii! Er nahm die Tuchbinde vom Kopf und legte sich ein eisernes Joch an.

Gedicht des Mumon

> Er wirft Bambuskörbe und hölzerne Schöpflöffel fort
> Und beseitigt die Schwierigkeit mit einem Stoß.
> Hyakujo versucht, ihn mit seiner unerbittlichen Schranke zu halten, aber vergebens.
> Seine Fußspitze bringt unzählige Buddhas hervor.

Teisho zu dem Koan

Dieses Koan gibt uns ein Beispiel von einem Zen-Test, den man bei der Wahl eines Meisters anwandte. Tiefe und ausgezeichnete Gelehrsamkeit und scholastisches Können schätzt man an Gelehrten. An Zen-Anhängern bewundert man am meisten schöpferisches und absolut freies Zen-Können. In dieser Hinsicht ist das vorliegende Koan interessant, weil es diesen Punkt klar hervorhebt und veranschaulicht. Hier ist vielleicht ein Wort der Vorsicht geboten: Natürliches und freies Wirken, das seinen Ursprung in einer echten Zen-Geistigkeit hat, sollte niemals mit exzentrischem Benehmen, das einen üblen Zen-Beigeschmack hat, verwechselt werden. Leider gibt es Menschen, die von Zen-Anhängern erwarten, daß sie anders aussehen, ein mönchisches Zen zur Schau tragen und sogar anormal sind. Grundsätzlich wird von einem Zen-Anhänger verlangt, daß er sich ein für allemal gründlich und vollständig vernichtet. Aus diesem Faktum – daß er Nicht-Selbst oder wahres Selbst in seinem alltäglichen Leben ist – entwickelt sich dann ganz natürlich und automatisch echtes Zen-Können und Wirken.

Das Koan beginnt mit dem Satz: »Als Meister Isan bei Hyakujo studierte, arbeitete er im Kloster als Tenzo.« Im zweiten Koan, *Hyakujo und ein Fuchs,* habe ich bereits eine kurze Lebensbeschreibung über Meister Hyakujo gegeben. Meister Isan Reiyu (770–853) war einer der größten Meister in der T'ang-Dynastie; später wurde er als Gründer der Igyo-Zen-Schule angesehen. Er ist in Fukushu geboren und wurde mit fünfzehn Jahren buddhistischer Mönch. Zunächst studierte er die Philosophie des Mahayana und des Theravada-Buddhismus, entschloß sich jedoch später, Zen zu studieren, und kam zu dem Kloster des Meisters Hyakujo. Reiyu (als Isan wurde er bekannt, nachdem er Meister geworden war) war zu dieser Zeit dreiundzwanzig Jahre alt, Meister Hyakujo zählte bereits vierundsiebzig Jahre.

Man weiß nicht, wie viele Jahre nach der Ankunft von Reiyu im Kloster des Hyakujo sich folgendes ereignete: Eines Abends praktizierte Reiyu Zazen. Er war wie ein Stück Holz und merkte nicht, wie weit die Nacht schon fortgeschritten war. Der alte Hyakujo unterbrach das Schweigen und fragte: »Wer bist du, der hier sitzt?« Er antwortete: »Es ist Reiyu, Meister.« Meister Hyakujo befahl: »O Reiyu, schüre das Feuer im Herd dort auf.« Reiyu ging wie befohlen mit den Feuerzangen zum Herd. Als er keine glühende Kohle finden konnte, sagte er: »Meister, es ist kein Feuer mehr da.« Da ging Hyakujo selbst an den Herd, nahm die Feuerzangen, schürte tief die Asche auf und fand ein kleines Stück glühender Kohle. Hyakujo nahm es auf, hielt es Reiyu vor und rief aus: »Was ist dies? Nii!« In diesem Augenblick wurde Reiyu plötzlich erleuchtet. Er erwachte zu seinem ursprünglichen, lebendigen Feuer in sich selbst. Es wird berichtet, daß Reiyu sich spontan vor Hyakujo niederwarf und ihm seine Erleuchtung präsentierte.

Auch nach dieser Erfahrung studierte Reiyu noch lange bei Meister Hyakujo. Das Vorkommnis in dem obigen Koan ereignete sich, als Reiyu einer der älteren Schüler von Hyakujo war und als Tenzo im Kloster arbeitete.

Übrigens hat der Tenzo in einem Zen-Kloster einen wichtigen Posten. Er ist verantwortlich für die Versorgung mit Nahrungsmitteln und für das Kochen. Sogar heute noch werden der Shika oder Oberverwalter, der Fusu oder Buchhalter und der Tenzo oder Hauptkoch als die drei wichtigsten Stellungen im Kloster angesehen. Für die Besetzung dieser Stellen werden abwechselnd ältere Mönche ernannt.

Meister Hyakujo hatte auf Vorschlag eines seiner Anhänger beschlossen, einen fähigen Mönch zum Berge Daii zu entsenden, um dort ein Kloster zu gründen. Diese Aufgabe gedachte er Tenzo Reiyu zu übertragen. Zenkaku, der der Senior der Mönche war, hörte davon und fragte sich, warum man einen Tenzo vorzog und den Senior der Mönche überging. Daher entschloß sich Hyakujo, vor allen Mönchen eine Prüfung abzuhalten und aufgrund dieser Prüfung den ersten Abt des Daii-Klosters zu wählen. Das ist der Hintergrund dieser Erzählung in dem Koan.

»Hyakujo wollte einen Abt für das Daii-Kloster wählen. Er wies den Senior der Mönche und alle seine Schüler an, ihr Zen-Können zu zeigen. Den fähigsten würde er dann zur Gründung des Klosters hinausschicken.« Meister Hyakujo nahm einen Krug, der zufällig zur Hand war, zeigte ihn den Mönchen, stellte ihn auf den Boden und fragte sie: »Dies darf nicht ein Krug genannt werden. Wie nennt ihr es?«

Zuerst trat der Senior der Mönche vor und sagte: »Es kann nicht eine hölzerne Sandale genannt werden.« Die Antwort des Seniors der Mönche, Zenkaku, ist sehr klug; sie klammert sich weder an den Namen »Krug«, noch verneint sie den Krug. Ein alter Zen-Meister sagte: »Es genügt niemals, sich an etwas zu klammern oder etwas zu verneinen.« Die Zen-Wahrheit übersteigt die Verhaftung wie auch die Verneinung. Sie kann niemals in Worten Ausdruck finden. Hier steht nun ein Krug vor dir. Wenn du ihn einen Krug nennst, dann klammerst du dich an seinen Namen. Wenn du ihn nicht einen Krug nennst, dann leugnest du das Faktum. Sowohl Verhaftung wie Verneinung wird auf keinen Fall genügen. Dem Senior der Mönche, Zenkaku, gelang es nur, einen Ausweg zu finden. Ein Zen-Meister sagte über ihn: »Ein listiger Falke, aber wie schade, daß er festgebunden ist.« Die Antwort des Zenkaku zeigt, daß er noch nicht vollkommen frei in seinem Können ist.

Meister Hyakujo rief Tenzo Reiyu und stellte ihm die gleiche Frage. Ohne ein Wort zu sagen, trat Reiyu ruhig vor, stieß den Krug um und zog sich zurück. Reiyu wußte nichts von so müßigem Gerede, ob dies ein Krug genannt werden sollte oder nicht. Sein ganz entblößtes wahres Selbst hatte noch nicht einmal einen Schatten von Unterscheidung, und dieses wahre Selbst oder Nicht-Selbst entfaltete ganz natürlich das wunderbare Wirken des Nicht-Geistes. Ein Zen-Meister sagt bewundernd dazu: »Wie wunderbar! Alles ist zerbrochen. Da es kein Selbst gibt, gibt es auch keine Verhaftung an Ruhm. Daher ist das, was er tut, rein und durchsichtig. Der Senior der Mönche muß sehr beeindruckt gewesen sein.«

Das folgende Gedicht eines alten Meisters ist ein Tribut an das Können des Reiyu:

> Mit einem Stoß stieß er den Kokakuro (den großen Turm) um;
> Mit einem Fußtritt warf er Omuju (die große Insel) um.

Wenn du meinst, daß das, was Reiyu umgestoßen hat, ein »Krug« sei, dann bist du viele tausend Meilen von der Wirklichkeit dessen entfernt, was umgestoßen worden ist. Der Schlüssel dazu liegt genau hier.

Meister Hyakujo lachte und gab seine Entscheidung bekannt: »Der Senior der Mönche ist von Reiyu besiegt worden«, und er befahl, daß Reiyu Gründer des Daii-Klosters werden solle.

So verließ Reiyu das Kloster des Hyakujo und ging zum Berge Daii in Konan. Nach diesem Ereignis hörte man einige Jahre nichts von ihm. Wahrscheinlich lebte er weit entfernt von Dörfern und Städten als Eremit, aß wilde Nüsse und Beeren, und

Tiere waren seine Freunde. Während er so seine Geistigkeit vertiefte und weiter bildete, verbreitete sich sein Ruf als großer Zen-Meister, und schließlich gründete er auf Bitten des Gouverneurs das Dokeiji genannte Zen-Kloster auf dem Berge Daii.

Auch Zenkaku, der von Reiyu besiegt worden war, wurde einer der großen Zen-Meister der damaligen Zeit, obwohl er in diesem Koan dem Reiyu unterlegen scheint. Er ging später zum Berge Karin und war glücklich in dem freien und zurückgezogenen Leben auf dem pfadlosen, abgelegenen Berg. Die Leute verehrten ihn als Meister Karin. Man erzählte sich über ihn die folgende interessante Geschichte: Eines Tages machte ein hoher Regierungsbeamter, der ihn sehr bewunderte, den weiten Weg bis zu seiner einsamen Eremitage auf dem Berg und sagte: »Lieber Meister, dein Leben muß sehr unbequem sein, da du hier ganz allein ohne einen Diener lebst.« »Nein, das ist es nicht, denn ich habe ein paar Diener«, antwortete Meister Karin, wandte sich um und rief laut: »Daiku und Shoku!« (Die Namen bedeuten »Große Leere« und »Kleine Leere«.) Auf diesen Ruf hin stürzten mit schrecklichem Gebrüll aus dem Hintergrund der Einsiedelei zwei grimmig aussehende Tiger hervor. Obwohl der Besucher ein angesehener, hoher Regierungsbeamter war, verlor er vor Schreck fast den Verstand. Zenkaku sagte zu den Tigern: »Hört zu! Dies ist mein Gast und eine wichtige Persönlichkeit. Seid ruhig und höflich.« Daraufhin legten sich die beiden Tiger zu seinen Füßen nieder und waren so zahm wie zwei Kätzchen.

Eine genaue Lebensbeschreibung über Zenkaku besitzen wir nicht.

Teisho zum Kommentar des Mumon

»Obwohl Isan außerordentlich tapfer ist, konnte er doch nicht aus der Falle des Hyakujo entkommen. Nach sorgfältiger Prüfung befolgte er das, was schwierig ist, und lehnte das Leichte ab. Warum? Nii! Er nahm die Tuchbinde vom Kopf und legte sich ein eisernes Joch an.«

Auch hier zieht Meister Mumon von Anfang bis zum Schluß seines Kommentars über Meister Isan her und lobt auf diese Weise das Zen-Können und die Persönlichkeit des Isan.

Zunächst sagt Mumon: »Obwohl Isan außerordentlich tapfer ist, konnte er doch nicht aus der Falle des Hyakujo entkommen.«

Isan nahm allen seinen Mut zusammen, entfaltete sein ganzes Können und trug über den Senior der Mönche Zenkaku den Sieg davon. Wenn sein Können auch Bewunderung verdient, konnte er doch aus der von Meister Hyakujo gestellten Falle nicht hinausspringen. Mumon preist auf diese Weise Isans Können, das ihn befähigte, die Probe des Hyakujo glänzend und ohne Schwierigkeiten zu bestehen. Er kommentiert weiter: »Nach sorgfältiger Prüfung befolgte er das, was schwierig ist, und lehnte das Leichte ab. Warum? Nii!« Isan hat zwar den Sieg errungen, gleichwohl erkennt man bei sorgfältiger Prüfung, daß sein Sieg die Übernahme einer schweren Pflicht zur Folge hatte, nämlich die Gründung des Daii-Klosters, und er von dem leichten Posten eines Tenzo in dem Kloster des Hyakujo zurücktrat. Nach dieser Kritik an Isan weckt Mumon die Aufmerksamkeit seiner Schüler dadurch, daß er sagt: »Warum? Nii!« Dann beschließt er den Kommentar mit den Worten: »Er nahm die Tuchbinde vom Kopf und legte sich ein eisernes Joch an.« Diesem Schlußsatz gibt man schon von alters her verschiedene Deutungen, und es ist schwer zu sagen, welche die angemessenste ist. Ich verstehe ihn als das übliche ironische Verfahren des Meisters, dem Zen-Können und der Persönlichkeit des Isan dadurch höchstes Lob zu spenden, daß er über sie spottet: »Was bist du für ein Tor, Gründer des Daii-Klosters zu werden und den Posten des Tenzo bei Hyakujo aufzugeben!«

Teisho zu dem Gedicht des Mumon

> Er wirft Bambuskörbe und hölzerne Schöpflöffel fort
> Und beseitigt die Schwierigkeiten mit einem Stoß.
> Hyakujo versucht, ihn mit seiner unerbittlichen Schranke zu halten, aber vergebens.
> Seine Fußspitze bringt unzählige Buddhas hervor.

Das Gedicht ist von Meister Mumon in einem ganz anderen Ton geschrieben als sein Kommentar, denn hier erklärt er unmittelbar und schlicht von seinem Zen-Standpunkt aus das Verhalten des Meisters Isan, nämlich: »Er stieß den Krug um«. Dabei bedient er sich überhaupt keiner spöttischen oder ironischen Redensart.

Die erste Zeile bezieht sich bildhaft auf die Umstände, als Isan den Posten des Tenzo aufgab: Er warf Bambuskörbe und hölzerne Löffel, die notwendigen Utensilien für einen Koch, fort. In der zweiten Zeile lobt er das wunderbare Zen-Können des Meisters, der schlicht, einfach und tapfer den Krug umstieß und auf diese Weise alle dualistischen Schwierigkeiten beseitigte. In diesen beiden Zeilen zeigt Meister Mumon seine Bewunderung für das hervorragende Können des Meisters Isan.

Die dritte Zeile bezieht sich auf die Frage des Meisters Hyakujo: »Wie nennt ihr es?« Sogar eine so unerbittliche Sperre, wie sie Hyakujo aufrichtete – sagt Mumon mit Bewunderung –, konnte dem Zen des Isan nichts anhaben.

Mumon beendet sein Gedicht und singt: »Seine Fußspitze bringt unzählige Buddhas hervor.« Isan stieß den Krug um. Sein Zen ist tatsächlich so wunderbar, daß jede Bewegung seines Fußes und seiner Hand von der Wahrheit durchleuchtet ist.

Ein Mönch fragte einmal Meister Seihei Goson: »Was ist Uro?« (Unwissenheit, wörtlich: durchlässig, leck.) Der Meister antwortete: »Ein Bambuskorb ist durchlässig. Das ist Buddhismus.« Der Mönch fragte weiter: »Was ist Muro?« (Satori, Erleuchtung; wörtlich: nicht-durchlässig, dicht.) »Ein hölzerner Löffel schöpft. Das ist Buddhismus«, war seine Antwort. Für Meister Seihei waren sowohl durchlässig (Unwissenheit) wie nicht-durchlässig (Satori) Buddhismus. Wessen geistiges Auge einmal geöffnet ist, der erzeugt mit der Bewegung seiner Hand und seines Fußes eine frische Brise, und unzählige Buddhas werden daraus entstehen.

Gestatte mir, hier an etwas zu erinnern. Wer heute Zen studiert, darf sich nicht nur von der einmaligen Zen-Fähigkeit des Meisters Isan fesseln lassen. Zunächst und vor allem muß seine klare und scharfsinnige Geistigkeit erfaßt und gewürdigt werden, in der diese Fähigkeit ihren Ursprung hat.

Meister Tanzan, einer der größten Zen-Meister der Meiji-Periode in Japan, gab zu diesem Koan das folgende Teisho: »Meister Isan stieß mit seinem Fuß den Krug um. Wenn es ein Krug wäre, wärt ihr Mönche auch in der Lage, ihn mit dem Fuß umzustoßen. Meine Frage ist: ›Nenne den Berg Fuji nicht Berg Fuji. Wie nennst du ihn?‹ Was werdet ihr nun tun?« Das ist ein gutes Koan, das eine ernste Warnung an diejenigen ist, die blind die Aussprüche und das Tun alter Meister nachahmen und überall den üblen Zen-Geruch verbreiten.

41 Bodhidharma und der Friede des Geistes

Koan Bodhidharma saß mit dem Gesicht zur Wand und übte Zazen. Der Zweite Patriarch, der im Schnee gestanden hatte, schnitt seinen Arm ab und sagte: »Der Geist deines Schülers hat noch keinen Frieden. Ich bitte dich, mein Lehrer, gib du ihm Frieden.« Bodhidharma sagte: »Bringe mir den Geist, und ich will ihm Ruhe geben.« Der Zweite Patriarch sagte: »Ich habe nach dem Geist geforscht und gesucht; er ist endgültig unerreichbar.« Bodhidharma sagte: »Ich habe ihm für dich vollkommene Ruhe gegeben.«

Kommentar des Mumon

Der alte Fremde mit den abgebrochenen Zähnen kam stolz herüber – hunderttausend Meilen über das Meer. Das war, als ob er Wellen erzeugte, wo kein Wind wehte. Gegen sein Lebensende konnte Bodhidharma nur einen Schüler erleuchten, aber sogar dieser war verkrüppelt. Ii! Shasanro kennt nicht einmal vier Schriftzeichen.

Gedicht des Mumon

> Er kommt von Westen und weist unmittelbar darauf hin –
> Dieses große Ereignis wurde durch die Übertragung verursacht.
> Wer hier in Zen-Kreisen Unruhe gestiftet hat,
> Das bist schließlich nur du!

Teisho zu dem Koan

Obwohl dieses Koan einfach aussieht, behandelt es das größte und wichtigste Problem bei der Suche nach Wahrheit. Es berichtet, wie der Zweite Patriarch (Shinko), der bereits ein Mann mittleren Alters war, nach vielen Jahren harten Suchens und Forschens nach der Wahrheit Bodhidharma aufsuchte. Wenn man nicht selbst durch ein hartes und schmerzliches Ringen um die Wahrheit gegangen ist, kann man die wirkliche Bedeutung dieses Koan nicht verstehen und würdigen. Ein alter Zen-Meister sang:

> Ich litt jahrelang in Schnee und Eis.
> Jetzt bin ich überrascht über das Fallen von Weidenkätzchen.

Bodhidharma war der dritte Sohn eines südindischen Königs. Er studierte bei Hannyatara in Indien und wurde sein Nachfolger. Nach dem Tode seines Lehrers kam Bodhidharma – nach einer schwierigen, dreijährigen Seereise – nach Koshu in Südchina, um den wahren Buddhismus nach China zu bringen. Er hatte zunächst eine Audienz bei Kaiser Wu von Liang, der »Kaiser mit dem Buddha-Geist« genannt wurde, aber die Zeit war noch nicht reif, und er ging weiter nach Suzan in Nordchina. Dort, in Sherinji, praktizierte er neun Jahre lang nur Zazen und legte so die Grundlage für das Zen in China. Das genaue Datum seines Todes ist nicht bekannt. Allgemein sagt man jedoch, er sei 527 im Alter von nahezu hundertfünfzig Jahren gestorben.

Der Zweite Patriarch, Eka, wurde zunächst Shinko genannt. Schon in seiner frühen Kindheit war er ungewöhnlich inspiriert, und seine besondere Vorliebe galt dem Lesen. Eines Tages, als er einen buddhistischen Text las, kam er zu einer großen Einsicht, die ihn zu dem Entschluß führte, buddhistischer Mönch zu werden. Er studierte dann eingehend den Mahayana- und Theravada-Buddhismus und war schon ein Mönch in mittleren Jahren, als das in dem Koan geschilderte Ereignis stattfand. Trotz seiner großen Gelehrsamkeit war sein Geist nicht ganz in Frieden. Er suchte Bodhidharma auf, um ganz befreit zu werden, und schließlich gab man ihm die Dharma-Bestätigung. Später lebte er unter den Armen und verbarg seinen geistigen Scharfsinn. Man sagt zwar, daß er über hundert Jahre alt war, als er starb, aber Bestimmtes ist darüber nicht bekannt.

In den ersten beiden Sätzen des Koan stellt Meister Mumon nur fest: »Bodhidharma saß mit dem Gesicht zur Wand und übte Zazen. Der Zweite Patriarch, der im Schnee gestanden hatte, schnitt seinen Arm ab...« Erlaube mir, daß ich hier den ursprünglichen Text aus dem *Keitoku Dento-roku* (»Die Übertragung der Lampe«) zitiere, der eindrucksvoll beschreibt, welchen Eifer Shinko bei der Suche nach Wahrheit zeigte und wie ihm zum ersten Mal Sanzen bei Bodhidharma gestattet wurde: »Er (Shinko) ging dorthin (Shorinji) und bat Bodhidharma Tag und Nacht um Unterweisung. Der Meister praktizierte immer mit dem Gesicht zur Wand Zazen und achtete seiner Bitten nicht. Am Abend des 9. Dezember sandte der Himmel einen dichten Schneefall. Shinko stand aufrecht und unbeweglich. Gegen Tagesanbruch reichte ihm der Schnee bis über die Knie. Der Meister hatte Mitleid mit ihm und sagte: ›Du stehst schon lange im Schnee. Was suchst du?‹ Shinko weinte bitterlich und sagte: ›Ich bitte dich, Meister, öffne mit deiner Barmherzigkeit dein Dharma-Tor und rette uns Wesen alle.‹ Der Meister sagte: ›Die unvergleichliche Wahrheit der Buddhas kann nur durch ewigen Kampf, durch Praktizieren, was nicht praktiziert werden kann, und durch Tragen des Untragbaren erlangt werden. Wie kannst du mit deiner geringen Kraft, geringen Weisheit, deinem oberflächlichen und eingebildeten Geist es wagen, nach der Erlangung der wahren Lehre zu streben? Es ist nur vergebliche Mühe.‹ Als Shinko die Ermahnung des Meisters hörte, nahm er heimlich ein scharfes Messer, schnitt seinen linken Arm ab und legte ihn vor den Meister. Der Meister erkannte seine Dharma-Befähigung und sagte zu ihm: ›Wenn Buddhas zuerst nach der Wahrheit suchen, schenken sie ihrem Leib um der Wahrheit willen keine Aufmerksamkeit. Ich habe die Aufrichtigkeit deines Forschens und Suchens gesehen.‹ Schließlich gab ihm der Meister den Namen Eka. Shinko fragte: ›Ist es möglich, Buddha Dharma zu befolgen?‹ Der Meister antwortete: ›Man kann Buddha Dharma nicht dadurch erlangen, daß man anderen folgt.‹ (Das heißt, man muß unmittelbar in seine eigene Natur schauen.) Shinko sagte: ›Mein Geist ist noch nicht in Frieden. Ich bitte dich, Lehrer, gib du ihm Frieden für mich...‹«

Die obige Geschichte stimmt mit den historisch nachweisbaren Tatsachen nicht überein. Es kann eine mythologische Beschreibung des Autors des *Keitoku Dento-roku* sein. Aber das schmerzliche und verzweifelte Ringen beim Forschen nach Wahrheit, sogar unter Einsatz des Lebens, ist nicht die mythologische Erfindung eines alten Zen-Meisters. Wer die gleichen Schmerzen und Härten bei der ehrlichen Suche nach Wahrheit erfahren hat, kann sie nicht leicht nehmen.

> Der Schnee von Shorin ist rot befleckt.
> Laßt uns unser Herz damit färben,
> Wenn es auch demütig ist.

Das ist das Waka eines alten Zen-Meisters. Wir können die obige Geschichte nicht ohne Tränen lesen.

Das vorliegende Koan entfaltet sich im Mondo zwischen Bodhidharma und Shinko. Shinko bittet: »Der Geist deines Schülers hat noch keinen Frieden. Ich bitte dich, mein Lehrer, gib du ihm Frieden.« Ist das nicht das Suchen und Forschen, das ein jeder von uns unternehmen muß, wenn die Formen und Ausdrucksweisen auch verschieden sein mögen? Zu allen Zeiten haben die Menschen, sogar unter Einsatz ihres Lebens, dieses Suchen und Forschen betrieben. Es ist kein persönlicher Wunsch, den allein Shinko vor über tausend Jahren hatte. Nicht nur Zen, sondern jede Religion der Welt muß ihre Daseinsberechtigung in der Führung derjenigen haben, die sich auf dieser Suche befinden. Man kann schließlich durch das Forschen zu der Erkenntnis gelangen, daß jede Anstrengung vergeblich ist. Der wahre Friede des Geistes kann aber nur erlangt werden, wenn man persönlich zu der nackten Tatsache erwacht ist, daß schließlich und endlich jede Mühe wirklich vergeblich ist. Suche, kämpfe und verzweifle! Wer nicht die ganze Nacht im Kampf und in Verzweiflung geweint hat, wird nicht das Glück des Satori erfahren.

Ich erinnere mich nicht mehr an den Namen des westlichen Theologen, von dem die folgenden Worte stammen, die sich mir deutlich eingeprägt haben: »Du, der du noch keine schlaflosen Nächte in Leid und Tränen verbracht hast, der du noch nicht erfahren hast, daß du noch nicht einmal ein Stück Brot schlucken konntest – dich wird die Gnade Gottes niemals erreichen.«*

---

* Der Anklang an das berühmte Lied des Harfners aus Goethes *Wilhelm Meisters Lehrjahre* (2. Buch, 13. Kap.) ist auffallend: »Wer nie sein Brot mit Tränen aß, / Wer nie die kummervollen Nächte / Auf seinem Bette weinend saß, / Der kennt euch nicht, ihr himmlischen Mächte ...« Der Sinn dieser Klage über das tragische Menschenschicksal ist allerdings ein ganz anderer als der innere Kampf vor dem Durchbruch zu Satori. (Anm. d. Übers.)

Es gibt von einem Zen-Meister eine ausgezeichnete Metapher: »Es mag sich als vergeblich herausstellen, auf einer unbewohnten Insel einen Menschen zu finden. Wenn jedoch endgültig feststeht, daß es dort keinen Menschen gibt, dann geht die Insel in den Besitz des Entdeckers über. Das ist internationales Gesetz. Es ist das schon immer geltende universale Gesetz. Jetzt wird das ganze Universum sein eigen.«

»Mein Geist hat noch keinen Frieden. Ich bitte dich, mein Lehrer, gib du ihm Frieden.« Das ist der Große Zweifel, der sein ganzes Sein durchdringt. Das ganze Universum und er selbst waren nichts anderes als dieser eine Große Zweifel. Nur diejenigen, die dieses Übermaß von schierer Finsternis durchdringen, können die große Freude erleben, wahrer Herr des ganzen Universums zu sein. Bodhidharma sagte: »Bringe deinen Geist her, und ich will ihm Ruhe geben.« Seine scharfe Antwort durchdringt sogleich das Herz des Fragestellers.

Wo ist der Geist, der keinen Frieden hat? Wer sucht ihn? Ist der Geist viereckig oder rund? Weiß oder rot? Existiert er oder nicht? Der Geist existiert, aber dies ist so absolut bejahend, daß es zugleich verneinend ist, nicht wahr? Wenn er existiert, dann bring ihn her. Wie schneidend scharf seine Forderung ist! Er ist so geschickt, daß »er den Feind mit dem Schwert tötet, welches er dem Feind selbst entrissen hat«. Shinko muß durch diese Forderung des Bodhidharma in den Abgrund der Verzweiflung gestoßen worden sein. Er wurde an die Wand getrieben. Verstand hatte keinen Wert, logisches Denken half ihm nicht. Er wußte nicht, ob er lebte oder tot war. Er konnte nicht einmal einen Klageschrei von sich geben.

Das Koan sagt nur schlicht und einfach: »Bodhidharma sagte: ›Bring mit den Geist, und ich will ihm Ruhe geben.‹ Der Zweite Patriarch sagte: ›Ich habe nach dem Geist geforscht und gesucht; er ist endgültig unerreichbar.‹« Wer nicht selbst die Erfahrung des Suchens und Forschens und der Übung gemacht hat, wird diese Worte natürlich nach dem Buchstaben auslegen und zwischen den Zeilen die spirituelle Not des tatsächlichen Suchens nicht erkennen. Er wird daher übersehen, daß Wochen, Monate oder sogar Jahre schmerzvoller dunkler Nächte liegen zwischen der Forderung des Bodhidharma: »Bringe mir den Geist, und ich will ihm Ruhe geben« und der Antwort des Shinko: »Ich habe nach dem Geist gesucht und geforscht; er ist endgültig unerreichbar.«

Meister Rinzai wurde drei Jahre lang »der Mönch der reinen, einzigartigen Zucht« genannt. Später sagte er von dieser Schulungszeit: »Vor Jahren, als ich noch nicht erleuchtet war, befand ich mich in vollkommener Dunkelheit.« Meister Hakuin sagte: »Ich hatte das Gefühl, ich säße in einer Eishöhle mit Wänden von zehntausend Meilen Durchmesser.« Ich selbst werde niemals den geistigen Kampf vergessen, den ich in völliger Dunkelheit fast drei Jahre lang auszufechten hatte. Ich würde sagen, daß in der Zen-Übung diese Erfahrung der dunklen Nächte, die man mit seinem ganzen Sein durchleben muß, das Wichtigste und Wertvollste sind.

Ich las einmal eine Kritik dieses Koan von einem japanischen Philosophen: »›Bringe mir den Geist, und ich will ihm Ruhe geben.‹ ›Ich habe nach dem Geist gesucht und geforscht; er ist endgültig unerreichbar.‹ Wie absurd und naiv sind die Zen-Anhänger, daß sie durch ein derartiges Wortspiel Satori erlangen können.« Wer Zen-Bücher nur so oberflächlich lesen kann, ist kein Gelehrter ersten Ranges, denn er selbst hat nicht die Erfahrung gemacht, unter Einsatz seines Lebens wirklich nach der Wahrheit gesucht zu haben. »Ich habe nach dem Geist gesucht und geforscht; er ist endgültig unerreichbar.« – Diese Antwort ist auf die Erfahrung des Eintauchens in eine andere Dimension zurückzuführen. Es ist der Aufschrei eines Menschen, der erfahren hat, daß »das ganze Universum zusammenstürzt und der Berg von Eisen zerbröckelt ist«. Wie viele gibt es, die die Tränenflut verstehen können, die der Zweite Patriarch bei diesem einen Wort »endgültig« vergossen hat? Der Schlüssel zu dem Koan liegt in der Erfahrung, den lebendigen Sinn dieses Wortes »endgültig« als sein eigenes zu erfassen.

Es ist keine Übertreibung zu sagen, daß Zen letzten Endes die Suche nach dem Geist und nach der Erlangung wirklichen Friedens des Geistes ist. *Das Mu des Joshu, Zuigan ruft »Meister«, Ein Büffel geht durch ein Fenster* und natürlich auch *Geist ist Buddha* sind Koans, die den Geist suchen.

Der Zweite Patriarch sagt: »Ich habe nach dem Geist gesucht und geforscht, er ist endgültig unerreichbar.« Meister Rinzai erklärte: »Der Geist hat keine Gestalt und, da er das ganze Universum durchdringt, ist er hier, vor dir, emsig am Werk!«

Man muß dies wirklich erfahren und als Faktum bezeugt haben, um diese Aussprüche wirklich zu verstehen.

Bodhidharma war ohne Zweifel ein großer Meister mit tiefer

Erfahrung. Er bezeugte das, was Shinko erlangt hatte, mit den Worten: »Ich habe ihm für dich vollkommene Ruhe gegeben.« In diesem Augenblick wurde der Zweite Zen-Patriarch in China geboren.

Später erhielt der Zweite Patriarch von Bodhidharma die folgenden Unterweisungen in Form eines Gedichtes:

> Nach außen brich alle Beziehungen ab,
> Nach innen dulde kein Verlangen in deinem Geist.
> Mache deinen Geist wie eine Mauer,
> Auf diese Weise kannst du Tao erlangen.

»Eine Mauer« trennt von aller objektiven Verwirrung und allen Illusionen. Die Worte: »den Geist wie eine Mauer machen« und »es als unerreichbar entdecken« verweisen in der Erfahrung auf ein und denselben spirituellen Zustand. Ein Zen-Meister sagt in seinem Teisho: »Wenn du erkennst, daß es so etwas wie den Geist nicht gibt, dann brauchst du nicht länger danach zu suchen. Wenn dein suchender Geist zur Ruhe gekommen ist, dann ist eine schwere Last von dir genommen ... Du kannst nicht einmal sagen, dem Geist Frieden geben, denn das beinhaltet, daß Leib und Geist getrennt sind. Überall und zu jeder Zeit gilt: Dein Geist hat Frieden, weil es außerhalb deines Leibes keinen Geist gibt, weil es außerhalb deines Geistes keinen Leib gibt. Da dein Leib und Geist schon verschwunden sind, wem soll denn da noch Frieden zu geben oder nicht Frieden zu geben sein? Wie wunderbar ist dieser Geist, der immer nur im Frieden ist!«

Gestatte mir, daß ich hier einige Worte hinzufüge. Man sagt: »Wie wunderbar auch ein Ding sein mag, es ist besser, es nicht zu besitzen!« Ein Zen-Anhänger sollte nicht leicht selbst-zufrieden sein.

Teisho zum Kommentar des Mumon

»Der alte Fremde mit den abgebrochenen Zähnen kam stolz herüber – hunderttausend Meilen über das Meer. Das war, als ob er Wellen erzeugte, wo kein Wind wehte. Gegen sein Lebensende konnte Bodhidharma nur einen Schüler erleuchten, aber sogar dieser war verkrüppelt. Ii! Shasanro kennt nicht einmal vier Schriftzeichen.«

Meister Mumon sagt zunächst zu dem Koan: »Der alte Fremde mit den abgebrochenen Zähnen kam stolz herüber – hunderttausend Meilen über das Meer.« Als Bodhidharma nach China kam, interessierten sich die buddhistischen Kreise in China nur für die philosophischen Studien des Buddhismus, und Bodhidharma lehnte diesen Zug der Zeit entschieden ab. Er wurde wegen seiner festen Stellungnahme gegen den scholastischen Buddhismus von den traditionellen Buddhisten in China gehaßt. Nach einer Legende versuchten sie schließlich, ihn zu töten, und er entging mit knapper Not der Vergiftung. Man sagt, daß das Gift ihm die Vorderzähne zerstörte, und daher wird er »der alte Fremde mit den abgebrochenen Zähnen« genannt.

Man sagt – obwohl es nicht sicher ist – Bodhidharma sei nach China gekommen, als er schon in sehr vorgerücktem Alter gewesen sei; wahrscheinlich sei er fast hundertfünfzig Jahre alt gewesen. Ich möchte den Ausdruck »der alte Fremde mit den abgebrochenen Zähnen« als freundschaftlichen Spitznamen für diesen alten, zahnlosen Bodhidharma verstehen. In seinem hohen Alter war es geradezu verwegen von ihm, ohne Bedenken die schwierige Reise von über hunderttausend Meilen nach China zu machen und drei Jahre auf See zu verbringen.

Zu diesem lobenswerten Unternehmen sagt Meister Mumon: »Das war, als ob er Wellen erzeugte, wo kein Wind wehte. Ich schätze deine ungeheuren Anstrengungen und die Bedrängnisse, die du auf dich nehmen mußtest, um nach China zu kommen. Aber gibt es tatsächlich einen Ort, wo es kein Dharma gibt? Du hast dir recht viel Mühe umsonst gemacht. Wie aufdringlich du bist!« Mumon spricht selbstverständlich vom absoluten Standpunkt der Wahrheit selbst.

Mumon fährt fort: »Gegen sein Lebensende konnte Bodhidharma nur einen Schüler erleuchten, aber sogar dieser war verkrüppelt.« Was hast du schließlich nach vielen vergeblichen Anstrengungen erreicht? Du konntest nur einen Schüler retten, und sogar dieser war noch ein Krüppel mit einem Arm! Meister Mumon lobt durch seine strenge Kritik in Wirklichkeit die unvergleichlichen Leistungen des Ersten Patriarchen.

Nach dem warnenden Ausruf »Ii!« beendet Mumon schließlich seinen Kommentar mit den Worten: »Shasanro kennt nicht einmal vier Schriftzeichen.« In diesem letzten Satz ist vielleicht das enthalten, was Meister Mumon in seinem Kommentar wirklich meinte. Wir sollen in diesem letzten Satz das Faktum sehen, daß

»der Geist endgültig unerreichbar ist«, das Faktum des »Sitzens mit einem Geist wie eine Mauer«.

Zu »Shasanro kennt nicht einmal vier Schriftzeichen« gibt es verschiedene Interpretationen. Ich würde Shasanro als ungebildeten Fischer verstehen, der nicht einmal das Alphabet kennt. Der Satz weist daher auf die unerkennbare, unerreichbare Wirklichkeit hin.

Von Meister Hoen stammt das folgende Mondo: »Einst fragte ein Mönch Meister Hoen: ›Was ist ein Zen-Mönch?‹ Hoen antwortete: ›Shasanro auf einem Fischerboot.‹«

Teisho zu dem Gedicht des Mumon

> Er kommt vom Westen und weist unmittelbar darauf hin –
> Dieses große Ereignis wurde durch die Übertragung verursacht.
> Wer hier in Zen-Kreisen Unruhe gestiftet hat,
> Das bist schließlich nur du!

Ein alter Zen-Meister erklärte die erste Zeile: »Die Menschen befaßten sich mit den Worten und Schriftzeichen und gaben sich mit so unsinnigen Dingen ab, wie den Sand des Meeres zu zählen. Sie suchten nicht nach der Wahrheit. Zu solch einer Zeit kam der Erste Patriarch herüber und lehrte: ›Unmittelbar auf des Menschen Herz zeigen, die eigene Natur schauen und Buddha werden.‹ Und: ›Überlieferung außerhalb der Schriften.‹ Der alte Meister versuchte, die einzigartigen Merkmale des Bodhidharma als Erster Zen-Patriarch zu beschreiben. Meister Mumon weist in der prägnanten ersten Zeile auf diese Merkmale des Bodhidharma hin: ›Er kommt vom Westen und weist unmittelbar darauf hin.‹«

»Dieses große Ereignis«, Wellen zu erzeugen, wo kein Wind weht, wurde durch die Dharma-Überlieferung, die die Übertragung des Nicht-Übertragbaren von Geist zu Geist ist, verursacht. Die zweite Zeile bezieht sich natürlich auf das Faktum der Dharma-Übertragung durch Bodhidharma von Indien nach China und auf den Zweiten Patriarchen Eka.

In der dritten und vierten Zeile schmäht Mumon den Bodhidharma und sagt: »Wer hier in Zen-Kreisen Unruhe gestiftet hat, das bist schließlich nur du!« Du hast in Zen-Kreisen dadurch soviel Aufregung verursacht, daß du darauf bestehst, »mit dem Gesicht zur Wand zu sitzen und deinen Geist in Ruhe zu versetzen« und »unmittelbar auf das Herz des Menschen weisend«. Was bist du doch für ein Aufwiegler! Auch hier veranschaulicht der Meister Mumon mit seiner scharfen Schmährede die unvergleichlich großen Leistungen des Bodhidharma als Ersten Zen-Patriarchen.

42 Eine Frau erwacht aus der Meditation

Koan Vor langer Zeit kam einmal der von der Welt Geehrte an den Ort, wo viele Buddhas versammelt waren. Als Manjusri dort ankam, kehrten alle Buddhas zu ihrem ursprünglichen Wohnort zurück. Nur eine Frau blieb dicht neben dem Buddha-Sitz, in tiefer Meditation versunken, sitzen. Manjusri sagte zu dem Buddha: »Warum kann eine Frau dicht neben dem Buddha-Sitz sein und ich nicht?« Der Buddha sagte zu Manjusri: »Erwecke diese Frau aus der Meditation und frage sie selbst.« Manjusri ging dreimal um die Frau herum, schnalzte einmal mit den Fingern, dann nahm er sie hinauf in den Brahma-Himmel und wandte alle seine übernatürlichen Kräfte auf, aber er konnte sie nicht aus der Meditation erwecken. Der von der Welt Geehrte sagte: »Nicht einmal viele Hunderttausende von Manjusris könnten sie aus der Meditation erwecken. Unten, jenseits einer Billion und zweihundert Millionen Ländern, so zahlreich wie die Sandkörner des Ganges, gibt es einen Bodhisattva namens Momyo. Er wird sie aus der Meditation erwecken können.« Sogleich taucht Momyo von der Erde auf und verehrte den von der Welt Geehrten. Der von der Welt Geehrte erteilte ihm den Befehl. Momyo ging dann zu der Frau und schnalzte nur einmal mit seinen Fingern. Da erwachte die Frau aus ihrer Meditation.

Kommentar des Mumon

Der alte Shakya führte ein ungeschicktes Stück auf und war nicht klüger als ein Kind. Nun sage mir: Manjusri ist der Lehrer der Sieben Buddhas, warum konnte er die Frau nicht aus ihrer Meditation erwecken? Momyo ist ein Bodhisattva der Anfangsstufe, warum konnte er es? Wenn du diesen Punkt wirklich begreifst, dann wird für dich dieses geschäftige Leben der Unwissenheit und Unterscheidung das Leben des höchsten Satori sein.

Gedicht des Mumon

> Der eine konnte sie aufwecken, der andere nicht.
> Beide sind sie vollkommen frei.
> Eine Maske der Gottheit und eine Teufelsmaske,
> Der Fehlschlag ist wirklich wunderbar.

Teisho zu dem Koan

In einem indischen Sutra, *Shobutsu Yoshu-kyo* (»Sutra der Buddha-Versammlung«), steht ein Gleichnis, nach dem dieses Koan bearbeitet wurde. Die Geschichte hier unterscheidet sich jedoch wesentlich von der ursprünglichen Erzählung, da sie als Koan für Mönche zur Verfeinerung ihrer Geistigkeit neu geschrieben wurde. Mit der ursprünglichen Erzählung brauchen wir uns nicht zu beschäftigen. Wir werden indessen die Geschichte als ein Koan behandeln, das in der Zen-Übung eine einmalige Rolle spielt. Das besondere Ziel dieses Koan besteht darin, die Urweisheit im Gegensatz zu erlangter Weisheit, Zen-Erfahrung im Gegensatz zu philosophischer Lehre oder Gleichheit im Gegensatz zu Unterscheidung dem Mönch ganz klar vor Augen zu führen.

Shakyamuni Buddha ging einmal mit seiner übernatürlichen Macht hinüber in die Welt des durchdringenden Lichtes, wo sich viele Buddhas versammelt hatten. Nur Manjusri war es nicht erlaubt, an der Versammlung teilzunehmen, und er wurde weit weg zum Berg Chakravada gesandt. Schließlich gestattete man ihm zu kommen. Als er aber dort erschien, wo viele Buddhas versammelt waren, kehrten alle zu ihrem ursprünglichen Wohnort zurück.

Warum verschwanden nun alle anderen Buddhas, als Manjusri ankam, und kehrten zu ihrem ursprünglichen Wohnort zurück? Und welches sind die ursprünglichen Wohnorte der Buddhas? Übende Schüler müssen ihre Frage zunächst auf diese beiden Punkte richten. Sie sollen sie nicht nur philosophisch, sondern von der Erfahrung her begreifen.

Als die verschiedenen Buddhas alle zu ihrem ursprünglichen Wohnort zurückgekehrt waren, war die einzige noch zurückgebliebene Person eine Frau, die sich in tiefer Meditation dicht beim Sitz des Buddhas befand. In asiatischen Ländern wurden in alter Zeit die Frauen im allgemeinen als unreine Wesen betrachtet, die in Unwissenheit lebten. Daraus folgte natürlich, daß sie nicht in die Nähe des Buddha-Sitzes kommen durften. Manjusri fragte den von der Welt Geehrten: »Warum kann eine Frau dicht neben dem Buddha-Sitz sein und ich nicht?«

Hier müssen zwei Fragen gestellt werden: 1. Warum kann eine unreine Frau dicht beim Buddha-Sitz sein? 2. Warum kann Manjusri, der als Lehrer der Sieben Buddhas hoch geachtet wird, nicht in die Nähe des Buddha-Sitzes kommen? Der übende Schüler muß diese Fragen vom Zen-Standpunkt aus beantworten können.

Manjusri ist ein idealisierter Buddha der buddhistischen Mythologie. Obwohl er höchste Buddhaschaft erlangte, verblieb er nicht in der Buddhaschaft. Wegen seines unendlich großen Mitleids, das ihn bewog, alle Wesen zu retten, kam er herab auf den Stand eines Bodhisattva. Hier wird er mit viel Hochachtung und Verehrung der Lehrer der Sieben Buddhas genannt. (Vgl. zu den Sieben Buddhas das zweite Koan: *Hyakujo und ein Fuchs*.)

Der von der Welt Geehrte sagte zu Manjusri: »Erwecke diese Frau aus ihrer Meditation und frage sie selbst.« Daraufhin »ging Manjusri dreimal um die Frau herum, schnalzte mit den Fingern, dann nahm er sie hinauf in den Brahma-Himmel und wandte alle seine übernatürlichen Kräfte auf«, aber er konnte sie aus ihrer tiefen Meditation nicht aufwecken. Der von der Welt Geehrte sagte: »Nicht einmal wenn viele Hunderttausende von Manjusris zusammenkämen, könnten sie sie aus ihrer Meditation erwecken.«

Wie kommt es nun, daß Manjusri mit seinem hohen Rang als Lehrer der Sieben Buddhas nicht in der Lage ist, die Frau aus ihrer Meditation zu erwecken? Die Schüler müssen auch diese Frage vom Zen-Standpunkt aus untersuchen.

Der von der Welt Geehrte fuhr fort: »Unten, jenseits einer Billion und zweihundert Millionen Ländern, so zahlreich wie die Sandkörner des Ganges, gibt es einen Bodhisattva namens Momyo. Er wird sie aus der Meditation erwecken können.« Sobald er dies gesagt hatte, tauchte Bodhisattva Momyo von der Erde auf, machte eine Verbeugung vor dem von der Welt Geehrten, der ihm befahl, die Frau zu erwecken. Momyo ging zu ihr hin, und als er nur einmal vor ihr mit den Fingern geschnalzt hatte, erwachte sie sogleich aus ihrer Meditation.

Wie konnte Momyo, der nur ein Bodhisattva der Anfangsstufe ist, so leicht etwas vollbringen, was für Manjusri unmöglich war? Das ist eine weitere Frage, die die Schüler vom Zen-Standpunkt aus sorgfältig studieren müssen.

Meister Mumon gibt zu diesem Koan einen erhellenden Kommentar, in dem er die wesentlichen Punkte zusammenfaßt und die Schüler anweist, wie sie üben sollen. Ich gehe daher zu meinem Teisho zum Kommentar des Mumon über, ohne die Einzelheiten des Koan selbst zu erläutern.

Teisho zum Kommentar des Mumon

»Der alte Shakya führte ein ungeschicktes Stück auf und war nicht klüger als ein Kind. Nun sage mir: Manjusri ist der Lehrer der Sieben Buddhas, warum konnte er die Frau nicht aus ihrer Meditation erwecken? Momyo ist ein Bodhisattva der Anfangsstufe, warum konnte er es? Wenn du diesen Punkt wirklich begreifst, dann wird für dich dieses geschäftige Leben der Unwissenheit und Unterscheidung das Leben des höchsten Satori sein.«

Shakyamuni führte ein dummes, bäurisches Spiel auf, es ist ganz unerträglich. Auch hier verwendet Mumon seine übliche paradoxe Ausdrucksweise. Dann ändert er seinen Ton: »Nun sage mir«, und er verweist auf die Hauptpunkte dieses plumpen Spiels. Der erste Punkt ist: »Manjusri ist der Lehrer von Sieben Buddhas, warum konnte er die Frau nicht aus ihrer Meditation erwecken?« Manjusri ist als Lehrer von Sieben Buddhas ein hochangesehener Buddha. Die buddhistische Philosophie lehrt, daß Manjusri das Symbol ist für die Urweisheit, das heißt absolute Weisheit. Diese Weisheit ist die Eine Wahrheit, zu der alles zurückkehrt und aus der alles geboren wird. Wenn kein Staub im Auge ist, sollte es nichts im Universum geben, was die Sicht behindert. Gibt es eine Unterscheidung zwischen Satori und Unwissenheit? Zwischen männlich und weiblich? Zwischen »In-Meditation-Versinken« und »Aus-der-Meditation-Erwachen«? Hier wird der wirkliche Wert des Manjusri, so wie er ist, offenbar. Laß dich nicht durch Worte irreführen. Der lebendige Manjusri durchdringt das Universum. Wie wunderbar ist es, daß er die Frau nicht aus der Meditation erwecken konnte!

Ein weiterer Punkt ist dies: »Momyo ist ein Bodhisattva der Anfangsstufe, warum konnte er die Frau aus ihrer Meditation erwecken?« Momyo ist noch ein blutiger Anfänger in der Bodhisattva-Schulung. Die buddhistischen Schriften erklären, es gebe 52 Stufen in der Ausbildung eines Bodhisattva, ehe dieser schließlich die Buddhaschaft erlange. Momyo ist ein Bodhisattva der Anfangsstufe, der allerersten der 52 Stufen. Er ist ein Bodhisattva der Unterscheidungs-Weisheit, einer, der sich damit beschäftigt, die Wahrheiten und Phänomene in Übereinstimmung mit den Lehren von der Unterscheidung durchzuklären. Man kann es »Unterscheidung« nennen, wo jedoch die Unterscheidungs-Weisheit leuchtet, dort ist jedes und alles, so wie es ist, ein Zugang zur Befreiung.

Es gibt ein interessantes Gleichnis über die Beziehung des Manjusri zu Momyo. Eines Tages bemerkte ein Universitätsprofessor, daß sein Sohn, der den Kindergarten besuchte, ein Bilderbuch falsch deutete, und er sagte: »Mein Sohn, du deutest diesen Teil falsch.« Der kleine Junge antwortete: »Papa, ich glaube nicht, daß du etwas über dieses Buch weißt. Ich werde morgen meinen Lehrer im Kindergarten fragen.« Der Professor nickte lächelnd und sagte: »Das ist eine gute Idee.« In den Augen eines Kindes ist ein Universitätsprofessor einem Lehrer nicht gewachsen.

Meister Mumon schließt sodann sehr nachdrücklich: »Wenn du diesen Punkt wirklich begreifst, dann wird für dich dieses geschäftige Leben der Unwissenheit und Unterscheidung das Leben des höchsten Satori sein.« Das ist der letzte Schlag des Meisters Mumon. Der wahre Zen-Anhänger darf sich nicht irreführen lassen durch Worte wie »Manjusri«, »Momyo«, »der Lehrer der Sieben Buddhas« oder »ein Bodhisattva der Anfangsstufe«.

»Das geschäftige Leben der Unwissenheit und Unterscheidung« bezieht sich auf unser faktisches, alltägliches Leben, in dem Gewinn und Verlust, Falsch und Richtig, Leben und Tod sich mischen. Meister Mumon stellt die kühne Behauptung auf, daß ein Leben wie das unsrige, so wie es ist, das Leben des höchsten Satori sei. Er sagt, das wahre Zen-Leben sei nichts anderes als dieses unser geschäftiges Leben. Das bedeutet nicht, daß Richtig und Falsch oder Leben und Tod aufhören zu existieren. Wen Richtig und Falsch oder Leben und Tod überhaupt nicht mehr stören, der ist wirklich über Richtig und Falsch hinaus, er ist frei von Leben und Tod. Wenn Gleichheit auf Gleichheit beharrt, dann hört sie auf, wirkliche Gleichheit zu sein. Wenn Unterscheidung auf Unterscheidung beharrt, dann ist sie nicht mehr wirkliche Unterscheidung. Gleichheit ist die Grundlage der Unterscheidung. Unterscheidung ist das Wirken, das fest auf Gleichheit, Einheit gründet und sich dynamisch aus ihr entwickelt. Wenn dies erfaßt ist, dann leuchtet sowohl Gleichheit wie Unterscheidung von wirklichem Leben. Dann kannst du wirklich sagen: »Dieses geschäftige Leben der Unwissenheit und Unterscheidung ist das Leben des höchsten Satori.«

Meister Sogyo dichtet zu dem Koan den folgenden Kommentar:

> Ich nehme Shakyamuni, den Tathagata, Manjusri und Momyo mit
> Und ergötze mich am Bergfrühling.
> Dabei suche ich eine Wahrheit nach der anderen auf.

Das ist eine sehr schöne Beschreibung der Geistigkeit und des Wirkens eines wahren Zen-Anhängers. Für ihn ist dies genau »das Leben des höchsten Satori«.

Teisho zu dem Gedicht des Mumon

> Der eine konnte sie aufwecken, der andere nicht.
> Beide sind sie vollkommen frei.
> Eine Maske der Gottheit und eine Teufelsmaske,
> Der Fehlschlag ist wirklich wunderbar.

Meister Mumon sagt: »Der eine konnte sie aufwecken, der andere nicht. Beide sind sie vollkommen frei.« Wenn deine Interpretation so lautet, daß Manjusri es nicht konnte, während Momyo dazu imstande war, dann hast du das Gedicht vollkommen falsch verstanden. Kann es im Leben des höchsten Satori so nichtige Unterschiede geben wie »konnte« und »nicht konnte«? Siehst du nicht, daß beide, so wie sie sind, »vollkommen frei« sind? Wenn man wach ist, ist man ganz wach, durch und durch. Wenn man nicht wach ist, dann ist man eben durch und durch nicht wach. Beides enthüllt vollkommen das wahre Bild der Wirklichkeit. Nur wenn du eine klare Geistigkeit und großes Können besitzt, die keine Unterscheidung ins Wanken bringt, kannst du sagen, daß »alles vom Dharma strahlt und daß jedes Phänomen die ewig unveränderliche Wahrheit enthüllt.« Fehlt dir hier irgend etwas? Meister Mumon hat wahrlich einen kühnen und erhabenen Geist.

Dann fährt er fort: »Eine Maske der Gottheit und eine Teufelsmaske. Der Fehlschlag ist wirklich wunderbar.« Ein Zen-Anhänger ist sowohl in günstiger wie in ungünstiger Lage im Frieden, und sein Geist läßt sich durch gar keine äußeren Umstände stören. Das ist das Geheimnis des Zen. Alles verherrlicht, so wie es ist, auf seine Weise die Dharma-Wahrheit. Eine Maske der Gottheit ist wunderbar, eine Teufelsmaske ist auch wunderbar. Der eine konnte sie aufwecken – das ist interessant; der andere konnte es nicht – das ist auch interessant. Beides ist, so wie es ist, auf seine eigene Weise wunderbar und interessant. Ist etwas dabei, das dir nicht gefällt? Gibt es etwas, das du festhalten mußt? Hier zeigt sich das Zen-Können des Meisters Mumon in seiner ganzen Größe.

Ein Schauspieler spielt auf der Bühne je nach der Rolle, die er bekommen hat, verschiedene Parts. Die Charaktere, die er darstellt, sind sehr verschieden, aber der Schauspieler ist immer dieselbe Person. Von einem alten Zen-Meister gibt es ein Gedicht hierzu:

> Er trägt eine Flasche
> Und geht selbst, Wein im Dorf zu kaufen.
> Nach seiner Rückkehr legt er ein Festgewand an.
> Nun ist er der Gastgeber.

Was ist das für ein freies Leben!

43 Shuzan und ein Stab

Koan Meister Shuzan hielt seinen Stab hoch, zeigte ihn den versammelten Schülern und sagte: »Wenn ihr Mönche dies einen Stab nennt, dann seid ihr an den Namen gebunden. Wenn ihr es keinen Stab nennt, dann leugnet ihr das Faktum. Sagt mir, Mönche, wie nennt ihr es?«

Kommentar des Mumon

Wenn ihr es einen Stab nennt, dann seid ihr an den Namen gebunden. Wenn ihr es keinen Stab nennt, dann leugnet ihr das Faktum. Du kannst nicht reden; du kannst nicht schweigen. Schnell! Sprich! Sprich! Schnell!

Gedicht des Mumon

> Er hält einen Stab hoch
> Und vollzieht damit die Befehle, zu töten und wiederzubeleben.
> Wo Sichbinden und Leugnen einander durchdringen,
> Müssen Buddhas und Patriarchen um ihr Leben bitten.

Teisho zu dem Koan

Der Mensch muß ein für allemal in den Abgrund dualistischer Widersprüche gestürzt werden und seinem kleinen Selbst in den Tiefen geistigen Ringens vollkommen sterben. Wenn er nicht wiedergeboren ist und diese Sperre durchbrochen hat, kann er nicht wirklich frei sein jetziges, alltägliches Leben führen. Um Herr der Freiheit oder absolute Subjektivität zu sein, wird er in diesem Koan aufgefordert, über den Widerspruch zwischen »Sich-an-den-Namen-Binden« und »Leugnung des Faktums« hinauszugehen.

Meister Mumon stellt hier das bei einer früheren Gelegenheit gegebene Teisho von Meister Shuzan als Koan dar. Meister Mumon will dieses Koan als ein Mittel benutzen, seine Schüler in den Abgrund dualistischer Widersprüche zu treiben. Er erwartet von ihnen, daß sie ihren Weg ins Freie finden und mit einer vollkommen neuen Sicht wiedergeboren werden.

Meister Shuzan wurde im Gebiet von Santo, China, geboren und noch als Junge geweiht. Er war eine aufrechte, ehrliche und würdige Persönlichkeit und unterschied sich sehr von gewöhnlichen Menschen. Er war als Zen-Meister tätig, als im Jahre 960 n. Chr. die Sung-Dynastie an die Regierung kam. Das Zen der Rinzai-Schule trug damals die Anzeichen langsamen Verfalls, und es war Meister Shuzan, der den wahren Geist des Rinzai-Zen wieder erweckte. Er ist fünf Generationen nach Meister Rinzai geboren und war achtundsechzig Jahre alt, als er im Jahre 993 starb. Eines Tages stieg er auf das Rednerpult und rezitierte das folgende Gedicht – am gleichen Nachmittag starb er im Frieden:

> Ein goldener Leib in der reinen silbernen Welt!
> Das Lebewesen und das Nicht-Lebewesen sind beide von den Einen Wahrheit.
> An der äußersten Grenze von Licht und Dunkel ist alles Wirken überschritten.
> Die Sonne enthüllt ihre wahre Gestalt am Nachmittag.

Eines Tages erschien Meister Shuzan auf dem Rednerpult, um sein Teisho zu geben. Er hielt seinen ungefähr drei Fuß langen Bambusstab hoch und sagte zu seinen Schülern: »Mönche, wenn ihr dies einen Stab nennt, dann seid ihr an den Namen gebunden. Wenn ihr es keinen Stab nennt, dann leugnet ihr das Faktum. Sagt mir, Mönche, wie nennt ihr es?«

Ein alter Zen-Meister sagte, als er dieses Koan kommentierte: »Die, die es erfassen können, tun es, wenn Meister Shuzan seinen Stab zeigt, ehe er noch ein Wort gesprochen hat! Wenn sich eine Zunge auch nur rührt, dann hast du es schon verfehlt!« Warum? Das ganze Universum ist nur Eins. Alles ist nur Eins. Wenn aber hier ein Gedanke an Unterscheidung aufkommt, dann ist die absolute Klarheit dieser Geistigkeit schon verloren.

Wie dem auch sein mag, solange du in der Welt der üblichen dualistischen Logik lebst, kann die Frage: »Wie nennt ihr es?« niemals beantwortet werden. Zen verlangt, daß du diesen Widerspruch übersteigst, einen klaren und endgültigen Ausweg findest und ein Mensch echter Freiheit wirst.

Der Lehrer wird sich vielleicht an die Frage von Meister Hyakujo im vierzigsten Koan, *Er stieß den Krug um*, und an das dynamische freie Zen-Wirken des Meisters Isan erinnern. Erlaube mir jedoch, darauf hinzuweisen, daß in diesem Fall die absolute Klarheit der Geistigkeit des Isan von wesentlicher Bedeutung ist, aus der sich sein einmaliges Wirken als natürliches Ergebnis entfaltete. Wenn du nur von der Neuheit seines zum Ausdruck gebrachten Tuns fasziniert bist, dann bist du ein hoffnungsloser Narr.

Über Meister Kisei von Sekken, der später Nachfolger von Meister Shuzan wurde, gibt es das folgende Mondo: »Meister Shuzan hielt seinen Stab hoch und sagte: ›Wenn ihr dies einen Stab nennt, dann seid ihr an den Namen gebunden. Wenn ihr es keinen Stab nennt, dann leugnet ihr das Faktum. Nun sagt mir, wie nennt ihr es?‹ Kisei verlor keine Zeit, packte den Stab, warf ihn auf den Boden und fragte nun seinerseits: ›Was ist das?‹ Shuzan rief laut und scheltend: ›Blind!‹ Da wurde Kisei plötzlich erleuchtet.« In der tatsächlichen Übung kann man immer eine derart dynamische Entfaltung des Zen-Geistes erleben.

Nun sagt mir, meine Schüler, wie nennt ihr es? Ihr müßt mir die Antwort geben, die sowohl Meister Shuzan wie Meister Mumon ganz zufriedenstellt.

Meister Shian gibt in einem Gedicht zu diesem Koan einen bildhaften Kommentar:

> Viele hundert Berge, in denen keine Vögel fliegen,
> Viele tausend Heckenwege, die keine menschliche Spuren tragen.
> Ein alter Mann mit Strohhut und Mantel in einem einsamen Boot
> Angelt einsam auf einem schneeigen Fluß.

Im Wesen bist du in transzendentaler Weise allein, und verlasse dich auf nichts. Mach einen Sprung und trenne dich sowohl von »Sichbinden« wie von »Leugnen« und dann sieh, ob es noch ein Hindernis gibt!

In der tatsächlichen Übung in einem Kloster könnte der Meister plötzlich verlangen: »Schaffe mir diese beiden, ›Sichbinden‹ und ›Leugnen‹ aus dem Wege!« Wer nicht genügend Können besitzt, wird einen unbedachten Schnitzer machen und versagen. Dies ist ein ganz raffiniertes Koan.

Teisho zum Kommentar des Mumon

»Wenn ihr es einen Stab nennt, dann seid ihr an den Namen gebunden. Wenn ihr es keinen Stab nennt, dann leugnet ihr das Faktum. Du kannst nicht reden; du kannst nicht schweigen. Schnell! Sprich! Sprich! Schnell!«

Meister Mumon zitiert die Feststellung des Meisters Shuzan, so wie sie in dem Koan steht, und fügt dann hinzu: »Du kannst nicht reden; du kannst nicht schweigen. Schnell! Sprich! Sprich! Schnell!« Mit diesem äußerst einfachen Kommentar fordert Mumon eine Antwort, die ihn völlig zufriedenstellt.

Meister Koboku Gen kommentiert: »Nicht an den Namen gebunden sein und nicht das Faktum leugnen – viel Aufhebens um nichts verursacht nur Zweifel. Wenn du deinen Mund öffnest und anfängst, darüber zu diskutieren, dann bist du viele hunderttausend Meilen von ›Es‹ entfernt.« Ich stimme vollkommen mit ihm überein.

Teisho zu dem Gedicht des Mumon

> Er hält einen Stab hoch
> Und vollzieht damit die Befehle, zu töten und wiederzubeleben.
> Wo Sichbinden und Leugnen einander durchdringen,
> Müssen Buddhas und Patriarchen um ihr Leben bitten.

Meister Mumon erklärt, daß Meister Shuzan durch das Emporhalten seines drei Fuß langen Bambusstabes, der Shippei genannt wird, die furchtbaren Befehle, zu töten und wiederzubeleben, ausführt. Wenn dieser Bambusstab tötet, dann tötet er ohne Rücksicht darauf, ob es Buddhas und Patriarchen sind. Wenn er wiederbelebt, dann belebt er sogar den zerlöcherten Schuh, den man in den Straßengraben geworfen hat, und läßt ihn von neuem Leben erglänzen. Dieser Stab hat die wunderbare Macht, weil er nichts anderes als »Es« ist, das »Sichbinden« und »Leugnen« übersteigt. Wenn du versuchst, »Es« zu beschreiben, und sagst, daß Sichbinden und Leugnen einander durchdringen, dann hast du schon seine Wirklichkeit verfehlt. Nicht einmal Buddhas und Patriarchen können einen Schimmer von »Es« erhaschen.

Meister Mujaku Bunki arbeitete einmal während seiner Schulungszeit in einem Kloster als Tenzo. Eines Morgens rührte Bunki Haferschleim in einem großen Eisentopf. Da zeigte sich deutlich in einer Dampfwolke das schöne Bild des Manjusri. Als Bunki dies sah, hob er sogleich einen großen Löffel, den er in der Hand hatte, und schlug damit direkt auf das Bild. Da sagte eine Stimme in dem Dampf: »Ich bin Manjusri, ich bin Manjusri!« Bunki rief mit erneuter Kraft: »Manjusri ist natürlich Manjusri. Bunki ist natürlich Bunki! Sogar wenn Shakyamuni oder Maitreya kämen, würde ich sie mit einem Schlag niederschlagen.« Und indem er dies sagte, hob er wieder den großen Löffel. Das Bild des Manjusri verschwand sogleich und eine feierliche Stimme erklärte:

> Grüner Enzian ist bis an seine Wurzel bitter,
> Süße Melone ist süß durch und durch.
> Während drei langer Kalpas habe ich mich geschult,
> Und dieser alte Mönch hat einen Widerwillen gegen mich!

Selbstverständlich hat diese Geschichte keinen historischen Hintergrund. Wenn jedoch ein Löffel in der Hand die Befehle, zu töten und wiederzubeleben, frei ausführt, dann müssen Buddhas und Patriarchen um ihr Leben bitten. Die Erzählung ist insofern interessant, als sie diese klare und durchscheinende Geistigkeit anschaulich schildert.

44 Basho und ein Stock

Koan Meister Basho sagte zu den Mönchen: »Wenn ihr einen Stock habt, werde ich euch einen geben. Wenn ihr keinen Stock habt, werde ich ihn euch wegnehmen.«

Kommentar des Mumon

Es hilft dir, den Fluß zu überqueren, wo die Brücke zerstört ist. Es begleitet dich in einer mondlosen Nacht bei der Rückkehr zum Dorf. Wenn du es einen Stock nennst, fährst du so schnell wie ein Pfeil zur Hölle.

Gedicht des Mumon

> Wo immer Tiefen und Untiefen sein mögen,
> Sie sind alle in meiner Hand.
> Es trägt den Himmel und stützt die Erde
> Und fördert die Zen-Wahrheit, wo immer es auch ist.

Teisho zu dem Koan

Zen lehnt alle Formen von Verhaftung und Sichanklammern ab, weil wir in wirklichem Frieden und absoluter Freiheit leben sollen. Aus diesem Grunde greifen Zen-Meister zur Peitsche ihres unendlichen Mitleids. Dieses Koan gibt uns ein Beispiel, wie derartig drastische Maßnahmen tatsächlich ergriffen werden. Da die Ausdrucksweise in diesem Koan ungewöhnlich ist, hat man das Koan verschieden gedeutet. Ich warne dich jedoch: Falle nicht auf Worte herein.

Meister Basho Esei war ein Koreaner, der später auf dem Berge

Basho in Kohoku-sho, China, lebte. Er kam auf der Suche nach einem wirklichen Zen-Lehrer nach China, und nachdem er verschiedene Meister besucht hatte, wurde er ein Schüler von Meister Nanto Koyu, Nachfolger des Meisters Gyozan von der Igyo-Schule. Sonstige biographische Einzelheiten über Meister Basho sind nicht bekannt. Dieses Koan *Ein Stock* ist das einzige Teisho, das von ihm überliefert ist.

Der Stock ist hier ein ungefähr sieben Fuß langes Rohr. Ursprünglich war er ein praktischer Spazierstock, den ein Zen-Mönch auf seiner Übungsreise mit sich führte. Heute wird er oft bei Zeremonien verwendet. Zen-Meister benutzen ihn häufig bei Mondos und beim Teisho. In einigen Fällen ist er Symbol für »die Eine das Universum durchdringende Wahrheit«, »die ursprüngliche Buddha-Natur«, »das wahre Selbst« oder »das grundlegende Es«.

Eines Tages stieg Meister Basho auf die Rednerbühne, hielt einen Stock empor, den er in der Hand hatte, und sagte zu den Mönchen: »Wenn ihr einen Stock habt, werde ich euch einen geben. Wenn ihr keinen Stock habt, werde ich ihn euch wegnehmen.« Nach dieser Rede lehnte er den Stock gegen das Rednerpult und zog sich sogleich zurück. Mit der Ankündigung, daß er dem Mönch, der einen Stock habe, einen Stock geben würde, und ihn dem, der keinen habe, wegnehmen würde, gab Meister Basho eine ganz ungewöhnliche Erklärung. Das gab natürlich Anlaß zu ernsten Diskussionen.

Meister Daii Bokitsu komplizierte durch sein Teisho, das er zu der Erklärung von Meister Basho gab, die Sache noch mehr: »Ich, Daii, bin anders als Meister Basho. Wenn du einen Stock hast, werde ich ihn dir wegnehmen. Wenn du keinen Stock hast, werde ich dir einen geben. Ich bin so. Könnt ihr Mönche Gebrauch von dem Stock machen oder nicht? Wenn ihr es könnt, dann könnt ihr die Vorhut des Tokusan und die Nachhut des Rinzai sein. Wenn ihr es nicht könnt, dann gebt ihn mir, seinem ursprünglichen Herrn, zurück.« Der Kommentar des Meisters Bokitsu führte zu vielen Streitgesprächen. Einige sagten zum Beispiel: »Wenn jemand einmal zur Buddha-Natur erwacht ist, für die Unwissenheit und Satori eins sind, wird das Geben oder das Wegnehmen eines Stockes, oder ob man einen hat oder nicht, nicht zur Frage.« Einige mögen sagen, daß das Erfassen der wirklichen Bedeutung eines Stockes davon abhänge, ob du den Stock gebrauchen kannst oder nicht, und daß dies nichts mit »geben« oder »wegnehmen«

zu tun habe. Das sind begriffliche Interpretationen, die sich an den vordergründigen Sinn der Worte halten. Die überraschenden Mißverständnisse sind darauf zurückzuführen, daß sich diese Ansichten und Meinungen nicht auf tatsächliches Üben und eigene Erfahrung stützen.

Bei der wirklichen Zen-Übung ist es möglich, durch Geben wegzunehmen und durch Wegnehmen zu geben. Wesentlich ist hier das Wirken der lebendigen Zen-Wahrheit, die überhaupt nicht mit begrifflichen Interpretationen oder einem sogenannten gesunden Menschenverstand befaßt ist. Aus der Sicht der wirklichen Übung sind der Stock des Meisters Bokitsu und der Stock des Meisters Basho ein und derselbe in der Entfaltung des Wirkens der Barmherzigkeit, und wir dürfen uns nicht an den vordergründigen Sinn der Worte binden. Wer sich an Satori klammert, den wird der Meister schlagen und ihm das Satori wegnehmen. Auf diese Weise erteilt der Meister frei seine harten Schläge der Barmherzigkeit aus und versucht, seine Schüler zur absoluten Geistigkeit zu erwecken. Man muß zwischen den Zeilen den lebendigen Sinn der Worte lesen und Schlüsse für seine eigene Übung und seine eigene Erfahrung ziehen können, sonst ist die Wahrheit der Aussprüche der alten Meister für immer verloren. Das war auch die wirkliche Absicht des Meisters Mumon, als er seinen Schülern dieses Koan gab.

Ein alter Meister sagt in einem Kommentar-Gedicht zu diesem Koan:

> Er nimmt dem Bauern seinen pflügenden Ochsen,
> Und dem Hungrigen entreißt er die Nahrung.

Das Gedicht vermittelt dir vielleicht einen Schimmer von der Bedeutung dieses Koan. Gestatte mir zu wiederholen: Der Meister gibt dir mit einem Stock schwere Schläge der Barmherzigkeit. Er nimmt dir das weg, was dir am wichtigsten und nicht von dir zu trennen ist, und führt dich damit zu wirklicher Freiheit.

Teisho zum Kommentar des Mumon

»Es hilft dir, den Fluß zu überqueren, wo die Brücke zerstört ist. Es begleitet dich in einer mondlosen Nacht bei der Rückkehr zum Dorf. Wenn du es einen Stock nennst, fährst du so schnell wie ein Pfeil zur Hölle.«

Wie frei und wunderbar wirkt dieser Stock! Du kannst mit ihm einen Fluß oder eine Brücke überqueren. Mit ihm bist du in einer dunklen, mondlosen Nacht sicher. In den Schwierigkeiten unseres alltäglichen Lebens kann es nichts Besseres geben als diesen Stock. Warum? Weil er durch sein wunderbares Wirken alle Hindernisse beseitigt und eine durchscheinend klare Geistigkeit ohne jede Schranken zustandebringt. Wenn diesem Stock jedoch ein Name gegeben wird, dann schränkt er den Stock ein, der sich sogleich in ein Hindernis verwandelt, und damit ist die wahre Freiheit verloren. Höre, was Meister Mumon sagt, der dich nachdrücklich warnt: »Wenn du es einen Stock nennst, fährst du so schnell wie ein Pfeil zur Hölle.«

Teisho zu dem Gedicht des Mumon

> Wo immer Tiefen und Untiefen sein mögen,
> Sie sind alle in meiner Hand.
> Es trägt den Himmel und stützt die Erde
> Und fördert die Zen-Wahrheit, wo immer es auch ist.

Ein altes Sprichwort lautet: »Um die Tiefe des Wassers zu messen, braucht man ein Lot; um einen Menschen zu prüfen, braucht man Worte.« Meister Mumon, der die Tiefen und Untiefen der Geistigkeit der Zen-Anhänger im ganzen Land prüft, sagt, er werde dem, der keinen Stock hat, einen Stock und Schläge geben; er werde dem, der einen Stock hat, den Stock wegnehmen und ihm Prügel geben; er werde dem, der keinen Stock hat, den Stock wegnehmen und ihm Schläge geben; er werde dem, der einen Stock hat, einen Stock und Schläge geben. Das wunderbare Wirken des Stockes führt jeden zu absoluter Geistigkeit. Dieses Wirken der Barmherzigkeit kann den Himmel tragen und die Erde stützen und das wahre Dharma, wo immer es auch sein mag, fördern. Wenn du durch und durch ein Stock bist, dann kann dich nichts in der Welt mehr beunruhigen. Von Meister Yu von Honei stammt das folgende Kommentar-Gedicht zu diesem Koan:

> Wenn er einen Stock hat, nimm ihn vor seinen Augen weg.
> Wenn er keinen Stock hat, dann nimm ihn hinter seinem Rücken weg.

Pechschwarze Dunkelheit strahlt Licht aus – welches Schauspiel!
Er schlägt an viele hunderttausend Tore und öffnet sie.

In der letzten Zeile beschreibt Meister Yu sehr treffend das wunderbare Wirken eines Stockes.

45 Wer ist er?

Koan *Unser Patriarch Meister Hoen von Tozan sagte: »Shakyamuni und Maitreya sind nur seine Diener. Nun sage mir, wer ist er?«*

Kommentar des Mumon

Wenn du ihn sehen kannst und dir absolut klar über ihn bist, dann ist es, als ob du deinem eigenen Vater an der Straßenkreuzung begegnen würdest. Du brauchst niemanden zu fragen, ob du deinen Vater richtig erkannt hast oder nicht.

Gedicht des Mumon

>   Ziele nicht mit dem Bogen eines anderen.
>   Reite nicht das Pferd eines anderen.
>   Verteidige nicht den Fehler eines anderen.
>   Kümmere dich nicht um die Sache eines anderen.

Teisho zu dem Koan

Obwohl dieses Koan sehr einfach ist, hat es den strengen und erhabenen Geist, der das Zen Hoens auszeichnet. Sei so fest im Glauben, wie er in diesem Koan gezeigt wird! Entwickle eine so zielbewußte Zen-Fähigkeit, wie dieses Koan sie darstellt! Mit seiner übergroßen Barmherzigkeit warnt dich Meister Hoen, dich nicht selbst zu erniedrigen, das unvergleichlich große Licht, mit dem du geboren wurdest, nicht aus dem Auge zu verlieren. Näheres über Meister Hoen ist dem fünfunddreißigsten Koan, *Sen-jo und ihre Seele sind getrennt*, zu entnehmen.

Das vorliegende Koan beginnt mit: »Unser Patriarch Meister Hoen...« Da Meister Mumon der Dharma-Enkel von Meister Hoen ist, nennt er ihn mit Ehrerbietung und Liebe: »Unser Patriarch Meister Hoen«.

Meister Hoen gab eines Tages ein eindrucksvolles Teisho, das sogar bestürzend klingt: »Shakyamuni und Maitreya sind nur seine Diener. Nun sage mir, wer ist er?« Alle Buddhisten erweisen Shakyamuni die größte Ehre und geben ihm Namen wie »der Buddha« oder »der von der Welt Geehrte«. Gleichermaßen verehren sie Maitreya als den zukünftigen Buddha, der in dieser Welt geboren werden wird, um alle Wesen der noch kommenden Generationen zu erlösen. Jedoch sind sie vor »ihm« nur einfache Diener. Hoen fordert uns auf: Nun sage mir, wer ist dieser »er«?

Kennst du »ihn«, der die edelsten, die heiligsten und die verehrtesten Heiligen in der Welt zu seinen Dienern macht? Jeder würde natürlich über diese außerordentliche Frage erstaunt sein.

In einer japanischen Zen-Schrift, *Seihaku-sho*, steht: »Shakyamuni und Maitreya sind Patriarchen der Gegenwart und der Zukunft, und sie sind auch Buddhas der Vergangenheit. Die Buddhas dieser drei Welten (Vergangenheit, Gegenwart und Zukunft) werden im Buddhismus am meisten verehrt, und die dogmatischen und doktrinären Buddhisten beten sie an und haben eine große Verehrung für sie. Das trifft jedoch nicht auf Zen zu. Sie sind bescheidene Hilfsdiener und -dienerinnen, die von ›ihm‹ beschäftigt werden. Sie sind ›seine‹ sehr bescheidenen Lakaien. Wer ist dieser ›er‹? Wecke den Großen Zweifel in dir und sieh!«

Der Große Zweifel und die Große Erleuchtung (Satori) sind die beiden Seiten der gleichen Münze. Ein alter Meister sagt: »Unter dem Großen Zweifel ist die Große Erleuchtung (Satori). Wenn der Berg hoch ist, ist das Tal tief. Wenn das Objekt groß ist, ist auch sein Schatten groß.« Forsche, forsche, suche so gründlich und erschöpfend, bis das ganze Universum nur noch eine Masse von Großen Zweifeln ist. Wenn du nicht aufhörst, sondern weiter zweifelst und fragst, dann wird an dieser äußersten Grenze, wenn die Gelegenheit reif ist, die Zeit kommen, daß sich der Große Zweifel ganz natürlich von selbst löst, und du wirst direkt auf »ihn« stoßen. Du wirst dann wirklich wissen, daß die alten Meister dich nicht betrogen haben. (Bitte lies noch einmal das einundvierzigste Koan *Bodhidharma und der Friede des Geistes*.)

Die alten Meister wurden nicht müde, darauf hinzuweisen, daß »er« nicht jemand ist, der im Gegensatz zum »Ich« steht, daß

»er« derjenige ist, der allein im Universum von nichts begleitet wird, daß »er« der »wahre Mensch ohne Namen« ist, daß »er« der Herr oder die absolute Subjektivität ist, daß »er« das eigene, ursprüngliche wahre Selbst ist. Wenn du je versuchen solltest, »ihn« auch nur zu beschreiben, dann wirst du »ihn« verfehlen, so genau du »ihn« auch beschreiben magst. Du mußt »ihn«, wenn du »ihn« wirklich kennen willst, erfassen, und du selbst mußt ganz »er« sein.

Es wird berichtet, daß auf die Frage von Meister Hoen: »Wer ist er?« Meister Kaisei Kaku sogleich antwortete: »Kochosan und Kokurishi«, was soviel heißt wie »Hans und Grete«. Das sind die üblichsten Namen der einfachen Leute. Aus welcher Sicht machte Meister Kaku sie zu dem »einzigen Einen« oder »er«, der Shakyamuni und Maitreya als seine Diener beschäftigt? Gestatte mir, dich nochmals zu warnen: Laß dich nicht von Namen irreführen. Nur wer sein geistiges Auge geöffnet hat, wer jenseits von Heiligen und Bescheidenen ist, der kann »ihn« wirklich kennen. Du mußt »ihn« persönlich in deinem Innern kennen, oder »er« sein.

Teisho zum Kommentar des Mumon

»Wenn du ihn sehen kannst und dir absolut klar über ihn bist, dann ist es, als ob du deinem eigenen Vater an der Straßenkreuzung begegnen würdest. Du brauchst niemanden zu fragen, ob du deinen Vater richtig erkannt hast oder nicht.«

»Ihn« wirklich sehen heißt, durch und durch »er« sein und dies klar erkennen. Wenn du wirklich »er« bist, wie kann es dann noch Raum für richtige und unrichtige Urteile über ihn geben? Sogar Meister Mumon mit seiner scharfen Zunge konnte dazu keinen anderen Kommentar geben, sondern nur sagen: »Du brauchst niemanden zu fragen, wie dein Vater aussieht.«

Ein anderer Zen-Meister sagt: »Du kennst dein Eigenes am besten selbst. Nichts kann sicherer sein. Wenn du siehst, dann ist das, was du siehst, du selbst. Wenn du hörst, dann ist das, was du hörst, du selbst. Wenn du denkst, dann ist das, woran du denkst, du selbst. ›Dein Vater‹ ist nur ein Beispiel für das, was dir am vertrautesten ist. Faktisch ist alles und jedes du. Wie kann es Raum für irgendeinen Zweifel geben?«

Teisho zu dem Gedicht des Mumon

> Ziele nicht mit dem Bogen eines anderen.
> Reite nicht das Pferd eines anderen.
> Verteidige nicht den Fehler eines anderen.
> Kümmere dich nicht um die Sache eines anderen.

»Ein anderer«, der wiederholt in diesem Gedicht vorkommt, ist der relativistische andere, der im Gegensatz zu dem »Ich« steht. Die vier Zeilen kann man in einer einzigen Zeile zusammenfassen. Wenn alles von dem »anderen« oder der Objektivität gründlich vernichtet ist, dann ist auch alles von dem »Ich«, der Subjektivität, zerstört. Wenn dies geschieht, dann wird »er«, der »allein Wahre«, ganz offenbar werden.

> Ein Kuckuck singt.
> Bei seinem ungewöhnlichen Gesang
> Habe ich den Traum vergessen, den ich gerade träumte.

»Der Traum« bedeutet hier das Ich-Selbst, das Universum, alles. Was versucht dieses Gedicht uns zu sagen? Nachstehend sind einige berühmte Aussprüche von Meister Dogen:

> Buddha-Dharma erlangen heißt, mich selbst erlangen.
> Mich selbst vergessen heißt, von allem in der Welt
> bezeugt werden.
> Von allem in der Welt bezeugt werden heißt, Leib und
> Geist meines Selbst und eines anderen Selbst abgestreift
> haben.

Mit dem Verstand magst du erfassen, was Meister Dogen sagt, aber es ist gar nicht so einfach, es zu erfahren und selbst in dieser Geistigkeit tatsächlich zu leben.

46 Vorwärts von der Spitze eines Mastes

Koan   Meister Sekiso sagte: »Wie trittst du vorwärts von der Spitze eines Mastes, der hundert Fuß hoch ist?« Ein alter Meister hat auch gesagt, daß derjenige, der auf der Spitze eines Mastes von hundert Fuß Höhe sitze, noch nicht wahrhaft erleuchtet sei, auch wenn er »Es« schon erreicht habe. Er muß von der Spitze des hundert Fuß hohen Mastes vortreten und seinen ganzen Leib in den zehn Richtungen deutlich zeigen.

Kommentar des Mumon

Gibt es irgend etwas, was du als unwürdig empfindest und was dir zuwider ist, wenn du vortreten und wieder zurückgehen kannst? Aber wenn schon? Sage mir, wie trittst du von einem hundert Fuß hohen Mast vor? Sah!

Gedicht des Mumon

>Das Auge in der Stirn ist blind geworden,
>Und er wurde durch den festsitzenden Zeiger der Waage irregeführt.
>Er hat seinen Leib abgelegt und sein Leben aufgegeben –
>Ein Blinder führt einen Blinden.

Teisho zu dem Koan

Die Spitze eines Mastes von hundert Fuß Höhe ist die Spitze des höchsten Berges, die die reinste Geistigkeit darstellt, in der kein Gedanke sich regt. Auf der Spitze sein bedeutet, sein geistiges Auge geöffnet haben. Wenn man sich dort aber niederläßt, dann stellt sich heraus, daß es eine Höhle ist. Man muß in die verderbte Welt gehen und seinen Glanz verbergen. Man muß mit schweißbedecktem und schmutzigem Gesicht auf der geschäftigen und überfüllten Straße leben und arbeiten. Ein Zen-Anhänger von wirklicher Erleuchtung und Fähigkeit hat den heiligen Beigeschmack der Erleuchtung abgelegt. Wenn du wirklich zu Satori gelangt bist, dann vernichte auch die leiseste Spur davon, um im Verhalten bescheiden und barmherzig im Wirken zu werden. Es mag leicht sein, über ein derartiges Zen-Leben zu reden, es aber tatsächlich richtig zu leben, ist gar nicht so einfach. Daher legt Meister Mumon auf diesen Punkt in dem obigen Koan besonderen Nachdruck.

Das Koan beginnt mit den Worten: »Meister Sekiso sagte ...« Es gibt verschiedene Meinungen darüber, wer dieser Meister Sekiso sein könnte. Auf dem Berge Sekiso in Konan-sho gab es ein Zen-Kloster, das seit der T'ang-Dynastie berühmt gewesen war. Die vielen Zen-Meister, die in diesem Kloster nacheinander dort Abt waren, wurden alle »Meister Sekiso« genannt. Nach sorgfältigen Studien ist man nun übereingekommen, daß der in diesem Koan genannte Meister Sekiso der Meister Sekiso Soen (968-1039) ist. Meister Mumon gehört zu seiner Dharma-Folge.

Meister Sekiso Soen wurde in Südchina geboren und mit einundzwanzig Jahren geweiht. Er reiste viel und suchte nach dem richtigen Lehrer. Er wurde Schüler von Meister Funyo Zensho und trat schließlich dessen Nachfolge an. Er förderte den wahren Geist des Rinzai-Zen und spielte in der chinesischen Zen-Geschichte eine wichtige Rolle.

Obwohl das Koan die Form eines Teisho des Meisters Soen hat, sind nur wenige Worte von ihm selbst darin enthalten: »Wie trittst du vorwärts von der Spitze eines Mastes, der hundert Fuß hoch ist?« Die letzte Hälfte des Koan ist der Ausspruch eines alten Meisters, den Meister Mumon hinzugefügt hat.

»Wie trittst du vorwärts von der Spitze eines Mastes, der hundert Fuß hoch ist?« war in Zen-Kreisen bereits vor der Zeit des Soen ein beliebtes Sprichwort, und sein Sinn war den Zen-Mönchen wohl bekannt. In der tatsächlichen Übung ist sein Sinn immer wieder neu, denn er verweist auf einen wesentlichen Punkt, den sich jeder Zen-Schüler während seiner Zen-Studien immer vor Augen halten muß.

»Auf der Spitze eines Mastes von hundert Fuß Höhe sein« oder »auf der Spitze des höchsten Berges sitzen« bedeutet, daß man seine aufwärtsgerichtete oder »den Berg hinaufführende« Übung beendet hat. Das Ergebnis des eifrigen Übens, das auch mit Lebensgefahr verbunden war, ist, daß das geistige Auge nun geöffnet ist. Wenn man jedoch bei diesem Ergebnis stehenbleibt und sich von dieser reinen Geistigkeit berauschen läßt, in der es weder Satori noch Unwissenheit, weder Leben noch Tod, Ich oder Du gibt, dann ist man einer statischen Einheit verfallen. Sie ist nur ein lebloses, ödes Nichts, das wie toter, versengter Same nichts hervorbringt. Das kann niemals das wahre Satori sein.

Der Zen-Schüler muß aus dieser Einheit heraustreten. Er muß inmitten der Menschen leben und in tausend verschiedenen Situationen in Unterscheidung wirken. Er muß den üblen Zen-Geruch oder den Beigeschmack von Satori loswerden und als ein gewöhnlicher Mensch die Wahrheit der Einheit leben. Wie kann er das tun? Wie kann er diesen Schritt vorwärts tun? Um diese Frage aus der Erfahrung heraus zu beantworten, ist ein tatsächliches, nie endendes Üben im Zen notwendig.

Die wenigen Worte von Meister Soen genügen zur Sache, aber Meister Mumon fügt noch zur Betonung dessen, was gesagt worden ist, den Ausspruch eines alten Meisters hinzu: »Ein alter Meister« ist hier Meister Chosa Keishin. Über Meister Chosa ist wenig bekannt, aber er hat ausgezeichnete Aussprüche und Gedichte hinterlassen und wird in der Zen-Geschichte als ein großer Meister von hoher Geistigkeit mit poetischer Begabung angesehen.

Es gibt ein altes Mondo, das dir *eine* Seite von Meister Chosa zeigt. Meister Chosa und Meister Gyozan waren gute Freunde. An einem Herbstabend betrachteten sie miteinander den Mond. Plötzlich zeigte Meister Gyozan auf den Himmel und sagte wie zu sich selbst: »Dieser klare, helle Mond! Obwohl jeder ihn hat, gibt es kaum jemanden, der freien Gebrauch von ihm machen kann.« Meister Chosa sagte: »Doch, es gibt einige, die ihn zu gebrauchen wissen. Ich kann es dir zeigen, wenn du willst.« Gyozan antwortete: »Das ist interessant. Ich möchte es sehen.« Noch während Gyozan redete, sprang Chosa wie ein Blitz auf ihn zu und schlug ihn nieder. Gyozan sagte voll Bewunderung, als er sich erhob: »Du bist wirklich ein Tiger!« Daher gab man Meister Chosa den Beinamen »Shin, der Tiger«. Der Ausspruch, den Meister Mumon hier als den »eines alten Meisters« zitiert, dient dazu, der Rede des Meisters Sekiso Nachdruck zu verleihen.

Es gibt einen einzigartigen Zen-Text, *Zehn Ochsenbilder* genannt*. Dieses Werk erklärt die Entwicklungsstufen der Übung im Zen und vergleicht sie mit dem Hüten eines Ochsen. Meister Kakuan, der Autor, zeigt zehn Bilder, die die verschiedenen Stufen der Übung und der Geistigkeit bildhaft darstellen, so daß auch Nicht-Eingeweihte leicht folgen können. Das achte Bild besteht nur aus einem leeren Kreis, durch den Meister Kakuan die höchste Geistigkeit symbolisch darstellt, in der es weder Satori noch Unwissenheit gibt und in der Heiliger und Tor gleichermaßen überschritten sind. Ein alter Meister kommentiert diese absolute Einheit: »Die große Leere entspricht noch nicht unserer Lehre.« Es ist das gleiche, als ob man sagen würde, daß »derjenige, der auf der Spitze eines Mastes von hundert Fuß Höhe sitzt, noch nicht wahrhaft erleuchtet sei, auch wenn er »Es« schon erreicht hat.«

Das neunte Bild zeigt die Rückkehr zum Ursprung, das »Erreichen der Quelle«. Dies bezieht sich auf das Geistesleben dessen, der das Auf und Nieder der wechselnden Ereignisse und Umstände in der Welt, so wie sie sind, annimmt und lebt. Meister Kakuan fügt dann das zehnte Bild hinzu, »In der Welt«, das Eintreten in die Stadt mit segenspendenden Händen, und in diesem letzten Bild beschreibt er einen Menschen, der mit den Armen und Bescheidenen lebt, ihre Freuden und Leiden teilt. Sein Kopf ist mit Staub bedeckt, und sein Gesicht ist von Schweiß verschmiert. Dieses Leben des Mitleidens eines heiligen Narren ist im Zen das ideale Leben. »Von der Spitze eines Mastes von hundert Fuß Höhe vorwärtstreten und seinen ganzen Leib in den zehn Richtungen deutlich zeigen« weist auf nichts anderes als auf dieses absteigende oder »den Berg hinuntergehende« Üben hin. Bedenken wir jedoch, daß wir noch unreif sind und uns dieser Unreife schämen sollten, wenn wir das Leben eines scheinbar weisen und heiligen Menschen leben oder unser Benehmen ein Zen-ähnliches Gehabe ist. Ich sage dir, es ist nicht leicht, ein wahres Zen-Leben zu führen.

---

* Der Text in deutscher Übertragung mit Abbildungen ist enthalten in: Paul Reps, *Ohne Worte - ohne Schweigen*, O. W. Barth Verlag, München 1976.

Teisho zum Kommentar des Mumon

»Gibt es irgend etwas, was du als unwürdig empfindest und was dir zuwider ist, wenn du vortreten und wieder zurückgehen kannst? Aber wenn schon: Sage mir, wie trittst du von einem hundert Fuß hohen Mast vor? Sah!«

Meister Mumon sagt: »Wenn du wirklich von einem hundert Fuß hohen Mast vortreten und wieder zurückgehen kannst, das heißt, wenn du zu deinem alltäglichen Leben zurückkehren und als gewöhnlicher Mensch leben kannst, dann wird jede Bewegung deiner Hand und deines Fußes eine neue Brise schaffen. Es ist ganz gleich, was du tust, es ist gar nicht anders möglich, als daß du dein Wirken der Wahrheit entfaltest.« Gestatte mir, daran zu erinnern, daß nur einer so reden kann, der die Spitze des Mastes erreicht hat. Wer ihn noch nicht erreicht hat, darf nicht unüberlegt die Worte nachsprechen. Jeder Schüler muß es tatsächlich erfahren haben, er darf es nicht zum Thema einer begrifflichen Debatte machen.

Meister Mumon ändert dann seinen Ton und fragt genau wie in dem Koan: »Sage mir, wie trittst du von einem hundert Fuß hohen Mast vorwärts?« Und am Schluß ruft er aus: »Sah!« Meister Mumon ruft aus: »Zögere nicht! Spring direkt hinunter! Los!« Mit diesem Ausruf spornt er dich an, jede Spur von Heiligkeit und üblem Zen-Geruch zu beseitigen.

Teisho zu dem Gedicht des Mumon

> Das Auge in der Stirn ist blind geworden,
> Und er wurde durch den festsitzenden Zeiger der Waage
> irregeführt.
> Er hat seinen Leib abgelegt und sein Leben aufgegeben –
> Ein Blinder führt einen Blinden.

»Das Auge in der Stirn« ist kein gewöhnliches Auge, sondern das dritte Auge, das die Welt einer anderen Dimension durchschaut, also das Auge des Satori. Es ist ohne Zweifel ein kostbares und heiliges Auge. Wenn man sich jedoch an seinem Glück berauscht, sich diesem Wunder hingibt und ihm verhaftet wird, dann wird es sogleich zum Auge der Unwissenheit. »Das Auge in der Stirn ist blind geworden, und er wurde durch den festsitzenden Zeiger der Waage irregeführt« bringt bildhaft diese Dummheit zum Ausdruck. Der Zeiger der Waage kann seinen Zweck nur erfüllen, wenn er sich frei bewegen kann. Die Waage mit einem verklemmten Zeiger taugt nicht mehr als Waage. Mit anderen Worten, Satori verliert sein Wirken und ist nicht mehr Satori.

Meister Mumon versäumt nicht, noch ein warnendes Wort hinzuzufügen: »Du magst dich gut geübt haben, deinen Leib abgelegt und dein Leben aufgegeben haben, und du hast vielleicht jetzt die Spitze des Mastes von hundert Fuß Höhe erreicht – ich sage dir jedoch, wenn du überhaupt etwas erreicht hast, dann vernichte das alles bis aufs letzte.« Wenn du nicht von der Spitze des hundert Fuß hohen Mastes vortrittst – das heißt, wenn du nicht so gut geschult bist, daß du in Frieden als gewöhnlicher Mensch in der Welt der Unterscheidung leben kannst –, dann nützt dir das, was du erreicht hast, in Wirklichkeit nichts. Es ist dann so, als ob ein Blinder andere blinde Menschen führen wollte. Du wirst nicht nur dich selbst nicht retten können, sondern du wirst auch noch andere in das Meer der falschen Lehre führen, in dem ihr alle ertrinken werdet. Diese ernste Mahnung müssen sich Zen-Schüler zu Herzen nehmen.

47 Die drei Schranken des Tosotsu

Koan Meister Juetsu von Tosotsu errichtete drei Schranken als Prüfung für Mönche.
Um in deine Natur zu schauen, suchst du nach der Wahrheit und bahnst dir dabei deinen Weg durch das Unterholz. Nun, ehrwürdiger Mönch, wo ist deine Natur?
Wenn du deine eigene Natur klar erkennst, dann bist du zweifellos frei von Leben und Tod. Wie kannst du frei von Leben und Tod sein, wenn deine Augen geschlossen sind?
Du weißt, wohin du gehen wirst, wenn du frei von Leben und Tod bist. Wo gehst du hin, wenn die vier Elemente zersetzt sind?

Kommentar des Mumon

Wenn du die drei richtigen Schlüsselworte hier geben kannst, dann wirst du der Herr sein, wo immer du dich befindest, und wirst dem Dharma gemäß in jeder Situation leben. Wenn du sie jedoch nicht geben kannst, dann höre auf meine Warnung, denn du wirst der Nahrung, die du hastig verschlungen hast, überdrüssig werden, und gut gekautes Essen hält den Hunger fern.

Gedicht des Mumon

> Dieser Augenblick ist, so wie er ist, eine unendliche Anzahl von Kalpas.
> Eine unendliche Anzahl von Kalpas sind gleichzeitig dieser eine Augenblick.
> Wenn du diese Tatsache durchschaust,
> Dann ist das schauende wahre Selbst durchschaut worden.

Teisho zu dem Koan

Dieses Koan ist von alters her als ein Hilfsmittel zur Verwirklichung einer transparenten, absolut freien und erhabenen Geistigkeit berühmt. Obwohl drei Schranken gezeigt werden, braucht nicht betont zu werden, daß sie letztlich nur die eine Schranke sind, die einen hindert, in die eigene Natur zu schauen. »In die eigene Natur schauen«, *Kensho* im Japanischen, ist die innere Erfahrung des Erwachens zu seinem wahren Selbst der Nicht-Form. Diese Erfahrung ist nur möglich, wenn man persönlich seine ursprüngliche Natur oder die Buddha-Natur erkennt. In der Zen-Übung ist diese Erfahrung, in seine eigene Natur zu schauen, die erste und letzte notwendige Voraussetzung, denn das wunderbare Zen-Leben jenseits von Leben und Tod oder des freien Wirkens in Unterscheidung ist nur das natürliche Ergebnis dieser grundlegenden Erfahrung.

Meister Tosotsu Juetsu wurde im südlichen Teil von Kosei-sho geboren und wurde schon in seiner Jugend geweiht. Er studierte zunächst die Sutren des Mahayana- und des Theravada-Buddhismus und entschloß sich später zum Zen-Studium. Er besuchte verschiedene Meister und wurde schließlich der Dharma-Nachfolger von Meister Hobo Kokumon. Später ging er nach Nord-Kosei-sho in das Tosotsu-Kloster, wo er seine Lehrtätigkeit aufnahm. Er bediente sich der vorgenannten drei Schranken, um Besucher und Neuankömmlinge zu testen. Es gab indessen kaum jemanden, der sie überwinden konnte. Gegen Ende seines Lebens wurde der berühmte Zen-Laie Mujin, ein hoher Staatsbeamter in der Sung-Dynastie, sein Schüler und studierte bei ihm Zen. Weiter unten werden die Gedichte des Mujin zitiert.

Wenn ich soeben auch gesagt habe: »Gegen Ende seines Lebens...«, so war Meister Tosotsu doch erst achtundvierzig Jahre alt und hatte noch eine große, hoffnungsvolle Zukunft vor sich, als er im Jahre 1091 starb. Eines Tages versammelte er seine Schüler um sein Bett, zeigte ihnen das folgende – sein letztes – Gedicht und starb dann heiter und gelassen:

> Achtundvierzig Jahre alt!
> Mit dem Unwissenden und dem Weisen bin ich fertig.
> Ich bin kein Held.
> Mein Weg zum Nirvana ist heiter und friedlich.

Meister Mumon erklärte zu Beginn: »Die torlose Schranke!« Wie lächerlich ist es dann zu behaupten, daß es drei Schranken gäbe. Das ist nun ganz bestimmt die Schranke der Schranken! Wer sie passieren kann, wird nicht fragen, und wer Fragen stellt, kann nicht hindurch. Auch Meister Hakuin errichtete seine eigene Schranke: »Höre auf das Geräusch einer klatschenden Hand!« Hakuin sagt, dies sei ein Mittel, »durch die Aussetzung eines hohen Preises auf einen tapferen Krieger zu warten«. Die drei Schranken von Meister Tosotsu müssen auch ein Mittel sein, durch die Aussetzung eines hohen Preises auf einen tapferen Krieger zu warten.

Die erste unbezwingliche Schranke von Meister Tosotsu ist: »Um in deine Natur zu schauen, suchst du nach der Wahrheit und bahnst dir dabei deinen Weg durch das Unterholz. Nun, ehrwürdiger Mönch, wo ist deine Natur?«

Ein Zen-Schüler scheut keine Mühe, nach der Wahrheit zu suchen. Wenn er auszieht, um einen guten Meister zu finden, schläft er vielleicht im Freien und nährt sich von den Getreidekörnern des Feldes. Meister Tosotsu sagt, sein eifriges Suchen und Forschen und sein Üben haben nur das eine Ziel, »in die eigene Natur zu schauen«. Diese Erfahrung, »in die eigene Natur zu schauen«, wird Satori genannt. Es ist die wichtigste und die grundlegende Erfahrung im Zen – eine Erfahrung, die jeder Schüler selbst erlangen muß.

Was ist das für eine Erfahrung: »In die eigene Natur schauen«? Sie besteht darin, in die eigene ursprüngliche wahre Natur zu schauen und zu dem wahren Selbst erweckt zu werden. Wenn dies erreicht ist, dann ist der Schüler jenseits von Leben und Tod, und sein Geist ist vollkommen im Frieden. Wenn er in dieser absoluten Freiheit seinen Grund hat, wird er ganz frei in dieser unserer geschäftigen Welt leben. Jeder auf dieser Welt hat sich zumindest einmal in seinem Leben dieser grundlegenden Frage zu stellen.

Die meisten Menschen geben dem Druck der irdischen Geschäfte nach und gehen blind durch ihre Tage und Nächte. Bei irgendeiner Gelegenheit jedoch denkt man vielleicht über die ewig wechselnden Bilder des menschlichen Lebens nach. Man erkennt die unvermeidlichen Beschränkungen und Einengungen des alltäglichen Lebens. Wer einmal diese tatsächliche menschliche Situation erkannt hat, kann nicht länger gleichgültig bleiben, sondern es drängt ihn, sein grundsätzliches Problem zu lösen. Er muß um jeden Preis in seine eigene Natur schauen.

Das ist nicht nur das grundsätzliche Problem der Zen-Schüler, sondern eines jeden Menschen in der Welt. Mit anderen Worten, es ist mein grundsätzliches Problem, in meine eigene Natur zu schauen, es ist dein grundsätzliches Problem, in deine Natur zu schauen. Die Frage des Meisters Tosotsu: »Nun, ehrwürdiger Mönch, wo ist deine Natur?« ist daher an einen jeden von uns gerichtet.

Einige erklären vielleicht, daß diese Natur unsere ursprüngliche, wahre Natur ist, mit der wir geboren wurden, daß es unser wahres Selbst ist, das hier und jetzt enthüllt wird, das die drei Welten (Vergangenheit, Gegenwart und Zukunft) und das ganze Universum durchdringt, daß es nur dieses gestaltlose wahre Selbst ist, das durch nichts eingeengt ist, oder daß es die Wirklichkeit ist, die weder lebendig noch tot ist. Selbstverständlich gilt die Frage des Tosotsu nicht diesen spekulativen Erklärungen. Er will, daß du es unmittelbar und konkret, hier und jetzt, zeigst. Hier mußt du dem Meister das Faktum vorführen, daß du in deine Natur schaust, und der Meister hat hier »Ja« oder »Nein« dazu zu sagen. Du kannst seine Frage niemals beantworten, wenn du nicht in deiner eigenen, bestimmten Erfahrung wurzelst. Wenn du aber eine bejahende Antwort gibst, dann muß eine derartige relativistische Bejahung vernichtet werden. Wenn deine Antwort verneinend ist, dann muß diese tote Verneinung zerstört werden. Die von Meister Tosotsu errichtete Schranke ist ohne Zweifel nicht passierbar.

Laß deinen Halt am Rande des Abgrunds fahren und stirb diesem kleinen Selbst. Dann wird die Buddha-Natur oder die wahre Natur, in der es weder Leben noch Tod, kurz oder lang, Ich oder Du, Zeit oder Raum gibt, ganz natürlich offenbar. Es wird sich zeigen, daß dein Leib und dein Geist tatsächlich verschwunden sind. Du mußt um jeden Preis diese Erfahrung der absoluten Selbst-Verwirklichung ein für allemal machen. Ohne diese Erfahrung kannst du niemals hoffen, Meister Tosotsu von Angesicht zu Angesicht zu sehen.

Die Erleuchtung des Shakyamuni Buddha beim Glitzern eines Morgensterns, das Aufwachen des Meisters Reiun beim Anblick einer Pflaumenblüte oder der Durchbruch von Meister Mumon bei einem Trommelschlag sind nichts anderes als die Erfahrung, daß ihr Leib und ihr Geist verschwunden waren. Die achtundvierzig Schranken des Mumonkan sind auch Schranken für dich, die dir helfen sollen, deinen Leib und Geist loszuwerden.

Ein alter Meister erklärt zu dieser ersten Schranke:

Es ist auf diesem Berge.
Wegen des starken Nebels ist die genaue Lage unbekannt.

Laß dich warnen und versuche niemals, es außerhalb von dir zu suchen. Jeder einzelne Schüler muß persönlich nach harter und ehrlicher Erziehung dazu erweckt werden. Es führt kein leichter, kürzerer Weg dorthin.

Meister Tosotsu stellt nun seine zweite Schranke auf und forderte von seinen Mönchen eine Zen-Antwort: »Wenn du deine eigene Natur klar erkennst, dann bist du zweifellos frei von Leben und Tod. Wie kannst du frei von Leben und Tod sein, wenn deine Augen geschlossen sind (und du tot bist)?« »Frei von Leben und Tod sein« heißt frei sein von den dualistischen Beschränkungen des Lebens und Todes. Mit anderen Worten, man lebt nun mit absoluter Freiheit, weil Leben und Tod zugleich Nicht-Leben und Nicht-Tod sind. Das *Nirvana-Sutra* sagt: »Alle Wesen haben in gleicher Weise die Buddha-Natur und sind im innersten Wesen befreit. Weil sie ihrem egoistischen Geist verhaftet sind, verlieren sie sich in Unwissenheit und erleiden verschiedene Einengungen und Beschränkungen. Wenn sie zur Wahrheit zurückkehren, ihre Unwissenheit abschütteln und die Beschränkungen hinter sich lassen, werden sie frei, sie werden so erleuchtet, wie alle Buddhas sind. Sie unterscheiden sich nicht von Buddhas.«

In Wirklichkeit hat man die zweite Schranke des Meisters Tosotsu schon überwunden, wenn man seine erste Schranke wirklich durchbrochen hat, denn Satori oder In-die-eigene-Natur-Schauen ist die Erkenntnis, daß Leben und Tod, Kommen und Gehen alle »formlos« sind. Mit dem Leben, indem man es lebt, geht man über das Leben hinaus. Mit dem Tod, indem man ihn stirbt, geht man über den Tod hinaus. Es gibt nichts im Leben und Tod, was man ablehnt. Im Nirvana gibt es nichts, was man begrüßt. Nutzlose Unterscheidungen wie Überschreiten oder Nicht-Überschreiten, Befreiung oder Nicht-Befreiung werden nicht mehr getroffen.

Einmal kam ein Mönch zu Meister Egen, dem Gründer von Myoshinji in Kioto, und sagte: »Ich bin gekommen, um mich zu schulen und das Problem von Leben und Tod zu lösen.« Meister Egen trieb ihn hinaus und sagte: »Bei Egen gibt es nicht so etwas wie Leben und Tod!« Diese Geschichte ist in Zen-Kreisen sehr berühmt. Derselbe Meister Egen starb während eines Gesprächs mit seinem Nachfolger, Meister Juo, als sie am Teich im Garten von Myochinji standen.

Meister Tosotsu fragte: »Wie kannst du frei von Leben und Tod sein, wenn deine Augen geschlossen sind?« Er erwartet nicht, logische Erklärungen zu hören. Er drängt dich, ihm konkret zu zeigen, wie du hier und jetzt sterben wirst und alle begrifflichen Argumente beiseite läßt.

Ein alter Zen-Meister sagte schlicht und einfach: »Ein vergifteter Pfeil ist dir direkt ins Herz gegangen.« Das zeigt, wie unmittelbar er die Schranke überwunden hat. Wenn du aber nicht selbst die tatsächliche Erfahrung gemacht hast, sind deine Erkenntnis und deine Würdigung nicht wirklich echt und wahr.

Meister Daimin war der Gründer von Nanzenji, und als Lehrer des Kaisers stand er in hohem Ansehen. Im Augenblick des Todes, als der Kaiser nahe an seinem Bett stand, schrieb Meister Daimin das folgende Abschiedsgedicht und starb dann in Frieden:

> Bei meiner Ankunft habe ich keine Bleibe.
> Bei meinem Abschied habe ich keine feste Wohnung.
> Wie ist es im Grunde?
> Ich bin die ganze Zeit hier!

Als Meister Ryutan seinem Ende zu ging, schrie er laut auf und hatte einen harten Todeskampf. Seine Schüler versuchten, seinem Schreien Einhalt zu gebieten. Da sagte Meister Ryutan: »Mein Schreien im Todeskampf unterscheidet sich in nichts von meinem fröhlichen Singen.«

Ein alter Mann suchte Meister Bankei auf und bat ihn: »Meine letzte Stunde ist nahe. Bitte lehre mich, mich auf den Tod vorzubereiten.« Meister Bankei antwortete: »Es ist keine Vorbereitung notwendig.« Der alte Mann fragte: »Warum ist sie nicht notwendig?« Bankei erwiderte: »Wenn für dich die Zeit kommt zu sterben, dann stirb.«

Die Aussprüche der Meister sind sehr verschieden in ihrer Art. Alle zeigen jedoch klar und deutlich, daß die Meister frei von Leben und Tod sind. Wenn dein Auge der Erleuchtung nicht sehr gut ist, dann kannst du nicht hoffen, die zweite Schranke zu überwinden.

An der dritten Schranke fragt Meister Tosotsu dich eindringlich: »Du weißt, wohin du gehen wirst, wenn du frei von Leben und Tod bist. Wo gehst du hin, wenn die vier Elemente zersetzt sind?« Diese Schranke veranschaulicht wiederum Dinge, die wahrscheinlich von vielen Menschen falsch gedeutet werden. Sie ist für jeden gedacht, die schwierigste aller Schranken.

Wenn du wirklich die erste Schranke – obwohl es äußerst schwierig ist – überwunden hast und in der Geistigkeit lebst, die es dir gestattet zu sagen, daß »Leben und Tod, Kommen und Gehen – alles das Wirken des wahren Selbst ist«, dann muß die Überwindung nur einer Schranke dasselbe sein wie der Durchbruch durch viele Hunderttausende von Schranken. Du wirst erkennen, daß du kommst und gehst, wo es in Wirklichkeit kein Kommen und Gehen gibt. »In seine eigene Natur schauen« heißt, diese absolute Freiheit besitzen, die niemals gestört werden kann. Obwohl du diese Wahrheit vielleicht mit dem Verstand erfaßt, wird es noch verschiedene Hindernisse und Illusionen geben, die sich störend in den Weg stellen und verhindern, daß man sie wirklich leben kann. Daher ist die dritte Schranke, die Meister Tosotsu aus Barmherzigkeit errichtete, notwendig.

In alter Zeit glaubte man, daß der menschliche Leib sich aus vier Elementen: Erde, Wasser, Feuer und Luft zusammensetze. Der hier gebrauchte Ausdruck »die vier Elemente« bedeutet daher: der physische menschliche Leib. Die dritte Schranke stellt die Frage: »Wenn dein Fleisch zersetzt ist und deine physische Gestalt vergeht, wo gehst du dann hin?« Wir alle haben Gefühle und Regungen, die tief in unserem Herzen verwurzelt sind. Aus Barmherzigkeit versucht Meister Tosotsu, diese unsere emotionalen Verhaftungen mit der Wurzel auszurotten.

In der wirklichen Übung läßt der Meister sich auf gar keine begrifflichen oder philosophischen Beweisgründe ein. Die einzige Antwort, die ihn zufriedenstellt, ist die konkrete Tatsache, daß du diese Schranke überwunden hast. Ein alter Meister machte zu dem Koan das folgende Gedicht:

> Der Leichnam ist hier.
> Wo ist der Mensch?
> Wahrlich ich weiß,
> Daß der Geist nicht in diesem Sack aus Haut ist.

Meister Daie lehnte dieses Gedicht als häretischen Standpunkt ab, der den Geist getrennt vom Fleisch, den Leib getrennt vom Geist sehe. Das berühmte Kommentar-Gedicht von Daie selbst lautet:

> Dieser Leichnam ist, so wie er ist, der Mensch.
> Der Geist ist der Sack aus Haut.
> Der Sack aus Haut ist der Geist.

Meister Dogens berühmter Ausspruch lautet: »Leben-und-Tod ist, so wie es ist, Buddha-Leben.« Erkenne daher, daß dies die Wahrheit in einem Augenblick ist, jenes die Wahrheit in einem anderen. Alles und jedes Ding ist Ich-Selbst in der Dharma-Welt. Wie kann es irgend etwas geben, was nicht das neugeborene wahre Selbst ist? Höre das Gedicht, das Meister Ryokan zu seinem Tode schrieb:

> Das Ahornblatt fällt
> Und zeigt jetzt seine Vorderseite,
> Nun seine Rückseite.

Bei der Übung im Kloster könnte der Meister dich plötzlich fragen: »Wo gehst du hin, wenn du tot bist?« Er wird nicht dulden, daß du auch nur einen Augenblick mit deiner Antwort zögerst.

Meister Ekkei sagte zu der dritten Schranke von Meister Tosotsu: »Alle sagen, der Sack aus Haut sei der Geist; der Geist sei der Sack aus Haut. Wo gehst du hin? Ich werde, wenn nicht nach Kanan (Süden), dann nach Kahoku (Norden) zurückkehren. Wie kannst du so etwas sagen? Ich mache mich eben von einem Berg zum anderen auf meine lange Reise. Erreiche ich eines Tages ihr Ende? Alle grünen Bambuszweige im Garten grüßen mich.«

Meister Ekkei fügte sein eigenes Gedicht hinzu:

> Die Nacht nähert sich. Der ganze Leib ist von Kälte durchdrungen.
> Der Leichnam liegt still unter dem Licht.
> Bei Tagesanbruch stehen einzelne Wolken über dem Berg Hokubo.
> Mit einem Bambusstock und Strohsandalen geht er nun in seinen Reisekleidern fort.

Der Berg Hokubo ist der Berg des Grabes. Der kalte Leichnam, der gestern abend bewegungslos dalag, trägt jetzt Reisekleidung, einen Bambusstock und Strohsandalen und begibt sich im Frühlicht auf Pilgerfahrt.

Für das wahre Selbst, welches das Universum durchdringt, ist alles die lebendige Manifestation der Wahrheit.

Wie ich vorhin sagte, war der hohe Staatsbeamte Mujin ein Laienschüler des Meisters Tosotsu. Er machte ein Gedicht zu jeder der drei Schranken seines Lehrers:

Zu der ersten Schranke:
> Die Sommerwälder klingen wider vom Gesang des
> Kuckucks.
> Die Sonne leuchtet durch schwebende Wolken, das
> Universum ist klar.
> Frage Sosan nicht nach seinem Vater Sotetsu,
> Denn ein guter Sohn unterläßt es, den Namen
> seines Vaters zu nennen.

Zu der zweiten Schranke:
> Der Bote des Todes ist gekommen, ein Leben zu
> nehmen.
> Das schöne Gesicht welkte dahin.
> Jetzt ist es Zeit, sich umzuwenden.
> Laß den König des Todes nicht leicht wissen, daß
> du dich umwendest.

Zu der dritten Schranke:
> Die Frauen des Dorfes sind alle versammelt.
> In der Wildnis fegt der Westwind, ihre Ärmel sind
> von Tränen feucht.
> Am Ufer des Konan ist das Schilfrohr blau und
> der Wasserpfeffer rot.
> Er ist jetzt hier als Chosan und wirft die Angel aus.

Teisho zum Kommentar des Mumon

»Wenn du die drei richtigen Schlüsselworte hier geben kannst, dann wirst du der Herr sein, wo immer du dich befindest und wirst dem Dharma gemäß in jeder Situation leben. Wenn du sie jedoch nicht geben kannst, dann höre auf meine Warnung, denn du wirst der Nahrung, die du hastig verschlungen hast, überdrüssig werden, und gut gekautes Essen hält den Hunger fern.«

Im ersten Satz seines Kommentars sagt Meister Mumon: »Wenn du die richtigen Schlüsselworte zu jeder der drei Schranken des Meisters Tosotsu geben kannst, das heißt, wenn du die drei Schranken überwinden kannst, dann bist du wirklich frei im Leben und Tod. Du wirst in allen Situationen absolute Subjektivität sein können. Als Herr in jedem Augenblick, an jedem Ort, ob unter günstigen oder ungünstigen Umständen, stehst du fest auf deinem grundsätzlichen Standpunkt und beherrschst die verschiedenen Lebenslagen, in denen du dich befindest.« Auf diese Weise spendet er dem, der die drei Schranken überwindet, höchstes Lob.

Von ganzem Herzen stimme ich mit einem alten Meister, von dem der folgende Vers stammt, überein:

> Ich durchschritt sogleich die heitere Ruhe des hellen
> Mondes und der frischen Brise.
> In der größten Qual kochenden Wassers und brennenden
> Feuers ergötze ich mich und bin glücklich.

Das Universum ist eine große Kathedrale des Satori. Alles und jedes im Universum ist nichts anderes als Ich-Selbst.

Meister Mumon beschließt seinen Kommentar mit den folgenden Worten: »Wenn du sie jedoch nicht geben kannst, dann höre auf meine Warnung, denn du wirst der Nahrung, die du hastig verschlungen hast, überdrüssig werden, und gut gekautes Essen hält den Hunger fern.«

Ein alter Zen-Meister sagte: »Kaue den eisernen Kuchen, und kaue ihn ganz auf.« Ist das nicht ein schrecklicher Ausspruch? Wenn du ihn aufgekaut hast, dann ist deine Übung vollendet. Meister Mumon ist so mitleidig wie eine Großmutter und gibt uns den Rat: »Wenn du ihn einfach hinunterschlingst, ohne ihn gut zu kauen, kann er dir niemals in deinem alltäglichen Leben wirklich von Nutzen sein. Kaue ihn aufmerksam, fleißig und redlich, verdaue ihn und erfasse ihn als deinen eigenen.«

Teisho zu dem Gedicht des Mumon

> Dieser eine Augenblick ist, so wie er ist, eine unendliche
> Anzahl von Kalpas.
> Eine unendliche Anzahl von Kalpas sind gleichzeitig
> dieser eine Augenblick.
> Wenn du diese Tatsache durchschaust,
> Dann ist das schauende wahre Selbst durchschaut
> worden.

Meister Mumon scheint an die folgende Stelle des *Kegon-kyo* gedacht zu haben, als er dieses Kommentar-Gedicht schrieb:

> In einem Augenblick werden eine unendliche Anzahl
> von Kalpas gegenwärtig.
> Es gibt kein Gehen, kein Kommen und kein Bleiben.

Der Sinn ist hier: »Die Prajna-Weisheit des Bodhisattva Manjusri durchdringt unmittelbar die Phänomene der drei Welten. In einem einzigen Augenblick werden hier und jetzt eine unendlich große Anzahl von Zeit-Kalpas erfaßt und ein grenzenloser Raum in Besitz genommen. Er wird niemals durch Gehen, Kommen oder Bleiben gestört.«

Wenn ein Mensch sein Satori-Auge öffnet, dann ist er selbst die ganze Dharma-Welt. Für ihn sind unendlich viele Zeit-Kalpas nur dieser eine Augenblick, hier und jetzt. Dieser Augenblick, hier und jetzt, ist zugleich eine unendliche Anzahl von Kalpas. Dieser Augenblick ist das absolute Jetzt. Für den, der diesen absoluten Augenblick lebt, ist jeder Ort, wo immer er auch sei, der eine Augenblick – jede Zeit ist, wann es auch sei, der eine Augenblick.

In der dritten und vierten Zeile sagt Meister Mumon: »Wenn dieser eine Augenblick, hier und jetzt, durchschaut wird, dann ist der, der ihn durchschaut, durchschaut worden.« Wenn dieser eine Augenblick wirklich durchschaut wird, dann gibt es tatsächlich weder den Sehenden noch das Gesehene. Alle Namen und Bezeichnungen sind überstiegen, und die Wirklichkeit ist ganz offen. Es gibt nichts als »Es«, durch und durch, und keinen Raum für müßige Spekulation. Da man keinen Augenblick als solchen mit Namen nennen kann, kann es keine Natur geben, in die zu schauen ist. Wie kann es dann Tod und Leben geben, die zu übersteigen sind? Tatsächlich ist der Sehende, der zu durchschauen hat, der Gesehene, der zu durchschauen ist. Letzten Endes aber, wie töricht ist es, über Durchschauen und Durchschautwerden zu diskutieren!

> Mit leeren Händen bin ich heimgekehrt.
> Ich weiß nur, daß die Augen horizontal sind, die Nase
> vertikal ist.

Ich habe bereits diesen berühmten Ausspruch des Meisters Dogen bei seiner Rückkehr von einem langen Studium in China zitiert. Du mußt in dem Herzen von Meister Mumon lesen, sonst kannst du seine liebenswürdige Unterweisung nicht verstehen.

48 Der eine Weg des Kempo

Koan Ein Mönch fragte Meister Kempo: »Die Bhagavats der Zehn Richtungen haben den einen Weg zum Nirvana. Ich möchte gern wissen, wo dieser Weg ist.« Kempo hob seinen Stock, zog eine Linie und sagte: »Hier ist er!«
Später bat der Mönch den Unmon um Unterweisung über dieses Mondo. Unmon hielt seinen Fächer hoch und sagte: »Dieser Fächer ist zum Dreiunddreißigsten Himmel hinaufgesprungen und hat dort die Nase der Gottheit getroffen. Der Karpfen des Östlichen Meeres springt, und es regnet in Strömen.«

Kommentar des Mumon

Der eine geht auf den Grund des tiefen Meeres und rührt eine Wolke von Sand und Staub auf. Der andere steht auf der Spitze eines hoch aufragenden Berges und erzeugt schäumende Wellen, die bis an den Himmel gehen. Der eine hält fest, der andere läßt los; jeder benutzt nur eine Hand und unterstützt die Lehren des Zen. Man kann das, was sie tun, mit zwei Kindern vergleichen, die aus entgegengesetzter Richtung gelaufen kommen und zusammenprallen. Es gibt in der Welt kaum jemanden, der wirklich erwacht ist. Vom absoluten Standpunkt aus wissen die beiden großen Meister in Wirklichkeit nicht, wo der Weg ist.

Gedicht des Mumon

> Ehe du einen Schritt tust, bist du schon angekommen.
> Ehe du deine Zunge bewegst, hast du deine Lehre schon gegeben.
> Wenn du ihm auch bei jedem Schritt voraus bist,
> So wisse, daß noch ein anderer Weg hinaufführt.

Teisho zu dem Koan

Das Mondo in diesem Koan zitiert einen Satz aus dem *Suramgama-Sutra:* »Die Bhagavats der Zehn Richtungen haben den *einen* Weg zum Nirvana.« Das Wichtigste dieses Koan ist, daß der Schüler den wirklichen Sinn der Frage richtig erfaßt hat. Der Schüler muß die Frage gründlich studieren, ehe er sich Gedanken über die Antwort macht. Das Koan veranschaulicht auf einmalige Weise, daß die Antwort in der Frage selbst erfaßt werden muß.

Über Meister Kempo, die Hauptgestalt in diesem Koan, sind keine Einzelheiten seines Lebens bekannt. Man weiß nur, daß er ein Nachfolger von Meister Tozan Ryokai, einem Gründer des Soto-Zen, war. Mit der anderen wichtigen Gestalt in diesem Koan, Meister Unmon Bunen, hatten wir bereits im fünfzehnten Koan und bei mehreren anderen Gelegenheiten zu tun. Die Einzelheiten über sein Leben werden daher an dieser Stelle nicht wiederholt.

Eines Tages kam ein Mönch zu Meister Kempo und fragte: »In einem Sutra steht geschrieben, daß die Bhagavats der Zehn Richtungen den *einen* Weg zum Nirvana haben. Wo ist dieser eine Weg?« »Bhagavat« ist ein Sanskrit-Wort, das einen komplexen Sinn hat. Hier kann es jedoch im Sinne von »Buddha« verstanden werden. Daher hat der Satz den Sinn: »Die Buddhas, die das Universum durchdringen, sind alle in das Paradies des Satori auf nur einem Wege gelangt.«

Der fragende Mönch dachte anscheinend philosophisch, und sein Buddha- und Nirvana-Verständnis ging nicht über die begriffliche Interpretation der Worte hinaus. Ein Mönch, der sich in der wirklichen Schulung befindet, wird natürlich versuchen, sein geistiges Auge für eine vollkommen neue Dimension zu öffnen. Wenn es Buddhas in allen Zehn Richtungen gibt, kann es dann noch einen Ort geben, wo Buddha nicht ist? Wenn man sich wirklich selbst vernichtet hat, dann wird alles, überall, der Segnung Buddhas teilhaftig. Es kann keinen Ort geben, den das Buddha-Licht nicht erreicht.

Der »eine Weg« ist dann der absolute, transzendente, eine Weg, für den es keine Ferne und Nähe, Weite und Enge, kein Kommen und Gehen gibt. Es ist der immer gleichbleibende eine Weg. Es ist vielleicht zu viel von einem philosophisch denkenden Schüler verlangt, aus diesem Satz des *Suramgama-Sutra* den Zen-Sinn herauszulesen, den er enthält. Seine Augen sind weit geöffnet, aber leider kann er nicht sehen. Er steht vor dem Weißen Haus und fragt, wo die Hauptstadt ist. Wie töricht!

Meister Kempo hob sogleich den Stock, den er zufällig zur Hand hatte, zog eine klare, gerade Linie und sagte: »Hier ist er.« Sein Wirken ist wirklich wunderbar! Die Antwort liegt wirklich in der Frage selbst. Wenn es wahr ist, daß »die Bhagavats der Zehn Richtungen den *einen* Weg zum Nirvana haben«, wie kann es dann einen Ort geben, der nicht »er« ist? Was du siehst, was du hörst, wo du stehst, wo du bist, ist immer »er«, der eine Weg. Ich sage dir, öffne nur dein geistiges Auge. Wie schade, daß der fragende Mönch das innerste Wesen der hervorragenden Antwort von Meister Kempo nicht erfassen konnte.

Nun geht das Koan zur zweiten Szene über. Der Mönch, der die Erwiderung des Meisters Kempo nicht schätzen und würdigen konnte, suchte später Meister Unmon auf. Er erzählte dem Meister, wie das Mondo zwischen Meister Kempo und ihm verlaufen war, und bat Meister Unmon um Aufklärung: »Ich möchte wissen, wo dieser eine Weg ist?« Meister Unmon war ein außerordentlich fähiger Meister, der niemals zu einer abwegigen philosophischen Erklärung griff. Er führte sogleich und konkret die nackte Tatsache des »einen Weges« vor. Er hielt seinen Fächer in die Höhe, den er in der Hand hatte, und sagte: »Dieser Fächer ist zum Dreiunddreißigsten Himmel hinaufgesprungen und hat dort die Nase der Gottheit getroffen. Der Karpfen des Östlichen Meeres springt, und es regnet in Strömen, so als ob man ganze Eimer mit Wasser ausgeschüttet hätte.« Was für ein hochtrabendes Gerede! Was für eine exzentrische Bemerkung! Eine nüchterne Interpretation ist hier nicht möglich. Ich warne dich jedoch, halte dich nicht an den vordergründigen, wörtlichen Sinn! Höre noch einmal auf das, was Meister Mumon sang, als er beim Dröhnen eines Trommelschlags erleuchtet wurde:

Alles unter der Sonne hat sich sogleich verneigt.
Der Berg Sumeru springt auf und tanzt.

Wer die Tatsache der »Bhagavats der Zehn Richtungen« wirklich lebt, kennt keine so relativistischen Unterscheidungen wie groß und klein, Subjekt und Objekt, weit und eng. Er ist ganz frei, und nichts kann ihn jemals einengen und beschränken. Alles erhält, während sich das wunderbare Wirken des Nicht-Geistes entfaltet, neues Leben, und es eröffnet sich ihm eine vollkommen neue Schau. Ich kann hier nur wiederholen, daß die Antwort in der Frage selbst liegt. Wenn ich dieses Wirken »das wunderbare Wirken des Nicht-Geistes« nenne, dann ist »er« durch eine solche Benennung schon vernichtet.

Teisho zum Kommentar des Mumon

»Der eine geht auf den Grund des tiefen Meeres und rührt eine Wolke von Sand und Staub auf. Der andere steht auf der Spitze eines hoch aufragenden Berges und erzeugt schäumende Wellen, die bis an den Himmel gehen. Der eine hält fest, der andere läßt los; jeder benutzt nur eine Hand und unterstützt die Lehren des Zen. Man kann das, was sie tun, mit zwei Kindern vergleichen, die aus entgegengesetzter Richtung gelaufen kommen und zusammenprallen. Es gibt in der Welt kaum jemanden, der wirklich erwacht ist. Vom absoluten Standpunkt aus wissen die beiden großen Meister in Wirklichkeit nicht, wo der Weg ist.«

Zu der Erwiderung von Meister Kempo sagt Meister Mumon: »Der eine geht auf den Grund des tiefen Meeres und rührt eine Wolke von Sand und Staub auf.« Zu der Antwort des Meisters Unmon meint er: »Der andere steht auf der Spitze eines hoch aufragenden Berges und erzeugt schäumende Wellen, die bis an den Himmel gehen.« Wenn man diese Sätze wörtlich nimmt, dann hören sie sich, oberflächlich betrachtet, absurd, vollkommen sinnlos an. Man könnte annehmen, sie hätten den Zweck, Zen für Außenstehende unzugänglich und undurchdringlich zu machen. Das trifft jedoch in keiner Weise zu. Meister Mumon versucht nur, sehr konkret zu zeigen, wie das Faktum, »die Bhagavats durchdringen die Zehn Richtungen«, im Zen zu würdigen ist. Mit anderen Worten, er drängt einen jeden von uns, wirklich mit der Wahrheit dieses Ausspruchs Fühlung zu nehmen und unser ganzes Selbst zu vernichten. Er will von uns, daß wir jenseits von allen dualistischen Unterscheidungen ein neues Leben in einer anderen Dimension mit absoluter Freiheit leben sollen.

Einige Gelehrte erklären, daß dieser Ausspruch von Meister Mumon sich auf die Kegon-Philosophie, »Eins ist alles«, beziehe. Meister Mumon bediente sich jedoch einer so exzentrischen Ausdrucksweise nur, um derartig philosophische plausible Interpretationen zu vermeiden.

Er fährt fort und sagt: »Der eine hält fest, der andere läßt los;

jeder benutzt nur eine Hand und unterstützt die Lehren des Zen. Man kann das, was sie tun, mit zwei Kindern vergleichen, die aus entgegengesetzter Richtung gelaufen kommen und zusammenprallen.« Ohne Zweifel ist »Der eine hält fest« ein Kommentar zu der Antwort des Meisters Kempo, die man als die Spiritualität der Gleichheit allein oder als absolute Verneinung bezeichnen kann. Philosophisch bedeutet dies Einheit, oder das pure Prinzip allein, ohne jedes Wirken der Unterscheidung oder der Verstandestätigkeit. »Der andere läßt los« bezieht sich auf die Antwort des Meisters Unmon, die man als die Spiritualität der Unterscheidung oder als absolute Bejahung erklären kann. Philosophisch gesehen gibt es im Dharma nichts zu verneinen, und nichts kann diese Spiritualität absoluter Freiheit jemals stören. Darf ich nochmals daran erinnern, »festhalten« und »loslassen« sind, grundsätzlich gesprochen, zwei provisorische Bezeichnungen für einen Wirkaspekt von »ihm« zu einer Zeit, an einem Ort. Meister Mumon sagt von den beiden Meistern: »Der eine wirkt in absoluter Verneinung und hält fest, während der andere in absoluter Bejahung wirkt und losläßt. Jeder entfaltet auf seine eigene Weise die unvergleichliche Zen-Lehre. Man kann es mit zwei Kindern vergleichen, die mit größter Schnelligkeit von beiden Seiten kommen und aufeinanderprallen.« Der Kommentar Mumons ist wirklich wunderbar. Er überschreitet großartig jede unterscheidende Argumentation über »festhalten« und »loslassen«.

Meister Mumon schließt dann mit einer strengen Behauptung: »Es gibt in der Welt kaum jemanden, der wirklich erwacht ist. Vom absoluten Standpunkt aus wissen die beiden großen Meister in Wirklichkeit nicht, wo der Weg ist.« »Ein wirklich erleuchteter Mensch ist in unserer Welt fast nicht zu finden«, sagt Meister Mumon, womit er scheinbar den beiden Meistern Anerkennung und Lob spendet. Dann ändert er seinen Ton und erklärt kühn: »Von diesem meinem absoluten Zen-Standpunkt aus gesehen, wissen die beiden Meister in Wirklichkeit nicht, wo der WEG ist.« Das sind seine Schlußworte. Vom absoluten Standpunkt aus wissen auch Bodhidharma und Rinzai, gar nicht zu reden von Kempo und Unmon, alle, einschließlich Mumon selbst, in Wirklichkeit nicht, wo der WEG ist. Mit anderen Worten: Wissen und Nicht-Wissen sind hier keine Wertmesser.

Laß dich von Worten nicht irreführen. Erfasse den wirklichen Sinn des prächtigen Kommentars von Meister Mumon, in dem er kurz und entschieden das Wirken der beiden Meister gerügt hat.

Teisho zu dem Gedicht des Mumon

> Ehe du einen Schritt tust, bist du schon angekommen.
> Ehe du deine Zunge bewegst, hast du deine Lehre
> schon gegeben.
> Wenn du ihm auch bei jedem Schritt voraus bist,
> So wisse, daß noch ein anderer Weg hinaufführt.

Wenn die Bhagavats die Zehn Richtungen erfüllen und durchdringen, wie ist es dann möglich, daß es einen Ort im Universum gibt, der nicht die absolute Heimat des Dharma ist? Grüne Berge und blaue Gewässer, grüne Weiden und rote Blumen, jedes ist, so wie es ist, »Es«. Wie kann es anders sein? »Wo kannst du sonst noch nach dem Dharma suchen? Was kannst du sonst noch über Dharma lehren?« fragt Meister Mumon. Du bist tatsächlich ganz in »Es«. Wie töricht, über Ankommen und Nicht-Ankommen oder Lehren und Nicht-Lehren über »Es« zu diskutieren! Vom absoluten Standpunkt aus sind sowohl Meister Kempos unmittelbare Demonstration wie auch das hervorragende Wirken des Meisters Unmon nur zu viel Lärm um nichts. Das ist der Sinn der beiden ersten Zeilen des Gedichts von Meister Mumon: »Ehe du einen Schritt tust, bist du schon angekommen. Ehe du deine Zunge bewegst, hast du deine Lehre schon gegeben.«

In der dritten und vierten Zeile wird die Terminologie des Go-Spieles verwandt. Der Sinn ist folgender: Obwohl du vielleicht bei jedem Stein den richtigen Zug machen kannst, um die scharfen Bewegungen der beiden Meister zu vereiteln, denke daran, daß es noch einen anderen Weg nach oben gibt. Das ist die ernste Warnung Mumons an seine Schüler. Nun frage ich dich, was für eine Art von Weg ist dieser »andere Weg nach oben«? Etymologisch kann das hier für Weg verwandte chinesische Wort auch »ein Loch« bedeuten. Es ist wirklich ein merkwürdiges Loch, in dem alle achtundvierzig Koans des *Mumonkan* ihr Licht verlieren. Wiederum ist es das unvergleichliche Loch, das zu allen Zeiten und in allen Ländern unschätzbar bleibt. Gibt es jemanden im Universum, der nicht sein Leben in diesem Loch verliert? Gibt es jemanden im Universum, der nicht wahres Leben durch dieses Loch erhält? Wirklich schrecklich ist dieses Loch; wirklich gesegnet ist dieses Loch! Meister Mumon gibt uns aus seinem unwiderstehlichen Mitleiden die abschließende Ermahnung: »Ziehe in diesem Loch von allen Koans die Spinngewebe weg!«

Übrigens ist die vierte Zeile des Gedichtes von Meister Mumon aus dem berühmten Koan von Meister Kempo zitiert: »Der Dharma-Leib hat drei Arten von Krankheiten und zwei Arten von Licht. Du mußt wissen, daß es noch einen anderen Weg nach oben gibt.« Wir sehen, wie aufmerksam und rücksichtsvoll Meister Mumon ist, daß er ein Gedicht als Kommentar verfaßt.

Anhang

Ursprünglich schloß das *Mumonkan* mit dem achtundvierzigsten Koan ab. Die heute allgemein verbreitete Ausgabe hat jedoch noch die folgenden Anhänge:

Nachwort des Mumon

Diese Aussprüche und Taten von Buddhas und Patriarchen sind alle regelrecht verurteilt worden, als wären sie von Verbrechern eingestandene Verbrechen. Von Anfang an gibt es keine weiteren Worte. Ich habe den Deckel von meinem Schädel genommen und meine Augäpfel hervorquellen lassen. Ich bitte dich, »Es« unmittelbar zu erfassen und nicht außerhalb nach ihm zu suchen. Wenn du ein fähiger Mensch des Satori bist, wirst du sogleich, wenn du nur etwas von der Darstellung hörst, das Wesentliche erfassen. Schließlich gibt es kein Tor, wo man hineingehen, und keine Stufen, die man erklimmen kann. Wenn du deine Ellbogen gebraucht, dann gehst du durch die Schranke, ohne den Schrankenwärter zu fragen. Hast du nicht gehört, was Gensha sagte: »Nicht-Tor ist das Tor der Befreiung; Nicht-Geist ist der Geist des Tao-Menschen?« Hast du nicht auch das gehört, was Hakuin sagte: »Tao ist sehr klar erkannt. Es ist nichts als ›Es‹. Warum kannst du nicht hindurch?« Diese Erklärungen sind nichts weiter als auf rotem Boden verschüttete Milch. Wenn du die torlose Schranke durchschritten hast, dann machst du Mumon lächerlich. Wenn du die torlose Schranke nicht durchschreiten kannst, dann verdirbst du dich selbst. Es mag leicht sein, den sogenannten Nirvana-Geist zu verwirklichen, aber Weisheit in Unterscheidung ist schwierig zu erlangen. Wenn Weisheit in Unterscheidung klar verstanden ist, dann wird die Nation automatisch Frieden haben.

*Das erste Jahr des Jotei,
fünf Tage vor dem Ende der Sommerperiode.
Ehrerbietig geschrieben von Mönch Mumon Ekai,
der achte nach Yogi.*

Zen-Warnungen des Mumon

Vorschriften beobachten und die Regeln einhalten heißt, sich ohne Seil binden. Frei und ungehemmt handeln, so wie man will, heißt, das tun, was die Häretiker und Dämonen zu tun pflegen. Den Geist erkennen und läutern, ist das falsche Zen des schweigenden Sitzens. Sich selbst die Freiheit geben und die wechselseitigen Bedingungen ignorieren bedeutet, in einen Abgrund fallen. Wachsam und niemals zweideutig sein heißt, Ketten und ein eisernes Joch tragen. Über Gut und Böse nachdenken gehört dem Himmel und der Hölle an. Eine Buddha-Sicht und eine Dharma-Schau haben heißt, zwischen zwei Bergen eingeschlossen sein. Wer es erkennt, sobald sich ein Gedanke regt, ist einer, der seine Kraft erschöpft. Einfach quietistisch dazusitzen, ist die Praxis von Toten. Wer vorwärts geht, weicht vom Prinzip ab. Wer rückwärts geht, ist gegen die Wahrheit. Wer weder vorwärts noch rückwärts geht, ist ein toter Mensch, der noch atmet. Nun sage mir, was wirst du tun? Arbeite hart und erreiche »Es« noch in diesem Leben, sonst wirst du es auf ewig bereuen.

Gedichte des Muryo Soju über
»Die drei Schranken des Oryo«

Die Drei Schranken ist ein Koan, das Meister Oryo bei der Befragung seiner Schüler zu benutzen pflegte. Meister Soju schrieb ein Gedicht zu jeder der drei Schranken des Oryo und fügte am Schluß noch ein eigenes Gedicht hinzu. Er schrieb die Gedichte als eine Art Dank an Meister Mumon, der so liebenswürdig war, sein Teisho zu den achtundvierzig Koans zu geben.

Warum ist meine Hand wie die Hand Buddhas?
Ich konnte das Kopfkissen im Rücken fühlen,
Und unwillkürlich mußte ich laut lachen.
Der ganze Leib ist in Wahrheit meine Hand.

Warum ist mein Bein wie ein Eselbein?
Ehe ich noch einen Schritt tue, bin ich schon
angekommen.
Ganz wie ich will, bewege ich mich frei über die Meere.
Ich reite rückwärts auf dem dreibeinigen Esel des Yogi.

Jeder hat seine eigene Ursache der Geburt.
Jede hat das verwirklicht, was ihn vorherbestimmt.
Nata brach seine Knochen und gab sie seinem Vater zurück.
Hat sich der Fünfte Patriarch je auf irgendeine Beziehung zum Vater gestützt?

Buddhas Hand, das Eselbein und die Ursache der Geburt:
Sie sind weder Buddha noch Tao, noch Zen.
Wundere dich nicht, daß torlose Schranken so
schwierig sind.
Sie haben bei den Mönchen glühenden Haß
hervorgerufen.

Kürzlich war Mumon bei Zuigan.
Er nahm den Zen-Sitz ein und kritisierte alte und
neue Koans.
Sowohl den Weisen wie den gewöhnlichen Sterblichen
schnitt er den Weg ab.
Viele verborgene Drachen können heftige
Gewitter hervorrufen.

Meister Mumon wurde als Führender Mönch eingeladen.
Ich danke ihm mit diesem bescheidenen Gedicht.

Im Spätfrühling des dritten Jahres
des Jotei (1230)
Geschrieben von Muryo Soju.

Theisho zu dem Koan »Die drei Schranken des Oryo«

Das Koan *Die drei Schranken des Oryo* wird in japanischen Zen-Klöstern genau wie die achtundvierzig Koans des *Mumonkan* in der tatsächlichen Übung als Koan benutzt. Ich greife es daher auf und gebe dazu als Anleitung für die übenden Schüler mein Teisho.

Meister Oryo Enan (1002–1069) war ein Nachfolger von Meister Sekiso Soen und ist als Gründer der Oryo-Zen-Schule hoch angesehen. Zusammen mit seinen Zeitgenossen Meister Seccho Juken und Goso Hoen förderte er sehr das Zen seiner Zeit. Die folgenden Sätze sind seiner Lebensbeschreibung entnommen: »Im Sanzen-Raum pflegte der Meister seine Mönche zu fragen: ›Jeder hat seinen eigenen Grund der Geburt. Welches ist der Grund deiner Geburt?‹ Er sah seinen Schülern direkt ins Gesicht und wechselte Mondos mit ihnen. Er pflegte auch seine Hand auszustrecken und zu fragen: ›Warum ist meine Hand wie die Hand Buddhas?‹ So testete er das, was ein Zen-Anhänger auf seiner Pilgerreise als Lernender erreicht hatte. Auch zeigte er oft sein Bein und fragte: ›Warum ist mein Bein wie ein Eselbein?‹ Über dreißig Jahre lang stellte er diese drei Fragen, und niemand konnte ihn je zufriedenstellen. Obwohl einige zu antworten versuchten, sagte der Meister niemals, daß die Antwort richtig oder falsch war. Die Mönche nannten die Fragen *Die drei Schranken des Oryo*.«

Aus diesem Bericht ersehen wir, wie Meister Oryo die Mönche dadurch anleitete, daß er über dreißig Jahre lang jeden Tag diese drei Fragen stellte: »Welches ist der Grund deiner Geburt?« Er streckte seine Hand aus und fragte: »Warum ist meine Hand wie die Hand Buddhas?« Er zeigte sein Bein und fragte: »Warum ist mein Bein wie ein Eselbein?« Meister Oryo starb 1069 im Alter von siebenundsechzig Jahren. Er wird als einer der größten Zen-Meister der Sung-Dynastie verehrt.

Ein anderer Nachfolger von Meister Sekiso Soen und ein Zeitgenosse von Meister Oryo ist Meister Yogi Hoe, Gründer der Yogi-Zen-Schule. In Japan gehört das Rinzai-Zen heute zu dieser Yogi-Schule. Meister Yogi starb 1049. Es ist unbekannt, welches Alter er erreichte.

Meister Muryo Soju war ein Enkel in der Dharma-Nachfolge des Meisters Daie Shuko, gehörte zur Yogi-Schule des Rinzai-Zen und war ein Zeitgenosse von Meister Mumon. Über sein Leben sind weiter keine Einzelheiten bekannt.

Meister Soju änderte die Reihenfolge der *Drei Schranken* des Oryo und setzte »Buddhas Hand« an die erste, »das Eselbein« an die zweite und »Grund der Geburt« an die letzte Stelle. Er schrieb drei Gedichte und benutzte jeweils eine der Schranken als erste Zeile.

Sein erstes Gedicht lautet:

> *Warum ist meine Hand wie die Hand Buddhas?*
> Ich konnte das Kopfkissen im Rücken fühlen,
> Und unwillkürlich mußte ich laut lachen.
> Der ganze Leib ist in Wahrheit meine Hand.

Das Wesentliche im Zen ist, sich selbst vollkommen zu vernichten. Wenn es überhaupt kein Selbst gibt, kann es dann irgend etwas im Universum geben, das nicht Selbst ist? Wenn du siehst, dann ist dein ganzes Selbst das Auge. Daher wird es nicht mehr »sehen« genannt. Wenn du hörst, dann ist dein ganzes Selbst das Ohr. Daher wird es nicht mehr »hören« genannt. Wenn du festhältst, dann ist dein ganzes Selbst die Hand. Daher wird es nicht mehr »festhalten« genannt. Wenn du gehst, dann ist dein ganzes Selbst der Fuß. Daher wird es nicht mehr »gehen« genannt.

Wenn du dieses Geheimnis nicht in deiner eigenen Erfahrung erfaßt, dann bist du ein Fremder für Zen, auch wenn du noch so schön über Zen reden kannst. Aus diesem Grunde bringt das Zen so viele Koans, die alle verschieden in ihrer Art sind, um die vorrangige Bedeutung der tatsächlichen Übung und der selbst erfahrenen Erkenntnis und Würdigung nachdrücklich zu betonen.

Meister Oryo hatte die Gewohnheit, seine Hand auszustrecken und zu fragen: »Warum ist meine Hand wie die Hand Buddhas?« Ein Schüler, dessen geistiges Auge geöffnet ist, wird sogleich, wenn Meister Oryo seine Hand ausstreckt – sogar ehe er ein Wort gesagt hat –, die Wahrheit erfassen. Sonst ist er nicht würdig, ein Zen-Anhänger genannt zu werden.

Ein alter Zen-Meister sagte dazu:

> Im Mondlicht
> Spielt er eine Laute.

Das ist ein schönes Gedicht, aber ich fürchte, daß die Wirklichkeit schon verlorenging, und das, was geblieben ist, ist nur noch ein Schatten.

Meister Soju fügt dem Ausspruch von Meister Oryo »Warum ist meine Hand wie die Hand Buddhas?« seine eigenen Zeilen hinzu:

> Ich konnte das Kopfkissen im Rücken fühlen,
> Und unwillkürlich mußte ich laut lachen.
> Der ganze Leib ist in Wahrheit meine Hand.

Die letzte Zeile muß wohl das sein, was er wirklich meint: »Der ganze Leib ist in Wahrheit meine Hand.« Ich würde sagen, wenn der ganze Leib die Hand ist, ist es besser, sie nicht »Hand« zu nennen. Ich frage dich, wie antwortest du dann? Hier mußt du dein konkretes und lebendiges Wirken zeigen.

Das neunundachtzigste Koan des *Hekigan-roku* enthält ein Mondo zwischen Ungan und seinem Lehrer, Meister Dogo. Ungan fragte Meister Dogo: »Was tut der Bodhisattva der Großen Barmherzigkeit mit seinen vielen Augen und Händen?« Dogo sagte: »Es ist so wie ein Mann, der um Mitternacht nach dem Kopfkissen in seinem Rücken tastet.« Ungan antwortete: »Ich habe es.« Dogo fragte: »Du hast es?« Ungan sagte: »Der ganze Leib ist das Auge und die Hand.«

Man braucht nicht besonders zu betonen, daß Meister Soju mit seinem Gedicht im wesentlichen dasselbe sagt wie dieses Mondo.

Das zweite Gedicht lautet:

Warum ist mein Bein wie ein Eselbein?
Ehe ich noch einen Schritt tue, bin ich schon angekommen.
Ganz wie ich will, bewege ich mich frei über die Meere.
Ich reite rückwärts auf dem dreibeinigen Esel des Yogi.

Meister Oryo pflegte sein Bein zu zeigen und zu fragen: »Warum ist mein Bein wie ein Eselbein?« Ein Schüler, dessen Auge hell geöffnet ist, wird sich niemals von Worten wie »Hand Buddhas« oder »ein Eselbein« täuschen lassen. Er muß die Wahrheit fest ergreifen, sobald Meister Oryo sein Bein zeigt. Sonst ist er wie im Falle von »Buddhas Hand« nicht würdig, ein Zen-Anhänger genannt zu werden. Ein alter Meister sagte dazu:

Deutliche Spuren von Holzschuhen
Auf dem grünen Moos hinterlassen.

Das ist richtig gesagt, aber wenn du dich mit dem Ausdruck beschäftigst, dann ist die Wirklichkeit schon verloren und du klammerst dich an ihren Schatten. Wenn du wirklich über dich selbst hinausgehst, dann ist das ganze Universum nur ein Bein, oder nicht?

Meister Soju fügte der Zeile von Meister Oryo »Warum ist mein Bein wie ein Eselbein?« die folgenden eigenen Zeilen hinzu:

Ehe ich noch einen Schritt tue, bin ich schon angekommen.
Ganz wie ich will, bewege ich mich frei über die Meere.
Ich reite rückwärts auf dem dreibeinigen Esel des Yogi.

Wer wirklich über sich hinausgegangen ist, hat kein Bein. Wie kann es dann so etwas geben wie »einen Schritt tun« oder »keinen Schritt tun«? Natürlich kann er sich über die vier Meere bewegen, ohne ein Bein zu rühren.

Ein Mönch fragte einmal Meister Yogi: »Was ist Buddha?« »Ein dreibeiniger Esel läuft und klappert mit seinen Hufen«, antwortete Meister Yogi. »Dreibeiniger Esel« ist ein anderer Name für den, der über sein Bein hinausgegangen ist; oder er ist ein anderer Name für das wahre Selbst der Nicht-Form. Außerdem sagt Meister Soju, daß er ihn »rückwärts« reitet. Er muß ein im Zen erfahrener Mann mit einer festen Grundlage von tatsächlicher Übung gewesen sein. Er stellt hier die Wirklichkeit lebendiger dar, die in Worten gar nicht auszudrücken ist. Kein Begriff und keine Philosophie haben auch nur einen Schimmer davon.

Das dritte Gedicht lautet:

> *Jeder hat seine eigene Ursache der Geburt.*
> Jeder hat das verwirklicht, was ihn vorherbestimmt.
> Nata brach seine Knochen und gab sie seinem Vater zurück.
> Hat sich der Fünfte Patriarch je auf irgendeine Beziehung zum Vater gestützt?

Bei Meister Oryo ist dies die erste seiner drei Schranken. Von den drei Schranken ist sie tatsächlich die schwierigste Nanto-Schranke. Es ist eine unbestreitbare Tatsache, daß jedes lebende Wesen seine eigene Ursache hat. Es hat seine unmittelbar bestimmende Ursache, und bestimmte Umstände sind für seine Geburt in dieser Welt verantwortlich. In Indien ist es tradierter Glaube, daß ein Leben in dieser Welt die Wirkung der karmischen Kausalität unseres vergangenen Lebens ist und daß unsere Eltern dabei nur eine Hilfestellung einnehmen. In diesem Koan ist die wahre Ursache der Geburt in einer Sphäre zu suchen, die sogar noch vor dem vergangenen karmischen Grund liegt, und die Schüler werden dringend aufgefordert, sich in diese absolute und grundlegende Zen-Sphäre zu versenken. Genau an diesem Punkt wird das einmalige Charakteristikum des Zen offenbar. Mit anderen Worten, Zen fordert von dir, daß du »zum wahren Selbst, das vor der Geburt deiner Eltern ist«, erwachst, und eröffnet dir damit eine Schau in einer andersartigen, neuen Dimension. Es befreit dich von den Ketten der Seelenwanderung und fordert von dir, neu zu dem ewigen, wahren Selbst geboren zu werden. Die unerläßliche Bedingung und Voraussetzung dafür ist jedoch hartes und ausdauerndes Üben mit deinem ganzen Sein.

Ein alter Zen-Meister sagte zu der »Ursache der Geburt«:

> Früh am Morgen aß ich Reisschleim,
> Jetzt bin ich wieder hungrig.

Obwohl diese Erklärung korrekt ist, befürchte ich, daß Schüler sich in ein Spinngewebe von philosophischen Interpretationen verlieren.

Bei einer Übung in einem Kloster ist es möglich, daß ein Meister dich plötzlich fragt: »Von woher wurdest du geboren?« Wenn du auch nur einen Augenblick zögerst, dann wird der Meister dir sogleich einen tüchtigen Stockhieb versetzen.

Meister Soju fügt der Zeile von Meister Oryo, »Jeder hat seine eigene Ursache der Geburt«, hinzu:

> Jeder hat das verwirklicht, was ihn vorherbestimmt.
> Nata brach seine Knochen und gab sie seinem Vater zurück.
> Hat sich der Fünfte Patriarch je auf irgendeine Beziehung zum Vater gestützt?

Das zu verwirklichen, was ihn vorherbestimmt, heißt, zu »dem wahren Selbst, das vor der Geburt unserer Eltern ist«, erwachen. Es heißt, als Mensch der absoluten Subjektivität neu geboren zu werden.

Die dritte Zeile, »Nata brach seine Knochen und gab sie seinem Vater zurück«, bezieht sich auf eine Erzählung im *Goto Egen*, Band 2: »Prinz Nata zog sein Fleisch ab und gab es seiner Mutter zurück; er brach seine Knochen und gab sie seinem Vater zurück. Dann zeigte er seinen wahren Leib, und mittels seiner übernatürlichen Kräfte lehrte er um seiner Eltern willen das Dharma.« Dieser sein physischer Leib ist nur eine zeitliche Gestalt, die dem Kommen und Gehen unterworfen ist. Nur wenn du über diesen zeitlichen, physischen Leib hinausgegangen bist, kannst du den ewigen, wahren Leib erlangen – das heißt, das verwirklichen, was dich vorherbestimmt. Das versucht die Geschichte von Prinz Nata zu veranschaulichen.

Die letzte Zeile, »Hat sich der Fünfte Patriarch je auf irgendeine Beziehung zum Vater gestützt?«, bezieht sich auf die folgende legendäre Erzählung über den Fünften Patriarchen, Meister Gunin. Im vorherigen Leben war Meister Gunin ein Eremit mit Namen Saisho Doja gewesen, der auf dem Berg Hato lebte. Eines Tages begegnete er zufällig in diesem seinem vorherigen Leben Doshin, dem Vierten Patriarchen, auf einem Berg und fragte ihn, ob er bei ihm Zen studieren könne. Der Vierte Patriarch sagte jedoch zu Seisho Doja, daß er zu alt sei, ein Studium zu beginnen, und daß er, um Zen zu studieren, wiedergeboren werden solle. Daraufhin lieh sich Saisho Doja die Gebärmutter einer Tochter der Shu-Familie und wurde ohne einen Vater wiedergeboren.

Später, als er heranwuchs, begegnete er dem Vierten Patriarchen und wurde schließlich sein Nachfolger.

In der letzten Zeile zeigt Meister Soju den wahren Leib oder das wahre Selbst, das keine Beziehung zum Vater kennt, so daß wir das Geheimnis der Ursache der Geburt, die das verwirklicht, was uns vorherbestimmt, erfassen können.

Als Kommentar schreibt Meister Soju ein weiteres Gedicht:

> Buddhas Hand, das Eselbein und die Ursache der Geburt:
> Sie sind weder Buddha noch Tao, noch Zen.
> Wundere dich nicht, daß torlose Schranken so schwierig sind.
> Sie haben bei Mönchen glühenden Haß hervorgerufen.

Die drei Schranken des Oryo, »Buddhas Hand«, »ein Eselbein« und die »Ursache der Geburt«, sind weder Buddha noch Tao, noch Zen. Sie sind jene vollkommen unüberwindlichen Schranken, die gar nicht zu beschreiben sind. Es nimmt nicht wunder, daß die achtundvierzig Schranken des *Mumonkan* so schroff und unzugänglich sind und sich allen Versuchen, sie zu überwinden, widersetzen. Zweifellos werden sie bei den Mönchen in der Welt glühenden Haß hervorrufen und sie in die Flucht schlagen.

In Wirklichkeit will Meister Soju hier sagen, daß die Mönche es glücklicherweise mit den Schranken des Mumon aufnehmen konnten. Er gebraucht so starke Worte wie »glühender Haß«, um seiner größten Freude, die er gar nicht genug betonen kann, darüber Ausdruck zu geben. Wenn auch die Worte – oberflächlich betrachtet – genau das Gegenteil von dem zu sagen scheinen, was er meint, so handelt es sich doch auch hier um die von den Zen-Meistern bevorzugte Methode. Meister Soju spornt seine Mönche an, mit diesem glühenden Haß eine erfrischende Zen-Brise in der Welt zu erzeugen.

Am Schluß drückt Meister Soju seine Anerkennung für Meister Mumon in einem Gedicht aus:

> Kürzlich war Mumon bei Zuigan.
> Er nahm den Zen-Sitz ein und kritisierte alte und neue Koans.
> Sowohl den Weisen wie den gewöhnlichen Sterblichen schnitt er den Weg ab.

> Viele verborgene Drachen können heftige Gewitter hervorrufen.

Mit diesem Gedicht bringt Meister Soju seine tiefe Dankbarkeit für Meister Mumon und seine große Erwartung und Hoffnung auf seine Mönche zum Ausdruck. Meister Soju sagt: »Kürzlich hielt sich Meister Mumon in meinem Tempel Zuiganji auf. Er nahm einen Zen-Sitz ein und kritisierte ohne Zurückhaltung alte und neue Koans, schnitt sowohl den Heiligen wie den gewöhnlichen Menschen den Weg ab. Man konnte ihn nicht zurückhalten. Man hofft, daß die Zen-Mönche, die jetzt ruhig ihr zurückgezogenes Leben führen, um des Dharma willen ihren Mut zusammennehmen und – inspiriert von dem scharfsinnigen und vorzüglichen Zen-Wirken des Meisters Mumon – ein Gewitter in der Zen-Welt hervorrufen.

Am Schluß erzählt Meister Soju, wie es dazu kam, daß er sein Gedicht der Anerkennung und Würdigung geschrieben hat:

> Meister Mumon wurde als Führender Mönch eingeladen.
> Ich danke ihm mit diesem bescheidenen Gedicht.

In der Anfangszeit des Zen war die Stellung eines Führenden Mönchs zur Leitung und Unterweisung aller Mönche des Klosters ein wichtiger Posten in einem Zen-Kloster. Meister Soju hatte Meister Mumon als besonderen Lehrer oder Führenden Mönch in seinen Tempel eingeladen und ihn gebeten, Teisho zu alten und modernen Koans zu geben. Meister Mumon bemühte sich daraufhin sehr um die Förderung des Dharma und gab der Zen-Welt, die in Untätigkeit zu versinken drohte, neuen Antrieb. Das erklärt den historischen Hintergrund dieses Buches *Mumonkan* und die Rolle, die es, wie man erwartete, für die damalige Zeit spielen sollte.

Schlußwort des Mokyo

Bodhidharma kam vom Westen, und er verließ sich nicht auf Worte und Schriftzeichen. Er lehrte, unmittelbar auf das eigene Herz weisen, die Buddhaschaft dadurch erlangen, daß man in die eigene Natur schaut. Es ist schon abwegig, von »unmittelbar weisen« zu reden. Auch ist man schon der Senilität sehr nahe, wenn man von »Erlangung der Buddhaschaft« redet. Es ist von Anfang an torlos. Wie kann es eine Schranke geben? Er ist wie eine Großmutter so freundlich und verbreitet seine absurde Lehre. Muan (Mokyo) fügt durch ein paar unnötige Worte die neunundvierzigste Rede bei. Lies aufmerksam mit weitgeöffneten Augen und erfasse den Kern der Verwirrung.

> Im Sommer des fünften Jahres des Junyu (1245)
> wurde die zweite Ausgabe herausgebracht.
> Geschrieben von Mokyo.

(Mokyo, der sich selbst »Muan« nannte, war ein Krieger und verbrachte die meiste Zeit seines Lebens als General auf dem Schlachtfeld. Er nahm großes Interesse am Buddhismus. Er starb 1246 in der südlichen Sung-Dynastie.)

Die neunundvierzigste Rede des Amban

Der alte Meister Mumon hielt achtundvierzig Reden und kritisierte die Koans der alten Meister. Er gleicht dem Verkäufer von gebratenen Reiskuchen, der den Käufer den Mund öffnen läßt, den Kuchen hineinsteckt und es ihm dann unmöglich macht, den Kuchen zu schlucken oder auszuspucken. Wie dem auch sei, Amban will einen weiteren Kuchen in seinem glühendheißen Ofen backen und ihn diesen achtundvierzig Beispielen beifügen. Auf diese Weise gibt es ein Extrastück. Ich weiß nicht, wo der Meister seine Zähne ansetzen wird. Wenn er es auf einmal hinunterschlucken kann, wird er Licht ausstrahlen und die Erde erschüttern. Wenn er es nicht kann, dann werden die achtundvierzig Stücke, die vorgelegt wurden, alle verbrannt werden. Sprich sofort! Sprich sofort!

Das Sutra sagt: »Hör auf zu reden, hör auf zu erklären. Dieses Dharma ist wunderbar und jenseits von aller Spekulation.« Amban sagt: »Wo kommt das Dharma her? Wie kann es wunderbar sein? Wie kann es erklärt werden? Nicht nur Bukan war eine Klatschbase, sondern zuerst war Shakyamuni geschwätzig. Der alte Mann hat Geister geschaffen und die Nachkommen von Hunderten und Tausenden von Generationen in Verwirrung gebracht, so daß sie festgefahren sind und nicht entkommen können. Die bislang gegebenen Reden kann man nicht schlucken. Sie werden niemals genügend gar sein, selbst wenn sie in einem Dampfkochtopf erhitzt werden. Es mag vielleicht einen Außenstehenden geben, der sie falsch verstanden hat und fragt: »Was ist letzten Endes die Schlußfolgerung?« Amban legt seine zehn Finger zusammen und sagt: »Hör auf zu reden, hör auf zu erklären. Dieses Dharma ist wunderbar und über alle Spekulation.« Plötzlich zeichnet er einen kleinen Kreis, um das Wesen von »über alle Spekulation« darzustellen, und zeigt ihn den Leuten. Die fünftausend Bände des *Tripitaka* und Virmalakirtis *Tor der Nicht-Zweiheit* sind alle darin.

Wenn gesagt wird, daß Feuer ein Licht sei,
Antworte nicht durch ein Kopfnicken.
Ein Einbrecher kennt einen anderen Einbrecher.
Bei jedem Problem sind sie sich sofort einig.

Frühsommer des sechsten Jahres des Junyu (1246).
Geschrieben von Amban in einer Villa am Leiko-See.

(Amban war der Schriftstellername, den Tei Seishi verwandte. Er bestand das Staatsexamen für Regierungsbeamte und war als fähiger Politiker und literarisch hochbegabter Mensch bekannt. Er starb 1251 in der südlichen Sung-Dynastie.)

Meister Bukan war Abt von Kokuseiji auf dem Berg Tendai. Als er einmal Kanzan und Jittoku zur Küche seines Tempels kommen sah, um Essen zu betteln, betete er sie an und sagte, sie seien Monju (Manjusri) und Fugen (Samantabhadra) in lebendiger Gestalt. Als Kanzan und Jittoku dies hörten, nannten sie ihn »Bunkan, den Schwätzer« und rannten davon.

Erklärung von Worten und Begriffen

AMITABHA. Name eines Buddha im Reinen-Land-Buddhismus; Amida Buddha.

ANANDA. Einer der »Zehn Großen Schüler« des Shakyamuni Buddha, bekannt als der Schüler »mit dem besten Gehör und Gedächtnis«. Ananda war fünfundzwanzig Jahre lang Diener des Shakyamuni Buddha und wurde später Nachfolger von Maha-Kasho.

ARAYASHIKI. Eine Umschreibung von Sanskrit *alayavijnana;* das grundlegende Bewußtsein, aus dem alles im Universum Gestalt annimmt. Die Vijnaptimatrata-Philosophie (Wei-shih) nennt sie das Achte Bewußtsein und erklärt sie als tiefstes Bewußtsein des Menschen.

AVALOKITESVARA. Ein Bodhisattva der Großen Barmherzigkeit in der buddhistischen Mythologie, der alle Wesen aus ihren Leiden und Schwierigkeiten erlöst und verschiedene Gestalt annimmt. Im Zen wird Avalokitesvara häufig als ein Bodhisattva verstanden, der freies Zen-Wirken darstellt.

BERG SUMERU. Der Berg im Mittelpunkt des Universums in der mythologischen Kosmologie des alten Indien. Die Neun Berge und die Acht Ozeane (Wohlriechende Ozeane) umgeben den Fuß des Berges Sumeru, über den sich die Vier Dhyana-Himmel spannen. Zen bezieht sich auf die Acht Ozeane und die Vier Dhyana-Himmel, um bildhaft auf den unendlichen Raum und die unendliche Höhe hinzuweisen. Der Berg Sumeru wird auch häufig als Symbol der absoluten Wahrheit genannt.

BHAGAVAT. Ein Titel, von dem man sagt, er habe sechs Bedeutungen. Im achtundvierzigsten Koan kann man ihn jedoch im Sinne von Buddha verstehen. »Bhagavat der Zehn Richtungen« bedeutet: »Die Buddhas durchdringen das ganze Universum.«

BHIKKHU. Ein geweihter buddhistischer Mönch.

BODHI. Im allgemeinen wird im Buddhismus unter »Bodhi« die Wahre Weisheit der Erleuchtung (Satori) verstanden, die Buddha erlangt hat. Im Zen soll »Bodhi« jedoch von jedem einzelnen als tatsächliches Faktum seiner Erfahrung erlangt werden.

BODHIDHARMA. Wurde in Indien geboren und kam um 520 n.

Chr. über das Meer nach Südchina. Er ließ sich in Shorinji in Nordchina nieder, wo er Zazen praktizierte und den Buddhismus aufgrund der Erkenntnis-Erfahrung eines jeden einzelnen lehrte. Er lehnte den wissenschaftlichen Zugang zum Buddhismus, der allzu großen Wert auf das Studium der Schriften (Sutren) legt, ab. Bodhidharma wird als der Erste Patriarch des Zen-Buddhismus in China, der später einen großen Aufschwung nahm, angesehen und ist einer der bedeutendsten Patriarchen in der Zen-Geschichte. Nur wenige biographische Einzelheiten sind über ihn bekannt. Bodhidharma ist ein beliebter Gegenstand der Zen-Malerei; er ist das Symbol für die einmaligen Zen-Merkmale.

BODHISATTVA. Ursprünglich ein Wesen, das eine Stufe unter einem Buddha steht, ein zukünftiger Buddha. Daher ist ein Bodhisattva einer, der aus Mitleiden, um alles Wesen zu retten, in seiner Bodhisattvaschaft verbleibt. Manchmal wird ein Buddhist, der sich noch in der Ausbildung befindet und sich gemäß der Lehre Buddhas schult, auch ein Bodhisattva genannt. Im Zen wird das Wort als Ehrentitel für jemanden verwendet, der außerordentliches Zen-Können aufgrund tiefer Erfahrung besitzt.

BUDDHA. Dieses Wort kann, je nach dem Zusammenhang, auf drei verschiedene Weisen gebraucht werden: 1. Es kann auf Shakyamuni Buddha verweisen, der eine historische Gestalt war. 2. Es kann ein Erleuchteter sein, und in diesem Sinne kann das Wort im Plural verwendet werden. 3. Es kann sich auf die von einem einzelnen erfahrene und als tatsächliches Faktum hier und jetzt, in seinem täglichen Leben, gelebte Wahrheit beziehen.

BUDDHA DHARMA. Die von Shakyamuni Buddha gelehrte Wahrheit.

BUDDHA-NATUR. Die wahre Natur aller Wesen, mit der sie ursprünglich geboren wurden. Es ist die absolute Wahrheit, die jeder – ohne Rücksicht darauf, ob er erleuchtet ist oder nicht – besitzt. Diese wahre Natur transzendiert alle Formen des Dualismus. Die Erfahrung des Aufwachens zu dieser Buddha-Natur wird im Zen Satori (Erleuchtung) genannt.

BUDDHASCHAFT. Die Wahrheit als tatsächlich von jedem einzelnen erlangtes Faktum.

DAIBONTENNO MONBUTSU KETSUGI-KYO. Eine chinesische Schrift (Sutra), die sehr bekannt ist und aus der das Koan »*Shakyamuni zeigt eine Blume* entnommen wurde. Ihr Original im Sanskrit hat man nie aufgefunden. Fachleute sind allgemein der Ansicht, daß sie ein späteres Produkt eines chinesischen Schriftstellers ist.

DAIGAKU (»Die große Belehrung«). Eines der wertvollsten und berühmtesten konfuzianischen klassischen Werke.

DAITSU CHISHO BUDDHA. Ein Buddha, der in einer metaphorischen Erzählung im *Hoke-kyo* (»Lotus-Sutra«) erscheint. Das Zen hat Daitsu Chisho Buddha in ein Koan aufgenommen, das sich auf seinen eigenen, einmaligen Standpunkt gründet, und fordert uns auf, den lebendigen Daitsu Chisho Buddha selbst zu erfahren und als die Wirklichkeit der Nicht-Form, Nicht-Definition zu erfassen. Es erübrigt sich hinzuzufügen, daß dies überhaupt keinen Zusammenhang mit dem metaphorischen Hintergrund oder mit philosophischen Deutungen dieses besonderen Buddha hat.

DHARMA. Hat verschiedene Bedeutungen: die Wahrheit, das Prinzip des Universums, die von Shakyamuni Buddha hinterlassenen Lehren, Dasein in der objektiven Welt in seiner »Ist-heit« oder das Wesen der Zen-Erfahrung, das in der Lehrer-Schüler-Übertragung des Nicht-Übertragbaren tradiert worden ist.

DHARMA-BESTÄTIGUNG. Die von einem Zen-Meister seinem Schüler gegebene Anerkennung als sein Dharma-Nachfolger, die ihn zur Anleitung der auszubildenden Mönche qualifiziert. Die Anerkennung kann mündlich, schriftlich oder in jeder anderen Weise erfolgen. Jedoch muß der, welcher die Anerkennung gibt, selbst ein authentischer Dharma-Übermittler in der traditionellen Dharma-Genealogie des Zen sein. Der Schüler, dem die Dharma-Bestätigung gegeben wird, muß tiefe Zen-Erfahrung, eine hervorragende Befähigung haben und eine gebildete Persönlichkeit sein, in der er nicht einmal seinem Lehrer nachsteht. Die bloße Tatsache, daß man eine Zen-Schranke überwunden oder lange Zen studiert hat, qualifiziert den Schüler nicht für die Dharma-Bestätigung.

DHYANA. Meist mit »Meditation« oder »Konzentration« übersetzt. Im Zen wird Dhyana verwendet, um auf die Satori-Erfahrung zu verweisen, die Bewegung und Nicht-Bewegung, Aktivität und Ruhe übersteigt.

DOGEN. Gründer des japanischen Soto-Zen. Dogen ging während der Sung-Dynastie nach China, studierte Zen bei Meister Tendo Nyojo, dessen Nachfolger er schließlich wurde, und führte das Soto-Zen in Japan ein. Er verfocht das »Nur-Sitzen«, und sein Zen zeichnet sich aus durch Aufmerksamkeit, Lauterkeit und Präzision. Während seines ganzen Lebens hielt Dogen sich von den Mächten dieser Welt und weltlichen Autoritäten fern. Er widmete sich ausschließlich der Förderung des Zen und der Ausbildung seiner Schüler. Er ist als der Autor des *Shobo Genzo* (95 Bände) bekannt und starb im Jahre 1253.

ES. Das Wesen des Zen. Im Zen wird die Wahrheit oder Wirklichkeit oft »Es« genannt, denn wenn überhaupt ein Name oder eine Bezeichnung gegeben wird, ist die Wahrheit schon verfehlt.

FUCHS-ZEN. Schein- oder falsches Zen. Nach einer bekannten japanischen Legende verhext und betrügt der Fuchs die Menschen, daher dieser herabsetzende Begriff.

FUGEN. Ein Bodhisattva der Großen Barmherzigkeit in der buddhistischen Mythologie. Häufig werden Fugen (»Große Barmherzigkeit«) und Manjusri (»Große Weisheit«) zusammen erwähnt, um die beiden größeren Wirkungsbereiche des Buddha zu zeigen.

GE-PERIODE. Ein »Ge« besteht aus neunzig Tagen, meist vom 16. Mai bis 15. August, entsprechend der indischen Regenzeit. Da die indischen Mönche während dieser Zeit keine Pilgerreise unternehmen konnten, blieben sie an einem Ort, an dem sie ihre Ausbildung fortsetzten.

GO. Ein traditionelles häusliches Spiel in Japan. Man spielt es zu zweit auf einem Brett mit kleinen schwarzen und weißen Steinen, um den eingenommenen Bereich zu markieren.

GOTAMA. Beiname des Shakya-Klans. In Zen-Schriften wird Shakyamuni (der weise Mann der Shakyas) in der intimen und eher informellen Weise häufig Gotama genannt.

GOTO EGEN. Berühmte historische Berichte chinesischer Zen-Meister, die 22 Bände umfassen. (»Go« von »Goto« bedeutet »fünf« und »to« heißt »Lampe«). Meister Daisen Fusai stellte die Goto-Egen-Berichte zusammen und gab die fünf berühmten Bücher über die chinesische Zen-Geschichte heraus: *Dento-roku, Koto-roku, Rento-roku, Zokuto-roku, Futo-roku.*

GRDHRAKUTA. Berg in der Nähe der Hauptstadt Magadha im alten Indien. Historisch ist er als der Ort berühmt, wo Shakyamuni Buddha vor seinen Schülern und seinen zahlreichen Anhängern seine Reden hielt. Im Zen ist Grdhrakuta der Ort, an dem die Wahrheit lebendig ist und leuchtet, wo sie Zeit und Raum übersteigt – wo die Wahrheit gelehrt wird. Daher heißt es: »Die Versammlung am Berg Grdhrakuta findet wirklich hier und jetzt statt.«

GROSSER TOD. Durch und durch tot sein – Leben und Tod übersteigen.

GROSSER ZWEIFEL. Dies ist nicht unser alltäglicher, intellektueller Zweifel, sondern der Ur-Zweifel oder das Suchen und Forschen des Menschen, das ihn bis an die äußerste Grenze seines dualistischen, unterscheidenden Bewußtseins treibt, um den Zweifel im Großen Tod zu überwinden. Es ist der innere, spirituelle Zweifel, der das Suchen und Forschen der Schüler nach dem grundsätzlichen Sinn ihres Daseins verursacht und ihn schließlich zu einem neuen Menschen, zu wirklicher Freiheit erweckt.

HAIKU. Traditionelles japanisches Kurzgedicht, das aus 5–7–5 Silben besteht.

HAKUIN. Hakuin Ekaku wurde 1685 geboren; als er fünfzehn Jahre alt war, wurde er zum Mönch des Rinzai-Zen geweiht. Nach einer harten und sorgfältigen Schulung wurde er der Nachfolger von Meister Shoju. Er hielt sich in Shorinji, Suruga, in der Nähe des Berges Fuji auf, und während seines ganzen Lebens wurde er niemals Abt eines großen Tempels. Er bildete viele tüchtige Schüler aus, war ein guter Schriftsteller und ist berühmt wegen seiner Kalligraphie und seiner vielen Zen-Bilder. Er starb 1768 im vierundachtzigsten Lebensjahr. Er war ein Meister mit einem außerordentlich scharfsinnigen Zen-Geist und Zen-Können und betonte nachdrücklich die wesentliche Bedeutung der religiösen Erfahrung im Zen. Er führte das »Koan-Zen« ein und förderte sehr die Zen-Übung und die Satori-Erfahrung zu einer Zeit, als das innere Zen-Leben in Japan im Aussterben begriffen war. Hakuin wird als einer der größten Meister in der Zen-Geschichte Japans verehrt.

HEKIGAN-ROKU. Eine Sammlung von hundert Zen-Koans. Das Buch ist voll eines tiefen und wunderbaren Zen-Geistes und feiner poetischer Erkenntnisse. Es ist als »Das erste Buch in Zen« hochgeschätzt. Meister Seccho (980–1052), der ein Zen-Meister mit großer poetischer Begabung war, wählte hundert berühmte Koans aus und schrieb zu jedem Koan ein Kommentar-Gedicht. Meister Engo (1063 bis 1135) gab zu jedem Koan eine Einleitung, einen Kommentar und ein Epigramm. Das *Hekigan-roku* wurde 1125 abgeschlossen.

HOKE-KYO (*Saddharmapundarika-Sutra*). Ein Mahayana-Sutra, das ungefähr zu Beginn der christlichen Ära geschrieben wurde. Mit seinen schönen und interessanten Metaphern und symbolischen Ausdrücken preist es Buddha als die ewig unwandelbare Wahrheit. Es wird auch als hervorragendes literarisches Werk geschätzt. Zen-Anhänger beziehen sich häufig darauf und wissen die treffenden, schönen Metaphern und die symbolische Ausdrucksweise zu schätzen.

HOSSU. Ein Büschel Pferde- oder Ochsenhaare, die zu einem kurzen Stock von ungefähr 30 cm Länge zusammengebunden sind. Zunächst wurde er dazu benutzt, Moskitos zu vertreiben; heute wird er jedoch oft von Zen-Meistern bei Zeremonien oder Riten getragen.

IGYO-SCHULE. Zen-Schule, die von Meister Isan Reiyu und seinem Schüler, Meister Gyozan Ejaku, gegründet wurde. Ihr Zen ist liebenswürdig und klug, unkompliziert und reflektiert den schönen Lehrer-Schüler-Einklang der beiden Gründer.

II! Ein Ausruf, der verschiedene Gefühle zum Ausdruck bringt, zum Beispiel eine ernste Warnung oder Bewunderung in einem sarkastischen Ton, oder kräftige Ermutigung. Seine Bedeutung ändert sich je nachdem, wie und wo er benutzt wird.

INO. Titel des Mönchs in einem Zen-Kloster, dem die Sorge für die Registratur und die Riten übertragen ist.

JITTOKU. Ist nur durch legendäre Erzählungen bekannt. Er führte ein unkonventionelles und außerordentlich freies Leben und war häufig bei Kanzan. Seine Gedichte werden sehr geschätzt, da sie ein tiefes und hochgeistiges Zen reflektieren. »Kanzan und Jittoku« sind ein beliebter Gegenstand der chinesischen Malerei. In China werden sie als die Inkarnationen von Manjusri und Samantabhadra geehrt. Vgl. auch Kanzan.

JODO SHINSHU. Vgl. Reines-Land-Buddhismus.

KALPA. Ein ungeheuer langer Zeitabschnitt. Es gibt verschiedene Darstellungen der Länge eines Kalpa; jede versucht jedoch zu verdeutlichen, daß es eine über menschliches Verstehen hinausgehende lange Zeitdauer ist.

KANZAN. Eine Gestalt, die nur aus legendären Erzählungen bekannt ist. Man berichtet, Kanzan habe in den Höhlen in der Nähe von Kanzanji ein fast irres Leben geführt, sein Haar nicht geschnitten und nur Lumpen getragen. Hin und wieder sei er nach Kanzanji gekommen, um Nahrungsreste zu erbitten, habe aus voller Kehle gelacht, laut gesungen und seine einmalig freien und schönen Gedichte auf Bäume und Felsen geschrieben. *Kanzan-shi* ist eine Sammlung seiner wunderbaren Gedichte. Vgl. auch Jittoku.

KARMA. Im engeren Sinne: gute böse Taten. Gewöhnlich wird Karma jedoch als eine Kausalmacht interpretiert, die der Ursprung der Seelenwanderung ist. Zen lehrt, Herr oder absolute Subjektivität in allen Lebenslagen zu sein und die Wahrheit überall zu leben. Ein Zen-Anhänger muß daher die Beschränkung des Karma übersteigen und frei sein Zen-Leben entfalten.

KASHO (*Kasyapa*). Einer der »Zehn Großen Schüler des Shakyamuni Buddha«, der als der Schüler »der besten Disziplin« bekannt ist. Nach dem Tode von Shakyamuni Buddha wurde Kasho der Führer der buddhistischen Organisation. Er wird als der Erste Patriarch in der Zen-Übertragung verehrt.

KASHO BUDDHA. Die buddhistische Legende kennt ein genealogisches Verzeichnis der Übertragung (das nicht mit der Dharma-Übertragung identisch ist), nach dem es in der Vergangenheit sieben Buddhas gegeben hat. Kasho Buddha war der sechste und Shakyamuni Buddha der siebente. Ein Hinweis auf Kasho Buddha besagt, daß es in einer sehr weit zurückliegenden Vergangenheit, vor undenklichen Zeiten, war.

KEGON. Eine Philosophie, die lehrt: »Eins ist alles, alles ist eins«, und: »In einem unendlich kleinen Teilchen ist das ganze Universum enthalten; ein Augenblick begreift die Ewigkeit in sich.« Erklärt in dem *Avatamsaka-Sutra*.

KEGON-KYO (*Gandavyuha-Sutra*). Diese Schrift lehrt Buddha-Dharma und gibt dabei eine philosophische Erklärung der Kegon-Philosophie. Es gibt drei verschiedene chinesische Übersetzungen des *Kegon-Sutra*. Schon seit der T'ang-Dynastie verwenden Zen-Meister häufig die Kegon-Philosophie und ihre Ausdrucksweise bei der Erklärung ihrer eigenen Erkenntnis-Erfahrungen und ihres eigenen Zen-Wirkens.

KEITOKU DENTO-ROKU (»Die Übertragung der Lampe«). Äußerst wertvolle historische Zen-Berichte, die Biographien, Aussprüche und Erzählungen von über 1700 indischen und chinesischen Meistern (Zen-Übermittler) enthalten. Die Schrift wird *Keitoku Dento-roku* genannt, weil alle ihre Bände im ersten Jahr von Keitoku in der Sung-Dynastie (1004) zusammengestellt wurden.

KENSHO. Dasselbe wie Satori; vgl. Satori.

KETTE DER URSÄCHLICHKEIT. Gemäß der Kette der Ursächlichkeit ist der Mensch je nach seinem guten oder bösen Karma der Seelenwanderung unterworfen. Man glaubt, daß einer, der in Unwissenheit lebt, von dieser Ursächlichkeit nicht frei werden kann. Das Zen hat jedoch seine eigene Methode, mit diesem Problem fertig zu werden: Wer zu seiner ursprünglichen Natur erwacht, überschreitet die Ursächlichkeit und lebt ein freies Leben, das in keiner Weise an die Kausalität gebunden ist.

KOAN. Aussprüche und Erzählungen von alten Zen-Meistern, die frei und schöpferisch ihre Zen-Geistigkeit zum Ausdruck bringen. In der heutigen Zen-Schulung übt ein Schüler mit dem ihm von seinem Lehrer gegebenen Koan Zazen. Das Koan dient als Mittel, ihm seine ganze Denk- und Argumentationsfähigkeit zu nehmen. Es läßt ihn erkennen, daß sein unterscheidendes Wissen vollkommen unfähig ist, das grundsätzliche Problem des Menschen zu lösen. Schließlich treibt es ihn in den Abgrund der Verzweiflung, aus dem er als ein neuer Mensch hervorgehen wird. Es ist etwas ganz anderes als eine gewöhnliche Frage oder ein entsprechendes Problem.

KONGO HANNYA-KYO (*Diamant-Prajna-Sutra*). Mahayana-Sutra, das lehrt, daß alle Wesen leer sind und Nicht-Selbst besitzen. Zen fordert von seinem Schüler, die philosophischen Lehren dieses Sutra als seine eigene Erfahrung zu erfassen und diese Wahrheit in seinem alltäglichen Leben anzuwenden. Das *Diamant-Prajna-Sutra* steht im Zen, insbesondere in der Zeit nach dem Sechsten Patriarchen Eno, in hohem Ansehen.

KWATZ! Ein kräftiger Ausruf. Das Wort an sich hat keinen Sinn. Im Zen ruft man jedoch *Kwatz!* aus, um unmittelbar die Zen-Geistigkeit zu zeigen, die niemals in Worten ausgedrückt oder erklärt werden kann.

LEHRER DER NATION. Ein Ehrentitel, den man einem Zen-Meister verlieh, der Lehrer des Kaisers wurde.

MAHAYANA-BUDDHISMUS. Der Buddhismus hat zwei größere Zweige: Mahayana und Theravada. Der Mahayana-Buddhismus lehrt, zum Dharma zu erwachen, damit man andere retten kann, während im Theravada-Buddhismus der Nachdruck auf die eigene Befreiung liegt. Mahayana bedeutet: »Großes Fahrzeug«.

MAITREYA. Der zukünftige Buddha, der, wie man sagt, 5 670 000 000 Jahre nach Shakyamuni Buddhas Tod in dieser Welt erscheinen wird, um die Menschen zu retten. Häufig deutet ein Hinweis auf Maitreya nur auf die noch in weiter Ferne liegende Zukunft.

MANJUSRI. Ein Bodhisattva der Prajna-Weisheit in der buddhistischen Mythologie; in Japan als Monju bekannt.

MANTRA. Eine Silbe, Wort oder Satz, von denen man annimmt, daß sie geheimnisvolle, okkulte und übernatürliche Wirkungen haben. In einigen Religionen, einschließlich einiger buddhistischer Schulen, spielt ein Mantra eine wichtige Rolle, und man schreibt ihm absolute Macht zu. Zen jedoch fordert jeden einzelnen auf, zu seinem wahren Selbst zu erwachen und selbst als absolute Subjektivität in der Welt mit einer vollkommen neuen Einstellung zu leben. Zen stützt sich natürlich in keiner Weise auf irgendwelche geheimen oder okkulten Riten, wie zum Beispiel das Rezitieren von Mantras oder Sutren.

MONDO. Fragen und Antworten, die frei zwischen Zen-Mönchen aufgrund ihres Zen-Standpunktes gewechselt werden. Mondos zeigen deutlich ihre Zen-Geistigkeit. Von üblichen Dialogen sind sie total verschieden.

MU. Die Wahrheit jenseits von Bejahung und Verneinung, Subjekt und Objekt. Obwohl »Mu« wörtlich »Nein« oder »Nichts« bedeutet, ist es kein relativistisches »Nein«, das im Gegensatz zum »Ja« steht. Es ist die durch Erfahrung von jedem Individuum erfaßte Wahrheit, wenn es alles unterscheidende Bewußtsein ausgelöscht hat. »Mu« ist ein provisorischer Name, der dem immer unbeschreibbaren »Es« gegeben wird.

NANTO-KOAN. Ein kompliziertes Koan, das einem Zen-Schüler gegeben wird, so daß er sein Zen-Können in Unterscheidung frei entfalten kann. Wenn sein Zen-Auge nicht hell geöffnet ist, kann er den wirklichen Sinn eines Nanto-Koan nicht erfassen.

NATA. Ein Dämonen-König der indischen Mythologie. Er hat vier Gesichter, acht Arme und übernatürliche Macht.

NEMBUTSU. Mit lauter Stimme den Namen des Amitabha Buddha rezitieren. Im Reinen-Land-

Buddhismus werden verschiedene philosophische Erklärungen für Nembutsu gegeben.

NII! Ausruf, um einer strengen Aufforderung Nachdruck zu verleihen oder um den Sinn zu betonen.

NIRVANA. Satori des Nicht-Lebens, Nicht-Todes. Die Unwissenheit ist vollkommen ausgelöscht und die wahre Weisheit ist erlangt. Obwohl es von einem Sanskrit-Wort stammt, ist sein Sinn nicht derselbe wie im Sanskrit.

NIRVANA-HALLE. Raum in einem Kloster für kranke Mönche. Er wird auch Enjudo genannt, was »Halle der Lebensverlängerung« bedeutet.

NIRVANA-SUTRA. Dieses Sutra enthält Shakyamuni Buddhas letzte vor seinem Tode gegebene Lehre, daß wir das Feuer unserer Leidenschaften und Unwissenheit ganz auslöschen und auf diese Weise Satori erlangen sollen. Zen versteht dieses Sutra vom empirischen Standpunkt aus und sagt, daß jeder von uns tatsächlich das Sterben seines kleinen Selbst, das voll von Leidenschaften und Unwissenheit ist, erfahren muß, um als das wahre Selbst der Satori-Individualität wieder aufzuwachen.

NYOI. Ein ungefähr 50 cm langer Stock, der gewöhnlich von einem Zen-Meister getragen wird.

ORYO-SCHULE. Rinzai-Zen-Schule, die von Meister Oryo Enan in der chinesischen Sung-Dynastie gegründet wurde.

PARAMITAS. Paramita bedeutet wörtlich: »Das andere Ufer erreichen«, das heißt, Buddhaschaft erlangen. Die »Zehn Paramitas« sind im allgemeinen als die zehn Tugenden bekannt, die ein Bodhisattva praktiziert, um Buddhaschaft zu erlangen: Opfern (Großmut), Gebote (Moral), Ausdauer (Geduld), Streben, Dhyana (Meditation), Weisheit, Fähigkeit, die richtigen Mittel zu erkennen, Gelübde (Entschlossenheit), Willenskraft und Prajna (Weisheit)-Wirken. Im Zen sind die Tugenden jedoch nicht die Mittel, Buddhaschaft zu erlangen (obwohl sie Zerstreuungen im Zazen vermindern könnten), sondern sie sind die Folgen der Buddhaschaft.

PATRIARCH(EN). Diejenigen Meister in der Zen-Tradition, die die wahre Lehre des Shakyamuni Buddha als seine Dharma-Nachfolger übertragen haben. Sie werden als wahre Zen-Anhänger, die selbst die Zen-Wahrheit lebten, verehrt.

PRAJNA. Im Buddhismus allgemein als »wahre Weisheit« übersetzt. Im Zen bedeutet Prajna die Erleuchtungserfahrung, in der Weisheit und ihr Wirken eins sind. Man kann Prajna erlangen, wenn man sein ganzes dualistisches, unterscheidendes Bewußtsein vernichtet hat.

PRAJNA-WEISHEIT. Die wahre Weisheit jenseits von jeder Form von Dualismus, wie Subjekt und Objekt, Erleuchtung und Unwissenheit, Gut und Böse, Zeit und Raum. Die Ur-Weisheit, aus der die Wahrheit ihr freies Wirken entfaltet.

REINES-LAND-BUDDHISMUS. Zweig des japanischen von Shinran gegründeten Buddhismus. Sein korrekter Name ist: Wahrer-Reines-Land-Buddhismus. Diese Buddhisten glauben an die Erlösung durch Amitabha und an ihre Wiedergeburt im Reinen Land nach ihrem Tod.

RI-BI. Wörtlich heißt »Ri« Getrenntheit und »Bi« heimlich oder geheimnisvoll. »Ri« bezieht sich auf die Wahrheit des Universums, die Wirklichkeit, das Selbst oder das Eine, das getrennt ist von allen Namen, Formen und Unterscheidungen. Dieses »Ri«, oder die Wahrheit, wirkt frei und entfaltet seine Tätigkeit im Einklang mit den verschiedenen Umständen der Unterscheidung auf unendlich verschiedene Weise. Dieses schöpferische, freie Wirken wird »Bi« genannt.

RINZAI. Einer der beruhmtesten Zen-Meister unter der T'ang-Dynastie in China (er starb 867). Gründer der Rinzai-Zen-Schule. Meister Rinzai entfaltete seine Tätigkeit in Nordchina, aber sein Zen verbreitete sich im ganzen Land. Sein transzendentes freies und wunderbares Zen-Wirken mit tiefer Erfahrung und dynamisch scharfsinnigem Geist hat in der Zen-Geschichte nicht seinesgleichen. Er setzt sich für ein Zen »von großem Können und großem Wirken« ein und ist berühmt wegen seines *Kwatz*-Rufes.

RINZAI-ROKU. Ein Buch, das die Aussprüche, Erzählungen, Mondos und biographische Angaben über Meister Rinzai enthält. Es wird als »das erste Zen-Buch« gewertet und wurde von seinem Schüler zusammengestellt.

RINZAI-ZEN. Zen-Schule, die von Meister Rinzai Gigen während der T'ang-Dynastie in China gegründet wurde. Das Rinzai-Zen ist für sein schöpferisches und wunderbares Zen-Wirken in Unterscheidung berühmt, das sich auf eine unvergleichlich freie, hohe und scharfsinnige Geistigkeit gründet, die für den Gründer charakteristisch war.

RYOGA-KYO! *(Lankavatara-Sutra).* Ein Mahayana-Sutra, das die indische Lehre des Buddhismus enthält; eine ziemlich wahllose Sammlung von Mahayana-Gedanken. Zen hat insbesondere die »Prajna-Weisheit der Selbst-Erkenntnis«, die in diesem Sutra gelehrt wird, übernommen. Man sagt, Bodhidharma habe dieses Sutra dem Eka, dem Zweiten Patriarchen, übergeben.

SAH! Ein Ausruf, der häufig – je nach den Umständen – zur Ermutigung oder zur Warnung dient.

SHAKYAMUNI BUDDHA. Gründer des Buddhismus, der als der Buddha verehrt wird. Etymologisch bedeutet Shakyamuni »der weise Mann der Shakyas«. Er ist eine historische Persönlichkeit und wurde als Prinz des Shakya-Klans, der ein kleines Königreich in Nordindien regierte, geboren. Als er neunundzwanzig Jahre alt war, gab er das weltliche Leben auf, um die Wahrheit zu suchen, verbrachte sechs Jahre in asketischer Zucht und erlangte später, als er Zazen unter einem Bodhi-Baum in der Nähe von Gaya praktizierte, die Erleuchtung. Fünfundvierzig Jahre lang nach der Erlangung von Satori machte er ausgedehnte Reisen durch Indien, lehrte das Dharma und entfaltete seine religiöse Tätigkeit. Er starb 486 v. Chr. Seine Lehre hat großen Einfluß auf die Religionen und die Kultur Indiens gehabt. Später breitete sich der Buddhismus in China und dann in Japan aus. Zen sieht Shakyamuni Buddha nicht als ein allmächtiges Wesen an, sondern verehrt ihn als einen großen Ahnherrn, der als erster in der menschlichen Geschichte Satori erlangt hat.

SAMADHI. Ursprünglich ein Sanskrit-Wort, das bedeutet: seinen Geist auf einen Punkt konzentrieren, so daß er ruhig und still wird. Im Zen wird das Wort Samadhi in einem anderen Sinne verwendet: Es ist das reine Wirken des Nicht-Geistes, jenseits von Aktion und Ruhe.

SAMANTABHADRA. In Japan als Fugen bekannt .Vgl. Fugen.

SANGHA. Eine harmonische Versammlung von Buddhisten. Manchmal bezieht sich Sangha auf den Wirkaspekt der Wahrheit.

SANZEN. Sich wiederholende Gelegenheit, bei der der Zen-Schüler das Ergebnis seiner Zen-Übung, das sich auf den absoluten Zen-Standpunkt gründet, im persönlien Gegenüber mit seinem Meister vorführt. Im Rinzai-Zen spricht man nicht von Sanzen, wenn man in einen Tempel eintritt und Zazen übt, oder einen Zen-Vortrag hört, oder sich bei einem Zen-Meister über verschiedene Probleme Rat holt, wie dies heute oft irrtümlicherweise angenommen wird.

SATORI. Zen-Erfahrung des Erwachens zur eigenen wahren Natur, in der alles dualistische, unterscheidende Bewußtsein vernichtet ist; die Erfahrung, dem kleinen relativistischen Selbst zu sterben und als wahres Selbst wiedergeboren zu werden; oft wird es mit »Erleuchtung« übersetzt. Es ist ein grundsätzlicher Wandel des ganzen Menschen, nicht nur eine rein psychologische Erkenntnis, emotionelle Ekstase oder das Ergebnis philosophischer Spekulation.

SESSHIN. Intensive Schulungszeit in einem Zen-Kloster (wörtlich: »den Geist schulen, üben«). Im Grunde ist für den Zen-Schüler jeder Augenblick Sesshin. Heute wird jedoch in einem Zen- Kloster jeden Monat eine Sesshin-Zeit von einer Woche für die Mönche angesetzt, damit sie sich ausschließlich ihrer intensiven Übung widmen können.

SHIN-BUDDHISMUS. Wahrer Reines-Land-Buddhismus in Japan.

SHINRAN. Gründer der Jodo-Shinshu-Schule (der Wahren Reines-Land-Schule des Buddhismus) in Japan. Er wurde in jungen Jahren buddhistischer

Mönch, studierte eingehend die buddhistischen Lehren, konnte aber keinen Frieden des Geistes finden. Später wurde er Schüler von Honen und gelangte zu dem Glauben an »die andere Macht Nembutsu«. Er mußte jahrelang im Exil verbringen und verbreitete während dieser Zeit seine Lehre in den weitentlegenen Provinzen. Im Alter von sechzig Jahren kehrte er nach Kioto zurück, wo er die Reines-Land-Lehre verbreitete; dort starb er 1262 im Alter von neunzig Jahren. Shinran sagt: »In einem Augenblick des Glaubens steht unsere Rettung fest.« Sein tiefer, echter Glaube und seine gerade Haltung haben eine durchdringende Klarheit, die denen der Zen-Meister gleich ist.

SHIPPEI. Ein 60 bis 90 cm langer Bambusstock, den ein Zen-Meister gewöhnlich trägt oder zur Hand hat.

SHOBUTSU YOSHU-KYO (»Sutra der Buddha-Versammlung«). Ein Sutra, das Auszüge aus verschiedenen Schriften enthält. Abgesehen von der Erzählung »Eine Frau erwacht aus der Meditation«, die als Zen-Koan mit ihrer einmaligen Bedeutung für die Zen-Übung aus diesem Sutra entnommen ist, hat dieses Sutra sonst keine Verbindung mit dem Zen.

SHOTO-ROKU. Historische Berichte, die aus Biographien, Aussprüchen, Erzählungen und Gedichten von vierundzwanzig chinesischen und japanischen Meistern der Rinzai-Zen-Schule bestehen. Sie wurden in Japan 1501 von Meister Eicho zusammengestellt.

SOTO-ZEN. Zen-Schule, die von Meister Tozan Ryokai in China während der T'ang-Dynastie gegründet wurde. Ihre Lehre gründet sich auf die Einheit von Satori und Übung. Das Soto-Zen ist als Zen von tiefer und aufrechter Geistigkeit bekannt, dessen charakteristische Merkmale Mäßigung und Tiefe sind.

SUMERU. Vgl. Berg Sumeru.

SUNYATA. Ursprünglich ein Sanskrit-Wort, das Leere bedeutet: Nichts im Dasein besitzt seine eigene Wesenheit, daher ist alles leer. Später wurde Sunyata in einem weiteren Sinne eine der Hauptlehren des Mahayana-Buddhismus. Im Zen wird es verwendet, um das selbst erfahrene Faktum anzudeuten, daß alle Formen des Dualismus überschritten sind.

SURAMGAMA-SUTRA. Besteht aus Antworten, die auf die Frage gegeben wurden, welche Art von Samadhi ein Bodhisattva üben muß, um Satori zu erlangen. Es werden praktische Anweisungen über die zu befolgende Übung gegeben. Im Zen wird das Sutra als Richtschnur im »Aufwärtsüben« betrachtet. Man nimmt sie auch gern für das »Abwärtsüben«, da sie die natürliche Entfaltung des Zen-Lebens zeigt.

SUTRA. Meist eine schriftlich niedergelegte Lehre des Shakyamuni Buddha. Zen betont jedoch nachdrücklich »die Überlieferung außerhalb der Schriften, ohne sich auf Worte und Schriftzeichen zu stützen«. Für Zen ist die religiöse Erfahrung eines jeden einzelnen absolute Notwendigkeit, und mündliche oder schriftlich niedergelegte Lehren sind von zweitrangiger Bedeutung. Zen ist nicht von irgendeinem besonderen Sutra abhängig.

TAO. Ein Name, der sich auf das Wesen von Zen bezieht; die Wahrheit, die von jedem einzelnen in der Erfahrung erfaßt wird. Die Bedeutung von Tao, so wie das Wort im Zen angewendet wird, ist nicht genau dieselbe wie im Taoismus.

TATHAGATA. Einer der zehn Namen für Shakyamuni Buddha; er bedeutet: »Der Eine, der als die Wahrheit gekommen ist.«

TEISHO. Zen-Vortrag, den ein Meister den in der Ausbildung begriffenen Mönchen in einem Kloster hält. Der Meister stellt seine Zen-Geistigkeit unmittelbar und konkret dar und gibt dazu seine Erklärungen. Teisho ist keine Gelegenheit für philosophische Erklärungen, scholastische Vorlesungen oder sektenhafte Predigten.

TENJIN. Eine Stärkung, Erfrischung. Wörtlich bedeutet »Ten«: aufleuchten, und »Jin« Geist.

TENZO. Titel des Mönchs, der in einem Zen-Kloster das Kochen und die Beschaffung von Nahrungsmitteln zu besorgen hat.

THERAVADA. Einer von den beiden größeren Zweigen des Buddhismus, der andere ist Mahayana. Der Theravada-Buddhismus lehrt die Befreiung von sich selbst durch Beobachtung der Gebote; das Wort bedeutet: »Der Weg der Alten«.

TOSOTSU-HIMMEL. Mythologischer Wohnort eines Bodhisattva, von dem man erwartet, daß er in der Zukunft ein Buddha wird. Man sagt, daß der Bodhisattva Maitreya jetzt im Tosotsu(Tusita)-Himmel lebe.

TRIPITAKA. Die Sammlung aller buddhistischen Schriften, einschließlich der Sutren, Gebote und Kommentare. Zen betont nachdrücklich die wesentliche Bedeutung der Erkenntnis-Erfahrung. Obwohl sie auf verschiedene Art und Weise zum Ausdruck kommen kann, ist jede schriftliche Ausdrucksform nur ein Schatten der Wahrheit.

UNMON-SCHULE. Zen-Schule, die von Meister Unmon Bunen gegründet wurde. Unmon war ein großer Meister, der vom Ende der T'ang-Dynastie bis hinein in die Fünf Dynastien tätig war. Seine Schule ist berühmt wegen ihrer Strenge und ihres edlen Geistes, Merkmale, die für den Gründer charakteristisch sind.

VIJNAPTIMATRATA. Philosophische Lehre, daß alle Daseinsweisen und Phänomene ihre provisorische Erscheinung dem Wirken des Bewußtseins verdanken, das die eigentliche Quelle des Geistes ist. Nach dieser Philosophie gibt es außerhalb des Bewußtseins keine Existenz.

VIMALAKIRTI. Eine Heldengestalt der buddhistischen Mythologie in dem *Vimalakirti-Sutra*, ein Laie mit großem Zen-Können.

VIMALAKIRTI-SUTRA. Ein Sutra, in der Vimalakirti der Held ist, ein reicher und gelehrter Edelmann und Laien-Zen-Buddhist, der den wirklichen Geist des Mahayana-Buddhismus erlangte. Das Sutra besteht aus seinen Mondos mit Buddha-Schülern, die an verschiedene dogmatische Interpretationen und Lehren gebunden und unfrei waren. Sie beginnt zunächst mit einer Warnung des Vimalakirti an diese Schüler, und dann entwickelt sich die Erzählung bis zu ihrem letzten Mondo mit Manjusri über das Dharma der Nicht-Dualität vom empirischen Standpunkt aus. Zen sagt, daß jeder Schüler das Dharma der Nicht-Dualität als Faktum seiner Erfahrung erfassen und sein Leben als Vimalakirti hier und jetzt soll.

VIPASYN BUDDHA. Der erste der Sieben Buddhas der Vergangenheit. Ein Hinweis auf Vipasyn Buddha deutet häufig auf eine unendlich ferne Vergangenheit hin.

VORSCHRIFTEN. Gebote, die den Buddhisten tradiert wurden, so daß sie sich erziehen und durch ihre Beobachtung ein anständiges, geordnetes Leben führen können. Zen behauptet jedoch, daß Nicht-Vorschriften das wahre Zen-Leben ist, weil Vorschriften das natürliche Ergebnis des erleuchteten Lebens des Zen-Anhängers sind. Mit anderen Worten, ein Zen-Anhänger schafft Vorschriften, während er frei seiner täglichen Beschäftigung nachgeht.

WAKA. Ein traditionelles japanisches Kurzgedicht, das aus 5–7–5–7–7 Silben besteht.

DER VON DER WELT GEEHRTE. Ein Ehrenname, den man Shakyamuni Buddha, dem Gründer des Buddhismus, beigelegt hat.

ZAZEN. Kann von dem Sanskrit-Wort Dhyana hergeleitet werden. Es bedeutet: ruhige Meditation. Im Zen hat es jedoch einen ganz anderen Sinn. Es bezieht sich auf die Zen-Praxis, den vollen Lotussitz mit geradem Rücken einzunehmen, das unterscheidende Bewußtsein völlig zu vernichten und so schließlich zu seinem wahren Selbst zu erwachen. Manchmal wird das Wort in demselben Sinne wie Zen gebraucht.

ZAZEN WASAN. Ein von Meister Hakuin geschriebener japanischer Gesang, der aus 44 Verszeilen besteht. Er lehrte darin den Mahayana-Buddhismus in einfacher und klarer Sprache, so daß das Volk ihn gut verstehen und rezitieren konnte. Der Gesang beschreibt, wie wichtig es für jeden einzelnen ist, Erkenntnis-Erfahrung zu besitzen und sein Zen-Leben zu entfalten.

ZEN. Die von jedem einzelnen nach aufrichtigem und fleißigem Suchen, Forschen und Üben erfahrene und erwiesene Wahrheit als wesentliche Grundlage seiner Persönlichkeit.

HEYNE BÜCHER — RATGEBER ESOTERIK

Mehr Glück und Erfolg durch das neue Lebenshilfe-Programm im Wilhelm Heyne Verlag

Sidney Petrie / Dr. Robert B. Stone — Autogenic
Das Selbsthilfe-Programm für Glück und Erfolg
08/9508 – DM 9,80

Sheila Ostrander / Lynn Schroeder — PSI-TRAINING
Das umfassende Handbuch mit praktischen Anleitungen zur Aktivierung des eigenen PSI-Potentials
08/9509 – DM 9,80

Norman Vincent Peale — Trotzdem positiv
Die Kraft Ihrer Gedanken
08/9511 – DM 9,80

Handbuch Esoterik
A–Z der alternativen Ideen, Lebensweisen und Heilkünste
08/9510 – DM 14,80

Tarthang Tulku — Selbstheilung durch Entspannung
Körper- und Atemübungen, Selbstmassage und Meditationstechniken
08/9512 – DM 9,80

Denis Waitley — Der Kern unserer Kraft
Die zehn wichtigsten Entdeckungen Ihres Lebens
08/9513 – DM 9,80

Anthony Norvell — Wie man seine Wünsche und Träume erfolgreich verwirklicht
08/9514 – DM 9,80

Mechthild Scheffer — Selbsthilfe durch Bach-Blütentherapie
Blumen, die durch die Seele heilen
08/9517 – DM 9,80

Einsichten und Reflexionen eines Wanderers auf dem Weg nach Innen.

Paul Brunton
Augenblicke der Wahrheit
Einsichten und Reflexionen
eines Wanderers auf dem Weg nach Innen
O. W. Barth Verlag

Paul Brunton's Notebooks

208 Seiten/
Leinen

Scherz

In Form von Aphorismen, Reflexionen und Meditationen legt Paul Brunton – neben Graf Dürckheim und Eugen Herrigel einer der großen Morgenlandfahrer der Neuzeit – hier die Summe seiner Lebenserfahrungen vor. Für jeden, der einen Weg religiöser Erfahrung sucht, der sich für die Religionen und meditativen Wege des Ostens interessiert, ist dieses Buch eine Fundgrube inspirierender Einsichten und hilfreicher Fingerzeige.